21 世纪高等教育
经济管理类双语系列教材

ECONOMIC

MANAGEMENT

Management

管理学

（双语版）

◎ 李训 董竞飞 主编
◎ 卢昱霖 杨红 聂鹰 副主编
◎ 高福霞 蔡薇 徐亮 编委

人民邮电出版社
北 京

图书在版编目（CIP）数据

管理学：双语版 / 李训，董竞飞主编. -- 北京：
人民邮电出版社，2013.9（2015.9重印）
21世纪高等教育经济管理类双语系列教材
ISBN 978-7-115-32517-4

Ⅰ．①管… Ⅱ．①李… ②董… Ⅲ．①管理学－双语
教学－高等学校－教材 Ⅳ．①C93

中国版本图书馆CIP数据核字(2013)第181656号

内 容 提 要

《管理学（双语版）》是一本系统地介绍管理过程普遍规律、管理学基本原理和管理学一般方法的英、汉双语教材，在体系结构、知识面涵盖方面整合了中西方对管理学学科的理解与论述，反映了管理理论与实践的发展，从而构建了复合式的管理学知识体系，具有一定的时代创新特征。

本书以管理职能为主线，共包括 10 章内容。第 1 章管理概述，介绍管理的定义、管理学的特点，分析管理者的角色与职能。第 2 章管理理论和流派的形成与发展，重点介绍管理学的形成和发展过程，以及各种有影响力的管理理论和学派。第 3 章管理道德和社会责任，作为管理伦理道德篇，介绍了企业社会道德观及现代企业应具备的社会责任感。第 4 章计划，包括计划的概念、任务、原理、种类、程序、方法，战略计划的制定与展开。第 5 章决策，包括决策的概念、制定过程以及决策的方法。第 6 章组织，包括组织设计的任务、原则和影响因素，组织设计的步骤，组织变革和发展的原因分析，以及组织文化的塑造等。第 7 章领导，包括领导的概念、作用、权力来源和领导理论。第 8 章激励，包括各种激励理论及其运用。第 9 章沟通，包括沟通的类型和技巧。第 10 章控制，包括控制工作的概念、作用、类型及过程等。

本书可作为高等学校经济类、管理类等专业的教材，也可作为企业管理者的自学参考书。

◆ 主　编　李　训　董竞飞
　　副主编　卢昱霖　杨　红　聂　鹰
　　编　委　高福霞　蔡　薇　徐　亮
　　责任编辑　刘　琦
　　责任印制　沈　蓉　杨林杰

◆ 人民邮电出版社出版发行　　北京市丰台区成寿寺路 11 号
　　邮编　100164　　电子邮件　315@ptpress.com.cn
　　网址　http://www.ptpress.com.cn
　　北京隆昌伟业印刷有限公司印刷

◆ 开本：787×1092　1/16
　　印张：21.5　　　　　　　　　　　2013 年 9 月第 1 版
　　字数：364 千字　　　　　　　　 2015 年 9 月北京第 2 次印刷

定价：55.00 元

丛书序

PREFACE

经济全球化的发展，使各国家和地区之间的联系越来越紧密，开展和推进双语教学对高等教育国际化的重要性和迫切性日益凸显。为了培养满足现代社会要求的复合型人才，双语教学已经成为现代高等教育中不可或缺的重要部分。教育部颁发的《关于加强高等学校本科教学工作提高教学质量的若干意见》中明确提出，要在高校积极推动使用英语等外语进行教学，其中还提到"本科教育要创造条件使用英语等外语进行公共课和专业课教学"。双语教学就是实施双语教育的手段，它强调的是在非语言学科中用外语上课，目标是培养既有丰富专业知识，又精通外语的国际型人才。目前，这已经成为高等教育改革的热点，同时也是高等教育改革的一个重要方向。

经济管理类专业作为涉外性、应用性、实践性强的专业类型，在专业中会广泛地应用到相关的英语专业术语，日常操作规范、法律、法规以及国际惯例等也都以英文文本形式出现。在经济管理类课程教学中采用双语教学，能较快地提升学生的外向型综合素质、开拓视野、提高竞争力。不仅能使培养出的经济管理类专业人才更贴近培养目标，还能使专业发展与国际接轨，提升教学内容的科学性、前瞻性，让培养出来的学生能够在以后的工作中按照国际规则行事，提升工作的国际化水准。特别是在经济金融全球化的背景下，大批具有国际化视野、与国际接轨的高级经济类专业人才是我国境内跨国机构的主要雇用人员，我国企业也将随着中国"走出去"战略的实施，需要派出大量的人才到国外分支机构进行日常管理与运营。因此，培养国际化的人才是经济管理类专业进行人才培养的迫切要求，而实施双语方式教学将是高校进行国际化人才培养的一个重要实现方式。

然而，高等院校专业课双语教学在实施过程中也遇到了一系列的问题，在教学师资对象内容、教材等方面仍存在一定的问题，导致教授内容的深度和广度受到了限制。双语教学不只是教学语言的改变，它还有三方面的作用：传授专业知识，传授英语知识，训练专业方法和英语的应用技能。因此对高校来说，要想成功地进行双语教学，首先需要改变传统的教育思想和教学方法，使教育、教学更接近世界先进水准。也正是基于这个原因，很多高校选择使用英文原版教材，但是经过多年教学发现，英文原版教材在我国高校教学使用中的缺陷也很突出。原版教材的作者一般以其母国为背景，所以编制的教材不涉及我国国情，教师在教学中就需要对教材进行重新加工，提供适合我国国情的相关案例、资料和思考讨论题，以启发学生对相关理论、规律、法规的适用性的思考，这无疑大大地加重了教师的负担。如果能够开发一套适合我国经济管理类专业教学规律的优质双语教材，就可以解决目前双语教学的困境。可见，编写优质的双语（英文）教材，不仅是我国高校双语教学的迫切要求，也是我国高校教师的历史责任。正是基于以上原因，我校组织了经济管理类专业核心课程的优质师资力量，编写了这套"21世纪高等教育经济管理类双语系列教材"。这套教材采用"中文内容，英文批注"的形式，巧妙地将内容讲解和英语教学结合起来，既降低了学生对专业知识理解的难度，又实现了教师对英文内容的讲解和传授。

雨果说：当一种观念的时代已经到来，没有什么力量能够阻挡它。双语教学的模式从过去到目前一直是一个充满争议的话题，但我们相信，双语教学的时代已经到来，所以希望通过积极的尝试，能够更好地融入这个双语时代，尽管这个过程将注定充满曲折。

丛书编写组

前　言

FORWARD

随着知识经济的出现和信息时代的到来，特别是近二十年来网络技术的不断革新，无论是在实业界还是在学术界，人们对管理的需求与日俱增，管理学作为一门学科有了突飞猛进的发展。人们从管理学的研究方法、理论体系、价值意义、内涵与外延等方面都进行了积极的探索与研究，对管理学的认识有了进一步的统一与提高，管理在社会生活中发挥着越来越大的作用。

管理学教材的建设得到各方面的重视，国家教育部对教材编写每年有统一部署，各地方院校、知名出版社也都进行了积极的组织与安排。目前国内管理学教材大致可分为两类。一类是国内学者结合我国社会及经济发展现实情况，以国内企业及社会组织为研究对象，编写的比较符合我国国情的管理学教材，其不足之处为缺乏对西方管理学的融入，有失前沿性。另一类是原版引进的或改编自国外相关专著的管理学教材，这类教材具有前瞻性，但缺乏对我国国情的把握，使用起来比较困难，教师教学难以统一，学生掌握参差不齐。如何消除这两方面的矛盾是管理学教材建设中亟待解决的问题。

作为一本双语教材，如何兼顾理论论述与教学实践，使二者相结合从而解决上述问题，并且做到全面、系统、合理、简洁，是我们努力的方向与目标。基于这一点，本书编写主要有如下特色。

1. 内容适用。本书合理选择讲授内容，知识精炼、适度，紧密结合实践，配置相应的问题。在理论叙述上充分考虑经管专业学生的特点，力求做到简洁而不失全面、侧重基础而又兼顾发展。在介绍管理方法时，图文并茂，以提高教材的可读性与易理解性，便于学生掌握知识点，方便教师教学。

2. 系统全面。本书从管理理论的演进、管理职能概述、管理前沿企业社会责任等几个方面展开，根据我国目前高等院校的教学特点，联系实际，对管理的计划、决策、组织、领导、激励、沟通、控制等方面的职能进行了比较深入的探讨，对当代管理理论的发展脉络进行了粗线条的介绍。每章内容都配置相应的练习，有助于学生更深入地掌握所学知识。

3. 定位明确。本书旨在培养经管专业学生能够运用英、汉双语进行管理理论、方法学习的能力；提高学生综合管理技能与素质；培养学生能够在英语语言环境下思考、分析、解决实际管理问题的能力。其突出的针对性和应用性充分体现了本书的教育特色。

4. 注重前瞻性。本书引入西方管理理论与企业管理实践的最新成果和最新理念，能够让学生及时了解管理活动的最新动态。

全书共 10 章，各部分内容介绍如下。

第 1 章管理概述，介绍管理的定义、管理学的特点，分析管理者的角色与职能。

第 2 章管理理论和流派的形成与发展，重点介绍管理学的形成和发展过程，以及各种有影响力的管理理论和学派。

第 3 章管理道德和社会责任，作为管理伦理道德篇，介绍了企业社会道德观及现代企业应具备的社会责任感。

第 4 章计划，包括计划的概念、任务、原理、种类、程序、方法，战略计划的制定与展开。

第 5 章决策，包括决策的概念、制定过程以及决策的方法。

第 6 章组织，包括组织设计的任务、原则和影响因素，组织设计的步骤、组织变革和发展的原因分析，以及组织文化的塑造等。

第 7 章领导，包括领导的概念、作用、权力来源和各种领导理论。

第 8 章激励，在人性假设基础之上，主要论述了相关激励理论及其运用。

第 9 章沟通，论述沟通的本质、沟通方式与渠道、沟通网络，在沟通技巧运用中主要论述了冲突管理。

第 10 章控制，包括控制工作的概念、作用、类型及过程等。

本书的编写是在学习与参考国内外学者的大量研究成果与优秀教材的基础上编写完成的，在此向他们表示感谢和敬意！

本书从策划到出版，得到了四川外国语大学国际商学院的大力支持，在此也表示诚挚的谢意。

管理学是一门理论与实践紧密结合的学科，其研究领域广泛，时代特征鲜明，由于作者眼界和水平的限制，对其不少方面还缺乏深入研究，加之编写成书时间仓促，书中差错在所难免，恳请各位专家和读者不吝指正，多提宝贵意见。

李 训 董竞飞

2013 年 5 月

目 录

CONTENTS

第1章 管理概述 1

1.1 管理与管理系统 2
1.1.1 管理的基本概念 2
1.1.2 管理的性质 7
1.1.3 管理系统及其构成 9
1.2 管理者与管理的职能 10
1.2.1 管理者 10
1.2.2 管理者的类型 14
1.2.3 管理者的技能与素质 15
1.2.4 管理的职能 18
1.3 管理学的特点和研究方法 20
1.3.1 管理学的特点 20
1.3.2 管理学的研究方法 21
本章小结 23
综合练习 24

第2章 管理理论和流派的形成与发展 27

2.1 早期管理思想 28
2.2 古典管理理论 31
2.2.1 科学管理理论学派 31
2.2.2 一般管理理论学派 35
2.2.3 组织理论学派 37
2.3 行为科学理论 38
2.3.1 梅奥及霍桑试验 39
2.3.2 人性理论与管理模式 40
2.3.3 激励理论 43
2.3.4 群体行为理论 45

    2.3.5 领导行为理论   46

  2.4 现代管理理论   46

    2.4.1 现代管理理论   47

    2.4.2 当代西方管理思想   51

    2.4.3 当代管理理论的新发展   52

  本章小结   57

  综合练习   58

第3章　管理道德和社会责任　　59

  3.1 管理道德   60

    3.1.1 管理道德概述   60

    3.1.2 企业道德和企业绩效   66

    3.1.3 如何对企业员工进行道德管理   67

  3.2 企业社会责任   70

    3.2.1 企业社会责任概述   70

    3.2.2 如何看待企业社会责任   72

    3.2.3 社会责任国际标准体系SA8000   77

  本章小结   82

  综合练习   83

第4章　计划　　85

  4.1 计划的特征和作用   86

    4.1.1 计划的概念与特点   86

    4.1.2 计划的性质与内容   89

    4.1.3 计划的地位和作用   91

  4.2 计划的类型与流程   92

    4.2.1 计划的类型   92

    4.2.2 计划的流程   95

  4.3 计划编制的方法   98

    4.3.1 滚动计划法   99

    4.3.2 运筹学方法   100

    4.3.3 网络计划技术   102

4.4 计划制定中应注意的问题 105

4.4.1 清楚地表达组织的目标 105

4.4.2 遵循计划工作的相关原则 105

4.4.3 正确研判组织发展阶段 106

4.4.4 力争组织内部活动与相关资源相匹配 107

4.4.5 考虑未来的承诺期限 107

本章小结 109

综合练习 110

第5章 决策 113

5.1 决策的定义、原则与依据 114

5.1.1 决策的定义 114

5.1.2 决策的原则 116

5.1.3 决策的依据 118

5.2 决策的类型 118

5.2.1 长期决策与短期决策 118

5.2.2 战略决策、战术决策与业务决策 119

5.2.3 集体决策与个人决策 120

5.2.4 初始决策与追踪决策 122

5.2.5 程序化决策与非程序化决策 123

5.2.6 确定型决策、风险型决策与不确定型决策 123

5.3 决策的理论 124

5.3.1 古典决策理论 124

5.3.2 行为决策理论 125

5.3.3 当代决策理论 127

5.4 决策的过程 127

5.4.1 识别机会 128

5.4.2 识别目标 128

5.4.3 拟定备选方案 129

5.4.4 评估备选方案 130

5.4.5 做出决定 130

5.5 决策的方法 131

5.5.1 定性决策方法 131

5.5.2 定量决策方法 134

本章小结 148

综合练习 149

第6章 组织 151

6.1 组织结构设计 152

6.1.1 组织结构设计的定义 152

6.1.2 组织结构简介 152

6.1.3 组织结构设计的任务和基本原则 158

6.1.4 部门划分和职能确定（职位设计） 159

6.1.5 组织结构设计的程序 162

6.2 工作分析与岗位设计 164

6.2.1 工作分析的相关概念 164

6.2.2 工作分析与岗位设计的工作步骤和内容 167

6.2.3 岗位设计的概念 169

6.2.4 岗位设计的要求 170

6.2.5 岗位设计的原则 170

6.2.6 岗位设计的选择 170

6.3 组织的部门化 172

6.3.1 职能部门化 172

6.3.2 产品服务部门化 173

6.3.3 流程部门化 174

6.3.4 顾客部门化 175

6.3.5 地域部门化 175

6.4 组织权力的配置 176

6.4.1 权力和职权 176

6.4.2 直线职权、参谋职权和职能职权 177

6.4.3 职权配置方式 179

6.5 公司组织形式 181

6.5.1 直线职能制 181

6.5.2 事业部制 182

6.5.3 控股制 183

6.5.4 矩阵制 184

6.5.5 模拟分权制 185

6.5.6　虚拟公司　186

6.5.7　委员会制　187

6.6　组织变革与组织发展　188

6.6.1　组织变革的概念和内容　188

6.6.2　组织变革的方式和过程　189

6.6.3　组织变革阻力　191

6.6.4　组织发展　192

6.7　组织文化　199

6.7.1　组织文化的概念　199

6.7.2　组织文化的内容　200

6.7.3　组织文化对管理的作用　203

本章小结　205

综合练习　206

第7章　领导 209

7.1　领导与领导者　210

7.1.1　领导的概念　210

7.1.2　领导与管理　210

7.1.3　领导者与管理者　212

7.1.4　领导者与追随者　216

7.1.5　领导影响力　216

7.2　领导特质理论　221

7.2.1　传统领导特质理论　221

7.2.2　现代领导特质理论　222

7.3　领导行为理论　223

7.3.1　勒温的三种极端领导方式理论　224

7.3.2　利克特的管理系统理论　227

7.3.3　领导行为的四分图理论　229

7.3.4　管理方格理论　230

7.3.5　连续统一体理论　233

7.4　权变理论　234

7.4.1　费德勒权变理论　235

7.4.2　情境领导理论　236

7.4.3　豪斯的路径—目标理论　　　　　　　　238

本章小结　　　　　　　　240

综合练习　　　　　　　　241

第 8 章　激励　　　　　　　　245

8.1　需要与人性假设　　　　　　　　246
8.1.1　关于人的需要　　　　　　　　246
8.1.2　基于人性理论的管理理论　　　　　　　　248
8.1.3　管理中的几种基本人性假设　　　　　　　　251

8.2　激励的理论　　　　　　　　257
8.2.1　赫茨伯格的"双因素"理论　　　　　　　　257
8.2.2　激励期望理论　　　　　　　　259
8.2.3　激励强化理论　　　　　　　　261
8.2.4　激励公平理论　　　　　　　　263
8.2.5　文化激励理论　　　　　　　　265

8.3　激励的方法与艺术　　　　　　　　267
8.3.1　有效激励的基本原则　　　　　　　　267
8.3.2　激励导向的工作设计　　　　　　　　269
8.3.3　公平合理的奖罚制度　　　　　　　　271
8.3.4　激励关键员工　　　　　　　　272

本章小结　　　　　　　　274

综合练习　　　　　　　　276

第 9 章　沟通　　　　　　　　279

9.1　沟通的本质和一般过程　　　　　　　　280

9.2　沟通的方式与渠道　　　　　　　　283

9.3　组织沟通系统和网络　　　　　　　　286
9.3.1　组织沟通系统　　　　　　　　286
9.3.2　组织沟通网络　　　　　　　　287

9.4　管理冲突的解决　　　　　　　　291
9.4.1　管理冲突及其分类　　　　　　　　291

9.5　领导者时间管理的方法和技能　　　　　　　　296

9.5.1　领导者时间管理的方法　　　296

9.5.2　领导者时间管理的技能　　　298

本章小结　　　299

综合练习　　　300

第 10 章　控制　　　307

10.1　控制活动　　　308

10.1.1　控制的概念　　　308

10.1.2　控制与计划　　　308

10.1.3　控制与风险　　　309

10.1.4　控制原理　　　310

10.2　控制系统　　　311

10.2.1　控制系统的构成　　　312

10.2.2　控制对象　　　312

10.2.3　控制主体　　　313

10.2.4　控制目标　　　313

10.2.5　控制路径　　　313

10.3　控制的类型　　　313

10.3.1　集中控制与分散控制　　　313

10.3.2　开环控制与闭环控制　　　313

10.3.3　事前控制、事中控制与事后控制　　　315

10.3.4　一般控制与应用控制　　　317

10.3.5　预防控制与纠正控制　　　317

10.4　控制的内容　　　318

10.4.1　确立控制标准　　　318

10.4.2　衡量实际工作　　　320

10.4.3　鉴定偏差和采取矫正措施　　　321

10.5　控制的方法　　　322

10.5.1　预算控制　　　322

10.5.2　作业控制　　　325

10.5.3　审计控制　　　326

本章小结　　　327

综合练习　　　328

参考文献　　　330

chapter 1

第 1 章 管理概述

学习目标

通过本章学习，你可以达到以下目标。

知识目标

掌握管理的含义和性质；

了解管理的特征以及管理的基本职能和管理者的素质要求；

了解管理学的研究对象。

能力目标

能运用所学的管理概念进行管理思考；

能进行正确的管理角色分工；

能按管理者的素质和技能要求进行自我培养；

能运用管理学的研究方法分析研究管理问题。

管理是我们这个现实世界普遍存在的现象。每一社会成员，都要同管理打交道，或者从事管理，成为管理者即管理主体，或者接受管理，成为管理对象即管理客体。更多的时候是一身两任，既是管理主体又是管理客体。而人在一定意义上就是具有组织和管理自己活动能力的社会动物。整个社会就是一个通过管理而正常运行的有机体。

1.1　管理与管理系统 ¹

1. Management and Management System

2. Basic Conception of Management

3. Management, literally ,is having jurisdiction over and processing.

1.1.1　管理的基本概念 ²

1. 管理的内涵

管理，从字面上讲，就是管辖并处理的意思。³ 由于管理涉及面广，所以一般人按照某种需要，从某种角度来谈论管理，看待管理。

在经济学家看来，管理是生产运转的一个条件，没有管理就没有生产。在现代社会，如同科学技术是生产力一样，管理也是一种生产力。管理出高产，管理出质量，管理出效率。

在社会学家的眼里，管理是一种职权系统。在历史上，管理最初是由少数上层人物来决定普通成员的行动。后来，一些管理部门开始施行家长式的管理。再以后便出现了规章管理。劳动者既是管理对象又是管理主体。

但是关于管理的定义，至今仍未得到公认和统一。长期以来，许多中外学者从不同的研究角度出发，对管理作出了不同的解释，其中较有代表性的有：

"管理就是决策。" [1]

"管理就是由一个或者更多的人来协调他人的活动，以便收到个人单独活动所不能收到的效果而进行的活动。" [2]

"管理就是计划、组织、控制等活动的过程。" [3]

"管理是筹划、组织、控制等活动的过程。" [4]

"给管理下一个广义而又切实可行的定义，可把它看成是这样的一种，即它发挥某些职能，以便有效地获取、分配和利用人的努力和物质资源，来

[1]　Management is decision-making.

[2]　Management is to coordinate the activities of others by one or more persons, so as to achieve the effect that an individual done can't achieve.

[3]　Management is the process of planning, organizing, and controlling.

[4]　Management is the process of designing, organizing, and controlling.

实现某个目标。" [5]

"管理就是通过其他人来完成工作。" [6]

"管理就是指由专门机构和人员进行的控制人和组织的行为使之趋向预定目标的技术、科学活动。" [7]

"管理是管理者为使客观事物的存在和发展合乎一定的目的而采用相应的方式所进行的活动。" [8]

上述定义可以说是从不同的侧面、不同的角度揭示了管理的含义，或者是揭示管理某一方面的属性。

综上所述，所谓管理，实际上是指管理者通过实施计划、组织、人员配备、领导、控制等职能来协调他人的活动，使别人同自己一起实现既定目标的活动过程。[9]

✦ 思考

管理定义的多样化，反映了人们对管理的多种理解，以及各管理学派的研究重点与特色。但是，也应看到，不同的定义，只是观察角度和侧重点不同，在总体上对管理实质内容的认识还是一致的。这些不同的定义，对全面、深刻地理解"管理"这一概念是极为有益的。

✎ 管理故事

多面手老郑

老郑是一位有名的多面手，深圳一家公司高薪聘请他，但是他没有去，他表示要为家乡建设做贡献。

2009 年老郑被调往规模和档次都较低的县委招待所担任一把手。

---

[5]　In general and feasible terms, management can be regarded as such as can play some functions, so as to achieve a certain goal by effectively obtaining, distributing and utilizing people's efforts and material resources.

[6]　Management is to complete the work through the others.

[7]　Management is the technology and scientific activities in which specialized agencies and personnel control the behavior of organizations and persons to move towards an intended target.

[8]　Management is the activities conducted by the manager , in order to make the existence and development of objective things to accord with certain goals.

[9]　Managers coordinate the activities of others through the implementation of such functions as planning, organizing, staffing, leading and controlling etc., to achieve the goals together.

上任伊始，他从加强管理出发，本着"宾客至上、服务第一"的宗旨，将原来的县委招待所改造成为拥有三百二十张床位、大小餐厅十七个和服务娱乐设施齐全的"后乐园宾馆"，执当地娱乐服务行业的牛耳，一跃成为涉外二星级宾馆。

2012 年年底，他又调到当地医院担任院长。虽然他没有学过医，但是，他很快就使一个二甲级老医院焕发了青春。不到半年的时间，就扭亏为盈。该医院目前各项工作有了新的起色，博得了社会各界的一致好评。有人问他："郑院长，你是学管理的，又不是学医的。怎么调到医院也搞得这么好，有什么诀窍呢？"他回答得既干脆又简单："靠科学管理。"他一来到这家医院，就到各个科室去坐班了解情况。待基本掌握医院的情况后，他又率领院内有关人员到各地考察，学习外地医院的好经验，按照现代管理理论，并结合本院的具体实际情况，因地制宜地制订了各种有效的可操作的激励机制和制约机制，建立了各类人员的岗位责任制，把任务落实到人。针对医院经济亏损的基本原因，医院增设了审计室，实行三方（药房、收费处、审计室）共同制约的制度后，经费收入逐月增加。过去医院内卫生与花卉等没有明确的专人负责，所以，医院环境卫生不好还被媒体曝了光。自从各项工作责任到人，并有严格的检查、监督机制后，情况就变了样，医院环境卫生得到病员和领导的一致赞扬。

2. 管理的特征 [4]

4. The features of management.

管理活动不同于其他的实践活动，如科学活动、文体活动和教育活动。尽管这些活动需要管理，但就其活动本身而言是不同的，有着本质的区别。从管理本质来看，管理活动有如下突出特征。

5. Management is a widespread cultural and social phenomenon.

（1）管理是一种普遍的文化现象和社会现象。[5] 自从有了人类社会，就存在管理，并在此基础上形成各种管理思想，因此，管理是一种社会现象和文化现象。管理或管理活动的存在，必须具备两个必要条件：两人以上的集体活动；一致认可的目标。

在人类社会生产活动中，人们总是或多或少地组织起来，通过协作来达到个人单独活动所不能达到的效果。协作的有效性是通过管理活动完成和实现的。可见，管理的载体是组织。同时任何组织的活动，都需要计划与目标。管理就是通过制订计划，确定目标，引导组织成员实现目标，达到组织成员协作的效果。有组织活动的地方，就有管理活动，就需要管理，所以管理具有普遍性。

（2）管理的主体是管理者。[6] 既然管理是让他人与自己一道去实现既定目标，那么管理者对管理的效果及组织绩效都承担重大责任。管理者在管理活动中扮演什么角色，即管理者的责任究竟是什么呢？美国管理学家德鲁克针对这一问题从三个层次做出正确回答。

6. The main body of management is the managers.

德鲁克认为，管理者的第一责任是管理一个组织。组织是一个整体，为此，管理者应明确：我们的组织是什么，如何实现目标。只有这样，组织才能获得最大效益，更好地为社会服务。管理者的第二个责任是管理管理者。对管理者应该通过目标管理和自我控制进行管理，同时管理者还应该培养下属。管理者的第三个责任是管理工作和员工，主要是激励组织成员发挥其创造的热情，求得组织的最佳效果。

（3）管理的本质是协调。[7] 协调就是使个人的努力与集体的预期目标相一致，每一项管理职能、每一个管理决策都需要协调。

7. The essence of management is coordination.

（4）管理的目的是为了实现目标。[8] 任何组织活动，都需要计划和目标。管理就是通过制订计划，确定目标，引导组织成员实现目标，达到组织成员协作的整体效果。

8. The purpose of management is to achieve the goals.

（5）管理的核心是处理好人际关系。[9] 管理是管理者让他人与自己一起去实现既定的目标。在实现目标的过程中，如何采取各种手段和措施使他人的行为能够与组织的目标保持一致，是十分重要的。有些管理学者认为，组织是一个社会合作系统，人们在这个社会合作系统内相互合作和协作，达成个人无法实现的整体效果。显然，人们彼此协作有效与否，将直接影响到整体效果。因此，管理者的主要工作就是与人打交道，管理的核心就是处理好人际关系。

9. The core of management is to handle interpersonal relationships.

3. 管理既是一门科学，又是一门艺术 [10]

从管理特征上来看，管理既是一门科学，也是一门艺术，是科学性与艺术性的统一。

10.Management is both a science and an art.

（1）管理是一门科学。[11] 管理的科学性是指人们在发现、探索、总结和遵循客观规律的基础上，建立系统化的理论体系，并在管理实践中应用管理原则，使管理成为理论指导下的规范化的理性行为。管理的科学性主要体现在以下几点。

11.Management is a science.

① 科学的规律性。[12] 管理科学是人类长期从事社会生产实践活动中，对管理活动规律的总结。作为一门科学，管理需要具有系统化的理论知识。管理科学是把管理的规律性提示出来，形成原则、程序和方法，对管理者管理

12. Being scientific in its regularities.

活动予以普遍性指导，使管理成为理论指导下的规范化的理性行为。承认管理的科学性，就要在管理活动中不断发现与摸索管理的规律性，按照管理的规律来办事，在科学的管理理论与原则的指导下，搞好管理，提高管理效率。

② 管理学是从客观实际出发，来研究人类社会中各种组织的管理活动及其规律性的学科，这些规律是客观存在的，如果谁违背了这些规律，就必然会遭到惩罚。比如企业经营中有一条一成不变的真理：企业必须以自己的产品和服务最大限度地去满足顾客的需求才能盈利。这条法则应该说是古今中外企业必须遵循的基本法则，谁违背了谁就要吃亏。

③ 严密的程序性。[13] 科学的逻辑在管理活动中表现为一种严格的程序化操作，程序性是管理活动的一个重要特征。这种程序性首先体现在管理流程的设计中，其次体现在具体的操作工艺中。

④ 先进的技术性。[14] 管理学是一门应用性很强的学科，管理的理论只有转化为具体的管理技术和技能才能发挥作用。在现代管理学中，这些管理技术又被转换成各种管理软件和具体的操作技能，以便完成具体的管理任务。

（2）管理是一门艺术。[15] 管理是一种随机的创造性工作，它不像有些科学那样可以单纯地通过数学计算去求得最佳答案，也不可能为管理者提供解决问题的具体模式，它只能使人们按照客观规律的要求，实施创造性管理，从这个意义上讲，我们说管理是一种艺术。同时，管理中还存在着许多求知的、灵活的、模糊的因素。所谓未知的、灵活的、模糊的因素，即靠人的经验、感觉、魄力、权威等都无法度量甚至无法言传，被人们称为"艺术"的部分，这部分也正是管理学应该开发的处女地。随着科学技术的发展和管理科学的发展，那些未知的、灵活的、模糊的领域会越来越少（但不会没有），但对管理艺术水平的要求却越来越高。

管理的艺术性在具体的管理活动中要求如下。

① 巧妙的应变性。[16] 管理者在其管理生涯中，会遇到各种意想不到的事件，有无应变能力，便显得十分重要。尤其是当组织遇到突然的重大变故时，管理者的应变能力往往起着决定性作用。

② 灵活的策略性。[17] 管理者不仅需要运用智慧进行战略层面上的思维和运作，更需要策略层面上的灵活操作，只有一个个策略上的成功，才能最终取得战略上的成功。

③ 完美的协调性。[18] 管理者的重要任务就是对各种关系的成功协调，如同指挥乐队弹奏钢琴协奏曲。协调出动力，出效益，其中，人际关系的成功协调，将是对管理者的重大考验。

---

13. Being strict in its procedures.

14. Being advanced in its technology.

15. Management is an art.

16. Being ingenious at handling emergencies.

17. Being agile in adopting strategies.

18. Being perfect in coordinating.

（3）管理是科学与艺术的统一。[19] 换言之，管理是客观规律与主观能动性的统一。管理科学是反映管理关系领域中客观规律的知识体系，管理艺术则是以管理知识和经验为基础，富有创造性的管理技巧的综合。管理科学是管理这一能动过程的客观规律的反映，而管理艺术则是它的主观创造性方面的反映。管理者只有既懂得管理科学又有娴熟的管理艺术，才能使自己的管理活动达到炉火纯青的地步。

在管理的科学性上，人们常犯的错误是：盲目照搬国外的管理理论；将书本上的管理原理当作教条；认为管理只靠实践，从不相信管理专家。尤其是第三种看法，在管理中广泛存在。

在管理的艺术上，人们常犯的错误是：认为管理的艺术是指管理靠的是人格魅力、灵感与创新，而管理本身是没有规律可循的，更没有办法通过学习掌握管理的技巧；过分强调管理的艺术性，因而大多数人只能天生处于被管理、被领导的地位；在管理实践上缺乏科学的管理制度，而常常以管理者的心情、好恶来作为决策的依据。

对于学习管理学的人来说，不能把管理学当作一般的知识性学科进行学习，也不能简单地当作完成职业操作技能来学习，而应该从管理科学、管理艺术两个层面来学习研究管理学，把自己修炼成一个出色的管理者。

✦◦**思考**◦---

从管理的科学性与艺术性可知，有成效的管理艺术是以对它所依据的管理理论的理解为基础的。因此，两者之间不是互相排斥的，而是互相补充的。靠背诵原理来进行管理活动，将必然是脱离或忽视现实情况的无效活动；而没有掌握管理理论和基本知识的主管人员，在进行管理时必然是靠运气，靠直觉或过去的经验办事，很难找到对问题的可行的、令人满意的解决办法。所以，管理的专业训练不可能培训出"成品"主管人员，但这是通过实践进一步培训主管人员的一个良好的开端，它为培养出色的主管人员在理论知识方面打下坚实的基础。当然，仅凭理论也不足以保证管理的成功，人们还必须懂得如何在实践中运用它们，这一点也是非常重要的。

1.1.2 管理的性质[20]

管理，从它最基本的意义来看，一是组织劳动，二是指挥、监督劳动，即具有同生产力、社会化生产相联系的自然属性和同生产关系、社会制度相

19. Management is the unity of science and art.

20. The Nature of Management

联系的社会属性，这就是通常所说的管理的二重性。从管理活动过程的要求来看，既要遵循管理过程中客观规律的科学性要求，又要体现灵活协调的艺术性要求，这就是管理所具有的科学性和艺术性。

1. 管理的二重性

管理的二重性是马克思主义关于管理问题的基本观点。马克思在《资本论》中指出："一切规模较大的直接社会劳动或共同劳动，都或多或少地需要指挥，以协调个人的活动，并执行生产总体的运动——不同于这一点总体的独立器官的运动——所产生的各种一般职能。""凡是直接生产过程具有社会结合过程的形态，而不是表现为独立生产者独立劳动的地方，都必然会产生监督劳动和指挥劳动。"

管理的二重性反映出管理的必要性和目的性。所谓必要性，就是说管理是生产过程固有的属性，是有效地组织劳动所必需的；所谓目的性，就是说管理直接或间接地同生产资料所有制有关，反映生产资料占有者组织劳动的基本目的。

（1）管理的自然属性。[21]

21. The natural property of management.

管理的自然属性是指管理是由许多人进行协作劳动而产生的，是有效组织共同劳动所必需的，具有同生产力和社会化大生产相联系的自然属性；它与具体的生产方式和特定的社会制度无关。管理要处理人与自然的关系，要合理地组织社会生产力，故也称作管理的生产力属性。

（2）管理的社会属性。[22]

22. The social property of management.

管理的社会属性是指管理又体现着生产资料所有者指挥劳动、监督劳动的意志，因此，它又体现着生产关系的特定要求，为特定的社会生产关系服务，从而实现其调节和维护社会生产关系的职能。所以，管理的社会属性也叫做管理的生产关系属性。管理的社会属性既是生产关系的体现，又反映和维护一定的社会生产关系，其性质取决于不同的社会经济关系和社会制度的性质。在不同的社会制度条件下，谁来监督、监督的目的和方式都会不同，因而也必然使管理活动具有不同的性质。

2. 学习管理二重性的意义

学习和掌握管理的二重性对我们学习和理解管理学、认识我国的管理问题、探索管理活动的规律以及运用管理原理来指导实践都具有重要的现实意义。

（1）管理的二重性体现着生产力和生产关系的辩证统一关系，是马克思主义关于管理问题的基本观点。它反映出管理的必要性和目的性。所谓必要性，就是说管理是生产过程固有的属性，是有效组织劳动所必需的；所谓目的性，就是说管理直接或间接的同生产资料所有制有关，反映生产资料所有者组织劳动的基本目的。我们深入理解管理的二重性，形成具有中国特色的管理学，才能更好地指导我国的管理实践。

（2）有助于学习、引进国外有益的管理理论、技术和方法。我们要在继承和发展我国过去的科学管理经验和管理理论的同时，注意学习和引进国外先进的管理理论、技术和方法，根据我国的国情，融汇提炼，为我所用。而掌握管理的二重性，使我们能够正确地评价国外的管理理论、技术和方法，从而去其糟粕，取其精华。在研究之后要有选择地在实践中试用，并加以改选，使其适合我们的情况，这样才能把它吸收过来，成为我国管理科学体系的有机组成部分。

---○✦○─── 思考 ───

　　任何一种管理方法、管理技术和管理手段的出现都是有其时代背景的。也就是说，它是同生产力水平及其他一切情况相适应的。因此，在学习和运用某些管理理论、原理、技术和手段时，必须结合自己的实际情况，因地制宜，这样才能取得预期的效果。实践表明，不存在适用于古今中外的普遍模式。

1.1.3　管理系统及其构成 [23]

1. 管理系统的含义

从系统论的观点研究管理，管理就是一个完整的系统。

管理系统是指由相互联系、相互作用的若干要素和子系统，按照管理的整体功能和目标结合而成的有机体。[10]

任何管理都是一个系统。管理者必须从系统的观念出发，整体地、联系地观察、分析和解决管理问题。

管理系统作为一个科学的概念，包括以下具体含义。

（1）管理系统是由若干要素构成的，这些要素可以看作是管理系统的子系统，而且这些要素之间是相互联系、相互作用的。

（2）管理系统是一个层次结构。其内部划分成若干子系统，并组成有序结构；而对外，任何管理系统又成为更大社会管理系统的子系统。

23. Management System and Its Constitution

---

[10]　Management system is an organism composed of several interrelating and interacting factors and subsystems in accordance with the overall function and target of management.

（3）管理系统是整体的，发挥着整体功能，即其存在的价值在于其管理功效的大小，而任何一个子系统都必须是为实现管理的整体功能和目标服务的。

2. 管理系统的构成

管理系统一般由以下要素构成。

24. The target of management.

（1）管理目标。[24] 管理目标是管理功能的集中体现。管理目标是管理系统建立与运行的出发点和归宿，管理系统必须围绕目标建立与运行。所有的管理行为都是为了有效实现目标。

25. The main body of management.

（2）管理主体。[25] 管理主体即管理者，是管理系统中最核心、最关键的要素。配置资源、组织活动、推动整个系统运行、促进目标实现，所有这些管理行为都要靠管理者去实施。管理者是整个管理系统的驾驭者，是发挥系统功能、实现系统目标最关键的力量。作为管理的主体，管理者既表现为单个管理者，又表现为管理者群体及所构成的管理机构。

26. The object of management.

（3）管理对象。[26] 管理者是对管理对象进行管理的。管理对象，作为管理行为的受作用一方，对管理成效及组织目标的实现，具有重要的作用。管理对象包括不同类型的组织，也包括各组织中的构成要素及职能活动。

27. The medium of management.

（4）管理媒介。[27] 管理媒介主要指管理机制与方法。管理机制与方法是管理主体作用于管理对象过程中的一些动作原理与实施方式、手段。管理机制在管理系统中具有极为关键的作用，它是决定管理功效最直接、最核心的因素。而管理方法则是管理机制的实现形式，是管理的直接实施手段，具有过河所必需的"桥"与"船"的作用，也是十分重要的。

28. Management environment.

（5）管理环境。[28] 管理环境是指实施管理过程中的各种内外总条件和因素的总和。管理行为依一定的环境而存在，并受到管理环境的影响。所以，管理环境是管理系统的有机组成部分。

29. The Manager and Managing Functions

1.2 管理者与管理的职能 [29]

30. The Manager

1.2.1 管理者 [30]

1. 管理者的含义

31. Management Work

（1）管理工作。[31] 就一般意义而言，管理者就是指全部或部分从事管理工作的人员。所以，要研究管理者，首先应对管理工作有大致的分析。[11]

---

[11] In the general sense, managers to all or part of those who are engaged in the management work. Therefore, first of all we should make a general analysis on management.

① 广义的管理工作。从广义上看，凡是对组织资源或职能活动进行筹划与组织的工作都属管理工作。这样，凡是在各级各类组织中管人、管物、管理某项活动的都可以看作是广义上的管理者。例如，在一个企业中，从总经理的领导工作，到会计员的账务处理工作，都可以看做广义的管理工作。

② 狭义的管理工作。从狭义上看，以管人为核心的、组织与协调的工作属于管理工作，即通过管理他人，进而筹划与组织资源与活动的各种工作。例如，企业中总经理和各部门经理、各作业班组长所从事的工作即为狭义的管理工作。

（2）管理者的概念。传统的观点认为，管理者是运用职位、权力，对人进行统驭和指挥的人。这种概念强调的是组织中正式职位和职权，强调必须拥有下属。现代的管理者观点以美国学者德鲁克（Drucker）为代表，他给管理者下定义为：在一个现代的组织里，每一个知识工作者如果能够由于他们的职位和知识，对组织负有贡献的责任，因而能够实质性地影响该组织经营及达成成果的能力者，即为管理者。这一定义，强调作为管理者首要的标志是必须对组织的目标负有贡献的责任，而不是权力；只要共同承担职能责任，对组织的成果有贡献，他就是管理者，而不在于他是否有下属人员。依据这一定义，拥有知识并负有贡献的工程师就是管理者。

综合以上分析，管理者可被定义为：管理者是指履行管理职能，对实现组织目标负有贡献责任的人。[12]

───── ✒ **管理故事** ─────

有 7 个人曾经住在一起，每天分一大桶粥。要命的是，粥每天都是不够的。

一开始，他们抓阄决定谁来分粥，每天轮一个。于是每周下来，他们只有一天是饱的，就是自己分粥的那一天。

后来他们开始推选出一个道德高尚的人出来分粥。强权就会产生腐败，大家开始挖空心思地去讨好他，贿赂他，搞得整个小团体乌烟瘴气。

然后大家开始组成 3 人的分粥委员会及 4 人的评选委员会，互相攻击扯皮下来，粥吃到嘴里全都是凉的。

最后想出来一招：轮流分粥，但分粥的人要等其他人都挑完后拿剩

---

[12] The manager is the person who can perform the management function, and make contribution to realize the goals.

下的最后一碗。为了不让自己吃到最少的，每人都尽量分得平均，就算不平，也只能认了。大家快快乐乐，和和气气，日子越过越好。

管理的真谛在"理"不在"管"。管理者的主要职责就是建立一个像"轮流分粥，分者后取"那样合理的游戏规则，让每个员工按照游戏规则自我管理。游戏规则要兼顾公司利益和个人利益，并且要让个人利益与公司利益统一起来。责任、权力和利益是管理平台的三根支柱，缺一不可。缺乏利益，员工就会积极性下降，消极怠工。只有管理者把"责、权、利"的平台搭建好，员工才能"八仙过海，各显其能"。

同样是 7 个人，不同的分配制度，就会有不同的风气。所以，一个单位如果有不好的工作习气，一定是机制问题，一定是没有完全公平、公正、公开，没有严格的奖勤罚懒。如何制订这样一个制度，是每个管理者需要考虑的问题。

2. 管理者的角色 [32]

美国著名管理学家彼得·F·德鲁克（Peter F.Drucker）1955 年提出"管理者角色"的概念。德鲁克认为，管理是一种无形的力量，这种力量是通过各级管理者体现出来的。[13]

管理者扮演的角色或者说责任大体上分为三类。

（1）管理一个组织。[33] 管理的目的是求得组织的生存和发展。为此管理者必须做到：一是确定该组织是干什么的，应该有什么目标，如何采取积极的措施实现目标；二是谋取组织的最大效益；三是"为社会服务"和"创造顾客"。

（2）管理管理者。[34] 组织的上、中、下三个层次中，人人都是管理者，同时人人又都是被管理者，因此管理者必须做到：一是确保下级的设想、意愿、努力能朝着共同目标前进；二是培养集体合作精神；三是培训下级；四是建立健全的组织结构。

（3）管理工人和工作。[35] 管理者必须认识到两个假设前提：一是关于工作，其性质是不断急剧变动的，既有体力劳动又有脑力劳动，而且脑力劳动的比例会越来越大；二是关于人，要正确认识到"个体差异、完整的人、行为有因、人的尊严"对于处理各类各级人员相互关系的重要性。

32. The role of the manager.

33. To manage an organization.

34. To manage the managers.

35.To manage the workers and their work.

[13] The famous American managerialist Peter Drucker put forward the concept of "the role of the manager" in 1955. Drucker believes that management is a kind of invisible force, which is manifested by managers at all levels.

亨利·明茨伯格（Henry Mintzberg）一项广为引用的研究认为，管理者扮演着十种角色，这十种角色又可进一步归纳为三大类：人际角色、信息角色和决策角色。

（1）人际角色。[36] 人际角色直接产生自管理者的正式权力基础，管理者在处理与组织成员和其他利益相关者的关系时，他们就在扮演人际角色。人际角色又包括代表人角色、领导者角色和联络者角色。

• 代表人角色。[37] 作为所在单位的头头，管理者必须行使一些具有礼仪性质的职责。如管理者有时出现在社区的集会上，参加社会活动，或宴请重要客户等，在这样做的时候，管理者行使着代表人的角色。

• 领导者角色。[38] 由于管理者对所在单位的成败负有重要责任，他们必须在工作小组内扮演领导者角色。就这种角色而言，管理者和员工一起工作并通过员工的努力来确保组织目标的实现。

• 联络者角色。[39] 管理者无论是在与组织内的个人和工作小组一起工作时，还是在与外部利益相关者建立良好关系时，都起着联络者的作用。管理者必须对重要的组织问题有敏锐的洞察力，从而能够在组织内外建立关系和网络。

（2）信息角色。[40] 在信息角色中，管理者负责确保和其一起工作的人员获得足够的信息，从而能够顺利完成工作。由管理责任的性质决定，管理者既是所在单位的信息传递中心，也是与组织内其他工作小组信息传递的渠道。整个组织的人依赖于管理结构和管理者以获取或传递必要的信息，以便完成工作。管理者必须扮演的信息角色，具体又包括监督者、传播者和发言人三种角色。

• 监督者角色。[41] 管理者持续关注组织内外环境变化以获取对组织有用的信息。管理者通过接触下属来收集信息，并且从个人关系网中获取对方主动提供的信息。根据这种信息，管理者可以识别组织的潜在机会和威胁。

• 传播者角色。[42] 管理者把他们作为信息监督者所获取的大量信息分配出去。

• 发言人角色。[43] 管理者必须把信息传递给单位或组织以外的人。

（3）决策角色。[44] 在决策角色中，管理者处理信息并得出结论。如果信息不用于组织的决策，这种信息就失去应有价值。决策角色具体又包括企业家、干扰对付者、资源分配者、谈判者四种角色。

• 企业家角色。[45] 管理者密切关注组织内外环境的变化和事态的发展，以便发现机会，并对所发现的机会进行投资以利用这种机会。

• 干扰对付者角色。[46] 它是指管理者必须善于处理冲突或解决问题，如

36. Interpersonal roles.

37. The role of the representative.

38. The role of the leader.

39. The role of the liaison person.

40. Informational roles.

41. The role of the supervisor.

42. The role of the information distributor.

43. The role of the spokesperson.

44. The role of the decision-maker.

45. The role of the entrepreneur.

46. The role of the disturbance-handler.

平息客户的怒气，同不合作的供应商进行谈判，或者对员工之间的争端进行调整等。

47. The role of the resource-allocator.

- 资源分配者角色。[47] 管理者决定组织资源用于哪些项目。

48. The role of the negotiator.

- 谈判者角色。[48] 管理者把大量时间花费在谈判上，管理者的谈判对象包括员工、供应商、客户和其他工作小组。

49. The types of managers.

1.2.2 管理者的类型 [49]

管理者可以按多种标准进行分类。

1. 按管理层次划分

50. Top Managers

（1）高层管理者。[50] 这是指一个组织中最高领导层的组成人员。他们对外代表组织，对内拥有最高职位和最高职权，并对组织的总体目标负责。他们侧重于组织的长远发展计划、战略目标和重大政策的制定，拥有人事、资金与资源的控制权，以决策为主要职能，故也称为决策层。例如，一个工商企业的总经理就属高层管理者。

51. Medium-levelled Managers

（2）中层管理者。[51] 这是指一个组织中中层机构的负责人员。他们是高层管理者决策的执行者，负责制定具体的计划、政策，行使高层授权下的指挥权，并向高层报告工作，也称为执行层。例如，一个工厂的生产处长、一个商场的商品部经理。

52. First-line Managers

（3）基层管理者。[52] 这是指在生产经营第一线的管理人员。他们负责将组织的决策在基层落实，制订作业计划，负责现场指挥与现场监督，也称为作业层。例如，生产车间的工段长、班组长。

2. 按管理工作的性质与领域划分

53. Comprehensive Managers

（1）综合管理者。[53] 这是指负责整个组织或其所属单位全面管理工作的管理人员。他们是一个组织或其所属单位的主管，对整个组织或其所属单位目标的实现负有全部责任；他们拥有这个组织或单位所必需的权力，有权指挥和支配该组织或该单位的全部资源与职能活动，而不是只对单一资源或职能负责。例如，工厂的厂长、车间主任、工段长都是综合管理者，而工厂的计财处长则不是综合管理者，因为其只负责财务这种单一职能的管理。

54. Function-specific Managers

（2）职能管理者。[54] 这是指在组织内只负责某种职能的管理人员。这类管理者只对组织中某一职能或专业领域的工作目标负责，只在本职能或专业领域内行使职权、指导工作。职能管理者大多具有某种专业或技术专长，例如，一个工厂的总工程师、设备处长等。就一般工商企业而言，职能管理者主要包括以下类别：计划管理、生产管理、技术管理、市场营销管理、物资设备管理、财务管理、行政管理、从事管理、后勤管理、安全保卫管理等。

3．按职权关系的性质划分

（1）直线管理人员。[55] 这是指有权对下级进行直接指挥的管理者。他们与下级之间存在着领导隶属关系，是一种命令与服从的职权关系。直线管理人员的主要职能是决策和指挥。他们主要是组织等级链中的各级主管，即综合管理者。例如，企业中的总经理、部门经理、班组长，他们是典型的直线人员，主要是由他们组成组织的等级链。

55. Line Managers

（2）参谋人员。[56] 这是指对上级提供咨询、建议，对下级进行专业指导的管理者。他们与上级的关系是一种参谋、顾问与主管领导的关系，与下级是一种非领导隶属的专业指导关系。他们的主要职能是咨询、建议和指导。参谋人员通常是职能管理者。

56. Advice Managers

直线管理人员与参谋人员，是依职权关系进行的区分，是相对于职权作用对象而言的，在实际管理中两者经常转化。例如，财务处长对其他各部门来说是参谋性管理者，因为其只是在财务领域内进行专业指导；而对于财务处内部人员来说，财务处长却是直线管理者，因其对本处工作人员有直接指挥的权力。

1.2.3　管理者的技能与素质 [57]

57. Skills and Qualities of Managers

1. 管理者的素质

管理者的素质是指管理者具备的与管理相关的内在基本属性与质量。管理者的素质主要表现为品德、知识、能力与身心条件。管理者的素质是形成管理水平与能力的基础，是做好管理工作、取得管理成效的极为重要的主观条件。

管理者的基本素质包括如下方面。

（1）政治与文化素质。这是指管理者的政治思想修养水平和文化基础。这包括政治坚定性、敏感性；事业心、责任感；思想境界与品德情操，特别是职业道德；人文修养与广博的文化知识等。

（2）基本业务素质。这是指管理者在所从事工作领域内的知识与能力。包括一般业务素质和专门业务素质。

（3）身心素质。这是指管理者本人的身体状况与心理条件。这包括健康的身体，坚强的意志，开朗、乐观的性格以及广泛而健康的兴趣等。

2. 管理者的技能

管理者的素质主要表现为实际管理过程中管理者的管理技能。美国管理学者 R.L. 卡兹（R.L.Katz）提出管理者必须具备三方面技能，即技术技能、人际技能和概念技能。

（1）技术技能。技术技能是指管理者掌握与运用其专业领域内的知识、技术和方法的能力。[14] 技术技能包括专业知识、经验、技术、技巧，以及程序、方法、操作与工具运用熟练程度等。这些是管理者对相应专业领域进行有效管理必备的技能。管理者虽不能完全做到内行，但必须懂得，必须具备一定的技术技能。特别是一线管理者，更应如此。

（2）人际技能。人际技能是指管理者处理人际关系的技能。[15] 人际技能包括：观察人，理解人，掌握人的心理规律的能力；人际交往，融洽相处，与人沟通的能力；了解并满足下属需要，进行有效激励的能力；善于团结他人，增强向心力、凝聚力的能力等。在"以人为本"的今天，人际能力对于现代管理者而言，是一种极其重要的基本功。没有人际技能的管理者是不可能做好管理工作的。

（3）概念技能，或称构想技能，指管理者观察、理解和处理各种全局性复杂关系的抽象能力。[16] 概念技能包括对复杂环境和管理问题的观察、分析能力，对全局性的、战略性的、长远性的重大问题处理与决断的能力，对突发性紧急处境的应变能力等。其核心是一种观察力和思维力。这种能力对于组织的战略决策和发展具有极为重要的意义，是组织高层管理者必须具备的、最为重要的一种技能。

上述三种技能，对任何管理者来说，都是应当具备的。但不同层次的管理者，由于所处位置、作用和职能不同，对三种技能的需要程度明显不同。高层管理者尤其需要概念技能，而且所处层次越高，对这种概念技能的要求就越高。概念技能的高低，成为衡量一个高层管理者素质高低的重要尺度。高层管理者在技术技能方面，要求就相对低一些。与之相反，基层管理者更重视的是技术技能。由于他们的主要职能是现场指挥与监督，若不掌握熟练的技术技能，就难以胜任管理工作。当然，相比之下，基层管理者在概念技能方面，要求就不是太高。

3. 现代管理者素质的核心——创新 [58]

58. Innovation-The Core Quality of Modern Managers

在社会化大生产不断发展、市场竞争日趋激烈、知识经济已见端倪的今

---

[14] Technical skills are those of managers to master and apply the knowledge, techniques and methods in a certain professional field.

[15] Interpersonal skills are those managers who are supposed to have to deal with interpersonal relationships.

[16] Conceptual skills, or idea-forming skills, are the abstract skills of managers to observe, understand and handle various kinds of global complicated relationships.

天，时代对管理者素质提出了严峻的挑战。在当今时代进行有效而成功的管理，管理者最需要的素质就是创新。创新是现代管理者素质的核心。

创新素质主要体现在以下几方面。

（1）创新意识。[59] 管理者要树立创新观念，要真正认识到创新对组织生存与发展的决定性意义，并在管理实践中事事、时时、处处坚持创新，要有强烈的创新意识。

59. Innovative Awareness

（2）创新精神。[60] 这是涉及创新态度和勇气的问题。管理者在工作实践中，不但要想到创新，更要敢于创新。要有勇于突破常规、求新寻异、敢为天下先的大无畏精神。

60. Innovative Spirit

（3）创新思维。[61] 不但要敢于创新，还要善于通过科学的创新思维来完成创新构思。没有创造性思维，不掌握创新思维的方法与技巧，不采用科学可行的创造性技法，是很难实现管理上的突破与创新的。

61. Innovative Thinking

（4）创新能力。[62] 管理创新是靠创新能力实现的。创新能力是在管理实践中由相关的知识、经验、技能与创造性思维综合形成的。

62. Innovative Capacity

管理故事

如果你把 6 只蜜蜂和同样多的苍蝇装进一个玻璃瓶中，然后将瓶子平放，让瓶底朝着窗户，会发生什么情况？

你会看到，蜜蜂不停地在瓶底上寻找出口，一直到它们力竭倒毙或饿死；而苍蝇则会在不到两分钟的时间内，穿过另一端的瓶颈逃逸一空——事实上，正是由于蜜蜂对光亮的喜爱，由于它们的固定逻辑，蜜蜂才死亡了。

蜜蜂以为，囚室的出口必然在光线最明亮的地方；它们不停地重复着这种合乎逻辑的行动。对蜜蜂来说，玻璃是一种超自然的神秘之物，它们在自然界中从没遇到过这种突然不可穿透的大气层；而它们的逻辑性越强，这种奇怪的障碍就越显得无法接受和不可理解。

那些愚蠢的苍蝇则对事物的逻辑毫不留意，全然不顾亮光的吸引，四下乱飞，结果误打误撞地碰上了好运气；这些头脑简单者总是在智者消亡的地方顺利得救。因此，苍蝇得以最终发现那个正中下怀的出口，并因此获得自由和新生。

企业应该意识到的最重要的事情，就是当每人都遵循规则时，创造力便会窒息。这里的规则也就是瓶中蜜蜂所坚守的"逻辑"，而坚守的结局是死亡。企业生存的环境可能突然从正常状态变得不可预期、不可想象、不可理解，企业中的"蜜蜂"们随时会撞上无法理解的"玻璃之墙"。领导者的工作就是赋予这种变化以合理性，并找出带领企业走出危机的办法。如果想成功，企业必须有全新的思维。这个世界变化太快，我们需要张开双臂，全身心地投入这一时代，学会用不同的方式思考问题，在这个充满变革的时代里，我们要加快速度前进。只有努力创新，才会有前途，墨守成规或一味模仿他人，到最后只会失败。

63. Managing Functions

1.2.4　管理的职能 [63]

管理活动表现在管理的各种职能之中。由于分工的发展和管理工作的专业化，人们在管理活动过程中划分出一系列相对独立的具体活动，这些具体活动、任务（行为）的总和构成完整的管理职能。所以，绝大多数管理者并不执行管理的全部职能，而只是承担某一方面，执行部分管理职能。

管理的职能是什么？学者们至今尚无统一的看法。法国著名管理学者亨利·法约尔（Henri Fayol）在1915年提出管理的职能应包括计划、组织、指挥、协调、控制五项。后来，西方许多学者在此基础上，作了发展和补充，先后出现了三职能说、四职能说、五职能说、六职能说，乃至七职能说。

尽管对管理职能有不同的理解和分类，但是大多数专家都承认：管理的基本职能就是管理工作包括的几种基本活动，其中有四项基本职能是多数专家认可的，即计划、组织、领导和控制。

64. Planning

1.　计划 [64]

计划指在一定时间内，对组织预期目标和行动方案所作出的选择和具体安排。[17] 简单地说，计划涵盖了组织目标和实现目标的途径，它是一切管理活动的前提，可以说离开了计划，其他管理职能就无法行使。有效的计划不仅为组织指明了发展的目标和方向，统一了组织的思想，同时也为组织制订行动步骤提供了衡量的基点，它是名副其实的管理第一职能。在计划职能的各个要素中，决策是计划职能中心。决策是管理者为了取得预期的结果，在对管理规律认识和对管理对象有关信息进行分析、预测的基础上，制定与采取活动方案的过程。[18] 决策是管理的起点，是当代管理活动的最重要内容、

[17]　Planning refers to making choices of expected goals, and specific arrangement of action schemes, within a certain period of time.

[18]　Among all the factors, decision-making is the center of planning. Decision-making is the process of formulating and carrying out schemes by the managers so as to achieve expected results, based on their knowledge of the law of management and their analysis and prediction of relevant information about the objects of management.

管理者的最基本职责。计划是决策的具体化，它预先决定做什么、如何做和谁去做。计划所涉及的问题是要在未来的各种行为过程中作出抉择，在我们所处的地方和要去的地方之间铺路搭桥。虽然精确的计划是很难作出的，但是如果没有计划，结局就会听天由命。

2. 组织 [65]

65. Organizing

组织职能在于保持完成计划所必需的活动的连贯性和协调一致，保证活动系统内部发展的平衡，并适时给予调整。[19] 组织职能的任务是设计和维持一种职务结构，使人们明确自己在集体中的位置，了解自己在相互协调中所应起的作用，从而自觉地为实现集体目标而有效地工作。组织是从事管理活动的载体，包括对组织结构和组织行为的分析和研究。

组织工作的基本内容主要包括以下方面。

· 组织设计。包括组织结构、部门与岗位设置及其相互联系。

· 人员配备。根据各种岗位活动的需要，解决好人员选聘、考核和培训问题。确保把合适的人员安置在各级组织机构相应的工作岗位上。

· 组织运行。根据业务活动与环境的变化，维持组织的正常运转，处理好组织中的各种关系，研究和实施组织机构的调整和变革。

3. 领导 [66]

66. Leading

领导是指在组织确立之后，各级管理者利用组织赋予的权力和自身的影响力，指导和影响组织成员为实现组织目标作出努力和贡献的过程与艺术。[20] 有效的领导工作是组织任务完成的关键因素，在日常的管理活动中发挥着指挥、协调、监督、相互沟通以及对员工的激励等重要作用。领导是指挥、引导组织成员的实际工作，使之顺利通向共同目标的过程。它直接涉及管理者和管理对象之间的人际关系。领导是十分必要的。即使计划、组织等方面的工作都做得很好，在实际工作中也必须辅之以对组织成员的领导，通过良好的沟通以及有效的激励，引导组织成员有效地领会并出色地实现集体的既定目标。

---

[19] Organizing is to maintain the coherence and coordination of activities necessary for accomplishing a plan, ensure the balance of the development of these activities, and make adjustments if necessary.

[20] Leading is the process and the art that every level of managers, after the establishment of an organization, make full use of their entitled power and their own influence to direct members to make efforts and contributions for the achievement of the organization's goals.

4. 控制 [67]

控制是指为了确保系统按预期目标运作，对其发展过程不断地调整和施加影响的过程。[21] 世界上任何事物的发展都需要有效和适当的控制，管理控制尤其必不可少。管理控制手段虽然多种多样，但其目的都在于使组织适应环境的变化，限制偏差的累积，以保证计划目标实现，或根据客观环境的变化，适时地作出调整。

控制职能是对管理客体的工作进行评估和调节，以确保集体的目标及为此而拟订的计划得以实现。在管理活动中，一旦决策方案、活动计划通过组织付诸实施，就需要立即对活动加以控制。它通过监督，衡量计划执行的进度，揭示计划执行中的偏差，找出偏差的部位、性质和原因，并采取积极措施加以调节；或者把不符合要求的活动拉回到正常的轨道上来，使之按照原来的决策和计划发展；或者重新决策，修正计划。因此，控制工作的职能在很大程度上是使管理工作成为一个闭环系统。

1.3 管理学的特点和研究方法 [68]

所谓管理学就是指系统地研究管理活动的基本规律和一般方法的科学。

1.3.1 管理学的特点

管理学与其他学科相比，有许多不同的特点。

1. 一般性

管理学主要是研究管理活动中的共性原理和基础理论。既然是一般原理，它适用于一切企业组织和事业单位，不管是工厂、学校、科研机构，还是政府、军队、社会团体、服务机构等，它们为了实现本单位的既定目标，都需要完成包括计划、组织、领导和控制等一系列的管理职能，协调各种关系。特殊性中孕育着共性，需要用管理学中共同普遍的原理和方法去指导。

2. 综合性

鉴于管理工作的复杂性，管理学涉及许多学科的业务和知识，概括起来有哲学、心理学、人类学、社会学、政治学、经济学、历史学、伦理学、数学、统计学、运筹学、系统学、会计学、工艺学、教育学、法学、计算机科学等近20门学科，因此可以说管理学是一门交叉学科或边缘学科。它要在内容上

---

[21]　Controlling is the process of constantly making adjustments to and exerting influence on the development of the management system so as to ensure the goal achievement.

和方法上综合利用上述多学科的成果，才能发挥自己的作用，这就充分地体现了该学科的综合性。

3. 模糊性

管理工作本身既有科学性的一面，又有艺术性的一面。实际工作中遇到的复杂因素，使它在研究方法上不同于数学和自然科学，很难完全定量化，也难以在现实生活中找出绝对理想的最优管理方案。管理科学在整体上重视定性分析和定量分析相结合的方法，追求满意决策。因此在某种程度上，它是一门不精确的科学。这种提法并不是要贬低管理学研究的意义，而是要人们认识管理活动的特点，在学习管理理论的同时，更加重视管理的艺术性特征。因地、因时、因人制宜地创造适合自身组织的管理经验。

4. 实践性

管理学是为管理者提供有关管理实践的理论、原则、方法的实用学科，只有把管理理论同管理实践相结合，才能真正发挥这门学科的作用。如果管理学仅仅停留于某些理论方面的研究，就失去了学科本身的价值。学习管理学时，应该全面结合国内外典型的案例分析，并且通过在实际工作中所取得的经济效益和社会效益来验证自己是否真正掌握了管理学的本质和精髓。

1.3.2　管理学的研究方法

管理学的研究方法同其他社会科学一样，一般可分为归纳法、试验法和演绎法。

1. 归纳法

归纳法就是对一系列典型的事物进行观察分析，找出各种因素之间的因果关系，从中得出事物发展变化的一般规律，这种从典型到一般的研究方法也称为实证研究。鉴于影响管理活动的相关因素很多，许多因素对管理系统单独的影响程度很难量化，所以归纳法的运用相当广泛。运用归纳法时，一定要注意选好典型，调查对象应有足够的数量，即要尽可能多地选取样本。调查研究要综合运用访谈法、问卷法等多种形式，保证调查结果具有必要的精度，在此基础上分析整理各种事物之间的相关关系，应尽量避免主观主义和形而上学，从而得出符合客观事实、对相同事物有指导意义的结论。

2. 试验法

试验法是人为地为某一试验创造一定的条件，并观察试验结果，再与未给予这些试验条件（对照组）的对比试验的实际结果进行比较分析，从中寻求外加条件与试验结果之间的因果关系，找出其中某些普遍适用的规律性。

例如，美国在 1927—1932 年进行的霍桑试验，以及根据其试验结果所发表的人际关系理论就是一个典型的试验法事例。这种方法在微观管理工作中如生产管理、设备管理、产品质量管理以及营销方法、劳动组织等许多领域中，都能得到广泛的应用。

3. 演绎法

该法是指对某些较复杂的管理问题，从某种逻辑推理和统计分析的方法，找出各种变量之间的相互关系，建立某种相关的数学和经济模型，反映管理活动简化了的事实，例如，管理学中常见的投入产出模型、决策模型、预测模型、库存模型、现金流量模型等。演绎法的发展和运用，进一步加强了数学与管理学的结合，大大促进了管理学定量分析方法的推广，特别是现代计算机技术迅速发展，使运用演绎法处理管理问题的速度、精度以及使用范围都得到进一步的改善和加强。

◇ 思考

管理是由共同劳动引起的，在社会化大生产条件下得到强化和发展。管理就是通过计划、组织、领导、控制、协调以人为中心的组织资源与职能活动，以有效地实现组织目标的社会活动。管理具有自然属性和社会属性；管理既是科学，又是艺术。管理是一个系统，由管理目标、管理者、管理对象、管理机制与方法、管理环境等要素或子系统组成。管理的职能包括计划、组织、领导和控制。

管理的主体是管理者，管理者是指履行管理职能，并对实现组织目标负有贡献责任的人。管理者可以按管理层次、管理工作的性质和职权关系的性质分为不同类型。管理者的基本素质，包括政治与文化素质、基本业务素质和身心素质。管理者的技能包括技术技能、人际技能和概念技能。现代管理者素质的核心是创新。管理者要有创新意识、创新精神、创新思维和创新能力。

本章小结

管理是指一定组织中的管理者，通过实施计划、组织、人员配备、指导与领导、控制等职能来协调他人的活动，使别人同自己一起实现既定目标的活动过程。

从管理本质来看，管理活动有如下突出特征：管理是一种普遍的文化现象和社会现象；管理的主题是管理者；管理的本质是协调；管理的目的是实现目标；管理的核心是处理好人际关系。

管理既是一门科学，又是一门艺术，是科学性与艺术性的统一。

管理，具有同生产力社会化生产相联系的自然属性和同生产关系、社会制度相联系的社会属性，这就是通常所说的管理的二重性。

管理系统 一般由管理目标、管理主体、管理对象、管理媒介、管理环境等要素构成。

管理者是指履行管理职能，对实现组织目标负有贡献责任的人。

美国著名管理学家彼得·F·德鲁克 1955 年提出"管理者角色"的概念。德鲁克认为，管理是一种无形的力量，这种力量是通过各级管理者体现出来的。所以管理者扮演的角色或者说责任大体上分为三类：管理一个组织，管理的目的是为了求得组织的生存和发展；管理管理者；管理工人和工作。

亨利·明茨伯格一项广为引用的研究认为，管理者扮演着十种角色，这十种角色又可进一步归纳为三大类：人际角色、信息角色和决策角色。

管理者按管理层次划分可分为高层管理者、中层管理者、基层管理者。按管理工作的性质与领域划分为综合管理者、职能管理者。按职权关系的性质划分为直线管理人员、参谋人员。

管理者的素质是指管理者具有的与管理相关的内在基本属性与质量。管理者的素质主要表现为品德、知识、能力与身心条件。管理者的素质是形成管理水平与能力的基础，是做好管理工作、取得管理成效的极为重要的主观条件。

管理者的基本素质包括政治与文化素质、基本业务素质、身心素质。

管理者的素质主要表现为实际管理过程中管理者的管理技能。美国管理学者 R·L·卡兹提出管理者必须具备三方面技能，即技术技能、人际技能和概念技能。

在当今时代进行有效而成功的管理，最需要的管理者素质就是创新。创新是现代管理者素质的核心。

创新素质主要体现在创新意识、创新精神、创新思维、创新能力。

管理的基本职能就是管理工作包括的几种基本活动，其中有四项基本职能是多数专家认可的，即计划、组织、领导和控制。

所谓管理学就是指系统地研究管理活动的基本规律和一般方法的科学。

管理学的研究方法同其他社会科学一样，一般可分为归纳法、试验法和演绎法。

综合练习

一、单项选择题

1. "组织共同劳动而生产，反映了社会协作劳动本身的要求，力求用先进的科学方法合理地组织生产力，以保证生产过程的顺利进行。"这是指管理的（   ）。

A. 科学性　　　　B. 艺术性　　　　C. 自然属性　　　　D. 社会属性

2. "没有实践便无所谓管理"是指管理学的（   ）特征。

A. 应用性　　　　B. 综合性　　　　C. 复杂性　　　　D. 独立性

3. 通过对客观存在的一系列典型事物（经验）进行观察，从掌握典型事物的典型特点、典型关系入手，进而分析研究事物之间的因果关系，从中找出事物变化发展的一般规律。这种方法是管理学研究的（   ）。

A. 比较方法　　　　B. 归纳法　　　　C. 实验模拟法　　　　D. 可行性试验

4. "制定组织的总体目标、掌握组织的大政方针、评价整个组织的绩效等式"是（   ）的主要职责。

A. 专业管理人员　　B. 高层管理人员　　C. 中层管理人员　　D. 基层管理人员

5. （   ）对于任何层次的管理人员来说，都是同等重要的。

A. 技术技能　　　　B. 人际技能　　　　C. 决策技能　　　　D. 概念技能

6. 带领和指挥组织中的全体成员同心协力地去执行组织的计划,实现组织的目标,这是管理的(   )。

A. 计划职能　　　　B. 组织职能　　　　C. 领导职能　　　　D. 控制职能

7. 管理活动的本质是（   ）。

A. 对人的管理　　　B. 对物的管理　　　C. 对资金的管理　　　D. 对技术的管理

8. 管理的职能也就是管理工作所包含的几类基本活动。这些基本活动（   ）。

A. 彼此独立，分别由不同部门的人担当

B. 各不相同，分别由不同层次的人担当

C. 在空间和时间上彼此交融，每一个主管人员都要承担这些活动

D. 形式不同，但本质相同

二、问答题

1. 管理的主要目的是什么？请给出一个管理的定义，看看和书上的有什么不同？

2. 有人说研究管理的性质对管理本身并没有什么影响，你认为对吗？为什么？

3. 学院的老师是管理者吗？以管理职能和管理者角色的观点进行讨论。

4. 管理者应具备哪些基本技能？不同层次的管理者所需要的技能侧重点有何不同？

5. 现代管理学的研究内容有哪些？

6. 某公司张总经理听完成教授关于"管理与管理学"的讲课之后，产生了两个困惑。

（1）"管理有艺术性？我在工作中怎么没有发现啊？"

（2）"既然管理学是不精确的，那它对实践还有指导意义吗？"

请你帮张总经理解惑。

chapter 2

第 2 章 管理理论和流派的形成与发展

学习目标

通过本章学习，你可以达到以下目标。

知识目标

了解西方管理思想的发展过程；

掌握不同管理理论和管理学派的基本观点；

了解各管理理论和管理学派的主要代表人物及其主要贡献。

能力目标

能运用所学的管理理论分析管理问题；

能对各管理流派的理论进行分析和比较；

能正确把握管理理论的发展趋势。

2.1 早期管理思想 [1]

1. 主要文明古国对早期管理思想形成的贡献

自从有了人类历史就有了管理。因为人是社会动物，人们所从事的生产活动和社会活动都是集体进行的，要组织和协调集体活动就需要管理。

原始人在狩猎时，往往由一群人来猎杀一头猎物。这是由于他们认识到单个人没有这种能力，只有众多人同时从事这一活动，才能既保全自己，又捕获猎物。在这种情况下，需要大家配合行动，一些人举着火把，一些人抛掷石块，还有一些人拿着木棒……组织这种相互配合的活动实际上就是管理，尽管当时他们还没有创造出"管理"一词。

管理思想是随着生产力的发展而发展起来的。原始社会的生产力水平非常低下，当时的管理水平也与之相适应。随着人类的不断进步，管理思想也有了很大发展。世界上的一些文明古国对早期的管理思想都有突出的贡献。远在奴隶制时代，古巴比伦、古埃及、古罗马人就在指挥军队作战、治国施政和教会管理中体现出比较有效的管理方法。我国也是一个文明古国，同样有着光辉的历史，在管理思想的发展史上占有重要地位。早在 2000 多年前的春秋战国时期，杰出的军事家孙武所著的《孙子兵法》中，篇篇都闪耀着智慧的光芒。"知己知彼，百战不殆"这一名句就出自该书。它强调要了解敌我双方的情况，并要分析客观规律才能克敌制胜。像这样辩证的策略思想在《孙子兵法》中比比皆是。这种思想不仅在军事上，而且在管理上对今天的工作都有重要的参考价值。日本和美国的一些大公司甚至把《孙子兵法》列为培训经理的必读书籍。流传至今的"田忌赛马"的故事，所包含的管理思想就是当代管理科学中对策论的雏形。

可以说，人类在开始记载他们的活动之前就已感受到了在协力合作中对他们的活动进行协调的必要性。原始社会恶劣的自然环境，使人们产生了经济、社会和政治的需要。为了满足需求，人们组织了各种经济、社会和政治组织，而有组织的活动又要求行使某些职能以有效地分配、利用人类的努力和稀少的自然资源，于是管理也随之产生、发展。但是长期以来，人们对管理并没有进行很好的研究。因为工业化以前的组织可以靠神赐军权、教义对虔诚的号召力、军队的严格纪律以及家庭内部的亲情来进行管理。在尚未工业化的环境中，很少或者完全没有建立科学的管理思想体系或专门进行管理规律研究的需要。

在 18 世纪 60 年代以后，西方国家开始进行产业革命。这场革命是以手工业为基础的资本主义工场向采用机器的资本主义工厂制度过渡。产业革命使生产力有了较大的发展，新兴的工厂制度所提出的管理问题完全不同于以前传统组织所碰到的管理问题，如劳资纠纷问题，劳动力的招募、培训与激励问题，纪律的维持问题等。这些前所未有的管理问题需要人们去研究解决，在这种情况下，管理理论研究开始出现。

2. 早期的管理理论研究者

在18世纪中期及下半叶，有一些人为了解决工业革命所带来的一系列管理难题，从各自的学科出发，对管理进行了一些理论研究。其中对后期的管理思想有较大影响的代表人物是罗伯特·欧文、亚当·斯密和查尔斯·巴贝奇。

（1）亚当·斯密（Adam Smith）。亚当·斯密是英国著名的古典政治经济学家，他在1776年出版的著作《国民财富的性质和原因研究》（简称《国富论》²）中对管理问题有诸多见解。他对管理理论发展的贡献之一是劳动分工理论³。他认为劳动分工能提高劳动效率⁴，原因是：劳动分工可以使工人重复完成单项操作，从而提高劳动熟练程度，提高劳动效率；劳动分工可以减少劳动者由于变换工作而损失的时间；劳动分工可以使劳动简化，使劳动者的注意力集中于某种特定的对象上，有利于促进工具的改革和机器的发明。[1] 这种观点适应了当时社会对迅速扩大劳动分工以促进工业革命发展的要求，成为资本主义管理的一项基本原理，也成为企业管理理论的一条重要原理。

亚当·斯密的另一个重要观点是"经济人"⁵观点。他认为，经济现象是基于具有利己主义目的的人们的活动所产生的。人们在经济行为中，追求的完全是私人利益。[2] 但是每个人的利益总是受到他人利益的制约，每个人都需要兼顾到他人的利益，由此产生共同利益，进而形成总的社会利益。社会利益正是以个人利益为基础的，这就是"经济人"观点。这种观点后来成为整个资本主义管理的理论基础。

（2）罗伯特·欧文（Robert Owen）。罗伯特·欧文是19世纪初英国著名的空想社会主义者、一位成功的企业家。他最早注意到了企业中人力资源的重要性。欧文提出，要重视工厂管理工作中人的因素，工厂企业应该致力于人力资源的开发和投资。他在自己经营的工厂里进行了一系列的改革和实

2. *The Wealth of Nations*

3. Division of Labor

4. Adam Smith thinks that division of labor can improve work efficiency.

5. Economic Man

---

[1] Division of labor can make workers reproduce a single operation, so as to improve the proficiency and efficiency. Division of labor can reduce time loss brought about by transforming work.Division of labor can simplify the work and make the employees focus on a particular object, thus promoting the reform of tools and the invention of machines.

[2] Adam Smith thought, an economic phenomenon is generated by activities of egocentric people . The pursuits are completely private interests in economic behavior.

验，如缩短工人的工作时间，改善工作条件，提高工资，改善生活条件，发放抚恤金等。改革实践证实，重视人的作用，尊重人的地位，可以使工厂获得更多的利润。在人力资源管理方面，欧文是一位杰出的开拓者，对企业管理的实践，使其成为了行为科学管理理论的先导，后人称之为"劳动人事管理之父"[6]。

6. The father of labor and personnel management.

（3）查尔斯·巴贝奇（Charles Babbage）。查尔斯·巴贝奇是英国著名的数学家和机械学家。他继亚当·斯密之后又进一步发展了关于劳动分工的管理思想。他曾用几年时间到英、法等国的工厂了解和研究管理问题，于1832年出版了《论机器与工厂的经济》，着重论述了专业分工与机器、工具使用的关系。他对工作方法进行了研究，认为一个体弱的人如果所使用的工具在形状、重量、大小等方面都比较适宜，那么他一定能胜过体质较强的人。他认为劳动分工应按照工人的技巧水平进行专业分工，指出劳动分工可以提高工作效率的原因是：①分工节省了学习所需要的时间，节省了学习中所耗费的材料；②节省了工序转换和更换工具所耗费的时间；③由于经常重复同一操作，技术熟练的工人工作速度加快；④有利于改进工具和机器，从而提高劳动生产率。在劳资关系方面，他强调劳资协作，强调工人要认识到工厂制度对他们有利的方面，他认为工人和工厂主的利益是一致的。他主张按照对生产率贡献的大小来确定工人的报酬，还提出固定工资加利润分享的制度。工人的收入应该由三部分组成，即：按照工作性质和工种确定的固定工资；按照生产效率及所作贡献分得的利润；为提高劳动效率而提出建议所应给予的奖励。从生产管理所采用的分配办法看，巴贝奇的理论至今仍具有现实意义。

此外，英国的安德鲁·尤尔（Andrew Ure）最先提出了要在工厂内部建立必要的规章制度的见解；法国的德拉维勒耶（De LaVeleya）强调职工培训的重要性；美国的汤恩（Torn）认为管理工作应成为一门专门的职业，应当让有管理才能的人担任经理、厂长、监工和领班等，作为资本家的代理人行使企业管理的职能等。尽管如此，传统管理仍没有摆脱小生产方式的影响，沿袭着小生产的传统，主要靠个人的经验进行生产和管理，没有形成一套科学的管理理论和管理方式。

这些先驱者从不同的角度提出了一些管理思想，但他们毕竟不是专门研究管理的，因此他们的研究并没有形成一种系统化的管理理论体系。这也与当时社会普遍只注重生产组织、减少浪费、增加产量、追求最大利润的具体方法有关，人们注重的是具体方法而不是理论。在这一阶段，由于没有系统的管理理论的指导，管理工作呈现以下几个特点。

第一，管理的重点是解决分工与协作问题。[7] 当时的管理仅着眼于如何进行分工协作以保证生产过程的顺利进行；或怎样减少资金的消耗，提高工人的日产量指标，以取得更多的利润。管理的内容局限于生产管理、工资管理和成本管理。

第二，管理的方法是凭个人经验。[8] 由于是从农业国发展成工业国的，这就意味着没有"管理阶层"，既没有普遍适用的有关如何进行管理的知识体系，也没有共同的管理行为准则。因此，早期的管理人员通常凭自己的经验来管理，管理工作的成败主要取决于管理者个人的经验、个性特点的工作作风。

第三，管理的主体即企业管理者由资本家直接担任。[9] 由于劳动三要素是由资本聚集起来的，拥有资本的工厂主也就成了当然的企业管理者。随着企业的发展，越来越多的工厂主开始认识到，单凭自己的经验和直觉已越来越难胜任整个企业的生产经营管理工作，最好的办法是让那些有管理才能的人来代替自己做一些管理工作，于是后期出现了"特种雇佣人员"——厂长、监工、领班等。但尽管如此，企业的总体管理还是由资本家亲自掌握的。

2.2 古典管理理论 [10]

古典管理理论有时也被称为古典管理思想，形成于20世纪最初的20年。古典管理理论着眼于科学地管理劳动和组织的各种方法，包括三个不同的理论学派，即科学管理理论学派、一般管理理论学派和组织理论学派。

2.2.1 科学管理理论学派 [11]

最先突破传统的经验管理思想的代表是美国的泰勒。泰勒生于美国费城一个律师家庭。1878年泰勒进入美国米德威尔钢铁公司工作，当过技工、工头、车间主任、技师和总工程师，1898—1901年，泰勒受雇于伯利恒钢铁公司。他的一生主要从事工厂内部管理问题的实践和理论研究，他做过许多科学管理的试验。通过系列试验和管理实践，他总结了一些管理原理和方法并加以系统化，相继发表了《计件工资制》（1895年）、《车间管理》（1903年）等论著。1911年他出版了《科学管理原理》[12]，提出了通过对工作方法的科学研究来提高工作劳动效率的基本理论与方法。泰勒因而被西方管理学称为"科学管理之父 [13]"。[3]

---

[3] Frederick W. Tayor (1856-1915) was the father of Scientific Management. Working at Midvale Steel Company, Taylor witnessed many inefficiencies. He sought to create a mental revolution among both workers and managers by defining clear guidelines for improving production efficiency.

7. The focus of management is to solve the problems of the division and cooperation of labor.

8. The methods of management are based on personal experience.

9. The subject of the management (the enterprise manager) is acted by capitalists directly.

10. Classical Management Theory

11. Scientific Management Theory

12. *Principles of Scientific Management*

13. The Father of Scientific Management

1. 泰勒科学管理的主要内容

泰勒科学管理理论的内容要点如下。

（1）科学管理的根本目的是谋求最高工作效率。[14] 他认为，最高的工作效率是工厂主和工人共同达到富裕的基础，它能使较高的工资与较低的劳动成本统一起来，从而使工厂主得到较多的利润，使工人得到较高的工资。没有工人的富裕，工厂主的富裕就不可能长久。提高劳动生产率是泰勒创立科学管理理论的基本出发点，是泰勒确定科学管理的原理和方法的基础。

（2）达到最高工作效率的重要手段，是用科学的管理方法代替旧的经验管理。[15] 泰勒认为，管理是一门科学。在管理实践中，建立各种明确的规定、条例、标准，是一切工作科学化、制度化的关键，是提高管理效能的关键。

（3）实施科学管理的核心，是要求管理人员和工人双方在精神上和思想上来一次彻底的变革。[16]

科学管理不仅是将科学化、标准化引入管理，更重要的是泰勒所倡导的精神革命，这是实施科学管理的核心问题。许多人认为雇主和雇员的根本利益是对立的，而泰勒所提的科学管理却恰恰相反，它相信双方的利益是一致的。对于雇主而言，追求的不仅是利润，更重要的是事业的发展。而正是这事业使雇主和雇员相联系在一起，事业的发展不仅会给雇员带来丰厚的工资，还意味着充分发挥其个人潜质，满足自我实现的需要。只有雇主和雇员双方互相协作，才会达到较高的绩效水平，这种合作观念是非常重要的。正像 1912 年泰勒在美国众议院特别委员会听证会上所作的证词中强调的那样，科学管理是一场重大的精神变革，每个人都要对工作、对同事建立起责任观念；每个人都要有很强的敬业心和事业心。这样雇主和雇员都把注意力从利润分配转移到增加利润的数量上来。当双方友好合作、互相帮助，以代替对抗的斗争时，双方共同努力，就能够创造出比过去更多的利润，从而使雇员提高工资，获得较高的满意度，使雇主的利润增加，使企业规模扩大。

根据以上观点，泰勒提出了一系列科学管理原则。

（1）工作定额原理。[17] 即以提高工人劳动生产率为中心，进行劳动时间和动作研究，同时选用最合适的劳动工具，集中先进、合理的操作动作，省去多余的、不合理的操作，制定出有科学依据的工人的"合理的日工作量"。这是科学管理的基础。当时泰勒应用这种方法在伯利恒钢铁公司进行了著名的搬运生铁块试验，在试验中消除装运动作中的多余和不合理部分，合理安

14. The essential purpose of scientific management is to pursue the highest working efficiency.

15. The important means to achieve the highest efficiency, is the scientific management method instead of the old management experience.

16. The core of scientific management implementation is to require a complete change among managers and workers in spirit and thought.

17. The principle of work quota.

排劳动与休息时间，工人每天搬运生铁量由 12.5 吨提高到了 47.5 吨。

（2）标准化原理。[18] 即要求工人掌握标准化操作方法，使用标准化的工具、机器和材料，并使作业环境在标准化的情况下进行生产。当时泰勒应用这种方法在伯利恒钢铁公司进行了著名的铁锹试验，在试验中，泰勒使用不同的材料设计出不同形状和规格的工具，工人不用自带工具，而是根据工种情况从公司领取特制的标准铁锹，结果工作效率大大提高，工人的日工作量从 16 吨提高到了 59 吨。

（3）实行差别计件工资制。[19] 按照作业标准和时间定额，规定不同的工资率。对完成和超额完成工作定额的工人，以较高的工资率计件支付工资；对完不成定额的工人，以较低的工资率计件支付工资。

（4）能力与工作相适应。[20] 为了提高劳动生产率，必须为工作挑选"第一流的工人"。所谓"第一流的工人"，是指能力最适合做这种工作而且也愿意去做这种工作的人。泰勒认为，要根据人的能力把他们分配到相应的工作岗位上，鼓励他们努力工作，并进行培训，教会他们科学的工作方法，使他们成为第一流的工人。企业管理者的责任在于为雇员找到最合适的工作，培训他们成为第一流的工人。

（5）明确划分计划职能与执行职能，建立职能机构，使管理专业化。[21] 泰勒认为，工人单凭个人经验，找不到科学的方法，而且他们也没有时间去研究这方面的工作。因此，必须把计划职能与执行职能分开，由专门的计划部门承担计划职能，由所有的工人和部分工长承担执行职能，用科学的工作方法代替经验的工作方法。

（6）实行"例外原则"。[22] 即把企业日常管理事务授权给下级管理人员处理，高层领导人拥有对重大事情的决策权和监督权，以保证企业高层领导人集中精力抓大事。

总之，泰勒对企业管理的最大贡献是：他主张一切管理问题都应当而且也可以用科学的方法加以研究和解决，实行各方面的标准化，使个人经验上升为理论，不单凭经验办事。这使企业管理开始向科学化演变，从而开创了传统管理进入科学管理的新阶段。

2. 其他贡献者

与泰勒同时代的对管理作出过贡献的还有亨利·甘特、弗兰克·吉尔布雷斯夫妇、亨利·福特等。甘特（Henry Laurence Gantt）曾是泰勒的同事，后来独立创业，从事企业管理技术咨询工作。其重要贡献之一是设计了一种用线条表示的计划图表，称"甘特图"，这种图现在常用于编制进度计划。

18. The principle of standardization.

19. To implement the differen tial piece-rate system.

20. To match jobs with workers' abilities.

21. To clearly differentiate the planning and implementing functions, establish the function mechanism and promote management specialization.

22. To implement the "exception principle".

甘特还提出了"计件奖励工资制"，即除了支付日工资外，超额完成定额部分，再计件给以奖金；完不成定额的，只能拿到日工资。这种制度比泰勒的"差别计件制"更能激发员工劳动积极性。这个事实第一次说明，工资收入有保证也是一种工作动力。甘特的代表作是 1916 年出版的《工业的领导》和 1919 年出版的《工作组织》。

机械师弗兰克·吉尔布雷斯（Frank Bunker Gilbreth）和他的妻子、心理学者莉莲·吉尔布雷斯（Lillian Moller Gilbreth）两人以进行"动作研究"而著称。他们开始是在建筑行业分析研究用哪种姿势砌砖量增加两倍。他们还在其他行业进行过动作研究，并把工人劳动时手臂的活动分解成了 17 项基本动作。他们的动作研究比泰勒的研究更为细致和广泛，其研究成果反映在 1911 年出版的《动作研究》一书中。

美国的亨利·福特（Henry Ford）在泰勒的单工序动作研究的基础上，对如何提高整个生产过程的生产效率进行研究。他充分考虑了大量生产的优点，规定了各个工序的标准时间，使整个生产过程在时间上协调起来，创造了第一条流水生产线——汽车流水生产线，提高了企业的生产效率，降低了成本。福特为了有利于企业向大量生产发展，进行了多方面的标准化工作，包括：产品系列化——减少产品类型，以便实行大量生产；零件规格化——以利提高零件的互换性；工厂专业化——不同的零件分别由专门的工厂或车间制造；机器及工具专用化——以提高工作效率，为自动化打下基础；作业专门化——使各工种工人反复地进行同一简单作业。

泰勒及其他同期先行者的理论和实践构成了泰勒制。泰勒制解决的是用科学的方法提高生产现场的生产效率的问题，因此，以泰勒为代表的这些学者所形成的学派被称为科学管理学派。

3. 对科学管理理论的评价

科学管理理论的最大贡献在于它所提倡的在管理中运用科学方法进行管理，其精髓是使用精确的调查研究和科学知识来代替个人的判断、意见和经验。[4] 泰勒及其同事提出的管理原则、管理方法和技术，如动作和时间研究技术、劳动工具与劳动条件的合理化和标准化、管理职能和操作职能的专业化等，在管理实践中，大大促进了劳动生产率的提高，开创了西方科学管理的新阶段。

---

[4] The greatest contribution of scientific management theory, is to advocate the use of the scientific method to carry on the management. Its essence is to use accurate research and scientific knowledge instead of personal judgment, opinions and experience.

当然，科学管理理论也存在一定的局限性，主要表现在：对人的认识是片面的，把工人看作"经济人"，认为工人的工作动机只是追求经济效益；科学管理仅重视技术的因素，不重视人群的社会因素；该理论局限于解决个别具体工作的作业效率问题，而没有解决企业作为一个整体如何经营和管理的问题。[5]

尽管泰勒的科学管理理论有其自身的局限性和弊端，然而，泰勒毕竟开创了对管理的科学研究，对现代管理科学的形成，以及社会进步和发展作出了巨大的贡献。

2.2.2 一般管理理论学派 [23]

当泰勒的科学管理广为传播之时，欧洲也出现了古典管理的代表人物及理论，其中影响最大的当属法约尔及其一般管理理论。

亨利·法约尔（Henri Fayol），法国人，早期就参与企业的管理工作，并长期担任企业高级领导职务。泰勒的研究是从"车床前的工人"开始，研究重点是提高企业内部具体工作的效率；法约尔的研究则是从"办公桌前的总经理"出发，以企业整体作为研究对象。他认为，管理理论是"指有关管理的、得到普遍承认的理论，是经过普遍检验并得到论证的一套有关原则、标准、方法、程序等内容的完整体系"；有关管理的理论和方法不仅适用于企业，也适用于军政机关和社会团体，这正是一般管理理论的基石。法约尔的著述很多，1916 年出版的《工业管理和一般管理》是其最主要的代表作，标志着一般管理理论的形成。

1. 法约尔组织管理理论的主要内容

法约尔管理理论集中反映在他 1916 年发表的《工业管理与一般管理》一书中，书中指出经营与管理是两个不同的概念。他认为，企业的经营活动都可以概括为六大类，管理只是经营活动中的一种。在此基础上他提出了企业经营的六种活动：

- 技术活动（Technology）：指生产、制造和加工；[24]
- 商业活动（Distribution）：指采购、销售和交换；[25]
- 财务活动（Finance）：指资金的筹措、使用和控制；[26]

23. Generic Management Theory

24. Refers to the production, manufacturing, and processing.

25. Refers to the purchase, sales and exchange.

26. Refers to the financing, usage and control of the money.

[5] The theory is based on one-sided knowledge on human, regarding a worker as an "economic man", whose motivation is the pursuit of economic benefit;

It pays attention to technology factors rather than social factors; it focuses on improving the efficiency of specific and individual work, rather than solving the problems of the operation and management from the whole viewpoint of an enterprise.

27. Refers to the protection of equipment and personnel.

28. Refers to the property inventory, balance sheet production, cost accounting and statistics.

29. Refers to planning, organizing, directing, coordinating, controlling.

- 安全活动（Security）：指机器设备和人员的防护；[27]
- 会计活动（Accounting）：指财产清点、资产负债制作、成本核算和统计；[28]
- 管理活动（Management）：指计划、组织、指挥、协调和控制。[29]

这六种职能并不是割裂的，而是相互联系、相互配合的，共同组成一个有机系统来完成企业生存与发展的目的。

法约尔指出，无论管理者还是执行者，都需要培养完成六种工作的能力，特别是管理能力和技术能力。对于基层的工人，主要要求其具备技术能力。对于管理者，随着其在组织中职位的提高，技术能力相对重要性降低，而管理能力则要求不断地提高。法约尔对管理学的贡献在于以下几方面。

（1）全面、系统地论述了管理职能。法约尔管理思想的重大贡献是，他首先提出将管理活动划分为五大职能，即计划、组织、指挥、协调和控制，并对其进行了详细的分析和研究。他认为，计划就是探索未来的行动方案制定；组织就是建立企业的物质和社会的双重结构；指挥就是使其人员发挥作用；协调就是连接、联合、调和所有的活动和力量；控制就是确保这一切是按照制定的规章和下达的命令进行工作。法约尔不但阐述了管理各项职能的作用和相互关系，而且还特别强调管理的五项职能是组织的管理者与全体成员共同的职责。他对管理的五大职能的分析为管理科学提供了一套科学的理论框架。后人根据这一框架，建立了管理学并把它引入课堂。

30. Fayol's 14 Principles of Managemnent

31. Division of Work

（2）总结、归纳了管理的十四条原则。[30]

- 劳动分工。[31]即强调劳动专业化。劳动专业化是各个组织机构发展的必要手段。分工不仅适用于技术性劳动，也适用于管理方面的工作，适用于职能的专业化和权限的划分。

32. Authority

- 权力与责任。[32]特别强调权力与责任的统一。有责任必须有权力，有权力就必然产生责任。

33. Discipline

- 纪律。[33]全体员工服从和遵守组织机构的规则。

34. Unity of Command

- 统一指挥。[34]即强调一个员工在任何活动中应接受一位上级的命令。

35. Unity of Direction

- 统一领导。[35]即为达到同一目的而进行的各种活动，应由一位首脑根据一项计划开展。

36. Subordination of individual interests to the general interest.

- 个人利益服从整体利益。[36]

37. Remuneration

- 人员报酬。[37]即报酬必须公平合理，尽可能使职工和公司双方满意。

38. Centralization

- 集中。[38]职权的集中或分散的程度。

39. Scalar chain

- 等级链。[39]组织结构由最高层到最基层所形成的层次结构，这一结构实际上是一条权力线，它是自上而下和自下而上确保信息传递的必经途径。

• 秩序。[40]实质上是一项关于安排事物和人的组织原则。要做到人尽其才，物尽其用，保证一切工作都能按部就班地进行。

• 公平。[41]人与人之间要友好、公平。

• 人员的稳定。[42]即采取措施，鼓励职工及管理人员长期为公司服务。

• 首创精神。[43]要提倡主动、首创精神。人都有成就感，主管人员要牺牲个人的"虚荣心"而让下属人员去发挥首创精神。

• 团结精神。[44]发扬集体主义精神，建立企业内部和谐的气氛。团结就是力量。

法约尔提出的关于企业经营管理活动、职能、原则等方面的理论，对以后管理理论的发展一直起着重大的作用，因而他又被称为"现代经营管理之父[45]"。他的理论至今仍为世界各国的许多企业采用。

2. 对法约尔组织管理理论的评价

在今天看来，法约尔的主张和术语实在是太平凡了，未曾系统学习过管理理论的人也会对一般管理理论产生"于我心有戚戚焉"之感，因而常被看做是极其一般的东西。然而正是由一般管理理论才淬炼出管理的普遍原则，使管理得以作为可以基准化的职能，在企业经营乃至社会生活的各方面发挥重要作用。时至今日，法约尔的一般管理思想仍然闪耀着光芒，其管理原则仍然可以作为我们管理实践的指南。

法约尔管理理论的主要贡献是：把管理理论的重要性同普遍性紧密结合在一起。社会有机体中的每个成员看做是一个个细胞。在管理的范畴、管理的组织理论、管理的原则方面提出了崭新的观点，为以后管理理论的发展奠定了基础。

2.2.3 组织理论学派[46]

被称为"组织理论之父"的韦伯与泰勒、法约尔是西方古典管理理论的三位先驱。马克斯•韦伯[6]生于德国，曾担任过教授、政府顾问、编辑，对社会学、宗教学、经济学与政治学都有相当的造诣。韦伯的主要著作有《新教伦理与资本主义精神》、《一般经济史》、《社会和经济组织的理论》等，其中官僚组织模式的理论，对后世产生了最为深远的影响。有人甚至将他与杜克•海姆（Emile Durkheim）、马克思奉为社会学的三位"现世神明"。韦伯行政组织理论产生的历史背景，正是德国企业从小规模世袭管理，到大规模专业管

---

40. Order

41. Equity

42. Stability of tenure of personnel.

43. Initiative

44. Esprit de corps.

45. The Father of General Administrative Management

46. Organization Theory

---

[6] Max Weber developed a theory of authority based on an ideal type of organization.

理转变的关键时期，因此，了解韦伯的思想更具有重要的现实意义。

韦伯认为，任何组织都必须以某种形式的权力作为基础，没有某种形式的权力，任何组织都不能达到自己的目标。人类社会存在三种为社会所接受的权力：

传统权力[47]：传统惯例或世袭得来； [7]

超凡权力[48]：来源于别人的崇拜与追随； [8]

法定权力[49]：理性——法律规定的权力。 [9]

对于传统权力，韦伯认为：人们对其服从是因为领袖人物占据着传统所支持的权力地位，同时，领袖人物也受着传统的制约。但是，人们对传统权力的作用似乎只为了维护传统，因而效率较低，不宜作为行政组织体系的基础。而超凡权力的合法性，完全依靠对于领袖人物的信仰，他必须以不断的奇迹和英雄之举赢得追随者，超凡权力过于带有感情色彩并且是非理性的，不是依据规章制度，而是依据神秘的启示。所以，超凡的权力形式也不宜作为行政组织体系的基础。

韦伯认为，只有法定权力才能作为行政组织体系的基础，其最根本的特征在于它提供了慎重的公正。原因在于：管理的连续性使管理活动必须有秩序进行。以"能"为本的择人方式提供了理性基础。领导者的权力并非无限，而应受到约束。

理想组织模式是一个有明确的劳动分工、清晰的等级关系、详尽的规章制度和非人格化的相互关系的系统。由于这种组织模式强调规则而不是个人、强调能力而不是偏爱，所以有助于组织提高工作效率，有利于杜绝任人为亲、组织涣散、人浮于事等现象，至今仍是许多大型组织的设计样板。韦伯也因而被称为"古典组织理论"的创始人。

2.3　行为科学理论[50]

行为科学产生于 20 世纪 30 年代，以泰勒和法约尔为代表的科学管理阶段完成了使管理从经验到科学的转变，为西方管理理论的发展奠定了坚实的基础。泰勒所倡导的泰勒制和法约尔创立的一般管理理论，反映了大机器生产和大型管理组织出现后的客观要求，促进了社会生产力的发展。但是，他

47. Traditional Power

48. Extraordinary Power

49. Statutory Power

50. Behavioral Science Theory

---

[7]　Coming from traditional practice or hereditary;

[8]　Coming from others' workship and following;

[9]　Authority which is regulated by the law.

们强调物质因素的作用，忽视了人的主观能动性；强调物质鼓励，忽视了人的社会需要。事实上，仅仅依靠工程师的科学设计，依靠奖金刺激，依靠等级分明的指挥系统，并不能给企业带来持久的活力；相反，紧张而单调的劳动和日益严重的劳资矛盾，越来越激起工人有组织的反抗。在这种情况下，一种把人类学、社会学和心理学等运用于企业管理的新理论——行为科学理论，很快诞生了。

所谓行为科学，是指研究人类行为规律的学科。在企业管理方面，它以人的行为对工作的影响为研究对象，以人的本性需要、工作动机、情绪、人际关系，以及行为与工作环境关系为依据，运用心理学、社会学、人类学、管理学、人机工程等学科知识，从个人、群体及组织的各方面来分析人的工作行为。它的最终目的是要形成管理者能据此评价各种情境并采取合适行动的科学理论。

2.3.1 梅奥及霍桑试验[51]

梅奥（George Elton Mayo）原籍澳大利亚，后移居美国，是一位心理学家和管理学家，是行为科学的创始人。1924—1932年，梅奥应美国西方电气公司的邀请，参加了该公司设在芝加哥附近的西方电气公司霍桑电话机厂进行的一系列试验[52]，即著名的霍桑试验。1924年，根据科学管理理论中关于好的工作环境可以提高工人的劳动生产率的假设，进行了照明的质量与数量同工业效率的研究，通过照明强弱的变化与产量变化的关系来分析工作条件与劳动生产率之间的关系。结果发现，工作条件与环境的好坏与劳动生产率的提高没有必然的联系，反而与人的因素有密切的联系。经过一系列的调查、试验和采访工作，结果表明：工人的心理因素和社会因素对工人生产积极性影响很大。梅奥在些基础上于1933年出版了《工业文明中人的问题》一书，创立了早期的行为科学——人际关系学说。[53][10]

51. Mayo and Hawthorne Studies

52. A series of productivity experiments conducted at Western Electric from 1924-1932.

53. Interpersonal Relationship Theories

---

[10] The Hawthorne Studies:
Lighting intensity experiment, 1924-1927;
Relay assembly experiment, 1927-1932;
Conversation studies, 1928-1930;
Observation experiment, 1929-1932.
Experimental findings:productivity was unexpectedly increased under imposed adverse working conditions; the effect of incentive plans was less great than expected.
Research conclusion:social norms, group standards and attitudes influence individual output and work behavior more strongly than do monetary incentives.

54. A "social man".

55. An "economic man".

56. Enterprise staff are social men, not economic men. Enterprise management should pay more attention to the social characteristics of workers.

57. There exist "informal organizing in an enterprise".

（1）企业员工是"社会人"[54]，而不是"经济人"[55]。企业管理应当重视人的社会性[56]。工人不仅仅是为了金钱去工作，他们还有精神与社会的需要，他们需要尊重、彼此关心、互相帮助、有成就感。因此只有满足其需要，工人才会发挥其内在的积极性。[11]

（2）企业中存在"非正式组织"[57]。企业成员在共同工作的过程中，相互间必然产生共同的感情、态度和倾向，形成共同的行为准则和惯例，这就构成一个体系，称为"非正式组织"。[12] 非正式组织以它独特的感情、规范和倾向，左右着其成员的行为。因此，不能只注意正式组织的一面，必须重视两种组织的相互依存关系。

（3）生产效率主要取决于员工的工作态度以及他（她）和周围人的关系。梅奥认为，提高生产率的主要途径是提高工人的满足度，即力争使职工在安全方面、归属感方面、友谊方面的需求得到满足。[13] 如果满足度高，工作积极性、主动性和协作精神就高，生产效率也会高。

58. Human Nature Hypotheses and Management Modes

2.3.2 人性理论与管理模式[58]

在每一个管理决策、每一项管理措施的背后，都必有某些关于人性本质及人性行为的假设。人性理论的主要代表人物有道格拉斯·麦格雷戈（Douglas M.McGregor）、威廉·大内（William Ouchi）等。

59. Theory X

60. Economic Man Hypothesis

1. X 理论[59]——"经济人"假设[60][14]

（1）员工天性好逸恶劳，只要可能，就会躲避工作。[15]

（2）以自我为中心，漠视组织要求。[16]

---

[11] The workers do not work only for money and they have spiritual and social needs as well. They need respection, caring about and helping each other ,and a sense of accomplishment. So the workers will play their inherent enthusiasm, only when their needs are satisfied.

[12] Enterprise members, when working together,will have common emotions, attitudes and tendencies which thus form the common behavioral standards and practice. All these will constitute a system, called "informal organizing".

[13] Production efficiency depends on the worker's working attitude and his relationships with the people around him. Mayo thinks, the main way to improve productivity is to improve workers' satisfaction, i.e., strive to meet the worker's needs in terms of security, sense of belonging and friendship.

[14] Theory X assumes that workers have little ambition, dislike work, avoid responsibility, and require close supervision.

[15] The nature of staff is indolence, to delay work as long as it is possible.

[16]   Staff are self-centered and will disregard the need of organization.

（3）员工只要有可能就会逃避责任，安于现状，缺乏创造性。[17]

（4）不喜欢工作，需要对他们采取强制措施或惩罚方法，迫使他们实现组织目标。[18]

根据 X 理论，管理人员的职责和相应的管理方式是：

（1）管理人员关心的是如何提高劳动生产率，完成任务，他的主要职能是计划、组织、经营、指引、监督；

（2）管理人员主要是运用职权，发号施令，使对方服从，让人适应工作和组织的要求，而不考虑在情感上和道义上如何给人以尊重；

（3）强调严密的组织和制定具体的规范和工作制度，如工时定额、技术规程等；

（4）以金钱和报酬来收买员工的效率和服从。

由此可见，此种管理方式是"胡萝卜加大棒"的方法，一方面靠金钱的收买与刺激；另一方面严密的控制、监督和惩罚迫使员工为组织目标努力。麦格雷戈发现当时企业对人的管理工作以及传统的组织结构、管理政策、实践和规划都是以 X 理论为依据的。

2. Y 理论 [61]——"自我实现人"的假设 [62] [19]

（1）员工并非好逸恶劳，而是自觉勤奋，喜欢工作。[63]

（2）员工有很强的自我控制能力，在工作中执行完成任务的承诺。[64]

（3）一般而言，每个人不仅能够承担责任，而且会主动寻求承担责任。[65]

（4）绝大多数人都具备作出正确决策的能力。[66]

根据 Y 理论，管理人员的职责和相应的管理方式如下。

（1）管理职能的重点。在 Y 理论的假设下，管理者的重要任务是创造一个使人得以发挥才能的工作环境，发挥出职工的潜力，并使职工在为实现组织的目标贡献力量时，也能达到自己的目标。此时的管理者已不是指挥者、调节者或监督者，而是起辅助者的作用，从旁给职工以支持和帮助。

（2）激励方式。根据 Y 理论，对人的激励主要是给予来自工作本身的内在激励，让他（她）承担具有挑战性的工作，担负更多的责任，促使其工作出成绩，满足其自我实现的需要。

61. Theory Y

62. Self-actualizing Man Hypothesis

63. Employees are hard-working,not indolent.

64. Employees have strong self-control abilities and will commit to accomplishing the task.

65. Generally speaking, everyone not only is able to take responsibility, but also will actively seek responsibility.

66. Most people have the ability to make the right decision.

[17]　Employees will escape responsibility whenever it's possible, take things as they are ,and are lack of creativity.

[18]　Staff don't like to work, and therefore compulsory measures or punishment are needed to force them to achieve organizational goals.

[19]　Theory Y assumes that workers will exercise self-direction, desire responsibility, and like working.

（3）在管理制度上给予工人更多的自主权，实行自我控制，让工人参与管理和决策，并共同分享权力。

3. 超 Y 理论[67]——"复杂人"假设[68]

67. Theory Super-Y
68. Complex Man Hypothesis

麦格雷戈提出 X 理论、Y 理论之后，美国的约翰·莫尔斯（John J.Moose）和乔伊·洛尔施（Jay W.Lorsch）选择了一些实验对象进行了试验。试验采用 X 理念和 Y 理论，开创了复杂人假设，其主要观点是：不同的人对管理方式的要求是不同的。有的人希望有正规组织与规章条例来要求自己的工作，而不愿意参与问题的决策，去承担责任；有的人却需要更多的自治责任和发挥个人创造性的机会。所以，对不同的人员素质、不同的工作性质、在不同的情况下采用不同的管理方式，即一切随时间、地点、条件和对象的变化而变化，不能"一刀切"。

4. Z 理论[69]

69. Theory Z

美国加州大学管理学院的日裔美籍教授威廉·大内在分析研究了日本企业的管理经验后，提出了 Z 理论，并于 1981 年出版了《Z 理论》。他认为一切企业的成就都离不开信任、敏感和亲密，主张以坦诚、开放、沟通作为基本原则来实行"民主管理"。[20] 其主要观点如下。

（1）企业应实行长期或终身雇佣制度，以使职工感到职业有保障，愿意与企业同甘共苦、共命运。

（2）采用集体研究与个人负责相结合的决策方式，鼓励职工参与企业的管理工作。

（3）强调对职工的长期考察和逐步升迁制度，不以一时一事为依据对职工表现下结论。

（4）下级关系要融洽，平等对待职工，领导要关心职工，使职工心情舒畅、愉快。

（5）加强对职工知识的全面培训，使职工具有多方面的能力。

（6）管理过程既要运用必要的控制手段，又要注意调动人的积极性和创造性。

Z 式管理是一种省钱、省时间、省空间、省资源的，同时增加生产量、提高竞争力的管理方式。

---

[20] He thinks enterprise achievements are inseparable from trust,sensitivity and intimacy, and he claims to conduct the "democratic management" with the basic principles of honesty, openness and communication.

2.3.3　激励理论 [70]

1. 马斯洛的需要层次理论 [71]

亚伯拉罕·马斯洛（Abraham Maslow）是著名的心理学家和行为科学家，于 1943 年和 1954 年先后发表了《人类动机理论》和《动机和人》两部著作，阐述了他的需要层次理论。在《人类动机理论》中马斯洛观点包括如下方面。

（1）人的需要由低到高分为五个层次，即生理需要、安全需要、社交需要、尊重需要和自我实现需要。[21]

第一，生理需要 [72]。这是对衣、食、住、行、医等基本生活条件的追求。在一切需求中，生理需求是最优先的。

第二，安全需要 [73]。这是指对人身安全、就业保障、工作和生活环境安全、经济上的保障等的追求。

第三，社交需要 [74]。这是指人需要获得友谊、爱情和归属感，得到关心和爱护。

第四，尊重需要 [75]。这是指自己需要有稳固的地位，需要得到别人高度的评价或为他人尊重。

第五，自我实现需要 [76]。这是成长与发展、发挥自身潜能、实现理想的需要。这是追求个人能力极限的内趋力。

（2）五种需要从低到高排列，需要的发展逐层递进。当较低层次的需要得到满足后，就会产生更高一级层次的需要。[22]

（3）只有尚未满足的需要才具有激励作用。[77]

2. 赫茨伯格的双因素理论 [78]

双因素理论，又称"激励—保健理论"，是美国犹他大学的特级管理教授、著名的心理学家弗雷德里克·赫茨伯格（Frederick Herzberg）于 1959 年出版的《工作的激励因素》中提出来的。

20 世纪 50 年代末期，赫茨伯格研究了哪些事情使人们在工作中快乐和满足，哪些事情造成不愉快和不满足。结果他发现，使职工感到满意的都是属于工作本身或工作内容方面的；使职工感到不满的，都是属于工作环境或工作关系方面的。由此，他提出了影响人们行为的因素主要有两类：激励因素和保健因素。

70. Motivation Theories

71. Maslow's Hierarchy of Needs Theory

72. Physiological Needs

73. Safety Needs

74. Social Needs

75. Esteem Needs

76. Self-actualization Needs

77. Only the unsatisfied needs can have an incentive effect.

78. Herzberg's Motivation-Hygiene Theory

79. Motivators

---

[21]　The need of the people is divided into five levels from low to high, i.e. the physiological needs, safety needs, social needs, esteem needs and self-actualization needs.

[22]　The five kinds of needs progress step by step from low to high. When the lower level need is met, they will have a higher level need.

激励因素[79]是指那些与人们的满意情绪有关的因素，包括工作成就、赏识、挑战性的工作、增加的工作责任，以及成长和发展的机会。[23] 激励因素处理得好，能够使人们产生满意情绪；如处理不当，其不利效果顶多只是没有满意情绪，而不会导致不满。由此可知，激励因素是以人对工作本身的要求为核心的。只有激励因素的满足，才能激发人的积极性。

80. Hygiene Factors

保健因素[80]是指那些与人们的不满情绪有关的因素，如公司的政策、管理和监督、人际关系、工作条件等。[24] 保健因素处理不好，会引发员工对工作不满情绪的产生；处理得好，可以预防或消除不满。但这类因素并不能对员工起激励作用，只能起到保持人的积极性，维持工作现状的作用，所以保健因素又称为"维持因素"。

81. Equity Theory

3. 亚当斯的公平理论[81]

公平理论是美国心理学家亚当斯（John Stacey Adams）于 1965 年在《社会交换中的不公平》一书中提出的，又称社会比较理论。该理论侧重于研究工资报酬分配的合理性、公平性及其对职工生产积极性的影响。[25]

公平理论的基本观点是：人是社会人，一个人的工作动机不仅受其所得报酬绝对值的影响，而且受到相对报酬多少的影响。[26] 每个人都会把自己所得的报酬与付出的劳动之间的比率同其他人的比率进行比较，并且将根据比较的结果决定今后的行为，即人们会把自己付出的劳动和所得的报酬与他人付出的劳动和所得的报酬进行社会比较。当发现比例相等时，心里就平衡，认为是公平的，并且积极工作；当发现比例不相等时，特别是发现比例低于他人时，就会产生不公平感，内心会不满。

公平还是不公平的感觉都是主观上的判断。如果员工觉得受到不公平的待遇，就会苦恼、不安、紧张。此时他会采取种种方法来消除这种紧张心理或采取一定行动，改变自己的收支情况，如减少劳动付出进行自我安慰，或

---

[23]　Motivators are factors related with people's satisfaction emotions, including work achievement, admiration, challenging work, increased work responsibility, and opportunities of growth and development.

[24]　Hygiene factors are factors related with people's dissatis faction , such as company policy, administration and supervision, interpersonal relationships working conditions, etc.

[25]　This theory focuses on the study of the rationality and equality of the distribution of wages, and its influence on workers' enthusiasm.

[26]　The basic point of Equity theory is that people are social,and that a person's work motivation is influenced not only by the absolute value of his or her income, but also by the relative value of the income.

换一个比较对象，以获得主观上的公平。在无法改变不公平现象时，员工可能出现发牢骚、制造人际矛盾、放弃工作等行为。

4. 弗鲁姆的期望理论[82]

82. Expectancy Theory

这一理论主要是由美国心理学家弗鲁姆（Victor H.Vroom）在 1964 年出版的《工作与激励》一书中提出来的。期望理论认为，人是理性的人，对生活与事业的发展，他们有既定的信仰和基本预测。只有当人们预期到某一行为能给个人带来既定的结果，且这种结果对个人具有吸引力时，个人才会采取这一特定行为。根据这一理论，员工对待工作的态度，依赖于对下列三种联系的判断。

（1）努力—绩效的联系[83]。员工感觉通过一定程度的努力来达到工作绩效的可能性，如付出多大努力才能达到某一绩效水平。

83. Effort-performance Link

（2）绩效—奖赏的联系[84]。员工对于达到这一工作绩效后即可得到理想的奖赏结果的信任程度，如达到这一绩效水平后，会得到什么奖赏。

84. Performance-reward Link

（3）奖赏—个人目标的联系[85]。如果工作完成，员工所获得的潜在结果或奖赏结果的信任程度，如这一奖赏能否满足个人的目标，吸引力有多大。

85. Reward-individual Goal Link

更详细地说，弗鲁姆认为，员工在工作中的积极性或努力的程度是效价与期望值的乘积。[27] 期望理论认为，主观认为目标价值越大，并且估计实现此目标的概率越高，则激发的力量就越大；如果两个因素中的任何一个因素为零，都不会产生激励作用。

2.3.4　群体行为理论[86]

86. Group Behavior Theory

群体行为理论的研究成果也较多，这里只介绍勒温（Kurt Zadek Lewin）的"群体动力学理论"。

勒温认为，人的心理、人的行为决定于内在的需要和周围的相互作用。当人们的需要未得到满足时，会产生内部力场的张力，而周围环境因素起着导火线的作用。[28] 人的行为动向是内部力场和情景力场的相互作用的结果。

用公式表示如下：

$$B=f（P，E）$$

式中，B 表示行为，P 表示个人，E 表示环境。

---

[27]　The enthusiasm or the degree of effort of the employees is the product of valence and expectations.

[28]　Lewin thinks, a person's psychology and behavior depends on his or her inner needs and the surrounding interactions. When people's needs are not satisfied, the internal force of tension will emerge, and the surrounding environmental factors play the role of the fuse.

公式说明，人的行为是个人与环境相互作用的函数。之后，他把场论用于群体行为研究，研究结果表明，群体是不断发展变化的过程。群体行为的产生，是群体内部各种力量相互作用的结果，是群体的领导力量、群体的规范、群体的压力和顺从、群体内聚力、群体人群关系和沟通，以及群体的领导力量、群体人群关系和沟通，以及群体决策等影响群体发展变化的所有力量的总和。

群体动力论强调重视人的因素，把群体与其成员间的相互作用看成是群体行为的动力，把如何提高群体绩效看作是充分调动人的积极性的问题。

2.3.5　领导行为理论 [87]

1.　支持关系理论 [88]

这是美国学者伦西斯·利克特（Rensis Likert）提出来的。他认为：在所有的管理工作中，对人的领导是最重要的中心工作。在对人的领导工作中，必须善于使每个员工建立和维持自己个人的价值的重要性的感觉，并把自己的知识和经验看成是自己个人价值的一种支持。他认为：一个企业的领导者在管理中如果以员工为中心，关心员工的需要和愿望，则该企业的生产率就会提高；领导与员工接触越多，领导方式越民主、越合理，生产率就越高。所以，作为领导者应充分信任下属，允许下属参与民主决策，并在极友好的气氛中进行意见沟通。

2.　管理方格理论 [89]

在俄亥俄州立大学提出的四分图的基础上，美国心理学家布莱克（Robert R.Blake）和莫顿（Jane S.Mouton）提出了管理方格理论。管理方格理论是培养有效领导者的一种有用的工具，它提供了一种衡量管理者的领导形态的模型，可使管理者较清楚地认识到自己的领导行为，并提出改进方向。我们在下一章中将对管理方格理论作详细介绍。

2.4　现代管理理论 [90]

第二次世界大战以来，随着现代自然科学和技术的日新月异，生产和组织规模急剧扩大，生产力迅速发展，生产社会化程度不断提高，管理理论引起了人们的普遍重视。许多学者和实际工作者在前人的管理理念和实践经验的基础上，结合自己的专业知识来研究现代管理问题，促使管理理论的内容更加丰富。

87. Leadership Behavior Theories
88. Support Relation Theory

89. Managerial Grid Theory

90. Modern Management Theories

2.4.1 现代管理理论

从 20 世纪 60 年代开始，管理理论逐渐形成多元化的态势。美国管理学家孔茨（Harold Koontz）把众多的管理理论学派比喻成"管理理论丛林"。

1. 管理过程学，也叫作业学派 [91]

管理过程学把管理看做是在组织中通过别人或同别人一起完成工作的过程，认为应该分析这一过程，从理论上加以概括，确定一些基础性的原理，并由此形成一种管理理论。有了管理理论，就可以通过研究，通过对原理的实验，通过传授管理过程中包含的基本原则，改进管理的实践。管理过程学派的创始人是法约尔。这个学派把它的管理理论建立在以下 7 条基本信念的基础上。

（1）管理是一个过程，可以通过分析管理人员的职能从理性上很好地加以剖析。

（2）可以从管理经验中总结出一些基本道理或规律。这些就是管理原理。它们对认识和改进管理工作能起一种说明和启示的作用。

（3）可以围绕这些基本原理开展有益的研究，以确定其实际效用，增大其实际作用和适用范围。

（4）这些原理只要还没有被证明为不正确或被修正，就可以为形成一种有用的管理理论提供若干要素。

（5）就像医学和工程学那样，管理是一种可以依靠原理的启发而加以改进的技能。

（6）即使在实际应用中由于背离了管理原理而造成损失，但管理学中的原理，如同生物学和物理学中的原理一样，仍然是可靠的。

（7）尽管管理人员的环境和任务受到文化、物理、生物等方面的影响，但管理理论并不需要把所有的知识都包括进来才能起一种科学基础或理论基础的作用。

2. 系统管理理论 [92]

系统管理理论是应用系统理论的范畴、原理，全面分析和研究企业和其他组织的管理活动和管理过程，重视对组织结构和模式的分析，并建立起系统模型以便于分析。这一理论是卡斯特（F. E. Kast）、罗森茨威克（J. E. Rosenzweig）和约翰逊（R. A. Johnson）等美国管理学家在一般系统论的基础上建立起来的，其理论要点主要有如下方面。

• 企业是由人、物资、机器和其他资源在一定的目标下组成的一体化系统，它的成长和发展同时受到这些组成要素的影响，在这些要素中，人是主体，

91. Management process theory, also called operation school.

92. System Management Theory

其他要素则是被动的。

- 企业是一个由许多子系统组成的、开放的社会技术系统。企业是社会这个大系统中的一个子系统，它受到周围环境（顾客、竞争者、供货者等）的影响，也同时影响环境。它只有在与环境的相互影响中才能达到动态平衡。在企业内部又包含着若干子系统，它们是：①目标和准则子系统，包括遵守社会的要求和准则，确定战略目标；②技术子系统，包括为完成任务必需的机器、工具、程序、方法和专业知识；③社会心理子系统，包括个人行为和动机、地位和作用关系、组织成员的智力开发、领导方式，以及正式组织系统与非正式组织系统等；④组织结构子系统，包括对组织及其任务进行合理划分和分配、协调他们的活动，并由组织图表、工作流程设计、职位和职责规定、章程与案例来说明，还涉及权力类型、信息沟通方式等问题；⑤外界因素子系统，包括各种市场信息、人力与物力资源的获得，以及外界环境的反映与影响等。此外，还有一些子系统，如经营子系统、生产子系统等。这些子系统还可以继续分为更小的子系统。

- 运用系统观点来考察管理的基本职能，可以提高组织的整体效率，使管理人员不至于只重视某些与自己有关的特殊职能而忽视了大目标，也不至于忽视自己在组织中的地位与作用。

3. 社会协作系统学派 [93]

它与行为学派关系密切而且常常互相混同。有些人，如马奇（James G.March）和西蒙（Herbert Alexander Simon），把社会系统（即一种文化的相互关系系统）只限于正式组织，把"组织"这个词同企业等同起来，而不是指管理学中最常用的那项职权活动概念。另外一些人则不区分正式组织和非正式组织，而把所有人类关系的各种系统都包括进来。这个学派的创始人是切斯特·巴纳德（Chester I.Barnard）。这个学派对管理学作出过许多值得注意的贡献。把有组织的企业看成是一个受文化环境的压力和冲突支配的社会有机体，这对管理的理论和实际工作都是有帮助的。而在另外一些方面，如对组织职权的制度基础的认识，对非正式组织的影响的认识，以及对怀特·贝克（White Bake）称为"组织黏合剂"的一些社会因素的认识，则帮助更大。巴纳德还有其他一些颇有教益的见解，如他的关于激励的经济性的思想，把社会学认识引入管理实践之中，等等。

4. 社会技术系统学派 [94]

这一学派的创始人是特里司特（E.L.Trist）及其在英国塔维斯托克研究所中的同事。他们通过对英国煤矿中长壁采煤法生产问题的研究，发现单纯分析企业中的社会方面是不够的，还必须注意其技术方面。他们发现，企业中的技术系统（如机器设备和采掘方法）对社会系统有很大的影响。个人态度和群体行为都受到人们在其中工作的技术系统的重大影响。因此，他们认为，必须把企业中的社会系统同技术系统结合起来考虑，而管理者的一项主要任务就是要确保这两个系统相互协调。

5. 决策理论学派 [95]

这一学派的人数正在增加，而且都是些学者。他们的基本观点是，由于决策是管理的主要任务，因而应集中研究决策问题。他们认为，管理是以决策为特征的，所以管理理论应围绕决策这个核心来建立。

95. Decision Theory School

6. 经验（或案例）学派 [96]

这个学派通过分析经验（常常就是案例）来研究管理。其依据是，管理学者和实际管理工作者通过研究各种各样的成功和失败的管理案例，就能理解管理问题，并且自然地学会进而有效地进行管理。

96. Experience (or case) School

这个学派有时也想得出一般性的结论，但往往只是把它当成一种向实际管理工作者和管理学者传授经验的手段。典型的情况是，他们把管理学或管理"策略"看成是对案例进行分析研究的手段，或者采用类似欧内斯特·戴尔的"比较法"。

7. 权变管理理论 [97]

权变管理理论是 20 世纪 70 年代在美国形成的一种管理理论。这一理论的核心就是力图研究组织的各子系统内部和各子系统之间的相互联系，以及组织和它所处的环境之间的联系，并确定各种变数的关系类型和结构类型。它强调在管理中要根据组织所处的内外部条件随机应变，针对不同的具体条件寻求不同的最合适的管理模式、方案或方法。

97. Contingency Theory of Management

美国尼布拉加斯大学教授卢桑斯（F. Luthans）在 1976 年出版的《管理导论：一种权变学》一书中系统地概括了权变管理理论，其观点如下。

• 过去的管理理论可分为四种，即过程学说、计量学说、行为学说和系统学说，这些学说由于没有把管理和环境妥善地联系起来，其管理观念和技术在理论与实践上相脱节，所以都不能使管理有效地进行。而权变理论就是要把环境对管理的作用具体化，并使管理理论与管理实践紧密地联系起来。

• 权变管理理论就是考虑到有关环境的变数同相应的管理观念和技术之间的关系，使采用的管理观念和技术能有效地达到目标。在通常情况下，环境是自变量，而管理的观念和技术是因变量。这就是说，如果存在某种环境的条件下，要更快地达到目标，就要采用某种管理原理、方法和技术。例如，如果在经济衰退时期，企业在供过于求的市场中经营，采用集权的组织结构，就更容易达到组织目标；如果在经济繁荣时期，在供不应求的市场中经营，那么采用分权的组织结构可能会更好一些。

- 环境变量与管理变量之间的函数关系就是权变关系，这是权变管理理论的核心内容。环境可分为外部环境和内部环境。外部环境又可以分为两种：一种是由社会、技术、经济和政治、法律等组成；另一种是由供应者、顾客、竞争者、雇员、股东等组成。内部环境基本上是正式组织系统，它的各个变量与外部环境各变量之间是相互关联的。决策、交流和控制、技术状况等管理变量包括上面所列四种学说所主张的管理观念和技术。

总之，权变管理理论的最大特点是：①它强调根据不同的具体条件，采取相应的组织结构、领导方式、管理机制；②把一个组织看作是社会系统中的分系统，要求组织各方面的活动都要适应外部环境的需求。

8. 数学学派或"管理科学"学派 [98]

98. Mathematics school or "scientific management" school.

尽管各种管理理论学派都在一定程度上应用数学方法，但只有数学学派把管理看成是一个数学模型和程序的系统。一些知名的运筹学家或运筹分析家就属于这个学派。这个学派的人士有时颇为自负地给自己取上一个"管理科学家"的美名。这类人的一个永恒的信念是，只要管理、或组织、或计划、或决策是一个逻辑过程，就能用数学符号和运算关系来予以表示。这个学派的主要方法就是模型，借助于模型可以把问题用它的基本关系和选定目标表示出来。由于数学方法大量应用于最优化问题，可以说，它同决策理论有着很密切的关系。当然，编制数学模型绝不限于决策问题。

9. 经理角色学派 [99]

99. School of the role of manager.

这是最新的一个学派，同时受到管理学者和实际管理者的重视，其推广得力于亨利·明茨伯格（Henry Mintzbery）。这个学派主要通过观察经理的实际活动来明确经理角色的内容。对经理（从总经理到领班）实际工作进行研究的人早就有，但把这种研究发展成为一个众所周知的学派的却是明茨伯格。

明茨伯格系统地研究了不同组织中 5 位总经理的活动，得出结论说，总经理们并不按人们通常认为的那种职能分工行事，即只从事计划、组织、协调和控制工作，而是还进行许多别的工作。

明茨伯格根据他自己和别人对经理实际活动的研究，认为经理扮演着 10 种角色。

（1）人际关系方面的角色有 3 种：挂名首脑角色（作为一个组织的代表执行礼仪和社会方面的职责）、领导者角色、联系人角色（特别是同外界联系）。

（2）信息方面的角色有 3 种：信息接受者角色（接受有关企业经营管理的信息）、信息传播者角色（向下级传达信息）和发言人角色（向组织外部传递信息）。

（3）决策方面的角色有 4 种：领导者角色、故障排除者角色、资源分配者角色和谈判者角色（与各种人和组织打交道）。

2.4.2　当代西方管理思想[100]

1. 七 S 管理分子图理论[101]

七 S 管理分子图中的 "七"，一是指管理跨度的最佳数目，他们认为多于此数则难于系统把握，而少于次数则易于漏掉重要项目；二是指管理必须抓住七个要素。这七个要素的名称均以 "S" 字母开头：积极、主动、灵活的战略；集中而又松散的结构；层次分明而又公开的体制和制度；技术、技能、技巧；用社会化企业的哲学来管理主体人员；不慌不忙、不紧不慢、不声不响的作风；作为道德和信仰的总体体现的精神和价值观念。他们认为，无论是什么管理问题，这七个要素都存在，并且把七个要素依情况排列成一个分子图，以说明管理的系统性、层次性和结构性。

2. 企业文化理论[102]

1981 年 7 月，美国哈佛大学教授泰伦斯·狄尔（Terrence E.Deal）和麦肯锡咨询公司顾问爱伦.肯尼迪（Allan Kennedy）合著的《企业文化》一问世，标志着西方现代管理理论丛林中又长出了一支企业文化学派。

企业文化理论认为，企业文化是企业生命的基础、行动的准则、成功的核心。一个组织能够长久生存下去，最主要的条件并非结构形式或管理技能，而是我们称为信念的那种力量，以及这种信念对于组织的全体成员所具有的感召力。

3. K 理论[103]

新西兰大学的四位学者克尔·英克森、希赖思·亨谢尔、尼克和吉尔·埃莉丝创立的 "K 理论" 模式，以比较形象和更为概念化的图解方式表现了 "企业文化" 的宗旨，提出了促使企业成功的八个 K 要素（这些因素的英文开头字母均为 K）。"K 理论" 认为，企业中起主导作用的是核心人物，即企业中的主管人员。核心人物的眼光即公司发展的方向，要转化为明确的企业目标。要实现目标，就需要职工的凝聚力。要生产这些凝聚力就需要创新，并灵活

100. Contemporary Western Management Thoughts

101. 7-S Theory Management Molecular Graph Theory

102. Enterprise Culture Theory

103. Theory K

机敏地对外界变化作出反应，这就需以简明的控制和企业文化显现的和隐含的力量来维持系统的顺利运行。

4. 组织生命周期理论 [104]

104. Organizational Life Cycle Theory

1981年，美国RHR公司发表了《管理的挑战》一书，书中提出了"组织生命周期"的理论。该理论的基本观点如下。

（1）组织同人一样，具有生命周期，有它的童年、青年、壮年和老年期，所以组织应随着衰退期的出现而注意改革和更新换代。

（2）组织同人一样，具有个性，具有生命力，这种生命力是由各种力量和因素综合决定的。

（3）在组织的生命周期中，每一个阶段对组织的生存和发展都有特殊的要求，因此，每一阶段所要求的管理职责、管理风格、管理方法也不同，不同阶段的管理者对组织发展肩负的使命也不同。

2.4.3 当代管理理论的新发展 [105]

105. The new development of contemporary management theories.

随着现代科学技术的飞速发展、生产力水平的不断提升、信息革命和知识经济进程的加快，人类进入了信息化的新经济时代。原有的管理理论和管理方法已无法从根本上满足企业管理的需要，这促进了新的管理理论的产生。特别是20世纪90年代以来，许多体现时代特征的管理理论产生了，主要有学习型组织、企业再造理论和核心能力理论等。

1. 学习型组织理论 [106]

106. Learning Organization

学习型组织是美国麻省理工学院教授彼得·圣吉（Peter M.Senge）在他所著的《第五项修炼——学习型组织的艺术与实务》一书中提出来。所谓学习型组织，是指只有持续不断学习、不断进步、不断提高自身能力，才能使组织保持持续旺盛的生命力。

彼得·圣吉在研究中发现，许多组织不能有效地学习，源于组织在学习及思考方面存在障碍，主要包括以下方面。

（1）局限的思考。组织中的个人只专注于自己的本职工作，认为自己对于整体只有很小的或不具有影响的能力，从而缺乏对组织整体绩效的考虑。

（2）归责于外部。对于某些行动的失败，看不见自身行为的影响，倾向归责于外部因素的影响。

（3）缺乏解决问题的积极主动性。对一些复杂的问题不能积极主动地从整体上思考如何解决，而是选择一些简单、容易的事情去做。

（4）专注于个别事件。对组织中存在的问题，只是单就某一事件进行处理，而不是对事件背后长期而复杂的原因进行分析，不能从组织整体和长期利益考虑。

（5）对缓慢的、渐进的威胁反应迟钝，视而不察，导致组织失败。

（6）经验学习的错觉。通常人们习惯于亲身体验后再采取新的行动，但由于情况的变化，往往不能单凭经验找到问题的根本原因。因此，不能完全依赖经验来学习。

（7）团体的假象。一般认为，团体能够解决组织的复杂问题和困境。但是组织中的团体经常把时间花在争权夺利上，或为了维护组织的团结而压制不同的意见，或彼此妥协达成每个人都能勉强接受的决定，使团体学习出现障碍。

基于上述组织学习的障碍，彼得·圣吉认为，必须把企业变成一种学习型的组织。但建立学习型组织并非轻而易举的事情。彼得·圣吉提出建立学习型组织必须开展五项修炼，其主要内容如下。

（1）超越自我[107]。这是指企业和个人突破极限的自我实现，是一项终身的修炼，是学习、创造和成长的长期过程。

（2）改善心智模式[108]。这项修炼是指要经常反思自己的心智模式和探询他人的心智模式，从比较中完善自己的心智模式。心智模式是根深蒂固于心中的，不同的心智模式会导致人们对同一事物的看法不同。如果现有心智模式不能反映客观事物，就会做出错误的判断，特别是企业领导层如果出现这种情况，会给企业带来严重的后果。

（3）建立共同愿景[109]。愿景是指对未来的能实现的希望、景象和意象。组织建立了共同的愿景，有了全体员工共同认可的目标，就能充分发挥每个人的力量。

（4）团队学习[110]。团队学习能够促进员工交流，避免矛盾和冲突，使个人的智慧成为集体的智慧。团队学习的一种重要形式就是进行深度会谈，即对企业的一些重大而复杂的问题进行开放式交流，使员工都能发表自己的看法，同时也能了解别人的观点，从而能够在工作中很好地配合。

（5）系统的思考[111]。系统思考能够把握事物的整体，用动态和系统的观点看问题，从而可以从局部的细致变化中看到整体的变化。这是建立学习型组织最重要的思考。

2. 企业再造理论[112]

（1）什么是企业再造？再造也译为"公司再造"、"再造工程"。它是1993年开始在美国出现的关于企业经营管理方式的一种新的理论和方法。所

107. Personal mastery.

108. Improving mental models.

109. Building shared vision.

110. Team learning.

111. Systems Thinking.

112. Business Process Reengineering

谓"再造工程"，简单地说就是以工作流程为中心，重新设计企业的经营、管理及运作方式。按照该理论的创始人、原美国麻省理工学院教授迈克·哈默（M.Hammer）与詹姆斯·钱皮（J.Champy）的定义，"再造工程"是指"为了飞越性地改善成本、质量、服务、速度等重大的现代企业的运营基准，对工作流程 [113] 进行根本性重新思考并彻底改革"，也就是说，"从头改变，重新设计"。为了能够适应新的世界竞争环境，企业必须摒弃已成惯例的运营模式和工作方法，以工作流程为中心，重新设计企业的经营、管理及运营方式。

113. Business Process

企业再造包括企业战略再造、企业文化再造、市场营销再造、企业组织再造、企业生产流程再造和质量控制系统再造。

（2）企业"再造工程"产生的背景。企业再造理论（BPR）的产生有深刻的时代背景，20世纪60、70年代以来，信息技术革命使企业的经营环境和运作方式发生了很大的变化，而西方国家经济的长期低增长又使得市场竞争日益激烈，企业面临着严峻挑战。有些管理专家用3C理论阐述了这种全新的挑战。

114. Customer

① 顾客 [114]——买卖双方关系中的主导权转到了顾客一方。竞争使顾客对商品有了更大的选择余地；随着生活水平的不断提高，顾客对各种产品和服务也有了更高的要求。

115. Competition

② 竞争 [115]——技术进步使竞争的方式和手段不断发展，发生了根本性的变化。越来越多的跨国公司越出国界，在逐渐走向一体化的全球市场上展开各种形式的竞争，美国企业面临日本、欧洲企业的竞争威胁。

116. Change

③ 变化 [116]——市场需求日趋多变，产品寿命周期的单位已由"年"趋于"月"，技术进步使企业的生产、服务系统经常变化，这种变化已经成为持续不断的事情。因此在大量生产、大量消费的环境下发展起来的企业经营管理模式已无法适应快速变化的市场。

面对这些挑战，企业只有在更高水平上进行一场根本性的改革与创新，才能在低速增长时代增强自身的竞争力。

在这种背景下，结合美国企业为挑战来自日本、欧洲的威胁而展开的实际探索，1993年哈默（Michael Hammer）和钱皮（James A.Champy）出版了《再造企业》 [117] 一书，书中认为："20年来，没有一个管理思潮能将美国的竞争力倒转过来，如目标管理、多样化、Z理论、零基预算、价值分析、分权、质量圈、追求卓越、结构重整、文件管理、走动式管理、矩阵管理、内部创新及一分钟决策等。"1995年，钱皮又出版了《再造管理》。哈默与钱皮提出应在新的企业运行空间条件下，改造原来的工作流程，以使企业更适应未

117. Reengineering the Corpration

来的生存发展空间。这一全新的思想震动了管理学界，一时间"企业再造"、"流程再造"成为大家谈论的热门话题，哈默和钱皮的著作以极快的速度被大量翻译、传播。与此有关的各种刊物、演讲会也盛行一时，在短短的时间里该理论便成为全世界企业以及学术界研究的热点。IBM 信用公司通过流程改造，实行一个通才信贷员代替过去多位专才并减少了九成作业时间的故事更是广为流传。

（3）企业"再造工程"的主要程序。企业"再造"就是重新设计和安排企业的整个生产、服务和经营过程，使之合理化。通过对企业原来生产经营过程的各个方面、每个环节进行全面的调查研究和细致分析，对其中不合理、不必要的环节进行彻底的变革。在具体实施过程中，可以按以下程序进行。

① 原有流程进行全面的功能和效率分析，发现其存在问题。根据企业现行的作业程序，绘制细致、明了的作业流程图。一般来说，原来的作业程序是与过去的市场需求、技术条件相适应的，并由一定的组织结构、作业规范作为其保证的。当市场需求、技术条件发生的变化使现有作业程序难以适应时，作业效率或组织结构的效能就会降低。

② 设计新的流程改进方案，并进行评估。为了设计更加科学、合理的作业流程，必须群策群力、集思广益、鼓励创新。在设计新的流程改进方案时，可以考虑：将现在的数项业务或工作组合，合并为一；工作流程的各个步骤按其自然顺序进行；给予职工参与决策的权力；为同一种工作流程设置若干种进行方式；工作应当超越组织的界限，在最适当的场所进行；尽量减少检查、控制、调整等管理工作；设置项目负责人[118]。

118. Case Manager

对于提出的多个流程改进方案，还要从成本、效益、技术条件和风险程度等方面进行评估，选取可行性强的方案。

③ 制定与流程改进方案相配套的组织结构、人力资源配置和业务规范等方面的改进规划，形成系统的企业再造方案。企业业务流程的实施，是以相应组织结构、人力资源配置方式、业务规范、沟通渠道甚至企业文化作为保障的，所以，只有以流程改进为核心形成系统的企业再造方案，才能达到预期的目的。

④ 组织实施与持续改善。实施企业再造方案，必然会触及原有的利益格局。因此，必须精心组织，谨慎推进。既要态度坚定，克服阻力，又要积极宣传，形成共识，以保证企业再造的顺利进行。企业再造方案的实施并不意味着企业再造的终结。在社会发展日益加快的时代，企业总是不断面临新的挑战，这就需要对企业再造方案不断地进行改进，以适应新形势的需要。

3. 核心能力理论

20世纪90年代，核心能力理论代表了战略管理理论在90年代的最新进展，它是由美国学者普拉哈拉德（C.K.Prahalad）和英国学者哈默（G.Hamel）于1990年首次提出的，他们在《哈佛商业评论》所发表的《公司的核心能力》[119]一文已成为最经典的文章之一。此后，核心能力理论成为管理理论界的前沿问题之一，被广为关注。

119. The Core Competence of the Corporation

公司的核心能力是组织中的集体知识和集体学习，特别是协调不同生产技术和整合多种多样技术流派的能力。

作为企业的核心能力，必须满足五项条件：不是单一技术或技能，而是多种相关技术和技能的复杂融合；不同于有形资产，不会随着使用而效用递减；必须能创造顾客看中的关键价值；与竞争对手相比，具有独特性，且竞争对手无法全部模仿；超越特定的产品或部门范畴，从而使核心竞争力可以延展到多种市场，而不是只在单一市场发挥作用。

企业核心能力的竞争分为三个层次。第一层次的竞争是开发与获取构成核心能力的技能和技术，形成一定的核心能力。主要表现在技术、人才、结盟伙伴和知识产权的市场方面的竞争能力。第二层次的竞争是核心能力的整合。主要在特定的产品功能的设计和开发方面建立世界领导地位，将符合核心能力的生产技能和学识等总结并提取出来。第三层次的竞争是核心产品市场份额的竞争，即积极进行核心产品的多样化，尽力扩大核心产品的市场份额，使公司在选定的区域保持领导地位。

本章小结

管理思想是随着生产力的发展而发展起来的。

在 18 世纪中期及下半叶，有一些人为了解决工业革命所带来的一系列管理难题，从各自的学科出发，对管理进行了一些理论研究。其中对后期的管理思想有较大影响的代表人物是罗伯特·欧文、亚当·斯密和查尔斯·巴贝奇。

古典管理理论有时也被称之为古典管理思想，形成于 20 世纪最初的 20 年。古典管理理论着眼于科学地管理劳动和组织的各种方法，包括三个不同的理论学派：科学管理理论学派、一般管理理论学派和组织理论学派。

行为科学产生于 20 世纪 30 年代，以泰勒和法约尔为代表的科学管理阶段完成了使管理从经验到科学的转变，为西方管理理论的发展奠定了坚实的基础。

所谓行为科学，是指研究人类行为规律的学科。在企业管理方面，它以人的行为对工作的影响为研究对象，以人的本性需要、工作动机、情绪、人际关系，以及行为与工作环境关系为依据，运用心理学、社会学、人类学、管理学、人机工程等学科知识，从个人、群体及组织的各方面来分析人的工作行为。它的最终目的是要形成管理者能据此评价各种情境并采取合适行动的科学理论。

激励理论主要代表有马斯洛的需要层次理论、赫茨伯格的双因素理论、亚当斯的公平理论、弗鲁姆的期望理论。

双因素理论，又称"激励—保健理论"，是美国犹他大学的特级管理教授、著名的心理学家弗雷德里克·赫茨伯格提出的。

群体行为理论的代表是勒温的"群体动力学理论"；勒温认为，人的心理、人的行为决定于内在的需要和周围的相互作用。

领导行为理论包括关系支持理论、管理方格理论等。

从 20 世纪 60 年代开始，管理理论逐渐形成多元化的态势。美国管理学家孔茨把众多的管理理论学派比喻成"管理理论丛林"，包括管理过程学，也叫作业学派、系统管理理论、社会协作系统学派、社会技术系统学派、决策理论学派、经验（或案例）学派、权变管理理论、数学学派或"管理科学"学派、经理角色学派等。

当代西方管理思想包括7-S管理分子图理论、企业文化理论、K 理论、组织生命周期理论等。

20 世纪 90 年代以来，产生了许多体现时代特征的管理理论，主要有学习型组织、企业再造理论和核心能力理论等。

综合练习

一、多项选择题

1. 学习型组织的主要特征有（   ）。

A. 组织成员拥有一个共同的愿景　　　　B. 善于不断的学习

C. 自主管理　　　　　　　　　　　　　D. 组织结构扁平化

2. 法约尔管理的职能包括（   ）。

A. 计划　　　　　　　　　　　　　　　B. 组织

C. 智慧与协调　　　　　　　　　　　　D. 控制

3. 下列属于古典管理论的有（   ）。

A. 组织理论　　　　　　　　　　　　　B. 一般管理理论

C. 劳动分工理论　　　　　　　　　　　D. 科学管理理论

4. 科学管理的内容包括（   ）。

A. 科学挑选人　　　　　　　　　　　　B. 差别计件工资制

C. 智能管理　　　　　　　　　　　　　D. 工时研究与标准化

5. 现代管理论中的代表学派有（   ）。

A. 管理过程学派　　　　　　　　　　　B. 决策理论学派

C. 社会系统学派　　　　　　　　　　　D. 社会技术系统学派

二、问答题

1. 西方管理理论经历了哪几个发展阶段？

2. 西方早期管理思想是如何产生的？当时的代表性思想有哪些？

3. 泰勒所提出的科学管理理论的主要内容有哪些？他对管理学的发展有何影响？

4. 列举西方管理理论发展史上 5 个代表任务的主要贡献。

5. 梅奥在霍桑试验中的重要发现是什么？这些发现对管理学理论与实践的发展有何重要影响？

6. 如何理解学习型组织？

第 3 章 管理道德和社会责任

学习目标

通过本章学习，你可以达到以下目标。

知识目标

了解管理道德的含义；

企业社会责任的发展历程；

理解企业道德的作用以及企业道德与企业绩效的关系；

企业社会责任的作用；

掌握对企业员工进行道德管理的途径或方法。

能力目标

能解释企业道德与企业社会责任的含义；

能应用企业对员工进行道德管理的方法；

能处理企业的道德危机。

3.1 管理道德

在现实生活中，我们经常会遇到一些问题。推销员在推销商品的过程中贿赂客户，这是道德的吗？如果推销员用自己的佣金进行贿赂，情况又如何？是否有什么不同？一个人为了能在经济衰退时期找到一份工作而压低自己的学历，因为这份工作通常无须拥有较高学历的人去做，这是道德的吗？公车私用是道德的吗？用单位的电话打私人长途是道德的吗？

对上述问题的回答本身就是一个道德判断的过程。为了能正确地回答这些问题，需要对道德进行一个全面的了解。

3.1.1 管理道德概述[1]

1. An Overview of Business Ethics

2. Management Ethics

3. Utilitarian View of Ethics

4. Rights View of Ethics

5. Theory of Justice View of Ethics

6. Views of Ethics

7. The Utilitarian View of Ethics

8. Egocentric Utilitarianism

9. Common Utilitarianism

管理道德[2]是指判别管理行为是非的规范、原则或惯例。管理者在作出某项决策的过程中，需要认真考虑这项决策是否符合某种道德的规范。这项决策可能产生的后果，可能影响到哪些利益群体，特别是对哪些利益群体产生负面影响和不良后果。管理道德包括功利主义道德观[3]、权力至上道德观[4]和公平公正道德观[5]三种类型。管理道德在企业中主要体现为企业道德，以下将主要从企业道德角度来讨论管理道德。

1. 企业经营的几种道德观[6]

企业在经营过程中，一般有以下几种道德观。

（1）道德的功利观[7]。所谓道德的功利观，是指判断某行为是否道德，主要看其行为所引起的后果如何。某行为能够为大多数人带来最大幸福或者至少不损害其他主体利益的行为时，它便是道德的。反之，便是不道德的。[1]

功利观强调行为的后果，并以此判断行为的善恶。功利观对行为后果的看法主要有两种典型代表。一种是利己功利主义[8]，它是以人性自私为出发点的，但并不意味着在道德生活中能因自身利益去损害他人和集体利益。因为自身利益有赖于集体和社会利益的增进，一味地追求自身利益而不顾他人利益，最终会损害自己的利益。另一种是普遍功利主义[9]，它抛弃了利己主义原则。普遍功利主义认为，行为道德与否取决于行为是否普遍为大多数人带来最大幸福。同时认为，为了整体的最大利益，必要时个体应不惜牺牲个人利益。

---

[1] The so-called utilitarian view of ethics, means that whether or not a behavior is moral depends on the consequences brought by the behavior . If the behavior brings the greatest happiness to the majority of people , or at least brings no harm to other main interests , it's moral ;otherwise , immoral.

当代功利主义者大多数倾向于采用普遍功利主义原则来确定行为的道德性。

（2）道德的权利观 [10]。权力观是关于尊重和保护个人自由和特权的观点，包括隐私权、思想自由、言论自由、生命与安全以及法律规定的各种权利，要求企业在决策时要尊重和保护个人基本权利 [11]。

（3）公平理论道德观 [12]。公平理论道德观要求管理者在决策时公平地实施规则，强调管理行为的公正、公平，通过在企业内部建立相对公平的规章制度，使员工努力工作并取得与努力程度相对应的报酬。例如接受公平理论观的管理者可能决定向新来的员工支付比最低工资水平高一些的工资，因为在他看来，最低工资不足以维持该员工的基本生活。按公平原则行事，也会有得有失。得的是它保护了那些未被充分代表的或缺乏权力的利益相关者的利益，失的是他可能不利于培养员工的风险意识和创新精神，从而影响生产效率。

（4）综合社会契约理论观 [13]。在综合社会契约理论者来看，组织是通过与社会建立社会契约获得合法性的，那些作为生产型组织的企业之所以存在，是为了以最有效的方式增加消费者和员工的利益，进而增进社会福利。综合社会契约理论观主张把实证（是什么）与规范（应该是什么）两种方法并入商业道德中，即要求决策人决策时综合考虑实证和规范两方面的因素。这种道德观综合了两种"契约"：一种是经济参与人当中一般社会契约，这种契约规定了做生意的程序；另一种是一个社区中特定数量的人当中较特定的契约，这种契约规定了哪些行为方式是可接受的。这种商业道德观与其他三种的区别在于它要求管理者考察各行业和各公司的现有道德准则，以决定什么是对的、什么是错的。

作为企业的经营者，持有功利主义观点并不奇怪，因为功利主义是与利润、效率紧密联系在一起的，在追求利润最大化的过程中，可以谋取尽可能多的好处，目前许多企业都持有这一观点。然而，随着经济社会的发展，人们的社会意识增强，愈加关注社会生存环境，因此这种观点如今受到了很大的挑战，政府与消费者越来越关注企业的道德问题，要求企业承担越来越多的道德责任。这意味着管理者要在非功利标准 [14] 的基础上建立新的道德标准。

2. 影响管理道德的因素 [15]

管理道德的作用是通过管理者内心信念的建立来发挥的，管理道德对管理者行为的善恶要求和价值导向都必须反映在管理者的意识和观念上，然后才能外化为有道德的行为。一个管理者的行为是否合乎道德，要受到管理者道德的发展阶段、个性特征、组织结构设计、组织文化和道德问题强度等的

10. The Rights View of Ethics

11. Fundamental Rights of Individuals

12. The Equity View of Ethics

13. Comprehensive social contract theory.

14. Non-Utilitarian Standards

15. Factors Influencing Management Ethics

影响。

一个缺乏强烈道德感的人，如果受到规则、政策、工作规定或加于行为之上的强文化准则的约束，做错事的可能性会小。相反，非常有道德的人，可以被一个组织的结构和允许或鼓励非道德行为的文化所腐蚀。此外，管理者更可能对道德强度很高的问题制定出符合道德的决策。

16. Phases of Moral Development

（1）道德发展阶段[16]。道德发展存在三个发展阶段，即前惯例阶段、惯例阶段和规范与原则阶段，每一个阶段包括两个层次。管理者达到的阶段越高，就越来越倾向于采取符合道德的行为。

17. Personal Interests

在道德发展的前惯例阶段，道德仅受个人利益[17]的影响；每个管理者往往根据怎样对自己有利来制定决策，并按照什么行为方式会导致奖赏或惩罚来确定自己的利益。这一阶段的特征表现在主体往往严格遵守规则以避免物质惩罚，但也只是在符合自身利益时才会遵守规则。

18. The Subjects

19. Obligations

20. The Traditional Order

在惯例阶段，管理者在道德上常受他人期望的影响，会对重要人物的期望做出反应。这一阶段的表现特征是主体[18]会做周围人期望的事情，会通过履行被普遍赞同的准则的义务[19]来维持传统秩序[20]。

在规范与原则阶段，道德受个人认为的正确道德原则的影响，它们可以与社会准则和法律一致，也可以不一致。这一阶段的表现特征是尊重他人的权利，支持不相关的价值观和权利。遵循自己选择的道德准则，即使它们违背了法律。

通过对道德发展阶段的研究，我们可以得出以下结论。

第一，人们以前后衔接的方式逐渐地顺着阶梯向上移动，一个阶段接着一个阶段地移动，而不是跳跃式地前进。

第二，不存在道德水平持续发展的保障，发展可能会停止在任何一个阶段上。

第三，管理者达到的阶段越高，就越倾向于采取符合道德的行为。

21. Individual Characteristics

22. Relatively stable values and concepts.

23. Predilection

24. Will

（2）个人特征[21]。组织中的每个人都会有一套相对稳定的价值准则和观念[22]，这些准则和观念有的来自于父母、老师、朋友和其他人，有的来自社会的教化，形成了关于"什么是对、什么是错"的道德观念，包括生活方式、态度、偏好[23]、意志[24]等，从而形成了管理者的不同个人特征。具有不同个人特征的管理者在面对两难问题的决策时就会有不同的效果。

需要注意的是，尽管价值准则和道德发展阶段看起来很相似，但它们其实不一样。前者牵涉面广，包括很多问题，而道德发展阶段专门用来衡量在外界影响下的独立性。

（3）自我强度和控制中心 [25]。人们还发现有两个个性变量影响着个人行为，这两个变量是自我强度和控制中心。自我强度用来度量一个人的信念强度。一个人的自我强度越高，克服冲动并遵守其信念的可能性就越大。这就是说，自我强度高的人更加可能做他们认为正确的事。我们可以推断，自我强度高的管理者的道德判断和道德行为会更加一致。

控制中心被解释为"衡量人们相信自己掌握自己命运的个性特征"，它实际上是管理者自我控制、自我决策的能力。斯蒂芬·罗宾斯（Stephen P. Robbins）把控制中心分为内在控制中心 [26] 和外在控制中心 [27] 两个方面。具有内在控制中心的人相信自己能控制和掌握自己的命运，而不依赖环境的力量，这十分有利于个人的自主道德决策。而具有外在控制中心的人不相信自己，听天由命，依赖于环境的力量，这对其自主道德决策十分不利。与具有外在控制中心的管理者相比，内部控制中心者对自身行为的后果具有责任感，能依据自己的道德价值观和是非标准指导自己的行为，较少受组织中其他力量的钳制和干扰，由此而来的较大的道德决策内动力，强化了其整体道德决策力。

（4）组织结构 [28]。组织的结构设计有助于形成并规范管理者的道德行为。设计合理的组织结构可以为管理者提供有力的指导。设计不规范的组织结构则会令管理者无所适从，甚至产生不道德的行为都无法判断。为了使管理者的道德规范有序，可以通过建立正式的规章制度、职务说明书和明文规定的道德标准则来降低组织结构的模糊程度。研究表明，上级的行为对个人在道德或不道德行为的抉择上具有巨大的影响。人们关注管理当局在做什么，并以此作为可以接受的和期望于他们的行为标准。

在不同的组织结构中，管理者在时间、竞争和成本等方面的压力也不同。压力越大，越可能降低道德标准，从而达成妥协。

（5）组织文化 [29]。组织文化是公司在经营过程中形成的、并为成员说共同遵守的价值观念、道德准则等范畴。[2] 组织文化的内容和强度也会影响道德行为。组织文化分为强组织文化 [30] 和弱组织文化 [31]。

处于强组织文化环境中，最有可能产生有较强的控制能力以及风险和冲突承受能力的高道德标准的组织文化。处于这种文化中的管理者，具有进取心和创新精神，意识到不道德行为会被发现，并且对他们认为不现实或个人所不合意的需要或期望进行自由、公开的挑战。

与弱组织文化相比，强组织文化对管理者的影响更大。如果组织文化较

25. Ego strength and control center.

26. Internal Control Center

27. External Control Center

28. Structure Organizational

29. Organizational Culture

30. Strong Organizational Culture

31. Weak Organizational Culture

---

[2] Organizational culture refers to the values and moral standards that are formed in the course of a company's development and complied with by all the company's members.

强，并支持高道德标准，它就会对管理者的道德行为产生重要的、积极的影响。而在弱组织文化中，管理者更有可能以亚文化准则作为行为的指南。工作小组和部门标准会对弱文化组织中的道德行为产生重要影响。

（6）问题强度[32]。影响管理者道德行为的第六个因素是道德问题本身的强度，它取决于六个因素。

32. The Seriousness of Problems

① 某种道德行为对受害者的伤害有多大或对受益者的利益有多大。伤害很大则不道德，伤害很小则无所谓。

② 有多少人认为这种行为是恶劣的（或善良的）。如果大多数人认为这种行为恶劣则不道德；若很少人这样认为则无所谓。在我国的行政单位与国有企业办公室，用公家的电话办自己的事情，由于公有制单位传统上员工有享受非货币化福利的权利与"习惯"，因而很少有人对此指责。这样，在很长时间内，该行为不会受到很多人的道德质问。

③ 行为实际发生并造成实际伤害（或带来实际利益）的可能性有多大。例如，把枪卖给武装起来的强盗，比卖给守法的公民更有可能带来危害。

④ 行为与其预期后果之间的时间间隔是多少。例如，减少目前退休人员的退休金，比减少目前年龄在 40 ~ 50 岁的员工的退休金所带来的直接后果更为严重。

⑤ 你觉得行为的受害者（或受益者）与你（在社会、心理或物质上）挨得多近。如公司制订一项渐远增效计划，减员对象中有很多是对公司做出长期贡献的人，宣布该计划立即实施和在两年后实施引起的反应是不一样的。前一种方案会被很多员工认为是"没良心的"，而后一种实施方案，因为是以后的事，大多员工反应不太强烈。

⑥ 道德行为对有关人员的影响集中程度如何。例如，担保政策的一种改变——拒绝给 10 人提供每个人 10 000 元的担保，比担保政策的另一种改变——拒绝给 10 000 人提供每人 10 元的担保——的影响更加集中。

综上所述，受伤害的人数越多，越多人认为这一种行为是邪恶的，行为发生并造成实际伤害的可能性越高，行为的后果出现越早，观察者感到行为的受害者与自己挨得越近，问题强度就越大。这六类因素基本上决定了一个人管理道德观的形成，但在一定时期，社会上大多数人的世界观和价值观也会受到外部影响甚至改变个人的管理道德观。这六个因素决定了道德问题的重要性，道德问题越重要，管理者越有可能采取道德行为。

3. 企业道德[33]

33. Business Ethics

（1）企业道德的含义。企业道德是指在企业这一特定的社会经济组织中，依靠社会舆论、传统习惯和内心信念来维持的，以善恶评价为标推的道德原则、道德规范和道德活动的综合[3]。按照道德活动主体的不同，可分为企业的组织道德 34 和员工个人的职业道德 35。企业道德既是社会道德体系的重要组成部分，也是社会道德原则在企业中的具体体现。它是人格化了的企业，在生产经营活动中、在社会交往中所应遵循的旨在调节企业与国家、企业与他企业、企业与他单位、企业与竞争对象、企业与服务对象以及企业内部各方面关系的行为规范总和。"道德"这两个字中，"道"原是指人行走的道路，引申为事物运动变化的规律和人们行为必须遵循的道理、规范。"道"与"德"的意思相近，是人们实行"道"的原则，内得于已、外绝于人，便称为"道"。我们现在所用的"道德"这个概念，主要是指在一定社会或阶段用以调整人和人之间、个人和社会之间关系的道德规范的总和[4]。它是依靠社会舆论、传统习惯，特别是通过人们的内心信念而起作用的。

34. Enterprise Organization Moral

35. Individual Occupational Moral

（2）企业道德是企业及员工对共同道德标准统一的认可，它有功利性 36、群体性 37、实践性 38、继承性 39 和时代性 40 五个方面的特征。企业道德具有功利性，是由企业以盈利基本为目的基本性质决定的。在企业与市场以及社会的各方面关系中，道德因素之所以成为必要和被看重的因素，就是因为企业道德的完善能够直接或间接地给企业带来利益和发展，企业道德不仅是企业的责任，更是企业增强竞争力的武器之一。群体性也是企业道德的一个重要特征。企业道德属于一种群体道德，群体的自我约束越健全，其道德形象就越完美。从职业道德方面来看，企业道德约束的对象是企业的全体员工，是一个群体，只有这个群体的总体道德水平提高了，我们才能说企业道德水平在改善。道德作为人类把握世界的一种特殊方式，本质地讲，是一种实践精神。道德的实践精神本性决定企业道德也必然具有实践性的特点。企业道德蕴藏在企业一切生产经营活动之中，而企业的任何生产经营活动都是具体的行为，具有讲求实践的特性。此外，企业道德也不是无本之木，它是在继承历史上有关经济活动方面的道德因素的基础上产生的。当然，企业道德产生之后也不是一成不变的，是要随着时间的推移而有所变化的，即企业道德具有时代性的特征。企业道德是资本主义时代的产物，在历史的发展和演变之下，当

36. Utilitarian

37. Groupment

38. Practicalness

39. Succession

40. Changing With Time

---

[3] Business ethics is a comprehensive term for moral principles, moral standards and moral activities within an enterprise, based on the criterion of the good and evil and sustained by public opinions , social customs and inner beliefs.

[4] Ethics is an overal term for all the moral standards coordinating the relationships between individual and individual ,individual and society in a specific society or for a specific period of time.

前的企业道德要求已经不完全同于最初的标准。

（3）企业作为市场的细胞，其直接目的是追求利润的最大化，而作为社会的一份子，企业在追求利益的同时，又必须使自身的获利过程也成为有益于社会进步和促进人的全面发展的过程，即必须注重企业道德。

3.1.2 企业道德和企业绩效 [41]

1. 道德是企业不可缺少的一种资源 [42]

现代人力资本理论已不仅仅指人的智力和技能，还包含了人的思想、观念、态度和道德等。可见，企业道德则是构成人力资本中的重要因素，越来越多的企业把道德问题看成是企业发展的重要资源。弗朗西斯·福山（Francis Fukuyama）在《信任——社会道德与繁荣的创造》中指出，经济活动无法脱离经济伦理和企业道德的文化背景，无法离开宏观政策和企业经营管理的价值导向。

2. 企业道德影响企业绩效 [43]

企业道德影响企业绩效，实践证明，企业是借助于员工的道德品质和企业道德文化影响企业绩效。良好的企业道德通过以下几个方面提高企业绩效。

第一，企业道德能使管理者做出正确的决策。有着良好道德素质的管理者会有着较强的责任感，会慎重考虑决策的方方面面，做出客观、公正的判断；有着良好道德素质的管理者在决策时也会从道德规范的角度考虑决策，有些决策失误不是在技术上、经济上或法律上的不可行，而是道德上的不可行造成的；有着良好道德素质的管理者还可以使不同的利益相关者相互制约，从而公正地做出决策。

第二，具有一定道德水平的企业可以吸引、留住人才，也可以激发员工的工作积极性。人们不仅有物质的需要，还有精神的需要。有道德水平的企业有对人的尊重、理解、信任和关心，还有良好的企业形象。在这种环境下工作的员工可以激发出潜能，更加积极地为组织工作。

第三，有良好道德素质的管理者可以更加顺利地推进组织发展和变革。管理者具有良好的道德品质，就会顾全大局，不计较个人的得失，考虑到员工的利益和组织的利益，有助于顺利推动组织发展和变革。

3. 道德可以成为竞争优势 [44]

企业绩效的取得要有自己的竞争优势，而道德可以成为竞争优势。

组织资源或能力如要成为企业竞争优势，要具备三个条件：一是价值，这种资源或能力是有利于提高竞争能力的；二是稀缺性，即它是一种稀缺资源，

41. Business Ethics and Business Performance

42. Ethics is an indispensable resource to an enterprise.

43. Business ethics affects business performance.

44. Ethics can be a competitive advantage.

同行业中拥有这种资源或能力的企业很少；三是难以模仿性，即竞争对手不可能轻易获得这种资源或能力。道德是一种资源，技术、设备和制度可以在较短的时间获得，但全体员工追求一种企业伦理层面上的东西是长期学习的过程，是其他企业在短期内很难学得和模仿到的，因此它又带有稀缺性。从某种意义上来说，企业的竞争也是道德的竞争，道德也可以形成竞争优势的。例如，"信"是处世立业的基础，是人际关系的美德，并可作为商业道德代代相传，形成企业竞争优势。

3.1.3 如何对企业员工进行道德管理 [45]

45. How to Conduct Moral Management to the Staff

1. 制订和颁布正式的道德准则

要把企业建成一个有序、高效、文明、健康的组织，除了需要一般性的组织制度以外，建立一套严格的道德标准则是十分必要的，其目的就是让组织中的成员明白以什么样的精神从事工作、以什么样的态度对待工作，尽可能防止可能出现的不道德行为。

企业的道德标准则是企业全体员工必须遵循的价值准则与具体的行为规范。虽然企业种类不同，但它通常包括四个基本方面。

（1）作为企业一名员工的基本的行为规范。例如，企业职工应遵守健康、安全的生产、操作规程与服务规范；以诚实、礼貌、公正和相互尊重的态度表达意见和看法；准时上下班，工作服从领导指挥安排，在工作场合不饮酒、不说脏话；工作期间穿公司统一的制服或职业服装，等等。

（2）合法经营且不损害公司利益。例如，企业一切经营活动应该严格依法办事；不从事和收受商业性的贿赂；任何人不得从事盈利性的兼职工作，不得利用公司的财产为自己牟取利益；企业应严格遵守行业协会的自律守则，并自觉接受其监督与指导；企业应严格按照《公司法》和相应的会计与审计准则办事，等等。

（3）对消费者和客户要高度负责，提供诚实服务。例如，在企业营业推广和广告宣传过程中，准确地说明产品的特征、规格以及适用方法；最大限度地履行企业应尽的义务，向用户和消费者提供高品质的产品与服务，等等。

（4）企业管理者身体力行。例如，在身体力行和以身作则的同时，以直率、开明的姿态，建立敢于承担责任、团队合作、相互信任与支持的内部文化氛围；对有贡献的员工和有益于公司声誉与发展的经营行为及时给予肯定与奖励，从而达到鼓励先进、鞭策落后的目的，等等。

特别提出的是，制定道德准则时重要的是道德准则能否被遵守，而中高层管理人员又是关键，因为，从经济的角度看，企业经营的道德问题并没有严格的社会衡量标准，也很难进行具体的定量分析，而且企业往往要付出一定的费用，因此，高层管理者能否把社会利益和道德自律提高到相应的地位，并制定与之相配套的经营策略、经营方针和健全的自我保障体系是解决这一问题的关键。

2. 聘用符合组织道德准则的人 [46]

挑选道德素质高的员工通常就是通过审查申请材料、组织笔试、面试以及特定阶段的试用等阶段，把既有专业知识又有高道德素质的人录用进来。这是企业为提高员工整个道德素质的最基本的途径，也是实现企业人力资源优化配置的最基本的方法和手段。

同时，也必须看到，衡量一个人道德素质的高低远比不上衡量一个人的专业知识容易和直观，需要一个长期观察的过程。因此，仅仅通过"挑选"这一控制措施，是很难把道德水平低的求职者淘汰掉的。尽管如此，重视对高道德素质的挑选，其意义远远超过"挑选"本身，因为"挑选"本身就足以说明企业对高道德素质人员的重视，对全体员工也是一种道德传播、宣传、教育的过程。对于促进全体员工加强自身道德修养，对于提升全体员工的整体道德水平，对于提高企业的凝聚力、向心力，都必将起到积极的作用。

3. 管理者要以身作则 [47]

高层管理人员在道德方面的引导作用主要体现在以下两方面。

第一，高层管理人员在言行方面是员工的表率，他们所做的比所说的更为重要，他们作为组织的领导者要在道德方面起模范带头作用。企业中的高层管理人员对组织文化基本走向和基调具有较强的影响力，他们所做的一切具有极强的释放作用。如果他们把个人的利益凌驾于集体利益 [48] 之上，把个人好恶与情绪倾向置于规章制度之上，甚至在奖惩和提拔过程中玩弄权术，那么整个企业经营活动就有可能陷入信誉危机 [49]。所以，管理者必须在经营道德问题和履行社会责任问题方面身体力行，要直接参与并组织实施。没有高层管理者的以身作则、具体部署与大力支持，道德水准的提高和社会责任 [50] 的履行就不可能实现。

第二，高层管理人员可以通过奖惩机制来影响员工的道德行为。从奖励的角度看，奖励的方式和手段多种多样，诸如提薪、晋升、表扬、奖金、进修学习等。这就会向员工传达强有力的信息，促进群体道德水平的提高。从惩罚的角度看，其方式也多种多样，降薪、降职、通报、警告乃至开除。这同样向员工传达了强有力的信息，让组织中所有的人都认识到后果，从另一

46. Employing staffs up to the ethic norms.

47. Managers setting moral examples.

48. Collective Interests

49. Credit Crisis

50. Social Responsibilities

个角度提高群体的道德水平。值得注意的是，任何不良信息都会诱导道德的急剧滑坡。

4. 制订切实可行的工作目标[51]

51. Working out feasible tasks.

对一个人来说，工作是一回事，但如何对待工作则又是另一回事，前者是一种需要，后者则是一种道德。同样，工作要有目标，但应该确定什么样的目标才不至于影响到员工的道德选择。员工应该有明确和现实的目标。如果目标对员工的要求不切实际，即使目标是明确的，也会产生道德问题。

现代企业管理制度[52]的一个重要内容就是目标管理[53]，这无疑是管理手段的一大进步。但是，在具体的运作过程[54]中，企业整体目标[55]和具体目标的设定必须具有可操作性，否则企业管理者就会陷入被动和盲目的境地。如果工作目标过高，必然产生压力，这样，即使道德素质较高的员工也会感到困惑，很难在道德和目标之间做出选择，有时甚至为了达到目标而不得不牺牲道德。例如，有的企业规定，不论个人销售额是多少，每年要淘汰后几名的市场促销员，一些促销员为了不至于被淘汰，进行了虚假宣传、行贿等不道德的手段。可见，明确和符合实际的目标可以减少员工的困惑，并能激励员工，使其以积极的态度对待工作。

52. Management System
53. Performance Management
54. Team Process
55. Overall Goal

5. 建立优秀的组织文化[56]

组织文化是指组织中的成员共有的价值体系[57]。组织文化的内容和力量对员工行为的影响绝对不可小视。如果一个办公室的所有成员都认为上班看报纸是正确的，那么企业管理者敢反对上班看报纸吗？不敢。除非他想被其他人斥责为"假积极"并受到他们的排挤。如果一个办公室的所有成员都认为上班时不应当聊天，那么那些爱聊天的员工也不好意思再聊天了。这就是组织文化的力量。优秀的组织文化将自动告诉员工什么是对的，什么不对，他们应当怎样做。

56. Establishing healthy organizational culture.
57. Value System

研究资料表明，个体都具有特定组织的归属感，也容易接受组织的规则，组织成员相互之间影响比较强。组织中的自我教育是实现员工自我道德教育的有效方法。作为管理者，要及时发现员工中的优秀成员，采用座谈等方式，通过员工自身道德行为的相互影响，进行自我教育。

优秀的组织文化应当是鼓励员工进取、革新，允许员工自由争辩和公开批评。处于这种文化中的员工将意识到不对道德行为的存在，并对他们认为不正确的行为进行公开挑战。

6. 依据道德准则，奖罚分明[58]

58. Establishing a system of rewards and penalties in accordance with ethic norms.

如果仅仅颁布一个道德准则，全凭员工自便遵守，缺乏有效的道德管理奖惩机制，这样的道德准则等于没有。要使道德准则发挥作用，管理者必须对遵守它的员工进行奖励，对违反它的员工进行惩罚。对道德准则的遵守必须进行考核，并纳入薪酬体系。当惩罚员工的错误行为时，管理者不仅要针对错误的行为和当事人，还要将事实公布于众，让所有员工知道，如果你做了不道德的事，你将为此付出代价。

另外，在对员工的绩效进行考核时，不能只注重成果而不考察员工取得成果采取的手段。当仅考察成果时，结果就会为手段辩护。管理者如果希望员工能坚持道德准则，就必须在绩效考核时包含这方面的内容。如果一位以不正当手段取得重大成果的员工得到晋升，这无异于表明不道德的方法也是可取的。仅仅评价结果等于鼓励不择手段，这会使管理者陷入自相矛盾的境地。采取不正当手段取得成果的员工同样应当受到惩罚。

3.2 企业社会责任 [59]

3.2.1 企业社会责任概述

1. 企业社会责任的定义

企业社会责任是一个组织对社会应负的责任，通常是指组织承担的高于组织自己目标的社会义务。一个组织应以一种有利于社会的方式进行经营和管理。如果一个企业不仅承担了法律上和经济上的义务，还承担了"追求对社会有利的长期目标"的义务，我们就说该企业是有社会责任感的。

企业社会责任涉及环境保护、社会道德以及公共利益维护等方面，由经济责任、持续发展责任、法律责任和道德责任等构成。

2. 企业社会责任的发展历程

随着经济和社会的进步，企业不仅要对赢利负责，还要对环境负责，并承担相应的社会责任。

（1）20 世纪 50 年代—70 年代，赢利至上。1970 年 9 月 13 日，诺贝尔奖获得者、经济学家米尔顿·弗里德曼（Milton Friedman）在《纽约时报》刊登题为《商业的社会责任是增加利润》的文章，指出"企业的一项、也是唯一的社会责任是在比赛规则范围内增加利润。[5]"社会经济观 [60] 认为，利润最大化 [61] 是企业的第二目标，企业的第一目标是保证自己的生存。为了实现

59. Enterprises' Social Responsibilities

60. Economic View

61. Profit Maximization

---

[5] It is much devastating to the foundation of free society that executives taking social responsibility besides earning money as much as possible for shareholder.

这一点，他们必须承担社会义务以及由此产生的社会成本。他们必须以不污染、不歧视、不从事欺骗性的广告宣传等方式来保护社会福利，他们必须融入自己所在的社区及资助慈善组织，从而在改善社会中扮演积极的角色。

1976 年经济合作与发展组织 (Organization for Economic Cooperation and Development,OECD) 制定了《跨国公司行为准则》，这是迄今为止唯一由政府签署并承诺执行的多边、综合性跨国公司 [62] 行为准则 [63]。这些准则虽然对任何国家或公司没有约束力 [64]，但要求更加保护利害相关人士和股东的权利，提高透明度 [65]，并加强问责制 [66]。2000 年该准则重新修订，更加强调了签署国政府在促进和执行准则方面的责任。

（2）20 世纪 80 年代—90 年代，关注环保。80 年代，企业社会责任运动开始在欧美发达国家逐渐兴起，它包括环保、劳工和人权等方面的内容，由此导致消费者的关注点由单一关心产品质量，转向关心产品质量、环境、职业健康和劳动保障等多个方面。一些涉及绿色和平、环保、社会责任和人权等的民间组织以及舆论也不断呼吁，要求社会责任与贸易挂钩。迫于日益增大的压力和自身的发展需要，很多欧美跨国公司纷纷制定"对社会作出必要承诺"的责任 (包括社会责任) 守则，或通过环境、职业健康、社会责任认证应对不同利益团体的需要。

（3）20 世纪 90 年代至今，社会责任运动兴起。90 年代初期，美国劳工及人权组织成衣业和制鞋业发动了"反血汗工厂运动"，因利用"血汗工厂"制度生产产品的美国服装制造商 Levi-Strauss 被新闻媒体曝光后，为挽救其公众形象，制定了第一份公司生产守则。在劳工和人权组织等非政府组织和消费者的压力下，许多知名品牌公司也都相继建立了自己的生产守则。"反血汗工厂运动"遂演变为"企业生产守则运动"，又称"企业行动规范运动"或"工厂守则运动"，企业生产守则运动的直接目的是促使企业履行自己的社会责任。

但是，这种跨国公司自己制定的生产守则有着明显的商业目的 [67]，而且其实施状况也无法得到社会的监督。在劳工组织、人权组织等非政府组织的推动下，生产守则运动由跨国公司"自我约束" [68] 的"内部生产守则"逐步转变为"社会约束" [69] 的"外部生产守则"。

到 2000 年，全球共有 246 个生产守则，除 118 个是由跨国公司自己制定外，其余皆是由商贸协会或多边组织 [70] 或国际机构制定。这些生产守则主要分布于美国、英国、澳大利亚、加拿大、德国等国家。

2000 年 7 月"全球契约"论坛第一次高级别会议召开，参加会议的 50 多家著名跨国公司的代表承诺，在建立全球化市场的同时，要以"全球契约"

62. Multinational Corporations

63. Code of Conduct

64. Force of Constraint

65. Transparency

66. Accountability System

67. Commercial Aim

68. Self-regulation

69. Social Regulation

70. Multilateral Organization

为框架，改善工人工作环境，提高环保水平。"全球契约"行动计划已经有包括中国在内的30多个国家的代表、200多家著名大公司参与。

2001年2月，全球工人社会联盟公布了一份长达106页的由耐克公司资助完成的报告。报告的内容是关于印尼9家耐克合约工厂的劳工调查。这份报告的新意在于它是由耐克出钱完成并公布的，而耐克又不能拒绝公布。耐克对这些问题的反应将会为服装公司设立新的基准。

2002年2月在纽约召开的世界经济峰会上，三十六位首席执行官呼吁公司履行其社会责任，其理论根据是，公司社会责任"并非多此一举"，而是核心业务运作至关重要的一部分。

71. UN Global Compact

2002年，联合国正式推出《联合国全球协约》[71]。协约共有九条原则，联合国恳请公司对待其员工和供货商时都要尊重其规定的原则。

"全球契约"10大原则有：

72. Human Rights

（人权[72]方面）

（1）企业应在其所能影响的范围内支持并尊重对国际社会做出的维护人权的宣言；

（2）不袒护侵犯人权的行为；

（劳动方面）

（3）有效保证组建工会的自由与团体交涉的权利；

73. Forced Labor

（4）消除任何形式的强制劳动[73]；

74. Child Labor

（5）切实有效地废除童工[74]；

（6）杜绝在用工与职业方面的差别歧视；

（环保方面）

（7）企业应对环保问题未雨绸缪；

（8）主动承担环境保护责任；

（9）推进环保技术的开发与普及；

75. Anti-corruption

（反腐败方面[75]）

（10）积极采取措施反对强取和贿赂等任何形式的腐败行为。

3.2.2 如何看待企业社会责任

1. 企业社会责任观的思想渊源

76. Industrial Revolution

早在18世纪中后期英国完成第一次工业革命[76]后，现代意义上的企业就有了充分的发展，但企业社会责任的观念还未出现，实践中的企业社会责任局限于业主个人的道德行为之内。企业社会责任思想的起点是亚当·斯密

（Adam Smith）的"看不见的手"。古典经济学理论认为，一个社会通过市场能够最好地确定其需要，如果企业尽可能高效率地使用资源以提供社会需要的产品和服务，并以消费者愿意支付的价格销售它们，企业就尽到了自己的社会责任。

到了 18 世纪末期，西方企业的社会责任观开始发生微妙的变化，表现为小企业的业主们经常捐助学校、教堂和穷人。

进入 19 世纪以后，两次工业革命的成果带来了社会生产力的飞跃，企业在数量和规模上有了较大程度的发展。这个时期，由于受"社会达尔文主义"思潮的影响，人们对企业的社会责任观是持消极态度的，许多企业不是主动承担社会责任，而是对与企业有密切关系的供应商和员工等极尽盘剥，以求尽快变成社会竞争的强者，这种理念随着工业的大力发展产生了许多负面的影响。

与此同时，19 世纪中后期企业制度逐渐完善，劳动阶层[77]维护自身权益的要求不断高涨，加之美国政府接连出台《反托拉斯法》和《消费者保护法》以抑制企业不良行为，客观上对企业履行社会责任提出了新的要求。

2. 企业社会责任的作用

企业履行社会责任有助于解决就业问题。除增加投资、新增项目、扩大就业外，最重要的是提倡各企业科学安排劳动力，扩大就业门路，创造不减员而能增效的经验，尽量减少把人员推向社会而加大就业压力的情况的发生。过去只有 ISO9000 质量管理体系和 ISO140000 环境管理体系的国际认证，现在对企业社会责任也有了一个旨在解决劳动力问题、保证工人工作条件和工作环境的国际认证标准体系——SA8000。这一标准明确规定了企业需保证工人工作的环境干净卫生，消除工作安全隐患，不得使用童工，等等，切实保障了工人的切身利益。现在众多企业积极履行社会责任，努力获得 SA8000 国际认证，这样不仅可以吸引劳动力资源，激励他们创造更多的价值，更重要的是通过这种管理可以树立良好的企业形象，获得美誉度和信任度，从而实现企业长远的经营目标。从这个意义上说，企业履行社会责任，有助于解决就业问题。

企业履行社会责任有助于保护资源和环境，实现可持续发展。企业作为社会公民，对资源和环境的可持续发展负有不可推卸的责任，而企业履行社会责任，进行技术革新，可首先减少生产活动各个环节对环境可能造成的污染，同时也可以降低能耗，节约资源，降低企业生产成本，从而使产品价格更具竞争力。企业还可通过公益事业与社区共同建设环保设施，以净化环境、保护社区及其他公民的利益。这将有助于缓解城市尤其是工业企业集中的城市经济发展与环境污染严重、人居环境恶化之间的矛盾。

企业履行社会责任有助于缩小贫富差距，消除社会不安定的隐患。一方面，大中型企业可集中资本优势、管理优势和人力资源优势对贫困地区的资源进行开发，既可扩展自己的生产和经营，获得新的增长点，又可弥补贫困地区资金不足、劳动力和资源闲置的问题，帮助当地脱贫致富。另一方面，企业也可通过慈善公益行为帮助落后地区的人们发展教育、社会保障和医疗卫生事业，既解决当地政府因资金困难而无力投资的问题，帮助落后地区逐步发展社会事业，又通过公益事业达到无与伦比的广告效应，提升企业的形象和消费者的认可程度，提高市场占有率。

3. 企业应承担的八大社会责任

（1）承担明礼诚信确保产品货真价实的责任。由于种种原因造成的诚信缺失正在破坏着社会主义市场经济的正常运营，由于企业的不守信，假冒商品随时可见，消费者因此而遭受的损失每年在2500亿~2700亿元，占GDP比重的3%~3.5%。很多企业因商品造假干扰和打假难度过大，而陷入难以为继、岌岌可危的境地。为了维护市场的秩序，保障人民群众的利益，企业必须承担起明礼诚信确保产品货真价实的社会责任。

（2）承担科学发展与交纳税款的责任。企业的任务是发展和赢利，并担负着增加税收和促进国家发展的使命。企业必须承担起发展的责任，搞好经济发展，要以发展为中心，以发展为前提，不断扩大企业规模，扩大纳税份额，完成纳税任务，为国家发展做出大贡献。但是这个发展观必须是科学的，任何企业都不能只顾眼前不顾长远，也不能只顾局部不顾全局，更不能只顾自身而不顾友邻。所以无论哪个企业，都要高度重视在"五个统筹"的科学发展观指导下发展。

（3）承担可持续发展与节约资源的责任。中国是一个人均资源特别紧缺的国家，企业的发展一定要与节约资源相适应。企业不能顾此失彼，不顾全局。作为企业家，一定要站在全局立场上，坚持可持续发展，高度关注节约资源，并要下决心改变经济增长方式，发展循环经济，调整产业结构，尤其要响应中央号召，实施"走出去"的战略，用好两种资源和两个市场，以保证经济的安全运行。这样，我们的发展才能持续，经济目标才能实现。

（4）承担保护环境和维护自然和谐的责任。随着全球和我国的经济发展，环境日益恶化，特别是大气、水、海洋的污染日益严重。野生动植物的生存面临危机，森林与矿产过度开采，给人类的生存和发展带来了很大威胁，环境问题成了经济发展的瓶颈。为了人类的生存和经济持续发展，企业一定要担当起保护环境和维护自然和谐的重任。

（5）承担公共产品与文化建设的责任。医疗卫生、公共教育与文化建设，对一个国家的发展极为重要。特别是公共教育，对一个国家的脱除贫困、走向富强具有不可低估的作用。医疗卫生工作不仅影响全民族的身体健康，也影响社会劳动力资源的供应保障。文化建设则可以通过休闲娱乐，陶冶人的情操，提高人的素质。我们的国家，由于前一个时期对这些方面投入较少，存在问题比较严重。而公共产品和文化事业的发展固然是国家的责任，但在国家对这些方面的扶植困难、财力不足的情况下，企业应当分出一些财力和精力担当起发展医疗卫生、教育和文化建设的责任。

（6）承担扶贫济困和发展慈善事业的责任。虽然我们的经济取得了巨大发展，但是作为一个有 13 亿人口的大国我们还存在很多困难。特别是农村，困难更多，更有一些穷人需要得到扶贫帮助。这些责任固然在于政府，但也需要企业为国分忧，参与社会的扶贫济困。为了社会的发展，也是为企业自身的发展，我们的广大企业，应该重视扶贫济困，更好地承担起扶贫济困的责任。

（7）承担保护职工健康和确保职工待遇的责任。人力资源是社会的宝贵财富，也是企业发展的支撑力量。保障企业职工的生命、健康和确保职工的工作与收入待遇，这不仅关系到企业的持续健康发展，也关系到社会的发展与稳定。为了应对国际上对企业社会责任标准的要求，也为了使中央关于"以人为本"和构建和谐社会的目标落到实处，我们的企业必须承担起保护职工生命、健康和确保护工待遇的责任。企业要坚决遵纪守法，爱护员工，搞好劳动保护，不断提高工人工资水平和保证按时发放。企业要多与员工沟通，多为员工着想。

（8）承担发展科技和自主创新的责任。当前，就总的情况看，我国企业的经济效益是较差的，资源投入产出率也十分低。为解决效益低下问题，必须要重视科技创新。通过科技创新，降低煤、电、油、运的消耗，进一步提高企业效益。改革开放以来，我国为了尽快改变技术落后状况，实行了"拿来主义"，使经济发展走了捷径。但时至今日，我们的引进风依然越刮越大，越刮越严重，很多工厂几乎都成了外国生产线的博览会，却缺少对引进技术的消化吸收。因此，企业要高度重视对引进技术的消化吸收和科技研发，加大资金与人员的投入，努力做到以企业为主体进行自主创新。

4. 企业如何承担社会责任

首先，企业应该承担并履行好经济责任，为极大丰富人民的物质生活，为国民经济的快速稳定发展发挥自己应有的作用。最直接地说就是盈利，尽可能扩大销售，降低成本，正确决策，保障利益相关者的合法权益。

其次，企业在遵纪守法方面作出表率，遵守所有的法律、法规，包括环境保护法、消费者权益法和劳动保护法。完成所有的合同义务，带头诚信经营、合法经营，承兑保修允诺。带动企业的雇员、企业所在的社区等共同遵纪守法，共建法治社会。

再次，伦理责任是社会对企业的期望，企业应努力使社会不遭受自己运营活动、产品及服务的消极影响。加速产业技术升级和产业结构的优化，大力发展绿色企业，增大企业吸纳就业的能力，为环境保护和社会安定尽职尽责。

最后是企业的慈善责任。现阶段构建和谐社会的一个重要任务是要大力发展社会事业，教育、医疗卫生、社会保障等事业的发展直接关系人们的最直接利益，也直接决定着社会安定与否、和谐与否。很多地方在发展社会事业上投资不足或无力投资，这就需要调动一切可以调动的资本。企业应充分发挥资本优势，为发展社会事业，为成为一个好的企业公民而积极捐助，支援社区教育，支持健康、人文关怀、文化与艺术、城市建设等项目的发展，帮助社区改善公共环境，自愿为社区工作。

管理故事

沙漠汲水

有一个人在沙漠行走途中遇到了暴风沙，一阵狂风吹过之后，他已认不得正确的方向。正当快撑不住时，突然，他发现了一幢废弃的小屋。他拖着疲惫的身子走进屋内。这是一间不通风的小屋子，里面堆了一些腐朽的木材。他几近绝望地走到屋角，却意外地发现了一台抽水机。

他兴奋地上前汲水，可任凭他怎么抽水，也抽不出半滴来。他颓然坐地，却看到抽水机旁，有一个用软木塞堵住瓶口的小瓶子，瓶子上贴着一张发黄的纸条，纸条上写着：你必须用水灌入抽水机才能饮水！不要忘了，在你离开前再将水灌满！他拔开瓶塞，里面果然装满了水！

此时他内心开始矛盾：如果自私点，只要将瓶里的水喝掉，他就不会渴死，他就会活着走出这间屋子！如果按纸条说的去做，把瓶子的水倒入抽水机内，万一水一去不回，他就会渴死在这地方了——到底要不要冒险？

最后，他决定把瓶子里唯一的水倒入抽水机内，然后他颤抖着手汲水，水真的大量涌了出来。

他喝足水后，又把瓶子灌满水，用软木塞封好，然后在原来的那张纸条后面，加上他自己的话：相信我，真的有用。

管理思考：这是一个付出与索取的故事，你如何看待这二者之间的关系？

3.2.3 社会责任国际标准体系 SA8000

1. SA8000 的定义

SA8000 即"社会责任国际标准体系"，是 Social Accountability 8000 International Standard 的英文简称，是全球首个道德规范国际标准[78]。其宗旨是确保供应商所供应的产品，皆符合社会责任标准的要求。SA8000 标准适用于世界各地、任何行业、不同规模的公司。

为了配合各国消费者对社会责任管理体系的日益需求，国际社会责任管理体系组织（SCI：Social Accountability International）的咨询委员会集合了来自工会、人权组织、儿童权益组织、学术组织、零售商、制造商、承包商、非政府组织、顾问公司、会计公司及验证机构的代表，于 1997 年 10 月订立了 SA8000（Social Accountability 8000 International Standard，简称 SA8000），简称社会责任国际标准体系，这是全球第一个有关社会责任管理体系、道德规范的国际标准。根据《国际劳工组织公约》[79]、《世界人权宣言》[80]、《联合国儿童权益公约》以及《联合国消除一切形式歧视妇女行为公约》等原则所制定的 SA8000，内容覆盖及贯穿公司各个部门管理体系的制定及操作，使其在经营上达到 SA8000 标准的各种要求。此标准适用于世界各地，任何行业，不同规模的组织与公司，其宗旨是在确保生产商及供货商所提供的产品，皆符合社会责任的要求。

SA8000 的依据与 ISO9000 质量管理体系及 ISO14000 环境管理体系一样，也是由独立的认证机构提供认证，成功通过认证机构审核的公司可以获得认证机构颁发的认证证书。获证企业还要接受定期的监督审核[81]，以确保公司不断改善工作条件。与 ISO9000 标准不同的是，SA8000 标准不仅是一个管理体系标准，也是一个社会责任表现的标准。任何企业或组织可以通过 SA8000 认证，向客户、消费者和公众展示其良好的社会责任表现，从而获得市场机会。

2. SA8000 的主要内容

（1）童工[82]：不使用或支持使用童工，救济童工，对童工和未成年工的

78. The first international standard of ethics code.

79. *The International Labor Organization Convention*

80. *Universal Declaration of Human Rights*

81. Supervision and Verification

82. Child Labor

教育，对童工和未成年工的安全卫生。

83. Forced Labor

（2）强迫性劳工[83]：不使用或支持使用强迫劳动，不扣押身份证或收取押金。

84.Health and Security

（3）健康与安全[84]：安全、健康的工作环境，任命高层管理代表负责健康与安全，健康与安全培训，健康与安全检查、评估和预防制度，厕所、饮水及食物存放设施，工人宿舍条件。

85. Freedom of association and right to collective bargaining.

86. Union Representative

87. Discrimination

88. Sexual Harassment

89. Disciplinary Practices

（4）组织工会的自由与集体谈判的权利[85]：尊重组织工会的自由及集体谈判权利；法律限制时，应提供类似方法；不歧视工会代表[86]。

（5）歧视[87]：不从事或支持雇佣歧视，不干涉信仰和风俗习惯，不容许性侵犯[88]。

（6）惩戒性措施[89]：不使用或支持使用体罚、辱骂或者精神威胁。

（7）工作时间：遵守标准和法律规定，至多每周工作 48 小时；至少每周休息一天；每周加班不超过 12 小时，特殊情况除外；格外支付加班工资。

90. False Apprenticeship Program

91. Management System

92. Management Reviews

（8）工资报酬：至少支付法定最低工资，并满足基本需求；依法支付工资和提供福利，不罚款；不采用虚假学徒计划[90]。

（9）管理体系[91]：政策；管理评审[92]、公司代表；计划与实施；供应商、分包商和分供商的监控；处理考虑和采取纠正行动；对外沟通；核实渠道；记录等。

3. SA8000 标准会给企业带来什么好处

SA8000 作为社会责任方面的一个认证体系，不仅明确了社会责任规范，也提出了相应的管理体系要求。将社会责任和企业管理结合起来，在一定程度上可以规范组织尤其是企业的道德行为，有助于改善劳动条件，保障劳工权益。

一个符合 SA8000 标准的企业，可以在商业经营中获益，例如，可以赢得公众的信赖，提升企业的形象及声誉，从而获得市场优势。大大减少客户审核的数量，避免重复审核的成本、时间及管理。对人性化工作标准的清晰承诺可以吸引更多高素质人才，员工的忠诚度、向心力及工作效率也会因此提高。

案例分析

问题奶粉

当发生在 2008 年的"三鹿三聚氰胺事件"的阴影还没有完全从人们的记忆中消退的时候，多家媒体报道，包括上海熊猫炼乳、陕西金桥乳粉等在内多起乳品三聚氰胺超标案件又于近日相继被查处。这些乳制品无一例外地使用了 2008 年未被销毁的问题奶粉作为原料，社会危害性极大。

这些食品安全事件的频繁发生，一方面暴露出政府在食品安全监督体系方面存在诸多漏洞，另一方面则折射出少数企业在市场经济的大潮中曲解了市场经济的本质属性，将追求效益理解为唯利是图，而维系社会持续健康发展所需要的社会责任意识则严重缺失。如不从根本上消除企业社会责任意识缺乏的弊端，不但不能杜绝类似毒奶粉事件的再度发生，而且也不利于企业自身的良性发展。

按照公司社会责任要求，公司的经营并非仅仅是为了股东利益，还应当考虑与公司利益相关的其他集团和个人如雇员、消费者等的利益。以三鹿为代表的一系列毒奶粉事件的主要教训之一，就是公司在进行生产经营活动时考虑的是公司的营利，而没有关注以消费者为代表的利益相关者的利益。公司以营利作为自己的行为取向固然没错，但这种盈利的获取必须以合法为条件，且不能违背法律、伦理等为其设定的社会责任。

分析：这一系列食品安全事件至少给我们如下几点启示。

第一，公司社会责任既是伦理责任，也是法律责任，是企业必须遵守的强制性规范。在人们的惯常理解中，企业的社会责任只是一种没有任何强制力的伦理责任。既然是伦理责任，那就是对企业道德层面的要求，对其违反也只是受到社会舆论的谴责，而不会招致不利的法律后果。这实际上是对社会责任制度的一种误解。实际上公司社会责任既是一种伦理责任，也是一种法律责任。对此 2007 年我国修订后的公司法第五条第一款明确规定："公司从事经营活动，必须遵守法律、行政法规，遵守社会公德、商业道德，诚实守信，接受政府和社会公众的监督，承担社会责任。"在公司社会责任上升到公司法原则后，虽然更多的仍然是宣示性、倡导性的条文，并没有对公司产生具体的义务关系。但公司社会责任义务一旦为法律所确认，那么这种义务就已从道德层面的义务上升为法律层面的义务。与其他类型的法律义务一样，公司的社会责任义务作为一种法律义务，同样以国家的强制力作为其履行义务的保证，公司如果违反了这种法律义务，同样也会受到相应的法律制裁。

第二，公司承担社会责任是实现社会和谐发展的需要。和谐社会是我国既定的发展目标，和谐社会强调利益均衡，要求权利配置合理，权利救济机制完备。和谐社会的实现有赖于包括公司在内的所有社会有机组成部分的共同努力。按照现代公司理论，公司并不是一个单纯的营利主体，而是社会的有机组成部分。公司承担社会责任的主要依据，是随着经济力量向公司集中、公司活动对公共利益产生巨大威胁的背景下出现的。在社会主义市场经济条件下，公司履行必要的社会责任既是公司自身发展的需要，也是保护利益相关人合法权益的需要，同时也体现了国家对公司经营的适当干预。通过这种干预，国家可以预防公司滥用经济力量危及雇员、消费者、债权人和社会公共利益。当然，这种国家干预应是建立在尊重价值规律的基础上的适度干预，也是基于社会本位的适度干预。

第三，公司承担社会责任是实现公司自身价值和目标的需要。公司存在的首要目标和价值无疑是为了获取利润，对此社会大众无可厚非。但公司利润的实现必须以所生产的产品或提供的服务为社会所接受为前提。追求营利历来是公司创立和存续的原动力，但是随着现代公司的发展，营利性的构成已经发生了深刻的变化并呈现出多极化趋势，以公司权利为中心形成了一个多元的权利集团。例如，股东因出资而获得股权，公司员工因法律规定而获得参与权，第三方因与公司进行交易而享有相应的民事权利等，这些权利既可能因谋求共同利益而进行暂时的合作，也可能因维护个性发展而发生激烈的冲突。如果对其缺乏合理公正的规制，公司将变为利益冲突的焦点，随时会威胁着交易安全和社会秩序的稳定。可见公司的营利性必须受制于安全这一价值需求。

第四，公司社会责任要求公司必须把消费者利益放到首位。商品经济的最大特点是企业（生产者）生产的产品只有通过交换为消费者所接受才能实现生产目的，也才能为自己创造利润。因此，公司不能仅仅以最大限度地为股东们赢利或赚钱作为自己唯一存在的目的，而应当最大限度地增进股东利益之外的其他所有社会利益。公司的存在不应该追求消极地无害于社会，更应该积极地追求有益于社会。"消费者是上帝"不应仅仅挂在嘴上，而应时时刻刻放在心中。愚弄消费者的企业必将为自己的行为付出代价，三鹿集团因无法支付高额的民事赔偿而进入破产程序就是明证。

第五，公司承担必要的社会责任是实现公司良性持续发展的必然要求。以公司为代表的现代企业区别于自然人的一个重要表现是：由于企业人格可以完全独立于其出资人，因此企业的存续不受自然人生命周期的限制，从理论上说企业的生命周期可以是无限制的。但企业人格独立仅仅是为企业的永久存续提供了可能，将这种可能变为现实的首要条件则是该企业及其行为得到广泛的社会认同。这里的认同既包括对企业生产产品的认同，也包括对企业形象、企业行为、企业商誉等各方面的认同。如果没有这种社会认同或社会认同感丧失，那么企业的发展必然会受到影响。企业履行社会责任就是取得社会认同的重要方面。很难设想一个没有社会责任感、不履行社会责任的公司能够得到社会的认可和肯定。它提醒企业，绝不能为了眼前利益而牺牲长远利益，否则只能饮鸩止渴、自酿苦果。

本章小结

企业在经营过程中有四种道德观念：道德的功利观、道德的权利观、公平理论道德观和综合社会契约理论观。在经营过程中存在着一些因素对道德产生影响，这些影响因素有道德发展阶段、个人特征、自我强度和控制中心、组织结构、组织文化以及问题强度。企业道德构成了社会道德体系的重要组成部分，并且影响着一个企业的绩效，因此无论是企业家还是企业员工都必须遵守企业道德。那么如何对企业员工进行有效的道德管理就显得至关重要。

企业社会责任是指一个组织对社会应负的责任。一个组织应以一种有利于社会的方式进行经营和管理。企业社会责任涉及企业环境保护、社会道德以及公共利益维护等方面，由经济责任、持续发展责任、法律责任和道德责任等构成。随着经济和社会的进步，从赢利至上的20世纪50年代—70年代到关注环境的20世纪80年代—90年代再到社会责任运动兴起的20世纪90年代，企业社会责任也在不断地发展与进步。作为一个企业，应当承担八个方面的社会责任。

SA8000即"社会责任国际标准体系"。它适用于世界各地、任何行业、不同规模的公司。SA8000给企业带来了好处。

综合练习

一、选择题

1. _____ 认为决策要完全依据其后果或结果做出。

A. 功利观　　　B. 权力观　　　C. 公平观　　　　　D. 综合观

2. 假如管理者认为解雇工厂中 20% 的工人是正当的，因为这将增强工厂的赢利能力，使余下的 80% 的工人工作更有保障，并且符合股东的利益，那么这位管理者接受的道德观是 _____。

A. 综合观　　　B. 公平观　　　C. 权力观　　　　　D. 功利观

3. 接受（　　）的管理者可能决定向新来的员工支付比最低工资高一些的工资。

A. 功利观　　　B. 权利观　　　C. 公平观　　　　　D. 综合观

4. 为了提升员工的道德修养，组织的高层管理者应特别重视 _____。

A. 新员工招聘　　　　　　　B. 建立明确可行的工作目标

C. 定期的道德教育　　　　　D. 以上都是

5. 如果一个人做周围人所期望的事，他正处于道德发展的 _____ 层次。

A. 前惯例　　　B. 惯例　　　C. 原则

6. 如果一个人只在符合自己的直接利益时才遵守规则，那么他正处于道德发展的 ____ 层次。

A. 前惯例　　　B. 惯例　　　C. 原则

7. 如果一个企业仅仅履行了经济上和法律上的义务，我们就说该企业履行了它的 _____。

A. 社会责任　　　B. 社会义务　　　C. 社会反应

8. 为了提升员工的道德修养，组织的高层管理者应特别重视 _____。

A. 新员工招聘　　　　　　　B. 建立明确可行的工作目标

C. 定期的道德教育　　　　　D. 以上都是

9. 克制冲动并遵守内心信念的可能性最大的人是 _____ 的人。

A. 自我强度高　　　　　　　B. 自我强度低

C. 具有内在控制中心　　　　D. 具有外在控制中心

10. 下列对道德发展的前惯例层次的描述正确的是 _____。

A. 通过履行允诺的义务来维持平常秩序

B. 只受个人利益的影响

C. 尊重他人的权利

D. 遵守自己选择的道德准则

11. 市场经济中要提倡"以义治商"和"以义取利"，这里的"义"指的是 _____。

A. 义气　　　　　B. 法律　　　　　C. 和气　　　　　　　　D. 伦理道德

12. 以下行为中不属于企业伦理表现的是 _____。

A. 治理污染　　　　　　　　B. 定期和不定期培训员工

C. 为顾客提供售后服务　　　　D. 开发新产品

13. 指出下列违反 SA8000 标准的选项（　　）。

A. 不使用童工　　　　　　　　B. 员工受雇时要交纳"押金"或寄存身份证件

C. 允许员工有集体谈判权　　　　D. 使用女性员工

二、简答题

1. 在商业道德方面存在哪些观点？它们各自有哪些特点？

2. 影响管理者道德行为的因素有哪些？

3. 管理者如何对企业员工进行道德管理？

4. 组织文化是如何影响管理者的道德行为的？

5. 简述社会责任。

6. 简述 SA8000 的主要内容。

chapter 4

第 4 章 计 划

学习目标

通过本章学习，你可以达到以下目标。

知识目标

了解计划的特征和作用；

掌握计划的类型与编制流程、计划的编制方法；

把握制定计划应考虑的问题。

能力目标

能够理解计划在管理实践中的重要性；

能为既定目标的实现制定一个行之有效的行动方案；

能够解决计划制定中存在的问题。

4.1 计划的特征和作用

4.1.1 计划的概念与特点

1.计划的概念

在管理学中，计划具有两重含义：一方面，计划作为一项管理职能，是组织根据环境的需要和自身的特点，确定组织在一定时期内的目标，通过计划的编制、执行和监督来协调、组织各类资源以顺利达到预期目标的行为安排。具体而言，即确定要做什么、为什么做、由谁做、何地做、何时做和如何做的一种程序。另一方面，计划作为一种行动方案或计划形式，是指为实现组织既定的目标所制定的具体行动方案或计划形式。前者实际上指计划的编制过程，可以称为计划工作；后者实际上是一种行动方案或计划形式，它可以是目标、策略、政策、程序和预算方案。其实计划工作和计划形式是密切相关的。计划工作的中心内容是制定计划和执行计划。[1] 计划形式不仅是计划工作要完成的任务，也是计划执行的指南。

总之，计划是对未来活动的事先安排，是管理者将已经确定的愿景、目标与组织的具体日常活动、组织的资源配置等战略目标与所需要的方向相一致的过程。[1] 经过这一过程最终形成的组织计划详细说明了组织的目标以及管理者为实现这些目标所要采取的行动方案。一项完整的计划应包括：计划的宗旨、目标和战略，计划的具体任务和要求，各阶段的中心工作，计划的时间表和进度表，计划实施的地点与场所，计划的负责实现部门和有关人员以及计划实现的措施等 [2]。因此，计划既涉及目标（做什么），也涉及实现目标的手段（怎么做）。

2.计划的特点

与其他管理职能相比，计划有如下特点。

（1）目的性 [2]。各种有组织的活动，如果要使它有意义的话，就应该具有目的或使命。计划作为组织管理的一项基础活动，主要是通过为组织确定目标，将组织的目标层分解落实到组织内的各个部门、各个单位，并对实施目标进行具体指导与监督，以促使组织目标的实现。哈罗德·孔茨（Harold

---

[1] Planning is the beforehand arrangement for future activities, and the process through which managers determine strategic goals, such as the vision, objectives, routines, and resource allocation of the organization consistent with the direction of the organization.

[2] A complete plan should include purposes, objectives and strategies of planning, specific tasks and requirements , focuses of various stages, schedules, location of implementation, the executive departments and personnel, and measures for implementing the plan etc.

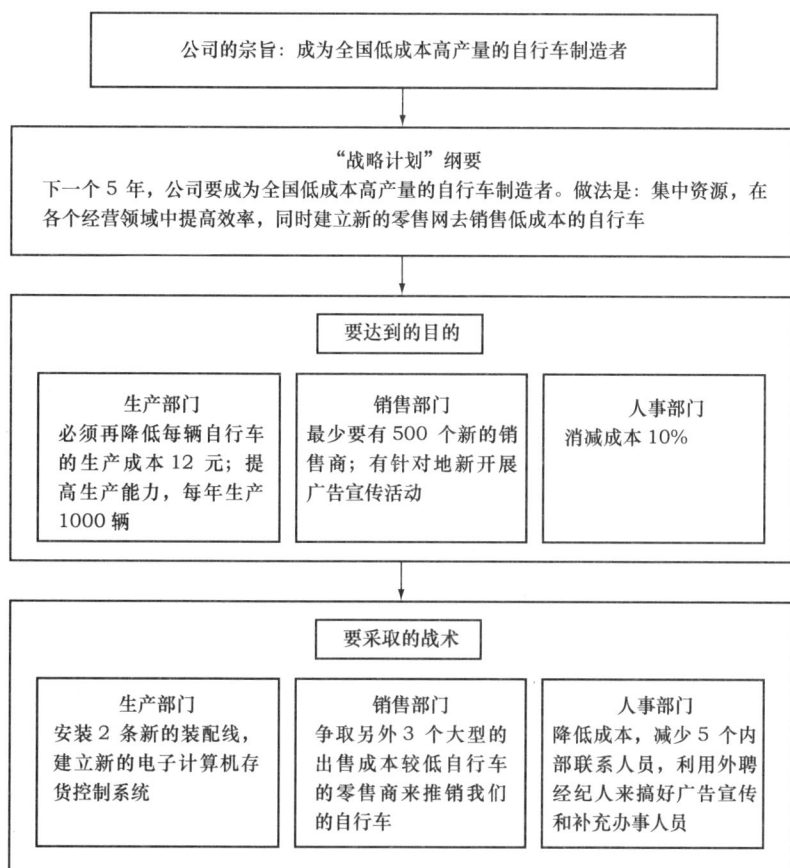

公司的宗旨：成为全国低成本高产量的自行车制造者

"战略计划"纲要
下一个 5 年，公司要成为全国低成本高产量的自行车制造者。做法是：集中资源，在各个经营领域中提高效率，同时建立新的零售网去销售低成本的自行车

要达到的目的

生产部门	销售部门	人事部门
必须再降低每辆自行车的生产成本 12 元；提高生产能力，每年生产1000 辆	最少要有 500 个新的销售商；有针对地新开展广告宣传活动	消减成本 10%

要采取的战术

生产部门	销售部门	人事部门
安装 2 条新的装配线，建立新的电子计算机存货控制系统	争取另外 3 个大型的出售成本较低自行车的零售商来推销我们的自行车	降低成本，减少 5 个内部联系人员，利用外聘经纪人来搞好广告宣传和补充办事人员

图 4.1　某自行车公司计划纲要

Koontz）说："虽然计划不能完全准确地预测未来，但是如果没有计划，组织的工作往往会陷于盲目，或者碰运气。"显然，计划具有较强的目的性。

（2）普遍性[3]。在任何组织中，计划是全体管理人员的一项职能。如果不给予主管人员一定程度的自主权和制定计划的责任，他们就不是名副其实的真正主管人员了。也就是说，各级管理人员都有制定计划的权利和责任，只是其计划的范围和计划的重点有所不同而已。从组织的最高主管到组织的基层管理者，都要按照组织总目标的要求，计划自己的活动及要达到的目标。常见的情况是高层管理者仅对组织活动制定和执行战略性的计划，而那些具体计划的制定和执行是由中层和基层管理者完成的。

（3）主导性[4]。计划工作是一座桥梁，它把我们所处的此岸和我们要去的彼岸连接起来，给组织提供了通向未来目标的明确的道路，是组织、领导和控制等管理工作的基础，这决定了计划职能在整个管理活动中具有主导性的特征，即没有计划工作，其他工作就无从谈起。只有在一个组织明确了自

3. Universal

4. Leading

己活动的目标及实现这些目标的途径后，才有可能确定其组织结构的设置，各类工作安排的要求，领导的方针、方法等。而控制工作更是非在计划之后不可，没有计划，便无控制标准，也就无从控制，如图4.2所示。

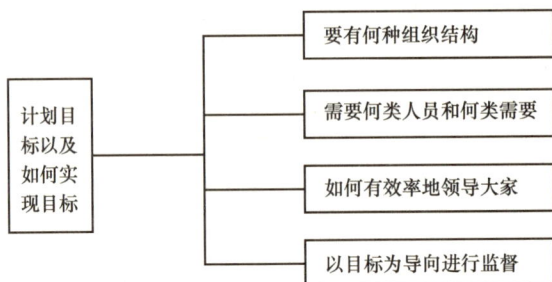

图 4.2 计划在管理中的主导性

5. Being Efficient

（4）效率性[5]。计划工作不仅要正确地确定组织的目标，而且要保证实现组织目标的途径或方案是有效率的。

所谓计划的效率，是指实现目标所获得的利益与执行计划过程中所有消耗的比率。也就是说，它是制定计划与执行计划所有产出与所有投入之比。既要"做正确的事"，又要"正确地做事"，要保证各种资源的配置、使用是正确的和最有效的，是为实现目标而付出的合理代价。如果一个计划能够达到目标，但它需要的代价太高，这个计划的效率就很低，因此不是一份好的计划。在制定计划时要时时考虑计划的效率，不但要考虑经济方面的利益和所达到的目标，还要考虑非经济方面的利益和损耗。

6. Being Creative

（5）创造性[6]。计划总是针对需要解决的新问题和可能发生的新变化、新机会而做出的决定，是一种创造性的管理活动。它类似于一项新产品或新工程的设计，不过其设计对象是管理活动而已。正如一种新产品能否成功占领市场关键在于创新一样，成功的计划也依赖于创新。

3. 计划与决策

计划与决策是何关系？两者中谁的内容更为宽泛，或者说哪一个概念是被另一个包含的？管理理论研究中对这些问题有着不同的认识。有人认为，计划是一个更为宽泛的概念：作为管理的首要工作，计划是一个包括环境分析、目标确定、方案选择在内的过程，决策只是这一过程中某一阶段的工作内容。例如，法约尔认为，计划是管理的一个基本部分，包括预测未来并在此基础上对未来的行动予以安排。而以西蒙（Harbert A·Simen）为代表的决策理论学派则强调，管理就是决策。决策是包括情报活动、设计活动、抉择活动和审查活动等一系列活动的过程；决策是管理的核心，贯穿于整个管理过程。因此，决策不仅包括了计划，而且包含了整个管理，甚至就是管理本身。

决策与计划是两个既相互区别又相互联系的概念。它们的区别在于这两项工作需要解决的问题不同。决策是对组织活动方向、内容以及方式的选择，它决定组织做什么与不做什么。我们应从"管理的首要工作"这个意义来把握决策的内涵。任何组织，在任何时期，为了表现其社会存在，必须从事某种社会需要的活动。在从事这项活动之前，组织当然必须首先对活动的方向和方式进行选择。计划则是对组织内部不同部门和不同成员在一定时期内的行动任务的具体安排，它详细规定了不同部门和成员在该时期内从事的活动的具体内容和要求。

但计划与决策又是相互联系的，原因如下。一、决策是计划的前提，计划是决策的逻辑延续[3]。决策为计划的任务安排提供了依据，计划则为决策所选择的目标活动的实施提供了组织保证。二、在实际工作中，决策与计划是相互渗透的，有时甚至是不可分割地交织在一起的[4]。

在决策制定过程中，无论是对内部能力的优势或劣势分析，还是在方案选择时对各方案执行效果或要求的评价，实际上都已经开始孕育着决策的实施计划。反过来，计划的编制过程既是决策的组织落实过程，也是对决策更为详细地检查和修订的过程。决策无法落实或者决策选择的活动中某些人物无法安排，必然需要对决策进行一定程度的调整。

4.1.2 计划的性质与内容

1. 计划的性质

在管理活动中，计划具有承上启下的作用：一方面，计划工作是决策的逻辑延续，为决策所选择的目标活动的实施提供了保证；另一方面，计划工作又是组织、领导、控制和创新等管理活动的基础，是组织内不同部门、不同成员行动的依据。因此，我们可以从以下几个方面来理解计划的性质。

（1）计划着眼于组织的未来 7。虽然各项管理职能都必须考虑组织的未来，但都不可能像计划那样以谋未来为主要任务。无论是规划、预算还是政策、程序，都是为了使未来的组织行动具有明确的目标和具体的方案。当然，

7. Planning focuses on the future of the organization.

---

[3]　Decision-making is the premise of planning, and planning is the logical continuation of the decision-making.

[4]　In practical work, decision-making and planning are mutually penetrated, and sometimes even inextricably intertwined.

对未来的一切谋划必须建立在过去和现在的基础上，只有这样，谋划未来的方案才可能是科学的、合理的和可行的。

（2）计划的实质是要保证组织行动的有序性[8]。计划形式是组织行动的标准。如果一个组织没有计划，对未来心中无数，走到哪儿算哪儿，这个组织必然会陷入混乱之中。计划可以明确组织行为的目标，规定实施目标的措施和步骤，从而保证组织活动的有序性。

（3）计划的本质是要经济地使用组织内的各种资源[9]。"经济"一词在这里的含义是节约。计划不仅要保证组织未来的行动有条不紊地进行，并且还必须使之在投入产出效益最高的状态下有序进行。任何一个组织的资源都是有限的，计划就是要对组织内有限的资源在空间和时间上作出合理的组织（配置）和安排，即达到资源配置和使用的最优化。

2. 计划的内容

任何一个组织，不论其性质如何及规模大小，其计划必须回答六个方面的问题，即做什么（What）、为什么做（Why）、何时做（When）、何地做（Where）、谁去做（Who）和怎么做（How），简称为"5W1H"。其具体含义如下。

（1）做什么。要明确计划工作的具体任务和要求，明确每一个时期的中心任务和工作重点。例如，企业生产计划的任务主要是确定生产哪些产品、生产多少，合理安排产品投入和产出的数量和进度，在保证按期、按质和按量完成订货合同的前提下，使生产能力得到尽可能充分的利用。

（2）为什么做。要明确计划工作的宗旨、目标和战略，并论证其可行性。实践表明，计划工作人员对组织和企业的宗旨、目标和战略了解得越清楚，认识得越深刻，就越有助于他们在计划工作中发挥主动性和创造性。正如通常所说的"要我做"和"我要做"的结果是大不一样的，其道理就在于此。

（3）何时做。规定计划中各项工作的开始和完成的进度，进行有效的控制和对能力及资源进行平衡。

（4）何地做。规定计划的实施地点或场所，了解计划实施的环境条件和限制，以便合理安排计划实施的空间组织和布局。

（5）谁去做。计划不仅要明确规定目标、任务、地点和进度，还应规定由哪个主管部门负责。例如，开发一种新产品，要经过产品设计、样品试制、小批试制和正式投产几个阶段。在计划中要明确规定每个阶段由哪个部门负主要责任、哪些部门协助，各阶段交接时由哪些部门和哪些人员参加鉴定和审核等。

（6）怎么做。制定实现计划的措施以及相应的政策和规则，对资源进行合理分配和集中使用，对人力、生产能力进行平衡，对各种派生计划进行综合平衡等。

4.1.3　计划的地位和作用

早在泰罗（Frederick Winslovo Taylor）推行他的科学管理前，许多管理者就已经认识到计划在管理实践中具有重要作用。美国人豪斯（R. T.House）和他的同事们曾对计划的重要性进行了较为深入的研究，他们调查了 92 家企业，其中 17 家企业有正式的长期计划，其他企业或仅有非正式的长期计划，或完全没有长期计划。然后他们给出了评价企业经营的五个主要指标：销售额、股票价格、每股收益、利润、税后纯收入。在这五个方面，有长期计划的公司几乎都优于没有长期计划的公司。

正如哈罗德·孔茨所说："计划工作是一座桥梁，它把我们所处的这岸和我们要去的对岸连接起来，以克服这一天堑。有了这桥梁，本来不会发生的事，现在可能发生了。虽然我们很少能够预知确实的未来，虽然那些超出我们控制的因素可能干扰制定最佳的计划，但是，除非我们搞计划，否则就凭自然了。"这段话高度概括了计划在管理活动中的重要作用。具体来说，计划的作用表现在以下几个方面。

1.　计划为组织成员指明方向，协调组织活动 [10]

当组织所有成员了解了组织的目标和为达到目标他们必须作出什么贡献时，他们就能协调各自的活动，将各人的力量集中于实现组织目标，避免因缺乏计划而导致组织力量内耗。

2.　计划为管理者指挥管理工作提供了依据 [11]

管理者在计划制定之后工作并没有结束，他们还要根据计划进行指挥，要根据任务确定下级的权力和责任，要促使组织中的全体人员的活动方向趋于一致而形成一种复合的、巨大的组织化行为，以保证达到计划所设定的目标。例如，国家要根据五年计划安排基本建设各项目的投资，企业要根据年度生产经营计划安排各月的生产任务、新产品开发和技术改造。管理者正是基于计划来进行有效的指挥。

3.　计划是组织降低不确定性的重要手段 [12]

未来的情况是变化的，特别是当今世界，正处于一种剧烈变化的时代当中，社会在变革，技术在革新，人们的价值观念也在不断变化。计划就是预期这种变化并且设法消除变化对组织造成不良影响的一种有效的手段。如果预先没有估计到这些变化，就可能导致组织的失败。计划是针对未来的，这就使

10. Planning can lead members of the organization to the right direction, and coordinate activities of the organization.

11. Planning provides the basis for managers to command activities in management.

12. Planning is an important means for the organization to reduce uncertainty.

计划制定者不得不对将来的变化进行预测，根据过去的和现在的信息来推测将来可能出现哪种变化，这些变化将对达成组织目标产生何种影响，在变化确实发生的时候应该采取什么对策并制定出一系列备选方案。这样，一旦出现变化，就可以及时采取措施，不至于无所适从。的确，有些变化是无法预知的，而且随着计划期的延长，这种不确定性也相应增大。这种情况的出现，部分是由于人们掌握的与将来有关的信息是有限的，部分是由于未来的某种变化可能完全是由某种偶然因素引起的，但这并没有否认计划的作用。计划通过进行科学的预测可以把将来的风险减少到最低限度。

4. 计划是提高组织效率的有效方法 [13]

13. Planning is an effective method to improve an organization's efficiency.

计划工作的一项重要任务就是要使未来的组织活动均衡发展。预先对此进行认真的研究能够消除不必要的活动所带来的浪费，能够避免在今后的活动中由于缺乏依据而进行轻率判断所造成的损失。计划工作要对各种方案进行技术分析，选择最适当的、最有效的方案来达到组织目标。此外，由于有了计划，组织中各成员的努力将合成一种组织效应，这将大大提高工作效率，从而带来经济效益。计划工作还有助于用最短的时间完成工作，减少停滞和等待时间，减少盲目性造成的浪费，促使各项工作均衡稳定地发展。计划工作可以通过充分地分析研究现有资源的使用，使各部门都明确整个组织的现状，改变闭门造车的工作方式，使组织的可用资源充分发挥作用并降低成本。

5. 计划为管理者进行控制提供了标准 [14]

14. Planning provides standards of controlling for managers.

计划工作包括建立目标和一些指标，这是一份好的计划所应包括的内容。这些目标和指标将被用来进行控制。也许这些目标和指标还不能直接在控制职能中使用，但它确实提供了一种标准，控制的所有标准几乎都源于计划。计划职能与控制职能具有不可分割的联系：一方面计划的实施需要控制活动给予保证；另一方面在控制活动中发现的偏差，又有助于管理者修订计划，建立新的目标。

4.2　计划的类型与流程

4.2.1　计划的类型

1. 根据时间跨度，可以分为长期计划、中期计划和短期计划 [15]

15. Based on the time span, plans can be differed as long-term plans, medium-term plans and short-term plans.

人们习惯于把时间跨度在五年以上的计划称为长期计划，时间跨度在一年以上、五年之内的计划称为中期计划，时间跨度在一年及一年以内的计划称为短期计划。长期计划主要围绕两方面的问题来制定：一是组织的长远目标和发展方向；二是怎样达到组织的长远目标。例如，一个企业的长期计划要指出该企业的经营目标、经营方针和经营策略等，一般包括企业的发展方向、企业的发展规模、科研方向和技术水平、主要的技术和经济指标等。中期计划来自长期计划，比长期计划更具体、详细，主要是协调长期计划和短期计划之间的关系。长期计划以问题、目标为中心，中期计划则以时间为中心，具体说明各年应达到的目标和应开展的工作。短期计划比中期计划更为具体和详尽，它主要说明计划期内必须达到的目标以及具体的工作要求，要求能够直接指导各项活动的开展，如企业中的年度利润计划、销售计划、生产计划等。在一个组织中，长期计划和短期计划之间应是"长计划、短安排"的关系，即为了实现长期计划中提出的各项目标，组织必须制定相应的一系列中期、短期计划，而中、短期计划的制定则必须围绕长期计划中所提出的各项目标进行。

2. 根据计划所涉及的广度，可以分为战略计划和行动计划 [16]

战略计划体现了组织在未来一段时间内的总体发展目标以及实现目标途径的策划与安排。战略计划具有长远性、全局性和指导性，它决定在相当长时间内组织资源的运动方向，并将在较长时间内发挥指导作用。

战略计划涉及的内容包括四个基本方面：① 战略范围，规定本组织的活动领域及达到的目标；② 资源部署，阐明本组织的资源及其部署方案；③ 由本组织的战略范围和资源部署所带来的竞争优势；④ 最佳协同作用，即在规定的战略范围内，使资源部署和竞争优势达到最佳的协调，发挥最佳的协同作用。

行动计划是在战略计划所规定的方向、方针、政策框架内确保战略目标的落实和实现，确保资源的取得与有效运用的具体计划，它主要描述如何实现组织的整体目标，是战略计划的具体化或是战略实施计划。它包括战术计划和单项计划两个部分。战术计划是实现战略计划的手段，一般由中层管理人员制订，时间跨度较短，也较为具体。

战略计划与行动计划之间的比较如表4.1所示。

表4.1　战略计划与行动计划

比较项目	战略计划	行动计划
时间跨度范围	三年或三年以上	三年以内（周、月、季、年）
范围	涉及整个组织	限于特定的部门或活动
侧重点	确定组织宗旨、目标，明确战略和重大措施	明确实现目标和贯彻落实战略、措施的各种方法
目的	提高效益，"做正确的事"	提高效率，"正确地做事"
特点	全局性、指导性、长远性	局部性、指令性、一次性

16. Based on the breadth of a plan, plans can be differed as strategic plans and tactical plans.

3. 根据计划的对象和应用范围，可以分为综合计划、部门计划和项目计划[17]

综合计划涉及的内容是多方面的，部门计划只涉及某一特定的部门，项目计划则是为某项特定的活动制定的计划。综合计划一般是指具有多个目标和多方面内容的计划，就其所涉及的对象而言，它关联整个组织和组织中的许多方面。习惯上人们把预算年度的计划称为综合计划，在企业中它是指年度的生产经营计划。部门计划是在综合计划的基础上制定的，它的内容比较专一，局限于某一特定部门或职能，一般是综合计划的子计划，是为了达到组织的分目标而制定的。某企业销售部门的年度销售计划、生产部门的生产计划等，都是属于这一类型的计划。项目计划是针对组织的特定活动所做的计划，如某项产品的开发计划、职工俱乐部建设计划等都属于项目计划。

4. 根据计划对执行者的约束力，可以分为指令性计划和指导性计划[18]

指令性计划是由上级下达的具有行政约束力的计划，它规定了计划执行单位必须执行的各项任务，其规定的各项指标没有讨价还价的余地。指导性计划是由上级给出一般性的指导原则，具体如何执行具有较大灵活性。

5. 根据计划的表现形式及所起作用的不同层次，可以分为目的或使命、目标、战略、政策、程序、规则、规划和预算[19]

（1）目的或使命[20]。它指明一个组织在社会上应起的作用和地位。它决定组织的性质，是组织之间相互区别的标志。例如，大学的使命是教书育人和科学研究，研究所的使命是科学研究，医院的使命是救死扶伤，企业的使命是向社会提供有价值的商品或服务。

（2）目标[21]。组织使命是组织价值的高度概括，而组织目标则更加具体地说明组织从事活动的预期结果。组织的目标包括了组织在一定时期内的总体目标以及组织各个部门的具体目标。一定时期的目标是在组织使命指导下提出的，它规定了组织及其各个部门的经营管理活动在一定时期要达到的具体成果。在通常情况下，可以把组织目标进一步细化，从而得出多方面的目标，形成一个互相联系的目标体系。

（3）战略[22]。任何一个组织都应该是实际具体的，而目的、使命和目标的内容是相对比较抽象的，因此，还需要通过组织战略来实现组织目标。战略是为了达到组织总体目标而采取的行动和利用资源的总计划，其目的是通过一系列的主要目标和政策来决定和传达该组织将成为什么样的组织。但是，战略并不确切地论述这个组织怎样去完成目标，而是为组织提供指导思想和行动框架。

17. Based on the objects and scope of application of a plan, plans can be differed as comprehensive plans, sectoral plans and project plans.

18. Plans can be divided into mandatory plans and directory plans based on the force of constraint a plan has on its implementors.

19. According to the forms and different levels at which plans perform functions, plans can be classified into purposes or missions, objectives, strategies, policies, procedures, rules, programs and budgets.

20. Purposes or Missions

21. Objectives

22. Strategies

（4）政策[23]。政策是管理者决策时考虑问题的指南，政策的制定是为了规定组织行为的指导方针。政策可以以书面文字形式发布，也可能存在于管理人员管理行为的"暗示"之中，但无论采用哪种形式，政策都对管理人员的工作起到重要作用。

（5）程序[24]。程序是处理未来活动的例行方法的规定，它规定了如何处理那些重复发生的例行问题的标准方法。它与战略不同，它是行动的指南，而非思想的指南；它与政策不同，它没有给行动者自由处理的权力。在组织中，每个组织层次都存在程序问题，如高层管理者的决策程序、基层人员的请假程序、工人的机器操作程序等，只不过随着组织层次的不同，程序的内涵不同而已。程序是对大量日常工作过程和方法的提炼和规范，是贯彻和辅助政策所需要的一种计划形式。

（6）规则[25]。规则是一种较为简单的计划，它规定了在各种情况下什么是必须做的、什么是不能做的，规定了行动的是非标准。程序与规则的区别在于：程序是有时间顺序的或一系列规则的总和；而规则一般并不规定时间顺序，也不规定程序的组成部分，可能与程序不相干，如"禁止在工作场所吸烟"就是一个与时间顺序无关的规则。规则也不同于政策。政策的目的是指导行动，并给执行人员留有酌情处理的余地；而规则虽然也起指导行动的作用，但是在运用规则时，执行人员没有自行处理权。

（7）规划[26]。规划是综合性的、纲要性的计划，它包括目标、政策、程序、规则、任务分配、要采取的步骤、要使用的资源以及为完成既定行动方针所需的其他因素。规划主要是根据组织总目标和各项目标去制定组织和各个部门的分阶段目标，其重点在于划分总目标实现的进度。所以，规划包括了组织的长期和短期计划、职能部门专业计划等各种计划。通常情况下，一个主要规划可能需要很多支持计划。

（8）预算[27]。预算作为一种计划，是以数字表示预期结果的一种报告书。预算可以帮助组织或企业的上层和各级管理部门的主管人员，从资金和现金收支的角度，全面、细致地了解企业经营管理活动的规模、重点和预期成果。预算工作的主要优点是它促使人们去详细制定计划，去平衡各种计划。由于预算总要用数字来表现，所以它能使计划工作做得更细致。

4.2.2　计划的流程

虽然可以用不同标准把计划分成各种类型，计划的形式也多种多样，但是管理人员在编制任何完整计划时，实质上都要遵循相同的逻辑和步骤。这一逻辑和步骤可用图 4.3 来描述。

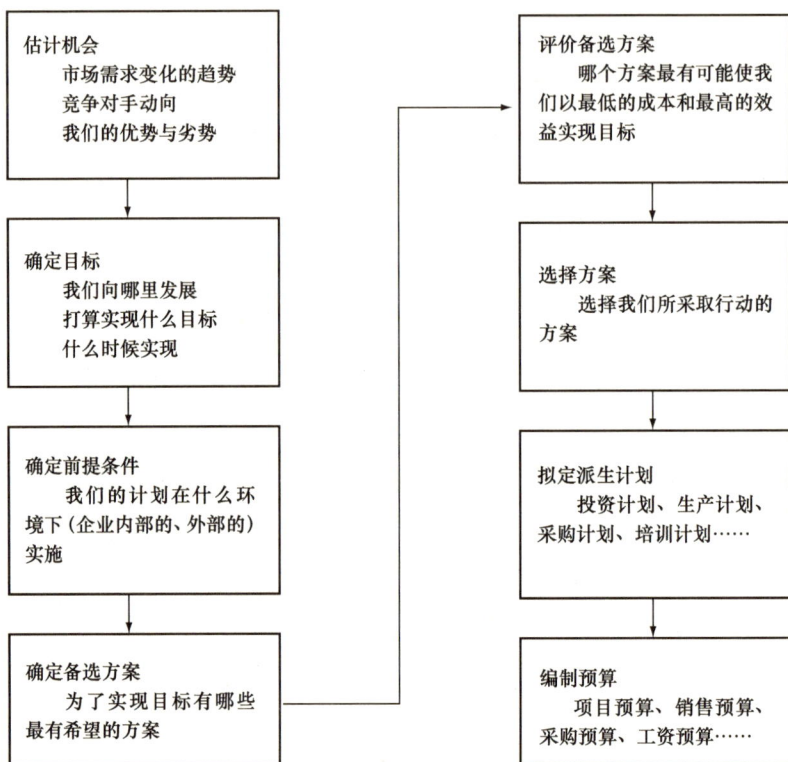

图 4.3　计划编制程序

28. Estimating chances of success.

1. 估计机会 [28]

对机会的估计，要在实际的计划工作开始之前就着手进行，它虽然不是计划的一个组成部分，但却是计划工作的一个真正起点。其内容包括：对未来可能出现的变化和预示的机会进行初步分析，形成判断；根据组织的长处和短处搞清自己所处的地位；了解组织利用机会的能力；列举主要的不确定因素，分析其发生的可能性和影响程度；在反复斟酌的基础上，下定决心，扬长避短。

29. Targeting.

2. 确定目标 [29]

计划工作的第一步，是在估量机会的基础上，为组织及其所属的下级单位确定计划工作的目标，说明制定战略、政策、规则、程序、规划和预算的任务，指出工作的要点。目标通常是组织预期在一定时期内达到的数量和质量指标，是计划的核心内容，也是组织行动的方向。组织目标一般包括盈利性指标、增长性指标、竞争性指标、产品类指标、人事类指标、财务类指标等。

3. 确定前提条件 [30]

计划工作的第二步是确定一些关键性的计划前提条件，并使设计人员对此达成共识。所谓计划工作的前提条件，就是计划工作的假设条件，换言之，即计划实施时的预期环境。负责计划工作的人员对计划前提了解得愈细愈透彻，并能始终如一地运用它，则计划工作也将做得越协调。

按照组织的内外环境，可以将计划工作的前提条件分为外部前提条件和内部前提条件；还可以按可控程度，将计划工作前提条件分为不可控的、部分可控的和可控的三种前提条件。不可控的前提条件越多，不肯定性越大，就愈需要通过预测工作确定其发生的概率和影响程度的大小。

4. 确定备选方案 [31]

计划工作的第三步是调查和设想可供选择的行动方案。通常，最显眼的方案不一定就是最好的方案。在以往的计划方案上稍加修改和略加推演也不会得到最好的方案。这一步工作需要发挥创造性。此外，方案也不是越多越好。即使可以采用数学方法和借助电子计算机的手段，还是要对候选方案的数量加以限制，以便把主要精力集中在对少数最有希望的方案进行分析上。

5. 评价备选方案 [32]

计划工作的第四步是按照前提和目标来权衡各种因素，比较各个方案的利弊，对各个方案进行评价。评价实质上是一种价值判断。它一方面取决于评价者所采用的标准；另一方面取决于评价者对各个标准所赋予的权数。显然，确定目标和确定计划前提条件的工作质量，直接影响到方案的评价。在评价方法方面，可以采用运筹学中比较成熟的矩阵评价法、层次分析法以及在条件许可的情况下采用多目标评价方法。

6. 选择方案 [33]

计划工作的第五步是选定方案。这是在前四步工作的基础上做出的关键一步，也是决策的实质性阶段——抉择阶段。可能遇到的情况是，有时会发现同时有两个可取的方案。在这种情况下，必须确定出首先采取哪个方案，而将另一个方案也进行细化和完善，作为后备方案。

7. 拟定派生计划 [34]

选择好方案后，计划工作并没有完成，还需要为涉及计划内容的各部门制定支持总计划的派生计划。派生计划就是总计划下的分计划。几乎所有的总计划都需要靠派生计划来支持和保证，完成派生计划是实施总计划的基础。例如，一家航空公司为在激烈的市场竞争中获取竞争优势，决定购买一批客机以增加航班，获得经营的规模优势。这一总计划需要制定很多派生计划来

30. Determining the prerequisites.

31. Identifying alternatives.

32. Evaluating alternatives.

33. Determing a priority plan.

34. Formulating subplans.

支持，如培训各类人员的计划、采购零部件的计划、建立维修设施的计划、制定飞行时刻表的计划以及广告、筹资和办理保险的计划等。

8. 编制预算[35]

35. Budgeting.

计划工作的最后一步是把计划转化为预算，使之数字化。预算实质上是资源的分配计划，预算工作做好了，可以成为汇总和综合平衡各类计划的一种工具，也可以成为衡量计划完成进度的重要标准。

计划案例

娃哈哈进军童装市场

（1）估量机会。据娃哈哈所做的一项调查，中国 0 ～ 14 岁的儿童有 2.87 亿人，占总人口的 22.5%。而童装的年产量却只有 6 亿多件，生产童装将拥有一个庞大的市场空间。

（2）确定目标。一年内做到销售额 10 亿元，成为国内童装市场的"龙头老大"。

（3）确定前提条件。包括：

品牌：广受儿童喜爱，已有坚实基础，可以发挥品牌优势；

设计与面料：专程到欧洲考察面料和设计风格；

资金：没有银行负债，闲置资金 10 亿元之多；

市场网络：借用饮料市场"联销体"网络。

（4）拟定可选方案。包括：自己设计、建厂、建店销售；外包设计、贴牌生产、建店销售；外包设计、贴牌生产、发展加盟店销售。

（5）评价备选方案。分析各方案成本效益，要做到发挥优势、扬长避短。

（6）确定方案。与香港达利集团及上海东华大学服装学院强强联合，共同投资组建娃哈哈服饰有限公司，以一流设备、一流设计、一流面料，高起点进入童装业，按照"环保标准"组织生产，采取"零加盟费"形式，用特许加盟的方式来开拓市场。

（7）拟定派生方案。投资计划、市场开拓计划、品牌推广计划等。

（8）编制预算。品牌推广费用预算等具体预算方案。

4.3 计划编制的方法

计划工作效率的高低和质量的好坏在很大程度上取决于所采用的计划方法。计划编制的方法很多，这里主要介绍三种常用的有效方法，即滚动计划法、运筹学方法和网络计划技术。

4.3.1 滚动计划法 [36]

36. Rolling Planning

滚动计划法是将短期计划、中期计划和长期计划有机结合起来，根据近期计划的执行情况和环境情况，定期修订未来计划并逐步向前推移的方法。[5]

滚动计划法是一种动态编制计划的方法，具体做法是：在制定计划时，首先将计划分为若干阶段，然后采用"远粗近细"方法编制各个阶段的计划内容，即近期计划的内容尽可能详细，远期计划的内容较为粗糙；在计划的第一个阶段结束时，依据计划执行情况和内外环境情况的变化，修订原来计划，并将整个计划向前滚动一个阶段；以后根据同样的原则逐期滚动。采用滚动计划法，可以根据环境条件变化和实际完成情况，定期地对计划进行修订，使组织始终有一个较为切合实际的长期计划作指导，并使长期计划能够始终与短期计划紧密地衔接在一起。例如，五年计划滚动编制程序，如图4.4所示。

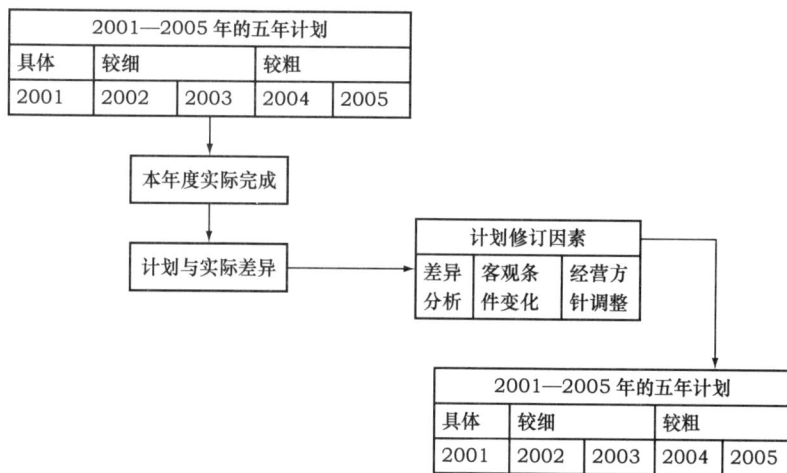

2001—2005 年的五年计划				
具体	较细		较粗	
2001	2002	2003	2004	2005

本年度实际完成

计划与实际差异 →

计划修订因素		
差异分析	客观条件变化	经营方针调整

2001—2005 年的五年计划				
具体	较细		较粗	
2001	2002	2003	2004	2005

图 4.4　五年计划滚动程序示意图

滚动计划法适用于计划期较长、不确定性因素多的场合。这种计划方法具有如下特点：一是由于滚动计划相对缩短了计划期，加大了对未来估计的准确性，提高了计划的质量，从而使计划更加切合实际；二是滚动计划能根据环境变化及时调整计划，使各期计划基本保持一致，实行了长期计划、中期计划和短期计划的相互衔接；三是滚动计划增强了计划的弹性，提高了组织的应变能力；四是滚动计划法也存在缺点，即编制计划工作量较大。

---

[5] The rolling planning is the method of regularly revising future plans as plans progress gradually , by organically combining short-term, medium-term and long-term plans and by evaluating the implementation of the recent plan and the factual conditions.

37. Operational Research

4.3.2　运筹学方法 [37]

运筹学方法主要是通过把管理问题抽象成一个模型，求解模型来获得解决问题的最优解，依据最优解和组织的实际情况来制订组织计划的方法。[6] 现已在市场销售、生产计划、库存管理、运输问题、财政与会计、人事管理、设备维修、更新和可靠性、项目的选择和评价、工程的优化设计、计算机与信息系统等方面得到广泛的应用。

1. 运筹学方法的基本步骤

一般来说，采用运筹学方法编制组织计划，大致需要经过如下步骤。

38. Proposing a problem.

（1）提出和形成问题 [38]。明确管理问题的目标，找出管理问题的约束条件，设定管理问题的可控变量和参数，收集管理问题的相关资料。

39. Constructing a model.

（2）建立模型 [39]。把管理问题的可控变量、参数和目标与约束条件的关系用模型表示出来。

40. Solving the problem.

（3）求解 [40]。依据管理问题的实际和决策者的要求，明确解的精度，采用各种手段(主要是数学方法)将模型求解,解可以是最优解、次优解、满意解。复杂模型的求解需要借助计算机。

41. Testing the solution.

（4）解的检验 [41]。检查求解步骤和程序是否有误，检查解是否反映现实的管理问题。

42. Controlling the solution.

（5）解的控制 [42]。通过控制解的变化过程决定解是否要做一定的变化。

43. Applying the solution.

（6）解的运用 [43]。依据管理问题的实际，进行合理修改，进而为制订组织计划提供依据。

44. Making a plan.

（7）编制组织计划 [44]。结合组织的实际，如有必要，可以反复上述 1 ~ 6 步骤，利用上述求出的有关数据，编制组织计划。

2. 运筹学方法的模型

采用运筹学方法来编制计划的过程中，依据组织计划的实际，能否建立适合组织计划问题特点的模型将直接关系到组织计划的有效性。构造模型是一种创造性劳动，建模的方法和思路大致可以分为以下五种。

（1）直接分析法。按管理问题机理的认识直接构造出模型。可以运用运筹学中已有的不少现存模型，如线性规划模型、投入产出模型、排队模型、存储模型、决策和对策模型等。这些模型都有很好的求解方法，也有一些求解的辅助软件。但运用这些现存模型研究问题时，必须考虑管理问题的实际，

[6]　Operational research is a method of developing plans by abstracting management issues as a model, solving the model to obtain the optimal solution, and deciding the solutions according to the optimal solution and the actual situations.

切忌生搬硬套。

（2）类比法。有些管理问题可以用不同的方法来构造出模型，而这些模型的结构和性质是类同的，这就是相互类比。如物理学中的机械系统、热力学系统、电路系统等，有些管理问题可以用这些物理系统或其他类比现象进行类比分析。

（3）数据分析法。对有些管理问题的机理不清楚时，如可以收集到大量与此管理问题有关的数据，则采用数据分析法来建模。

（4）实验分析法。对有些管理问题的机理不清楚，又不能收集到大量与此管理问题有关的数据时，可以采用局部实验的数据加以分析来建模。

（5）构想法。对有些管理问题的机理不清楚，又不能收集到大量与此管理问题有关的数据（如社会、经济、军事问题），也不能采用实验来获得数据时，只有通过在已有的知识、经验和某些研究的基础上，对将来可能发生的情况给出逻辑上合理的设想和描述，然后用已有的方法来建模并不断完善，直至比较满意为止。

3. 运筹学方法的常用工具

运筹学方法的常用工具很多，而目前比较成熟的常用工具主要包括线性规划、模拟技术、排队论、存储论、非线性规划、目标规划、整数规划、动态规划、网络计划等。由于篇幅限制，下面只对线形规划、模拟技术、排队论、存储论作简要介绍。

（1）线性规划[45]。该方法是通过研究一组变量，满足一定的线性条件，使某一线性目标函数达到最大值或最小值。该方法可用于在给定可能用途或资源限制下确定资源的最佳分配方式，也可用于与时间或货币成本相联系的最佳方案的选择。对于复杂的线性规划问题，可以借助计算机软件来求解。

45. Linear Programming

（2）模拟技术[46]。该方法是利用计算机对系统活动进行大量的仿真，获得描述系统的数量指标，为决策过程提供定量的依据。运用该方法的关键在于建立适合真实的活动或过程特点的模型（实物模型或抽象模型）。管理人员要建立和使用这种模型，必须对他们需要模拟的活动或过程以及变量的相互关系理解透彻。模拟技术的最大优点在于能够鉴别各种设计方案，并能将正在进行的各种作业的影响减少到最低程度，为节约时间和开支提供有效支持。

46. Simulation

（3）排队论[47]。该方法主要研究系统内服务机构的合理规模问题。它用于帮助管理人员决定哪种等候队伍或排队长度最为适合。排队问题在日常生活中很常见，如在银行、超市、桥梁等地方，相关管理部门或管理人员得设置几个收费口、开出多少个服务窗口等。一般来说，管理部门总是希望在顾

47. Queuing Theory

客能够容忍排队等待时间的前提下，尽可能地提高服务机构的使用效率。

（4）存储论[48]。该方法是专门研究组织内经济资源最佳存储策略的理论和方法。它通过定量描述存储物品的存储状态和动态供求关系，研究不同状态和不同供需关系下的存储费用结构，进而确定经济上最为合理的存储策略。

4.3.3　网络计划技术

1. 网络计划技术的概念

网络计划技术，是指用于工程项目的计划与控制的一项管理技术[49]。其基本原理是应用网络图描述一项计划中各个工作（任务、活动、过程、工序）的先后顺序和相互关系；估计每个工作的持续时间和资源需要量；通过计算找出计划中的关键工作和关键线路；再通过不断改变各项工作所依据的数据和参数，选择出最合理的方案并付诸实施；然后在计划执行过程中还要进行有效的控制和监督，保证最合理地使用人力、物力以及财力和时间，顺利完成规定的任务。这种方法在工业、农业、国防、关系复杂的科学研究计划和管理中，都得到了应用。在土木建筑工程中，主要用以编制工程项目的进度计划，提出相应的各项资源需用计划并有效地组织、监督和指导施工。

2. 网络计划技术的基本内容

（1）网络图[50]。网络图，是指网络计划技术的图解模型，反映整个工程任务的分解和合成。分解，是指对工程任务的划分；合成，是指解决各项工作的协作与配合。分解和合成是解决各项工作之间按逻辑关系的有机组成。绘制网络图是网络计划技术的基础工作。

（2）时间参数[51]。在实现整个工程任务的过程中，涉及人、事、物的运动状态，这些运动状态都是通过转化为时间函数反映出来的。反映人、事、物运动状态的时间参数包括各项工作的作业时间、开工与完工的时间、工作之间的衔接时间、完成任务的机动时间及工程范围和总工期等。

（3）关键路线[52]。通过计算网络图中的时间参数，求出工程工期并找出关键路径。在关键路线上的作业称为关键作业，这些作业完成的快慢直接影响着整个计划的工期。在计划执行过程中，关键作业是管理的重点，在时间和费用方面要严格控制。

（4）网络优化[53]。网络优化，是指根据关键路线法，通过利用时差，不断改善网络计划的初始方案，在满足一定的约束条件下，寻求管理目标达到最优化的计划方案。网络优化是网络计划技术的主要内容之一，也是较之其他计划方法优越的主要方面。

48. Storage Theory

49. Network planning is a management technique for project planning and controlling.

50. Network Diagram

51. Time Parameters

52. Critical Paths

53. Network Optimization

3. 网络计划技术的应用步骤

网络计划技术的应用主要遵循以下几个步骤。

（1）确定目标。确定目标，是指决定将网络计划技术应用于哪一个工程项目，并提出对工程项目和有关技术经济指标的具体要求，如在工期方面、成本费用方面要达到什么要求。依据企业现有的管理基础，掌握各方面的信息和情况，利用网络计划技术为实现工程项目寻求最合适的方案。

（2）分解工程项目，列出作业明细表。一个工程项目是由许多作业组成的，在绘制网络图前就要将工程项目分解成各项作业。作业项目划分的粗细程度视工程内容以及不同单位的要求而定，通常情况下，作业所包含的内容多、范围大，则多可分粗些；反之则细些。作业项目分得细，网络图的结点和箭线就多。对于上层领导机关，网络图可绘制得粗些，主要是通观全局、分析矛盾、掌握关键、协调工作、进行决策；对于基层单位，网络图就可绘制得细些，以便具体组织和指导工作。

在将工程项目分解成作业的基础上，还要进行作业分析，以便明确先行作业（紧前作业）、平行作业和后续作业（紧后作业），即在该作业开始前，哪些作业必须先期完成，哪些作业可以同时平行地进行，哪些作业必须后期完成，或者在该作业进行的过程中，哪些作业可以与之平行交叉地进行。

在划分作业项目后，便可计算和确定作业时间。一般采用单点估计或三点估计法，然后一并填入明细表中。明细表的格式如表 4.2 所示。

表 4.2 作业时间明细表

作业名称	作业代号	作业时间	紧前作业	紧后作业

（3）绘制网络图，进行结点编号。根据作业时间明细表，可绘制网络图。网络图的绘制方法有顺推法和逆推法。顺推法即从始点时间开始，根据每项作业的紧后作业，依次绘出各项作业的箭线，直至终点时间为止；逆推法即从终点时间开始，根据每项作业的紧前作业，逆箭头前进方向逐一绘出各项作业的箭线，直至始点时间为止。同一项任务，用上述两种方法画出的网络图是相同的。一般习惯于按反工艺顺序安排计划的企业，如机器制造企业，采用逆推较方便，而建筑、安装等企业，则大多采用顺推法。按照各项作业之间的关系绘制网络图后，要进行结点的编号。

（4）计算网络时间，确定关键路线。根据网络图和各项活动的作业时间，就可以计算出全部网络时间和时差，并确定关键线路。计算具体网络时间并不太难，但比较烦琐。在实际工作中，影响计划的因素很多，要耗费很多的人力和时间。因此，只有采用电子计算机才能对计划进行局部或全部调整，这也为推广应用网络计划技术提出了新内容和新要求。

（5）进行网络计划方案的优化。找出了关键路径，也就初步确定了完成整个计划任务所需要的工期。这个总工期是否符合合同或计划规定的时间要求，是否与计划期的劳动力、物资供应、成本费用等计划指标相适应，需要进一步综合平衡，通过优化择取最优方案。然后正式绘制网络图，编制各种进度表以及工程预算等各种计划文件。

（6）网络计划的贯彻执行。编制网络计划仅仅是计划工作的开始。计划工作不仅要正确地编制计划，更重要的是组织计划的实施。网络计划的贯彻执行，要发动群众讨论计划，加强生产管理工作，采取切实有效的措施，保证计划任务的完成。在应用电子计算机的情况下，可以利用计算机对网络计划的执行进行监督、控制和调整，只要将网络计划及执行情况输入计算机，它就能自动运算、调整并输出结果，以指导生产。

管理故事

猫的铃铛

一群老鼠长久以来被一只猫不断猎杀，它们决定改变这个严峻的现实，于是一场全体鼠民参加的大会召开了。一只老鼠率先站了起来，说道："各位，死亡的脚步声就在我们的洞穴徘徊。我已经准备了一个铃铛，只要把这个铃铛挂到猫的脖子上，一旦猫向我们靠近，铃铛就会发出声音。听到这个声音，我们只要躲到猫爪子够不着的洞里面去就可以了。"这只老鼠说完后，会场里响起雷鸣般的掌声。"对呀，真是个好主意啊！"你一言我一语的，赞美声随着安下心来的笑声充斥着会场。这时，一个小老鼠一边往后退缩，一边胆怯地说："要在猫的脖子上挂铃铛，好可怕啊，那会被吃掉的，我可办不到。"会场在瞬时之间变得寂静无声。这个办法是非常绝妙的，也是十分稳妥的，但是派哪个老鼠去把铃挂在猫的脖子上呢？

在企业界，充满着大量的"聪明老鼠"，他们忙于指导企业该如何如何，并提出了一系列精美的解决方案，但是却没有实施能力。如果有了好的

计划而没有力量实行，那么计划就没有丝毫用处。制定的计划只有可以
实现的才是计划，否则只是空谈。

4.4　计划制定中应注意的问题

4.4.1　清楚地表达组织的目标 [54]

制定计划的第一步，就是要清楚地表述组织的目标。这也是保证计划与
组织愿景紧密衔接的关键。组织为什么存在？最简单的回答是：组织可以协
调各种活动并因而创造更大的价值。但这样的回答太笼统，因为它没有具体
回答组织为什么存在以及它存在是为了做什么。某个具体组织为什么存在的
问题对管理者来说是非常重要的，因为许多管理工作将根据对该问题的回答
而决定。组织的具体目标是什么、怎样达到这些目标、参照什么考察其业绩、
哪种愿景最适合等问题，将直接影响组织的未来发展和组织中管理与业务工
作的计划与实施。

组织目标是组织根据其宗旨提出的在一定时期内要达到的预期目标，是
一个组织各项管理活动指向的终点，也是计划的最高层次的内容。[7] 没有一
个明确的目标作为前提，计划工作只能是盲目的和难以有成效的。组织的目
标可分为三个层次：社会层，即社会期待的、组织能达到的目标；组织层，
即组织作为一个系统对自身的要求；个人层，即组织的个人目标。这三个层
次的目标不是彼此孤立的，而是交织在一起，共同构成组织的目标。

4.4.2　遵循计划工作的相关原则 [55]

在组织活动的最终目标已经确定、所处外部环境基本清楚的前提下，制
定组织计划一般要遵循以下原则。

1. 限制因素原则

限制因素是指妨碍组织目标实现的因素，也就是说，在其他因素不变的
情况下，仅仅改变这些因素就可能影响组织目标的实现程度。限定因素原则
又称"木桶原理"，其含义是木桶能盛多少水，取决于桶壁上最短的那块木板。
这一原则的含义在于它告诉编制计划的人员，必须全力找出影响计划目标实

54. Elaborating the goals of an organization.

55. Complying with relevant principles of planning.

---

[7]　Goals of an organization are the expected targets proposed by the organization according to its principle and to be achieved in a certain period of time . They are the ultimate direction of all of the organization's activities, and the highest level content of planning.

现的主要限定因素或战略因素，并有针对性地采取得力措施。

2. 承诺原则

承诺原则是指计划期限应当延伸到足够远，以便在此期限内能够实现当前的承诺。应当说，计划对太长的期限或太短的期限都是无效的。那么，合理的计划期限究竟应该怎样确定呢？根据承诺原则，合理的计划要确定一个未来的时期，这个时期的长短取决于实现决策中所承诺任务需要的时间。遵循承诺原则，要特别注意把握三点：（1）完成计划必须明确严格的期限要求；（2）必须合理地确定计划期限，避免制定计划期限的随意性；（3）单项计划的承诺不能太多，因为承诺任务越多，计划完成的时间就越长。

3. 灵活性原则

在计划中考虑灵活性会降低由突发事件带来损失的风险，但是，增加计划灵活性的成本应当同它所带来的好处结合起来进行权衡。这个原则要求在制定计划时必须留有余地，当出现意外情况时，可以及时进行调整，从而避免付出不必要的代价。灵活性原则是计划工作中非常重要的原理，在承担的任务重而目标计划期限长的情况下，灵活性更能显现出它的作用。

4. 改变航道原则

计划使人们越是坚持通向未来的某一条路，定期对所发生的事件和所期望发生的事情进行对照检查就越是重要，这些检查是使事情朝着某一既定的目标发展所必需的。

尽管管理人员在拟定计划时可以预见一部分未来可能发生的情况，并制定出相应的应变措施，但不可能预见到所有未来将要发生的情况。计划常常赶不上变化。正因为如此，在计划实施过程中，根据当时的实际情况对计划进行检查和修订就成为必要。如果情况已经发生变化，就要调整计划或重新制定计划，而且实现目标的进程可以因情况的变化而改变，但是计划的总目标不变。需要指出的是，改变航道原则与灵活性原则不同，灵活性原则是指计划本身具有适应性，而改变航道原则却是指计划执行具有应变能力。

4.4.3　正确研判组织发展阶段 [56]

56. Recognizing the developing stage of an organization.

任何组织都要经历一个生命周期：创立、成长、成熟、衰退。[8] 在组织生命周期的各个阶段，计划的类型并非具有相同的性质，计划的时间长度和明确性应当根据其所处阶段作相应调整。

[8]　Any organization is to go through a life cycle : the foundation, growth, maturity, and recession.

在组织的创立期，管理者应当更多地依赖指导性计划，因为这一阶段要求组织具有很高的灵活性，在这个阶段上，获取资源具有很大的不确定性，指导性计划使管理者可以随时按需要进行调整；在成长阶段，随着目标更确定、资源更容易获取和顾客忠诚度的提高，计划也更具有明确性；当组织进入成熟期，可预见性最大，从而也最适用于具体计划；当组织从成熟期进入衰退期，计划也从具体性转入指导性，这时目标要重新考虑，资源要重新分配。计划的期限也应当与组织的生命周期联系在一起。短期计划具有最大的灵活性，故应更多地用于组织的形成期和衰退期；成熟期是一个相对稳定的时期，因此更适合制定长期计划。

4.4.4　力争组织内部活动与相关资源相匹配 [57]

57. Matching internal activities of the organization to its resources.

组织定位是否正确，在很大程度上取决于计划制定者对组织外部环境、内部实力与组织使命三者的考虑是否充分、透彻，是否能将三者有机结合在一起达到最大效用。事实上，制定计划方案时，需要更加具体地分析企业内部活动，这样才能保证计划方案能够贯彻组织的目标定位。

进行组织内部活动分析，就是要确定和评价组织内部的各项活动，看其每一项活动在价值增值过程中处于何等地位。迈克尔·波特（Michael E.Porter）的价值链就是一种有效的分析组织内部活动的方法。

价值链将组织向顾客提供产品过程中的一系列活动分工为在战略上相互关联的活动，从而理解组织的成本变化以及引起变化的原因和方法。价值链将每个组织都视为一个由设计、生产、营销、交货等价值活动所组成的集合，认为组织的竞争优势来源于组织能比竞争对手更便宜、更有效地完成那些具有战略意义的活动。组织的价值活动分为基本活动和支持活动两大类。基本活动是企业提供产品和劳务等的所有物质创造活动。基本活动贯穿于产品和服务的整个形成和运动过程。为基本活动提供支持的活动就是支持活动。基本活动和支持活动可以进一步划分为一系列独立的活动。

4.4.5　考虑未来的承诺期限 [58]

58. Taking into account the time limit for a commitment.

计划与时间因素密切相关。承诺期限是指计划期限应当延伸到足够远，以便在此期限中能够实现当前的承诺。[9] 当前的计划越是影响到对未来的承诺，计划的时间期限应当越长。这就涉及承诺原则，即计划包含的期限应尽

---

[9]　The time limit for a commitment refers that the planned period of time should extend far enough, so that the current commitment can be achieved within this period.

可能延长，以最大限度地预测未来，以便在该期限内能够实现当前的承诺。计划对太长的期限和太短的期限都是无效的，因为管理者不是计划未来的决策，而是为当前决策的未来影响作出安排。

此外，还要考虑环境的复杂程度。环境的复杂程度越大，计划更应当是指导性的，计划期限也应更短。如果技术、社会、经济、法律等外部环境正发生着迅速的变化，实施精确的计划会影响组织高效发展。而且环境变化越大，计划就越不需要精确，管理就越应当具有灵活性。

小资料

计划书的构成如表 4.3 所示。

表 4.3　计划书的构成

部分	内容	说明
1. 计划导入	（1）封面	计划书的"脸面"应充满魅力
	（2）前言	表明计划者的动机及计划者的态度
	（3）目录	计划书的目录
2. 计划的概要	（4）计划概要	概述计划书的整体思路与内容
3. 计划背景	（5）现状分析	明确计划的出发点，说明计划的必要性及其前提
4. 计划意图	（6）目的、目标设定	明确计划的目的、目标，说明计划的意义
5. 计划方针	（7）概念的形成	明确计划的方向、原则，规定计划的内容
6. 计划构想	（8）确定实施策略的结构	明确计划实施的结构及组织保证，提高计划的效果
	（9）具体实施计划	计划的具体内容，将实现目标的方法具体化
7. 计划设计	（10）确定实施计划	实施计划所需时间、费用、售货员及其他资源；预测计划可能获得的效果
8. 附录	（11）参考资料	附加的有计划相关的资料，增加计划的可信度

本章小结

计划是管理过程的重要环节，也是管理的一项基本职能。计划是组织对未来活动的事先安排。计划的内容包括做什么、为什么做、何时做、何地做、谁去做和怎么做。

计划具有四个方面的作用：① 为管理者的管理工作提供依据；② 为降低风险和掌握主动提供工具；③ 有利于减少浪费和提高效益；④ 为组织的控制提供标准。

依照不同的标准，可将计划划分为不同的类型。不同类型的计划，其有效性受到诸多因素的影响，不同表现形式的计划构成了一个计划体系。

计划编制流程包括估计机会、确定目标、确定前提条件、确定备选方案、评价备选方案、选择方案、拟定派生计划和编制预算等。

计划编制方法有很多，滚动计划法、运筹计划法、网络计划技术是常用的三种现代计划方法。不同的计划需要采用不同的计划方法。

综合练习

一、问答题

1. 在市场经济条件下，企业为什么还要重视计划工作？

2. 你是如何理解计划的多样性的？简要描述各种不同类型的计划。

3. 计划的内容包括哪些？

4. 作为企业的高层管理者，在确定企业目标时要考虑哪些因素？

5. 在具体计划制定过程中，要注意哪些问题？

二、案例分析

乔森家具公司的五年目标

乔森家具公司是乔森先生在 20 世纪中期创建的，初期主要经营卧室和会客室家具，取得了相当大的成功。随着规模的扩大，自 20 世纪 70 年代开始，公司又进一步经营餐桌和儿童家具。1975 年，乔森退休，他的儿子约翰继承父业，不断拓展卧室家具业务，扩大市场占有率，使公司产品深受顾客欢迎。到 1985 年，公司卧室家具的销售量比 1975 年增长了近 2 倍。但餐桌和儿童家具经营一直不得法，面临严重困难。

1. 董事长提出的五年发展目标

乔森家具公司自创建之日起便规定，每年 12 月份召开一次公司中高层管理人员会议，研究讨论战略和有关的政策。1985 年 12 月 14 日，公司召开了每年一次的例会，会议由董事长兼总经理约翰先生主持。约翰先生在会上首先指出了公司存在的员工思想懒散、生产效率不高的问题，并对此进行了严厉的批评，要求迅速扭转这种局面；与此同时，他还为公司制定了今后五年的发展目标，具体包括：

（1）卧室和会客室家具销售量增加 20%；

（2）餐桌和儿童家具销售量增长 100%；

（3）总生产费用降低 10%；

（4）减少补缺职工人数 3%；

（5）建立一条庭院金属桌椅生产线，争取五年内达到年销售额 500 万美元的目标。

这些目标主要是想增加公司收入，降低成本，获得更大的利润。但公司副总经理托马斯不了解约翰董事长制定这些目标的真实意图。尽管约翰开始承接父业时对家具经营颇感兴趣，但后来他的兴趣开始转移，试图经营房地产业。为此，他努力寻找机会，想以一个好价钱将公司卖掉。为了提高公司的声望和价值，他准备在近几年狠抓一下经营，改善公司的绩效。

托马斯副总经理意识到自己历来与董事长的意见不一致，因此在会议上没有发表意见。会议很快就结束了，大部分与会者都带着反应冷淡的表情离开了会场。托马斯有些垂头丧气，但他仍想会后找董事长就公司发展目标问题谈谈自己的看法。

2. 副总经理对公司发展目标的质疑

公司副总经理托马斯觉得，董事长根本就不了解公司的具体情况，不知道他所制定的目标意味着什么。这些目标听起来很好，但托马斯认为不适合本公司的情况。他心里这样分析到：第一项目标太容易了——这是本公司最强的业务，用不着花什么力气就可以使销售量增加20%；

第二项目标极不现实——在这个领域的市场上，本公司不如竞争对手，决不可能实现100%的增长。

第三项目标与第二项目标相矛盾——想增加销售量，就要加强产品设计和提高产品质量，还要扩大生产线，进行广告宣传，这些都要求增加费用，而不是什么削减费用；

第四项目标也难以实现——由于要扩大生产，又要降低成本，这无疑会对工人施加更大的压力，从而也就迫使更多的工人离开公司，这样空缺岗位也就越来越多，在这种情况下，怎么可能降低补缺职工人数3%呢？

第五项目标倒有些意义，可改变本公司现有产品线都以木材为主的经营格局，但未经市场调查和预测，怎么能确定五年内我们的年销售额达到500万美元呢？

经过这样的分析后，托马斯认为他有足够的理由对董事长所制定的目标提出质疑。除此之外，还有另外一些问题使他困惑不解，一段时期以来，他发现董事长似乎对公司已失去了兴趣；他已50多岁，快要退休了，却从未提起在他家族中将由谁来接替他的工作。

托马斯怀疑约翰先生要把这家公司卖掉。董事长企图以扩大销售量、开辟新的生产线、增加利润收入来使公司具有更大的吸引力，以便在出售中卖个好价钱，"如果董事长真是这样的话，我也无话可说了。他退休以后，公司将变成什么样子，他是不会在乎的。他自己愿意在短期内葬送掉自己的公司，我有什么办法呢？"

问题：

1. 你认为约翰董事长为公司制定的发展目标合理吗？为什么？

2. 你认为托马斯对董事长所制定目标的分析有道理吗？你能否从本案例中概括出制定目标需注意哪些基本要求？

3. 假如你是托马斯，如果董事长在听取了你的意见后同意重新制定公司目标并责成你提出更合理的公司发展目标，你将怎么做？

chapter 5

第 5 章 决 策

学习目标

通过本章学习，你可以达到以下目标。

知识目标

决策定义、原则和依据；

决策的类型、决策过程；

决策的相关理论；

定性、定量的决策方法。

能力目标

能够恰当地运用决策原则进行决策；

能按照决策流程进行决策工作；

能运用适当的决策方法进行科学决策；

能对各种决策方案的决策结果进行选优。

5.1 决策的定义、原则与依据 [1]

决策是企业管理的核心，可以认为，整个企业管理就是围绕着如何制定和组织实施决策而展开的。[1] 诺贝尔经济学奖获得者赫伯特·西蒙 [2] 教授认为，管理就是决策。据分析，世界上破产企业失败的原因中 85% 在于决策失误，因此，决策的正确与否，关系到组织和个人事业的兴衰成败。

案例分析

阿斯旺水坝的灾难

规模在世界上数得着的埃及阿斯旺水坝竣工于 20 世纪 70 年代初。从表面上看，这座水坝给埃及人民带来了极大的便利，控制了水旱灾害，灌溉了农田。然而，该水坝实际上破坏了尼罗河流域的生态平衡，造成了一系列灾难：由于尼罗河的泥沙和有机质沉积到水库底部，尼罗河两岸的绿洲失去肥源——几亿吨淤泥，土壤日益盐渍化；由于尼罗河河口供沙不足，河口三角洲平原向内陆收缩，使工厂、港口、国防工事有跌入地中海的危险；由于缺乏来自陆地的盐分和有机物，沙丁鱼的年产量减少 1.8 万吨；由于大坝阻隔，尼罗河下游的活水变成相对静止的"湖泊"，为吸血虫的繁殖提供了条件，致使水库区一带血吸虫病流行。埃及造此大坝所带来的灾难性后果，使人们深深地感叹：一失足成千古恨！

资料来源：作者根据有关资料整理

分析：这个案例告诉我们，一个正确的决策是多么重要。而决策是个科学的分析过程，决策还要借助于正确的定性或定量的分析方法来完成。否则，一旦失误，后果很严重！

5.1.1 决策的定义 [3]

赫伯特·亚历山大·西蒙认为：管理就是决策。[4] 由此可见，决策在管理中的地位非常重要。但是，也应当注意，过分地扩展决策的定义，甚至认为管理就是决策，也是不恰当的。正确理解决策的含义，对现实中的决策工作有很大意义。

---

[1] Decision-making is the core of business management; it can be said that all the business management in a company is based on how to formulate and implement a decision.

关于决策的概念众说纷纭，但本质内涵大致相同，区别主要在于将决策概念作狭义的理解还是广义的理解。狭义地说，决策是在几种行动方案中进行选择。[2] 广义地说，决策还包括在做出最后选择之前必须进行的一切活动。[3] 所以，决策是指组织或个人为了实现某种目标而对未来一定时期内有关活动的方向、内容及方式的选择和调整过程。[4] 这表明，决策的主体既可以是组织，也可以是组织中的个人；决策要解决的问题，既可以是组织或个人活动的选择，也可以是对这种活动的调整；决策选择或调整的对象，既可以是活动的方向和内容，也可以是在特定方向下从事某种活动的方式；决策涉及的时限，既可以是未来较长的时期，也可以是仅仅是某个较短的时段。

在本书中，决策定义为："管理者识别并解决问题以及利用机会的过程。"[5] 由这一定义可知：决策的主体是管理者；决策本质上是过程性的；决策的过程由多个步骤组成；决策的目的是解决问题或者利用机会，即决策不仅是为解决问题，也是为了利用机会。

进一步理解，决策概念应包括以下几个要点。

1. 决策应有明确合理的目标。⁵ 这是决策的出发点和归宿。决策是行动的基础，行动是决策的延续。无目标或目标不合理的行动是盲目的，错误的行动，只会造成企业的损失和浪费。

5. Decision-making should contain specific and reasonable goals.

2. 决策必须有两个或两个以上的备选方案。⁶ 为实现企业某一特定经营目标，必须从多个可行方案中，通过分析比较和判断，进行选优。如果只有一个方案，则别无选择；或虽有多个备选方案，但无限制，可随意选取，也就无需分析判断，这些都不符合决策的概念。

6. Decision-making must formulate two or more alternatives.

3. 必须知道采用每种方案后，可能出现的各种结果。⁷ 选择方案的标准主要是看方案实施后的经济效果如何。所以，必须对方案可能的结果有充分的预见，否则就无从比较。

7. It is supposed to predict every outcome after adopting any alternative.

4. 最后所取取的方案，只能是"令人满意的"或"足够好的"，不可能是最优的。⁸ 在传统的决策理论中，是以决策标准最优化为准则的，如力图寻

8. It will follow satisfying rather than optimal principle to make the final decision.

---

[2] In a narrow sense, decision-making is making a choice from two or more alternatives.

[3] In a broad sense, decision-making also includes all necessary activities before making the final choice.

[4] Decision-making is the process of making choices and adjustments by an organization or person in the direction, content and ways of relevant activities within a specific period of time in future, so as to realize a certain goal.

[5] The process of managers identifying and solving problems, and even taking advantage of opportunities.

找最大的利润、最大的市场份额、最优的价格、最低的成本、最短的时间等。而现代决策理论人为，最优化决策是不可能实现的，它只是一种理想而已。

5. 决策的实质是为谋求企业外部环境，内部条件和经营目标之间的动态平衡。[9] 从提出问题、收集资料、确定目标、拟定行动方案、评价选择，到采取行动、实施反馈等一系列活动，都是为此目标而努力的。

5.1.2　决策的原则 [10]

对决策者来说，要想使决策达到最优，必须获得与决策有关的全部信息，清楚了解全部信息的价值，并能准确地预测决策方案在未来的执行结果。但在现实中，这些条件一般得不到满足。具体来说，由于信息不完全，决策者很难收集到组织内外存在的、对组织现在和未来会直接或间接地产生某种程度影响的全部信息；由于有限理性，决策者的信息利用能力也是有限的，对未来的认识是不全面的，因此对于收集到的不完全信息，决策者只能制订数目和对未来影响有限的方案。现实中的上述状况决定了决策者难以做出最优决策，而只能做出相对满意的决策。

为此，要取得理想效果，除遵循科学的决策程序外，遵循管理决策的基本原则也十分重要。管理决策的原则表明了决策过程的基本规律和要求，遵循这些原则有助于减少决策失误，提高决策效果。管理决策的基本原则如下。

1. 系统原则 [11]

企业处于整个经济系统中，要受到各种社会，经济和自然条件的限制；同时，企业自身又是一个系统，企业的经营决策如果要保证总体化，就必须协调好企业内部各部门、各单位、各环节之间的关系，进行综合平衡。这就要求管理决策应坚持系统分析观点，从整体出发，全面地对问题进行分析比较，确定目标和找出对策。既要把决策活动看成是决策要素组成的决策系统，又要把决策方案的基本构成视为相互联系，互相依存的有机整体，发挥其整体优势，运用现代化决策方法和手段，通过分析系统内各个要素和局部环节间的相关性、层次性和动态性，寻求最优或满意的方案，使决策问题在各种约束条件下达到合理、经济、有效。贯彻系统原则必须要同时考虑企业内部条件与外部环境，将局部利益与整体利益、当前利益与长远利益有机结合起来。

2. 效益原则 [12]

讲求效益是决策的根本目的，要把速度与效益、短期与长期效益、企业效益与社会效益有机地结合起来。贯彻管理决策的效益原则应该考虑以下几

---

9. The essence of decision-making is to seek a dynamic balance among external environment, internal conditions and business goals of an enterprise.

10. Principles of Decision-making

11. The principle of being systematic.

12. The principle of being profitable.

个方面。

（1）决策的必要性。[13] 决策来自对现实问题的分析，只有决策者认为值得付出代价去解决现实问题，才有必要进行决策。当决策者确定了解决问题的必要性后，再考虑决策的形式、方法和手段。

（2）决策的形式、方法和手段选择。[14] 决策的形式、方法和手段要根据决策的重要性、数量化程度、逻辑过程的复杂性以及时间等来选择。

总之，管理决策贯彻效益原则，就是以最小的人、财、物及时间耗费取得最大的效益或争取最少的损失。

3. 科学性原则 [15]

决策是一个复杂的过程，必须遵循科学的决策程序。只有坚持科学决策，才能在错综复杂的市场环境中避免或减少决策失误。决策过程中贯彻科学性原则，要做到：确定有效的决策标准，采用科学的决策方法，建立有效的决策体系和做好决策的组织工作。此外，科学决策既不能只进行质的分析而不进行量的分析，也不能单纯依赖数学模型，而应重视质的分析和量的分析的密切结合运用；在决策实施执行中，根据客观情况的变化，适时调整和修改决策目标和方案，使决策方案符合生产经营的客观实际。

4. 民主化原则 [16]

现代企业决策问题涉及范围广泛，具有高度复杂性，单凭决策者个人知识和能力很难做出有效决策。为了弥补决策者知识、能力方面的不足，避免主观武断、独断专行可能造成错误决策，保证决策的正确性和在效性，决策者必须充分发扬民主，善于集中和依靠集体的智慧和力量进行决策。贯彻决策的民主化原则要注意以下几个方面：

（1）要健全决策工作的民主化程序，加强企业决策领导机构的建设；

（2）要合理划分企业各管理层的决策权限和决策范围，调动各级决策者和和各类人员参与决策的积极性和主动性；

（3）要充分尊重每一个参与决策的决策者的意见和建议，实现共同决策，并在群众的参与或监督下完成决策工作；

（4）要重视发挥专家、参谋人员和管理咨询专业机构的作用，借助他们做好调查研究、咨询认证。

5. 创新原则 [17]

企业经营管理活动处于不断运动和发展变化之中，管理决策作为对未来经营目标、行动方案的抉择活动，其形式和内容也会随着企业发展及环境变化不断发展变化，否则企业决策不能起到导向作用。这就要求决策者既要有

13. The necessity of decision-making.

14. The forms and approaches of decision-making.

15. The principle of being scientific.

16. The principle of being democratic.

17. The principle of being innovative.

技术经济分析能力，又要有战略眼光和进取精神，勇于开拓新路子，提出新设想，创造新方法。管理决策的创新原则主要体现以下两个方面。

（1）决策的制定要立足现实，着眼于未来。在市场调查和预测基础上把握经济活动内变化过程的规律，提出带有方向性和发展决策目标及选择方案。

（2）管理决策机制要不断创新。在决策方法上，管理决策应当积极吸取当代科学技术发展最新成果，不断更新决策观念，充实决策理念，改进决策方法和手段。在决策的组织上，要及时调整决策组织，提高决策者的自身素质，完善决策信息支持系统。

18. The principle of being able to feedback.

6.反馈原则 [18]

企业的决策是为了实现未来的某一特定目标，而实现目标的条件，特别是外部环境，是随时间不断变化的，许多潜在的问题将不断出现。企业的经营方案必须有应变措施，一旦环境条件发生变化，就要及时反馈有关信息，并据以采取相应措施。

19. The Basis of Decision-making

5.1.3 决策的依据 [19]

管理者在决策时离不开信息。信息的数量和质量直接影响决策水平。这要求管理者在决策之前及决策过程中尽可能地通过多种渠道收集信息作为决策的依据。但这并不是说管理者要不计成本地收集各方面的信息。管理者在决定收集什么样的信息、收集多少信息以及从何处收集信息等问题时，要进行成本—收益分析。只有在收集的信息所带来的收益（因决策水平提高而给组织带来的利益）超过因此而付出的成本时，才应该收集信息。

20. The basis of decision-making is adequate information.

所以，适量的信息是决策的依据。[20] 信息量过大固然有助于决策水平的提高，但对组织而言可能不经济；而信息量过少则使管理者无从决策，或导致决策收不到应有的效果。

21. Types of Decisions

5.2 决策的类型 [21]

决策的内容十分广泛，因决策的时间、对象、方法、要求、形式和条件的不同，其类型也不同。因此，可以从不同的角度对决策进行分类。

22. Long-term & Short-term Decisions

5.2.1 长期决策与短期决策 [22]

按决策影响时间长短，可将决策划分为长期决策和短期决策。

1. 长期决策 [23]

长期决策是指有关企业今后发展方向的长远的、全局性的重大决策，又称战略决策。[6] 它包括投资方向，生产规模选择，新产品的开发，企业的技术改造，设备和新工艺方案的选择，生产过程的组织设计、市场开拓、厂址选择和生产布局，人力资源开发等问题的决策。

2. 短期决策 [24]

短期决策是指为了实现长期战略目标所采取的策略手段，又称为短期战术决策，[7] 如日常的营销决策、物资领略决策、生产过程的控制决策、采购资金的控制决策等。

5.2.2 战略决策、战术决策与业务决策 [25]

从决策调整的对象和涉及的时限来看，可以把决策分为战略决策、战术决策与业务决策。

1. 战略决策 [26]

战略决策是指事关企业未来生存与发展的大政方针方面的决策，具有长期性和方向性。[8] 它是复杂的、不确定性的决策，涉及组织与外部环境的关系，常常依赖于决策者的直觉、经验和判断能力。属于战略决策的例子如企业使命目标的确定，企业发展战略与竞争战略，收购与兼并，产品转向，技术引进和技术改造，厂长、经理人选确定以及组织结构改革等。

2. 战术决策 [27]

战术决策又称管理决策，是指在组织内贯彻的决策，属于战略决策执行过程中的具体决策。[9] 战术决策旨在实现组织中各环节的高度协调和资源的合理使用，企业生产计划和销售计划的制定、设备的更新、新产品的定价以及资金的筹措等决策都属于战术决策的范畴。它是战略决策的重要组成部分，是对第一战略总目标具体化和细分化，为业务决策的制定提供依据和指明方

23. A long-term decision.

24. A short-term decision.

25. Strategic Decision, Tactical Decision and Operative Decision

26. A strategic decision.

27. A tactical decision.

---

[6]　A long-term decision , also called a strategic decision, is the long-term global significant decision concerned with an enterprise's future development.

[7]　A short-term decision is a tactic that is used to achieve a long-term strategic objective, also called a tactical decision.

[8]　A strategic decision is a decision about the fundamental policy which determines the future survival and development of an enterprise; it is usually a long-term and directional one.

[9]　A tactical decision, also called a managerial decision, refers to the decision implemented within the organization, a specific decision carried out in the process of strategy implementation.

向。所以战术决策是连接战略决策与业务决策的纽带，它常由高层管理者和中层管理者共同完成。

3. 业务决策 [28]

业务决策是指为实现阶段战略目标而进行的具体业务问题的决策，[10] 如企业的经营计划编制、人员调配、物资设备管理等决策。业务决策为战术决策服务，是战术决策的延续和具体化，具有深、细和量化的特点，并且有局部性和短期性的特征。它属于低层次决策，由经济活动系统的中基层管理人员来完成。

战略决策、战术决策和业务决策是相互依存和相互补充的。战术决策和业务决策是实现战略决策的步骤和环节，没有战术决策，再好的战略决策也只是空想。反之，战略决策是战术决策和业务决策的前提，没有战略决策，战术决策和业务决策也就失去了方向和意义，因而对组织的存在与发展也是无益的。

5.2.3 集体决策与个人决策 [29]

从决策主体来看，可将决策分为集体决策与个人决策。

1. 集体决策 [30]

集体决策是指由多人共同参与决策分析和决策制定的整个过程。[11] 集体决策的决策者是相互制约、相互补充的人群或人们的共同体。集体决策时的决策能力不仅取决于学识、胆略、经验等个人素质，还取决于集体中上述个人素质的组合所形成的集体智力结构和决策方式。最常用的集体决策形式有头脑风暴法、名义小组技术和德尔菲法等。

2. 个人决策 [31]

个人决策是指个人在组织活动中的各种决策。也可以说，决策者只有一个人的决策活动称作个人决策。因此，个人决策受决策者个人的经验、知识水平、决策能力、思想观点、欲望、意志等因素的影响，具有强烈的个人色彩。

3. 集体决策的优点 [32]

相对于个人决策，集体决策的优点有如下几个方面。

---

28. An operative decision.

29. Group and Individual Decision-making

30. Group Decision-making

31. Individual Decision-making

32. Advantages of group decision-making.

---

[10]　An operative decision is a decision concerned with a specific business issue in the process of achieving a phrasal strategic goal.

[11]　Group decision-making is the process of more than one participants analyzing and formulating a decision together.

（1）能提供较完整的信息，有利于提高决策的科学性。[12] 集体可带来个人单独行动所不具备的多种经验和不同的决策特点。具备不同背景和经验的不同成员在收集信息、解决问题的方法和思路往往都有很大差异，他们的广泛参与有利于提高决策的全面性，提高决策的科学性。

（2）产生更多的备选方案。33 因为集体拥有更多数量和种类的信息，能比个人制定出更多的方案。当集体成员来自不同专业领域并形成知识互补性时，这一点就更为明显。

33. It can generate more alternatives.

（3）容易得到更多的认同，有助于决策的顺利实施。34 许多决策在做出最终选择方案后，会由于没有得到员工的普遍认可而以失败告终。但是，如果让受到决策影响的人和实施决策的人们参与决策的制定，他们就更可能接受决策方案，并鼓励他人接受决策结果。

34. It's more acceptable and helpful for the implementing of a decision.

（4）提高合法性。35 集体决策制定过程是与民主思想相一致的，因此人们觉得集体制定的决策比个人制定的决策更合法。拥有全权的个人决策者不与他人磋商，这会使人感到决策是出自于决策者的独裁和武断。

35. It will be perceived as more legitimate.

4. 集体决策的缺点 36

36. Disadvantages of group decision-making.

（1）消耗时间，速度、效率可能低下。37 组成一个由各个领域的专家、员工组成的决策集体，并力争以民主方式拟定最满意的行动方案显然要花费时间。因为成员之间的相互影响有可能陷入盲目讨论的误区，从而既浪费时间，又降低决策速度和效率。

37. It will take more time to reach a solution and lead to low speed of action and inefficiency.

（2）少数人统治。38 集体中的成员永远不会是完全平等的，成员在集体中的地位可能会因职位、经验、对有关问题的认识、易受他人影响的程度、语言技巧、信心等的不同而不同。因此，很可能在决策中出现以占优势地位的个人或小群体为主发表意见、进行决策的情况。

38. It may lead to minority domination.

（3）屈从压力。39 在集体中要屈从社会压力，从而导致所谓的群体思维，即要求在组织成员内取得一致的欲望会战胜取得最好结果的欲望，这会抑制少数派和标新立异者的不同观点，以求取得一致性。群体思维削弱了组织中的批判精神，损害了最后决策的质量。

39. Decision-makers may succumb to pressure for reaching an agreement.

（4）责任不清。40 组织成员分担责任，但实际上谁对最后的结果负责却往往不清楚。在个人决策中，谁负责任是明确具体的。而在集体决策中，任何单个成员的责任都会被冲淡。

40. It may lead to ambiguity in responsibility.

因此，集体决策和个人决策各有优缺点，两者都不能适用于所有情况。

---

[12]　It can collect relatively comprehensive information and enhance the feasibility of decisions.

41. Initial & Follow-up
Decision-making

42. Initial Decision-making

43. Follow-up
Decision-making

44. Comparison between
Initial and Follow-up
Decision-making

45. It starts with a
lookingback analysis.

46. It's non-zero-based.

47. It requires double optimi-
zing.

5.2.4　初始决策与追踪决策 [41]

从决策需要解决的问题来看，可将决策分成初始决策与追踪决策。

1. 初始决策 [42]

初始决策是指组织对从事某种活动或从事该种活动的方案进行初次选择。[13]

2. 追踪决策 [43]

追踪决策是指在初始决策的基础上对组织活动方向、内容或方式的重新调整。[14]

如果说，初始决策是在对内外环境的某种认识的基础上做出的话，追踪决策则是由于这种环境发生了变化，或者是由于组织对环境特点的发生了变化而引起的。显然，组织中的大部分决策属于追踪决策。

3. 初始决策与追踪决策的比较 [44]

追踪决策与初始决策相比，具有如下特征。

（1）回溯分析。[45] 初始决策是在分析初始条件与预测基础上制定的，而追踪决策是在初始方案实施后，由于管理人员对环境的认识发生了重大变化，或者当前环境与早期认识的初始环境有重大区别的情况下进行的。因此，追踪决策须从回溯分析开始，即对初始决策的形成机制与环境进行客观分析，列出失误的原因，以便管理人员有针对性地采取调整措施。回溯分析还应当挖掘初始决策中的合理因素，以之作为决策调整的基础。显然，追踪决策是一个扬弃的过程，应当对初始决策的"合理内核"予以保留。

（2）非零起点。[46] 初始决策是在有关活动尚未进行、对环境尚未产生任何影响的前提下进行的。追踪决策则不然，由于初始决策的实施，追踪决策所面临的环境条件已经受到了某种程度的改造、干扰与影响，不再处于初始状态，而是已经发生了变化。

（3）双重优化。[47] 初始决策是在已知的备选方案中择优，而追踪决策则需双重优化。这表现在两个方面：首先，追踪决策所选择的方案只有在原来方案的基础上有所改善，追踪决策才有意义，即追踪决策方案要优于初始决策方案；其次，追踪决策还需要在能够改善初始决策效果的各种可行方案中，选择最优或最满意者。以上两者中，前一种优化是追踪决策的最低要求，后

---

[13]　Initial decision-making means an organization making the first choice of the activity or the formula of an activity it will engage in.

[14]　Follow-up decision-making is making adjustments on the direction , content or manners of an organization's activities on the basis of on initial decision.

一种优化是追踪决策应力求实现的根本目标。

5.2.5　程序化决策与非程序化决策 [48]

1. 程序化决策 [49]

程序化决策是指按原来规定的程序、处理方法和标准，解决企业管理中经常重复出现的问题，又称重复性决策、定型化决策、常规决策，[15] 如订货程序，制定生产作业计划等决策，其过程已标准化，由计算机处理。在企业管理工作中，绝大多数的决策属于程序化决策。程序化决策虽然在一定程度上限制了决策者的自由，使得个人对于"做什么和如何做"有较少的决策权，却可以为决策者节约时间和精力，使他们可以把更多的时间和精力投入到其他更重要的活动中去。值得注意的是，为了提高程序化决策的效率和效果，必须对赖以处理问题的政策、程序或规则进行详细的规定。否则，即使面对程序化的问题或机会，决策者也难以快速做出决策。

2. 非程序化决策 [50]

非程序化决策是指用来解决以往没有先例可循的新问题的决策。[16] 是一次性决策。非程序化决策往往是有关企业重大战略问题的决策，如新产品开发、产品变更、企业规模扩大、市场开拓、重大人事变更、组织机构的重大调整等决策，主要由上层管理人员承担。由于非程序化决策要考虑企业内外条件和环境的变化，所以，无法用常规的办法来处理，除采用定量分析外，决策者个人经验、知识、洞察力及直觉、信念等主观因素，对非程序化决策有很大影响。

5.2.6　确定型决策、风险型决策与不确定型决策 [51]

按决策问题所处的条件及结果的可靠性，可将决策划分确定型决策、风险型决策与不确定型决策。

1. 确定型决策 [52]

确定型决策是指在稳定条件下的决策。[17] 确定型决策最基本的特征

48. Programmed & Nonprogrammed Decision-making

49. Programmed Decision-making

50. Nonprogrammed Decision-making

51. Rational, Risky and Intuitive Decision-making

52. Rational Decision-making

---

[15]　Programmed decision-making is to solve recurring problems of business management with a routine procedure, approaches and standards; it is also called repetitive decision-making, patternized decision-making or routine decision-making.

[16]　Nonprogrammed decision-making is to solve unprecedented problems; it makes a just-for-once decision.

[17]　Rational decision-making describes what are consistent and value-maximizing within specified constraints.

就是事件的各种自然状态是完全肯定而明确的。决策的任务就是分析各种方案所得到的明确结果，从中选择一个合理的方案。这类决策问题具有经常出现的特点，实际约束条件、决策变量和决策目标关系清楚明确，能准确预测每种方案的结果。因此，方案制定有固定的程式和选择准则，容易做到最优化选择。这类决策一般可利用数学模型和借助计算机程序进行模拟决策。企业中多数的程序性问题、经济问题都可通过确定型的方法加以解决。

53. Risky Decision-making

2. 风险型决策[53]

风险型决策，又称随机型决策，是指决策者面临的自然状态不止一种，决策者不知道哪种自然状态会发生，但是决策者知道有多少种自然状态以及这些自然状态各自出现的概率。此时的决策即为风险型决策。许多管理决策的影响因素较为复杂多变，当人们在认识这种随机性规律的基础上，能估计出不同可能约束条件下方案的结果及其出现的概率时，就可使不确定性程度减少，但这时仍存在着一定的决策风险。

54. Intuitive
Decision-making

3. 不确定型决策[54]

不确定型决策是指在不稳定条件下的决策。[18]决策者不知道每个备选方案存在着多少种不可控的自然状态以及它们发生的概率，或者即便知道自然状态，也不知道每种自然状态发生的概率。这时，决策方案的最终选择主要取决于决策者的态度、经验及其持有的决策原则等因素。这类决策由于人们对几种可能客观状态出现的随机性规律认识不足，其不确定性增大，风险较大。

55. Theories of
Decision-making

5.3 决策的理论[55]

在具体决策实践中，管理人员通常会根据个人的偏好来选择决策类型。但从理论来源上看，管理人员所使用的决策方法通常可以追溯到三类理论，即古典决策理论、行为决策理论和当代决策理论。

56. Classical
Decision-making
Theory

5.3.1 古典决策理论[56]

古典决策理论建立在"经济人"假设基础之上。按照经济学的一般原理，古典决策理论要求管理人员做出的决策在经济上是有意义的，而且要符合组

---

[18] Intuitive decision-making is making decisions under unstable conditions, and on the basis of experience, feelings, and accumulated judgment.

织经济利益最大化的原则。这种理论所采纳的经济学假设包括：

1. 决策所要达到的目标是明确的，要解决的问题是可以精确界定的；[19]

2. 能够获取到与决策相关的全部信息，在此基础上各种备选方案和这些方案可能产生的结果都可以计算出来；[20]

3. 决策者是理性的，而且在价值评估、优先顺序排列和备选方案评价过程中富有逻辑性，[21] 他们所做出的决策能够最大限度地实现组织目标；

4. 备选方案的评估准则是已知的，决策者的任务就是依据评估准则选择能够使组织经济收益最大化的方案。

古典决策理论被认为是一种规范或标准的决策理论。古典决策理论的价值在于它使决策者在决策中更加理性。尤其当决策类型为程序性决策，或者决策具有确定性或风险性特点时，古典决策理论是最有价值的，因为与决策相关的信息可以收集到，而且事件发生的概率可以清楚地计算出来。特别是在信息经济时代，计算机辅助信息系统和数据库技术在管理决策中的广泛利用，使古典决策理论指导下的定量决策技术（包括决策树、盈亏平衡分析、线性规划、预测和运筹学构型等）的有效性得到了显著提高。

但是从许多方面来看，古典决策模式只是一种理想的决策模式。古典决策理念说明的是决策者将怎样决策，而不足以说明在现实中管理人员究竟应如何决策，以实现组织的理想回报。例如，现实决策中由于有限理性和决策信息不完全，许多高层管理人员常常凭借个人的直觉和偏好来进行决策。

5.3.2 行为决策理论 [57]

行为决策理论的发展始于 20 世纪 50 年代对古典决策理论的"经济人"假设的批判，并建立在西蒙的研究基础之上。西蒙在《管理行为》一书中提出了两个对行为决策理论形成具有各级影响作用的概念——有限理性 [58] 和满意原则 [59]。有限理性是指人们的理性是有限度的。组织是极其复杂的，而经理人员对处理决策相关信息的时间和能力却是有限的。满意原则是指决策者在筛选决策方案时，会选择一个能够满足最低决策准则的方案，而不是对所

57. Behavioral Decision-making Theory

58. Bounded Rationality

59. Satisficing

[19] Decision-making is faced with a simple situation in which a single well-defined goal is to be achieved and in which the problem is clear and unambiguous.

[20] All alternatives and consequences are known based on gathering all relevant information for decision.

[21] A decision maker who is perfectly rational will be fully objective and logical.

有的方案进行筛选，直到寻找到能够使组织经济利益最大化的方案。时间和成本约束使得决策者无法获取所需要的全部信息。其他学者对决策者行为做了进一步的研究，他们在研究中也发现，影响决策的因素不仅有经济因素，还有个人因素，如态度、情感、经验和动机等。

行为决策理论的主要内容如下。

1. 决策者是有限理性的 [60]

在高度不确定和极其复杂的现实决策环境中，人的知识、想象力和计算力是有限的。

2. 决策者的选择是相对有限的 [61]

由于受决策时间和可利用资源的限制，即使在充分了解和掌握有关决策环境信息的情况下，决策者对于各种备选方案也只能做到尽量了解，而不可能做到全部了解，因而决策方案的选择是相对有限的。

3. 决策者在识别和发现问题中容易受知觉上偏差的影响，而在对未来的状况做出判断时，直觉的运用往往多于逻辑分析运用 [22]

所谓知觉上的偏差，是指由于认知能力有限，决策者仅能从认知对象的部分信息来分析信息。

4. 决策者对风险的接受程度将会影响其对不同方案的选择 [23]

在风险型决策中，与经济利益的考虑相比，决策者对待风险的态度起着更为重要的作用。厌恶风险的决策者更有可能选择风险较小的方案，尽管风险较大的方案可能带来更为可观的收益。

5. 大多数决策者往往寻求满意的而不是最优的方案 [24]

这一方面是由于决策人员只拥有有限的信息，另一方面由于他们往往并不清楚判定最优方案的准则到底是什么。

在现实中，许多决策的程序性都是很低的，以至于决策者无法利用定量的方法来做出决策。行为决策理论抨击了古典决策理论将决策视为定量方法和固定步骤的片面性，主张把决策视为一种文化现象，说明了在非程序性、不确定性和模糊性的情况下，决策者如何做出决策。例如日裔美籍学者威廉·大内在对美日两国企业在决策方面的差异所进行的比较研究中发现，东西方文

60. Decision-makers do act rationally.

61. Alternatives are relatively limited for decision makers.

---

[22] Decision makers are always influenced by perceptual bias when identifying problems, and they prefer to make judgment by more intuition than logical analysis.

[23] The personal acceptance of risk will influence decision-maker's final selection.

[24] Most of decision-makers seek solutions that are satisfactory and sufficient rather than optimum.

化的差异是导致这种决策差异的一种不容忽视的原因，从而开创了决策的跨文化比较研究。因此，对于那些复杂的非程序性决策来说，行为决策理论对决策行为的指导更具现实意义。

古典决策理论和行为决策理论的要点归纳在表 5.1 中。对决策程序的最新研究发现，理性的古典决策在稳定的环境下效果是比较好的；而行为决策理念在不稳定的环境下更胜一筹，因为在这样的环境中，需要在复杂的情况下快速做出决策。

表 5.1　古典决策理论和行为决策理论特点比较

古典决策理论	行为决策理论
明确的问题和目标	模糊的问题和目标
确定性的环境	不确定的环境
可选方案及其结果的信息充分	可选方案及其结果的信息有限
为获取最优结果而做出理性选择	运用直觉为问题的解决寻找满意选择

5.3.3　当代决策理论 [62]

62. Contemporary Decision-making Theory

继古典决策理论和行为决策理论之后，决策理论有了进一步发展，即产生了当代决策理论。当代决策理论的核心内容是：决策贯穿于整个管理过程，决策程序就是整个管理过程。

组织是由作为决策者的个人及其下属、同事组成的系统。整个决策过程从研究组织的内外环境开始，继而确定组织目标，设计可达到该目标的各种可行方案，并进行追踪检查和控制，以确保预定目标的实现。这种决策理论对决策的过程、决策的原则、程序化决策和非程序化决策、组织机构的建立同决策过程的联系等做出了详细的论述。

对当今的决策者来说，在决策过程中应广泛采用现代化的手段和规范化的程序，应以系统理论、运筹学和计算机为工具，并辅之以行为科学的有关理论。这就是说，当代决策理论把古典决策理论和行为决策理论有机地结合起来，它所概括的一套科学行为准则和运作程序，既重视科学的理论、方法和手段的应用，又重视人的积极作用。

5.4　决策的过程 [63]

63. Process of Decision-making

一个有效的决策过程，一般包含五个基本的决策步骤。

5.4.1　识别机会 [64]

决策过程的第一步是识别机会或诊断问题。[25] 任何管理组织的进步、管理活动的发展都是从识别机会开始，然后做出管理变革而实现的。通常情况下，实际状况和理想状况的偏差提醒管理者存在着潜在机会或问题中，但是要真正发现问题和识别机会则比较困难，必须不断地对组织与环境进行深入地调查研究，并创造性地思考才能做到。有些时候，问题可能植根于个人的过去经验、组织的复杂结构或个人和组织因素的某种混合状况。因此，管理者必须特别注意要尽可能详细地评估问题和机会。可以认为，决策就是发现问题和机会，并利用机会分析和解决问题的过程。

评估机会和问题的精确程度有赖于信息的精确程度，所以管理者要尽力获取精确的、可信赖的信息。低质量的或不精确的信息使时间白白浪费掉，并使管理者无从发现导致某种情况出现的潜在原因。即使收集到的信息是高质量的，在解释的过程中，也可能发生扭曲。有时，随着信息持续地被误解或有问题的事件一直未被发现，信息的扭曲程度会加剧。此外，即使管理者拥有精确的信息并能正确地解释它，处在他们控制之外的因素也会对机会和问题的识别产生影响。因此，管理者应当坚持获取高质量的信息并仔细地对其解释，以提高做出正确决策的可能性。

5.4.2　识别目标 [65]

决策目标是制定和实施决策的基础，确定的决策目标只有含义明确、内容具体，才能对控制和实施决策起到指导作用。识别和明确决策目标，要注意以下几点。

（1）决策目标应有确定的内涵 [66]。切忌含糊笼统，否则就会在决策者中引起各种不同的理解和解释，使决策者之间产生不一致的思想认识，从而无法做出正确的决策。

（2）明确决策目标附加的约束条件 [67]。决策目标分为有条件目标和无条件目标，有条件目标具有附加条件，无条件目标是不附加任何条件的目标。企业管理决策中的目标基本上是有条件的，因此在明确目标时，必须严格明确地规定约束条件。

（3）确定衡量目标实现程度的具体标准 [68]。明确决策目标，对其预定达到的要求应该有具体的标准规定，以便为拟定方案提供参考依据，同时作为

---

[25]　The decision-making process begins with the existence of a problem or, more specifically, a discrepancy between an existing and a desired state of affairs.

检查决策执行结果的尺度。无论决策目标的内容及性质如何，其衡量标准都应尽量用数量指标表示，以利于监督、控制和检查评价。对于确实难以用数量指标表示的标准，则应在质的分析基础上尽可能加以精确描述。

（4）区分目标的重要程度和主次顺序[69]。管理决策常常面临多目标并存的情况，尤其是战略决策，所提出的问题经常需要考虑两个或以上的目标，问题的解决也有赖于同时满足这些目标的要求。因此，必须根据重要性将目标区分为必须达到的目标和希望达到的目标。对必须达到的目标，应当首先满足和实现了对希望达到的目标，只规定相对完成要求。此外，还可按目标的重要程度将决策目标分成等级，从中迅速抓住主要矛盾和核心问题，确立完整的、主次分明的决策目标体系，以利于拟定备选方案和评价选择最优方案。

69. Degrees of importance and priority for decision goals should be distinguished.

（5）确定决策目标，做到需要和可能的统一[70]。确定决策目标，不仅应根据管理需要，还要考虑现实可能。因为需要只是决策者的主观愿望，是希望解决的问题，但这需要结合客观实际条件才能实现。主观愿望必须切合实际，才有可能实现。因此，只有将主观需要与客观条件提供的可能性结合起来，决策目标才更有利于实现。

70. Decision goals should ensure a unity between necessity and possibility.

5.4.3　拟定备选方案[71]

一旦决策目标被正确识别出来，管理者就要提出达到目标和解决问题的各种备选方案。而决策能否最终取得理想成效，在很大程度上取决于备选方案的质量。备选方案的拟定需要创造力和想像力，在提出备选方案时，管理者必须根据其试图达到的目标提出尽可能多的方案。管理者还应从多种角度审视问题，这意味着管理者要善于征询他人的意见，应尽可能利用参谋机构与决策者共同完成备选方案的构思与设计工作。

71. Development of Alternatives

备选方案可以是标准的和明确的，也可以是独特的和富有创造性的。标准方案通常是指组织以前采用的方案。通过头脑风暴法、名义小组技术法和德尔菲法等，可以提出富有创造性的方案。

在备选方案拟定过程中，应体现如下基本要求。

1. 应具有整体详尽性[72]。即所拟定的备选方案应包括可行方案。只有这样，才能为比较、评价和选择方案提供充分的余地，以保证最终选定方案的最优性。在实践中，由于决策条件的复杂性和多样性，要将所有可行方案都设计出来是不可能的，因为不可能把决策时所需的各方面信息全部掌握，所以很难考虑到所有的可行方案。解决现有问题的最佳方案也许就在没有设

72. Exhaustiveness

计出来的方案中。不过，就现有的条件和能力，设计出来的备选方案越详尽，就越能保证备选方案的质量，就越具有代表性，就越接近"最优"的标准。

2. 应具有相互排斥性[73]。即各备选方案的总体设计、主要措施和预期效果应该有明显的区别，既不能使方案 A 的措施包括在方案 B 中，也不能使方案 A 成为方案 B 的实现途径。坚持相互排斥性的目的在于：便于从若干备选方案中比较选择方案。如果各方案内容相近甚至相同，就失去了选择的意义。此外，在坚持相互排斥性的同时，各备选方案之间又应是可以比较的，如果没有可比性，同样会给选择带来不便。

5.4.4　评估备选方案 [74]

决策过程的第四步是对拟定的备选方案进行评估以确定最优方案。这一阶段的工作，就是根据当前情况和对未来发展趋势的预测，选用科学的评估方法对不同方案进行比较分析、评价和选择，这是决策的关键。在评估过程中，要使用预定的决策标准以及每种方案的预期成本、收益、不确定性和风险，对各种方案进行排序。评价标准应具有技术先进性、经济合理性和实现的可行性以及风险低、副作用小等方面的综合要求。经常用到的具体标准有预期收益最大化或损失最小化、后悔值最小化、目标市场占有率最大化、经营风险或投资风险最小化、成本费用最小化等。

选择过程应该注意到，理想的选择应该是最优化，但影响企业经营管理的因素很多，难以完全估计到。所以，选择方案一般只能是在目前条件下权衡利弊之后选择比较满意的可行方案，并不是最优方案。如果所拟定的备选方案都不令人满意，决策者还必须按照决策程序的基本过程进一步寻找新的备选方案，直到达到满意为止。

5.4.5　做出决定 [75]

在决策过程中，管理者通常要做出最后选择以决定最终的决策方案，即考虑全部可行方案并从中挑选一个解决问题的最好方案。由于最好的决定通常建立在仔细判断的基础之上，所以管理者要想做出一个好的决定，必须仔细考察全部事实，确定是否可以获取足够的信息并最终选择最好方案。做出决定时，决策者不能只考虑备选方案的优劣性，还必须在选择最佳方案时考虑到企业可利用的资源。选择最佳方案的规则是：使执行该方案过程中可能出现的问题数量减少到最小，而执行该方案对实现组织目标的贡献达到最大。在选择方案时还应当考虑以下因素的影响。

5.5 决策的方法 [76]

76. Decision-making Approaches

在决策的过程中，决策对象和决策内容的不同，相应地产生各种不同的决策方法。这里主要介绍两类决策方法：一类是定性决策方法；另一类是定量决策方法。

5.5.1 定性决策方法 [77]

77. The Qualitative Approach

定性决策方法，又称为软方法，主要是指决策者运用社会科学的原理，并根据个人的经验和判断能力，充分发挥专家和内行的集体智慧，从对决策对象本质属性的研究入手，根据事物的内在联系及其运行规律，通过定性研究，为制订方案找到依据。它较多地运用于高层次战略问题、多因素错综复杂的问题、涉及社会心理因素较多的问题。定性决策方法主要包括如下三种。

1. 头脑风暴法 [78]

78. Brainstorming

头脑风暴法是 1939 年美国人亚历克斯·奥斯本（Alex Faickney Osborn）创立的一种决策方法，其思想是邀请有关专家敞开思路，不拘形式地针对某些问题畅所欲言。[26] 奥斯本为实施头脑风暴法提出了四条原则：

（1）对别人的意见不允许反驳 [79]，也不要做出结论；

79. Withhold criticism.

（2）鼓励每个人独立思考 [80]，广开思路，不要重复别人的意见；

80. Welcome unusual ideas.

（3）意见或建议越多越好，允许不同意见之间存在矛盾；[81]

81. Focus on quantity.

（4）可以补充和发表相同意见，以使某种意见更具有说服力。[82]

82. Combine and improve ideas.

头脑风暴法的目的在于：创造一种自由奔放的思考环境，诱发创造性思维的共振和连锁反应，产生更多的创造性思维。一般情况下，头脑风暴法的参与者最佳为 5~6 人，多则 10 余人为宜，每次时间为 1~2 小时。头脑风暴法适用于明确简单的问题决策，但是这种方法的鉴别与评价意见的工作量比较大。

---

[26] Brainstorming is a group or individual creativity technique by which efforts are made to find a conclusion for a specific problem by gathering a list of ideas spontaneously contributed by its member(s).

2. 名义小组技术法 [27]

在集体决策中，如对问题的性质不完全了解且意见分歧严重，则可采用名义小组，把要解决的问题的关键内容告诉他们，并请他们独立思考，要求每个人尽可能地把自己的备选方案和意见写下来，然后再按次序让他们逐个陈述自己的方案和意见。在此基础上，由小组成员对提出的全部备选方案进行投票，赞成人数最多的备选方案即为所要选择的方案。当然，管理者最后仍有权决定是接受还是拒绝这一方案。

3. 德尔菲法 [28]

德尔菲法又称专家调查法，是由美国兰德公司于 20 世纪 50 年代初提出的，最早用于预测，后来推广应用到决策中来。德尔菲法将专家主观判断与量化统计结合，其实质就是有反馈的咨询调查。这里有两个基本点，即函询与反馈。它不是把专家召集在一起开会讨论，而是就一定问题发函给某些专家，请他们提出意见或看法。在不泄露决策人倾向和严格保密的条件下，将收到的专家答复意见加以综合整理，以不记名的方式将归纳后的结果寄回给专家，继续垂询意见。经过如此几轮的反复，直到意见趋于集中为止。

这种方法的好处是，由于专家之间互相不知道姓名，征询和反馈是用书信方式进行的，他人的个人权威、资历、口才、劝说、压力等就不会对专家的回答产生影响，有利于专家坦率地发表自己的意见。而且由于采取多轮反馈方法，随着意见越来越集中，结论的可靠性就越来越大。因此，德尔菲法具有匿名性、反馈性和统计性等特点。这种方法的不足之处是信函往返耗时较长，对预测意见的分类、整理、归纳要花费较多的人力。

定性决策方法的优点是方法灵活简便，通用性强，一般管理者易于采用，有利于调动专家的积极性，激发人们的创造力，更适用于非常规型决策。定性决策方法也有明显的缺点：定性决策方法多建立在专家个人主观意见倾向性的影响很大，而专家的选择主要由决策组织者决定，因此，决策结果受决策组织者的影响很大；采用定性决策法分析问题时，传统观念容易占优势，这是因为新思想往往是少数人提出的，而大多数人的思维是趋于保守的。

---

[27] Nominal group technique:a decision-making technique in which group members are physically present but operate independently.

[28] Delphi method: it is a structured communication technique, originally developed as a systematic, interactive forecasting method which relies on a panel of experts.

案例分析

准确决策与盲目投资

禹州市建筑卫生陶瓷厂是一家国有中型企业，由于种种原因，1995年停产近一年，亏损250万元，濒临倒闭。1996年初，郑丙坤出任厂长。面对停水、停电、停工资的严重局面，郑丙坤认证分析了厂情，果断决策：治厂先从人事制度改革入手，把科室及分厂的管理人员减掉3/4，充实到生产第一线，形成一人多用、一专多能的治厂队伍。郑丙坤还在全厂推行了"一厂多制"的经营方式：对生产主导产品的一、二分厂，采取"四统一"（统一计划、统一采购、统一销售、统一财务）的管理方法；对墙地砖分厂实行股份制改革；对特种耐火材料厂实行租赁承包。

改革后的企业像开足马力的列车急速运行，逐渐显示了规模跟不上市场的劣势，从而严重束缚了企业的发展。有人主张贪大求洋，贷巨款上大项目；有人建议投资上千万元再建一条大规模的辊道窑生产线，显示一下新班子的政绩。郑丙坤根据职工代表大会的建议，果断决定将生产成本高、劳动强度大、产品质量差的86米明焰煤烧隧道窑扒掉，建成98米隔焰煤烧隧道，并对一分厂的两条老窑进行了技术改造，结果仅花费不足200万元，便使其生产能力提高了一倍。目前该厂已形成年产量80万件卫生瓷、20万平方米墙地砖、5000吨特种耐火材料三大系列200多个品种的生产能力。1996年，国内生产厂家纷纷上高档卫生瓷，厂内外有不少人建议郑丙坤赶上"潮流"。对此郑丙坤没有盲目决策，而是冷静地分析了行情，经过认真调查论证，认为中低档瓷的国内市场潜力很大，一味地上高档卫生瓷不符合国情。于是经过市场考察，该厂新上了20多个中低档卫生瓷产品。这些产品一投入市场便成了紧俏货。目前新产品产值占总产值的比例已提高到60%以上。

与禹州市建筑卫生陶瓷厂形成鲜明对照的是河南省洁达陶瓷公司。20世纪90年代初，该公司曾是全省建筑行业三面红旗之一。然而近年来在市场经济大潮的冲击下，由于企业拍板盲目轻率，导致重大决策失误，使这家原本红红火火的国有企业债台高筑。

1992年，由国家计委、省计委批准，为该公司投资1200万元建立大断面窑生产线。但该公司为赶市场潮流，不经论证就将其改建为辊道窑生产线，共投资1700万元。由于该生产线建成时市场潮流已过，因此投产后公司一直亏损。在产销无望的情况下，公司只好重新投入1000

多万元再建大断面窑，这使公司元气大伤，债台高筑，仅欠银行贷款就达 3000 多万元。6 年来该公司先后做出失误的重大经营决策 6 项，使国有资产损失数百万元。企业不仅将以前积累的数百万元自有资金流失得一干二净，而且成了一个"老大难"企业。禹州市建筑卫生陶瓷厂由衰变强和河南省洁达陶瓷公司由强变衰形成了强烈的反差对比。

问题：1. 决策包括哪些基本活动过程？其中的关键步骤是什么？
2. 科学决策需要注意哪些问题？

83. The Quantitative Approach

5.5.2 定量决策方法 [83]

定量决策方法，又称硬方法，主要是指在定性分析的基础之上，运用数学模型和计算机技术，对决策对象进行计算和量化研究，以解决问题的决策方法。定量决策方法的关键是建立数学模型，即把变量之间以及变量与目标之间的关系用数学关系及数学模型表示出来，并且用计算机来处理数学模型。

根据问题的性质、未来的情况的可能预测程度以及相应的解决方式，可以把定量决策方法分成三种典型的类型：确定型决策方法、风险型决策方法和不确定型决策方法。

84. The Rational Decision-making Approach

1. 确定型决策方法 [84]

确定型决策是指已经知道未来情况条件下的决策。这类决策的每种备选方案，其结果是确定的，决策的任务就是从中找出结果最好的方案。构成确定型决策应当满足三种条件：一是决策问题中的各种变量及相互关系均能用计量的形式表达；二是决策结果的单一性，即每个备选方案只有一个确定的结果；三是决策方案能推导出最优解。确定型决策具有重复出现的特点，处理这类问题往往有固定的模式和标准方法。最常用的确定型决策方法有：直观判断法、盈亏平衡分析法、ABC 分类法、线性规划法、经济批量法、投资效果分析法等。下面主要介绍盈亏平衡分析法。

盈亏平衡分析法，又称量本利分析法，是根据盈亏平衡点来选择经济合理的产量。[29] 它被广泛运用于利润预测、目标成本的控制、生产方案的优选、价格制定等决策问题。现在，量本利分析已经成为决策的有力工具，日益为企业经营管理者所重视。

量本利分析的基本公式如下：

---

[29] Break-even analysis: a technique for identifying the point at which total revenue is just sufficient to cover total costs.

$$\Pi = R - C = Q \cdot (p-v) - F \qquad （公式 5.1）$$

公式 5.1 中 Π——利润，R——销售收入，C——总成本，Q——销售量，p——销售单价，v——单位变动成本，F——固定成本。

可以用盈亏平衡图表示公式 5.1，如图 5.1 所示。

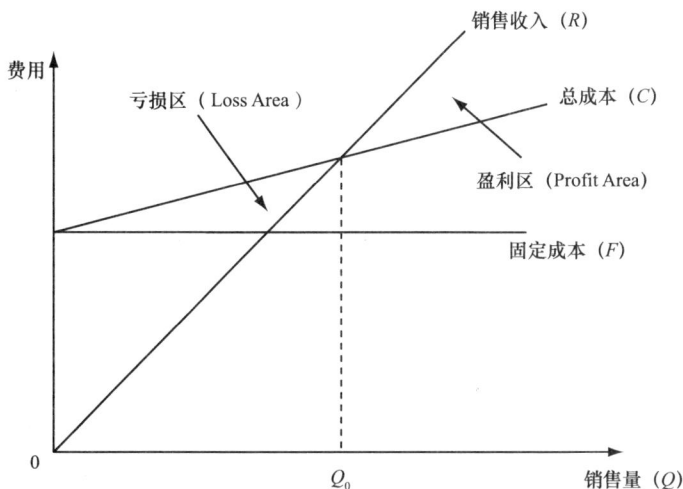

图 5.1　盈亏平衡图

销售收入减去变动成本后的余款称为边际贡献。这个余额先要抵偿固定成本，剩余部分为利润。当总的边际贡献与固定成本相等时，恰好盈亏平衡。这时，在一定范围内增加产品的销售量就会增加利润。

当 $\Pi=0$，即企业不亏不盈时，则有：

$$Q_0 \cdot (p-v) = F$$
$$Q_0 = F/(p-v) = F \qquad （公式 5.2）$$

公式 5.2 中，Q_0——盈亏平衡点的销售量，$(p-v)$——单位产量边际贡献。

则盈亏平衡点销售收入为：

$$R_0 = F/(1-v/p) \qquad （公式 5.3）$$

公式 5.3 中，R_0——盈亏平衡点销售收入，$(1-v/p)$——单位产量边际贡献率。

这样，在图 5.1 中如果企业销量小于 Q_0，则会处于亏损区；当企业销售大于 Q_0，就会处于盈利区。

企业在满足社会需要的前提下，要自负盈亏，尽可能多获利，这样，为求得一定目标利润下的销量就成为量本利分析的一个重要问题，可用以下公式表示：

$$Q_\Pi = (F+\Pi)/(p-v) \qquad （公式 5.4）$$

$$R_\Pi = (F+\Pi) / (1-v/p) \qquad （公式 5.5）$$

在经营决策中，量本利分析还可用作以下几方面的分析。

85. Analysis of operation safety rate.

（1）分析企业的经营安全率[85]。其公式为：

$$经营安全率（S）= (Q-Q_0)/Q \times 100\% \qquad （公式 5.6）$$

公式 5.6 中，$Q-Q_0$ 为安全余额，余额越大，说明企业经营状况越好；越接近于 0，说明企业经营状况越差，发生亏损的可能性越大。此时，企业应及时采取措施，如增加适销对路的产品、降低单位变动成本等来提高经营安全率。经营安全率是相对指标，便于企业和不同行业的比较。企业经营安全率的经验数据如表 5.2 所示。

表 5.2　企业经营安全率的经验数据

经营安全率	40	30-40	20-30	10-20	10 以下
安全等级	很安全	安全	较安全	警惕	危险

86. Forecasting upcoming year's profit level under sales volumes.

（2）预测下一年销售量下的利润水平[86]。其计算公式为公式 5.1。

例 5.1：某企业生产销售一种产品，单位变动成本为 15 元，年固定成本为 5 000 万元，销售单价为 30 元，巨市场预测，年销售量为 500 万件，企业年度可获利多少？

根据公式 5.1：

$$\Pi = R-C = Q \cdot (p-v) -F = 500 \times (30-15) -5\,000 = 2\,500（万元）$$

企业年度可获利润 2 500 万元。

87. Controlling of target cost.

（3）企业目标成本的控制[87]。目标成本的计算公式如下：

目标成本 = 预期销售成本 - 目标利润

例 5.2：某企业洗衣机单价为 2 000 元，单位变动成本为 1 400 元，年固定成本为 5 000 万元，目标利润为 10 000 万元，企业应将目标成本控制在多少？

根据公式 5.5 计算的该企业预期销售收入：

$$R_\Pi = (F+\Pi) / (1-v/p)$$

$$= (5\,000+10\,000) / (1-1\,400/2\,000)$$

$$= 50\,000（万元）$$

要实现 10 000 万元的年目标利润，企业应将目标成本控制在 40 000 万元。

总之，量本利分析方法在企业经营决策中简洁易用，在企业产品成本控制、利润预测、产量调整、新设备投资等方面都可以得到广泛的应用。

2. 风险型决策方法[88]

88. The risky decision-making approach.

风险决策方法主要用于人们对未来有一定程度的认识但又不能肯定的情况。这时，在未来实施方案时可能会遇到好几种情况。每种自然状态均有出现的可能，人们目前虽然无法确知，但是可以根据以前的资料和经验来推断各种自然状态出现的概率。在这些条件下，人们计算的各方案未来的经济效果只能是考虑到各自然状态出现的概率的期望收益，与未来的实际收益不会完全相等，所以决策结果要承担一定的风险。

风险型决策一般要具备下列五个条件：

第一，有一个明确的决策目标，如最大利润、最低成本、最短的投资回收期等；

第二，存在着决策者可供选择的两个以上可行方案（S_i）；

第三，存在着不以决策者主观意志为转移的两种以上的自然状态（N_j）；

第四，不同的可行方案在各种自然状态下的损益值 Q_{ij} 可以计算出来；

第五，能够预测各种自然状态发生的概率 $P_j(1 \leqslant j \leqslant n)$，且 $P_1 + P_2 + \cdots + P_n = 1$。

根据以上五个条件，就可以构造一个风险型决策矩阵（见表 5.3）。风险型决策的基本原理即是以决策矩阵为基础，分别计算各个方案在不同自然状态下的损益期望值 $E(S_i)$，并根据决策目标对这些期望值进行比较，从中选择一个合理方案。

表 5.3　风险型决策矩阵

结果 Q_{ij}　概率 P_j / 方案 S_i	N_1	N_2	$\cdots$	N_j	$\cdots$	N_n	期望值 $E(S_i)$
	P_1	P_2	$\cdots$	P_j	$\cdots$	P_n	
S_1	Q_{11}	Q_{12}	$\cdots$	S_{1j}	$\cdots$	S_{1n}	$E(S_1)$
S_2	Q_{21}	S_{22}	$\cdots$	S_{2j}	$\cdots$	S_{2n}	$E(S_2)$
$\cdots$	$\cdots$	$\cdots$	$\cdots$	$\cdots$	$\cdots$	$\cdots$	$\cdots$
S_i	Q_{i1}	S_{i2}	$\cdots$	S_{ij}	$\cdots$	S_{in}	$E(S_i)$
$\cdots$	$\cdots$	$\cdots$	$\cdots$	$\cdots$	$\cdots$	$\cdots$	$\cdots$
S_m	Q_{m1}	S_{m2}	$\cdots$	S_{mj}	$\cdots$	S_{mn}	$E(S_m)$

风险型决策的评价方法也有很多，下面介绍几种常用的方法。

89. Matrix-tabled decision-making.

（1）决策表法[89]。决策表法，就是以决策矩阵为基础，将每种可行方案的期望值求出来，然后根据目标的要求，比较其期望值的大小，选择最大收益期望值或最小损失期望值的行动方案为最优方案。

例 5.3　某企业生产某种产品。已知该企业每月的产量可以是 500、1 000、1 500 和 2 000 个。该产品当月生产当月销售，每销售一件盈利 20 元，每积压一件亏损 10 元。根据市场调查和历史记录已知这种产品每月的市场需求状况及发生的概率见表 5.4。试问企业如何决策安排每月的生产量？

根据上述资料决策的步骤如下。

90. To determine relationships and draw a matrix table.

① 确定风险型决策的矩阵关系，绘制决策矩阵[90]，如表 5.4 所示 。

表 5.4　某企业决策矩阵

市场需求状态 N_j / 结果 Q_{ij} 概率 P_j / 产量 S_i	0	500	1000	1500	2000	期望值 $E(S_i)$
	0.1	0.3	0.4	0.1	0.1	
0	0	0	0	0	0	0
500	−5000	10000	10000	10000	10000	8500
1000	−10000	5000	20000	20000	20000	12500
1500	−15000	0	15000	30000	30000	10500
2000	−20000	−5000	10000	25000	40000	7000

91. To Calculate the expectations of different schemes in different situations.

② 计算不同方案在不同自然状态下的期望值[91]。期望值计算公式：

$$E\ (S_i) = \sum P_j \cdot Q_{ij}\ 1 \leqslant i \leqslant 5；\ 1 \leqslant j \leqslant 5$$

E=0（元）

E_2=−5 000×0.1+10 000×0.3+10 000×0.4+10 000×0.1+10 000×0.1 =8 500（元）

E_3=−10 000×0.1+5 000×0.3+20 000×0.4 +20 000×0.1+20 000×0.1 =12 500（元）

E_4=−15 000×0.1+0×0.3+15 000×0.4+30 000×0.1+30 000×0.1 =10 500（元）

E_5=−20 000×0.1−5 000×0.3+10 000×0.4+25 000×0.1+40 000×0.1 =7 000 （元）

92. To determine the optimal scheme.

③ 确定优选方案[92]。在本例中，方案 3 的期望值最大，可作为最优方案，即每月生产 1 000 个产品时的最大期望值可达 12 500 元。

要指出的是，在期望值法下，各方案的期望利润都是将该方案在各种自然状态下的收益与损失加权平均的结果，它掩盖了偶然情况下的损失，所以有一定的风险。由于不同的决策者对待风险会持不同的态度和标准，在期望值法下进行决策，不同的决策者就有可能选择不同的方案。

（2）决策树法。决策树法是运用树状图形来分析和选择决策的方法。决策树法的基本原理也是以决策矩阵为依据，具有层次清晰、计算简便等特点。[30]

① 决策树的构成。决策树的基本形状如图 5.2 所示。

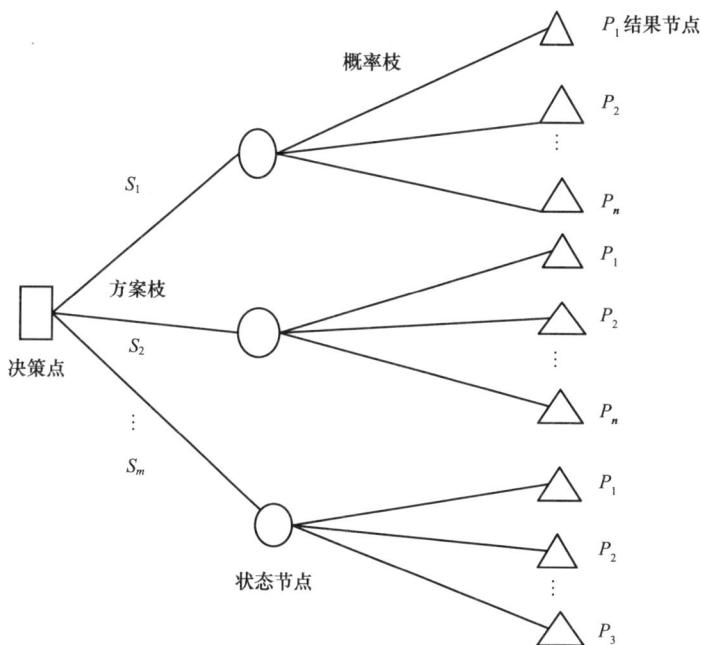

图 5.2　决策树模型

图 5.2 中，"□"表示决策点[93]，是对几种可能方案选择的结果，即最后选择的最佳方案。如果所做的决策属于多级决策，则决策树图形的中间可以有多个决策点，以决策树"根"部的决策点为最终决策方案。由决策点引出方案枝 S_1，S_2，$\cdots$，S_m，m 表示备选方案的数目。

"○"表示状态节点[94]，代表备选方案的经济效果（期望值），通过对各状态节点经济效果的对比，按照一定的决策标准就可以选出最佳方案。

93. Decision Point

94. State Point

---

[30]　Tree-graphed decision-making is to use a tree graph to make the analysis and selection of a decision, also with a matrix as the basis of decision-making. It's characterized by clearness in hierarchy and easiness in calculation.

由状态节点引出的分支称为概率枝，概率枝的数目表示可能出现的自然状态数目，每个分支上要注明该状态出现的概率。通过对状态节点经济效果的对比，按照一定的决策标准就可以选出最佳方案。

"△"表示结果节点[95]。将每个方案在各种自然状态下取得的损益值标注于结果节点的右端。

如果一个决策树，只在树的根部有一个决策点，称为单级决策。如果一个决策树，不但在树的根部有决策点，而且在树的中间也有决策点，称为多级决策。在多级决策树中，下一级的决策点（中间决策点）接在前一级决策点的状态点后的概率枝末端。下一级的决策点可引出新的方案枝、状态点、概率枝和结果节点。进行决策时，在状态节点计算期望值，在决策点比较各方案的期望值大小，按照一定的决策标准选择最优决策。

②决策树法的应用步骤。具体包括如下三个步骤。

第一步，根据可替换方案的数目和对未来市场状况的了解，绘出决策树形图。决策树的画法是从左至右分阶段展开的。绘制决策树时，首先分析决策点的起点、备选方案、各方案所面临的自然状态及其出现概率，以及各方案在不同自然状态下的损益值，然后按照决策树的绘制要求绘制决策树模型，并将有关数据填入图中。在多级决策中，决策树的绘制则要明确各阶段构成，并依次展开各阶段的方案枝、状态点、概率枝及结果节点。最后将决策点、状态点自左向右顺序分别编号。

第二步，计算各方案的期望值[96]。期望值的计算是沿决策树的反方向自右而左计算的，包括两个基本步骤。首先，计算各概率分支的期望值，即用方案在各自然状态下的收益值去分别乘以各自然状态的概率；其次，将各概率分支的期望收益值相加，并将数字记在相应的自然状态点上。

期望值的计算公式为：

$$E_i = \sum_{j=1}^{n} P_j \times Q_{ij} \qquad\qquad （公式 5.7）$$

公式 5.7 中：E_i——第 i 方案的期望值，Q_{ij}——在第 i 方案在第 j 种自然状态下的损益值，i——1，2，…，n，表示自然状态的序数，P_j——第 j 种自然状态出现的概率。

第三步，方案选择。比较不同方案的期望收益值，从中选择收益最大或者损失最小的方案为最佳方案；同时，在决策树中剪去期望收益值较小或者损失较大的方案分支；最后，决策点上保留下来的一根方案枝即是最优实施方案。

如果是多阶段或多级决策，则需要在各阶段重复第二步、第三步的工作。

下面为一单级决策的例子。

例 5.4　某企业为生产某种新产品，设计了两个基建方案：即新建一个车间和改造原有的生产线。建车间需投资 200 万元，改造生产线需投资 50 万元，两者的使用期都是 10 年。根据市场调查的资料预测，当前 3 年销路好的概率为 0.6 时，后 7 年销路好的概率可提高到 0.8；当前 3 年销路差的概率为 0.4 时，后 7 年的销路肯定差。两个方案的年度损益值见表 5.5。在此条件下，企业应如何决策？

表 5.5　某企业备选决策方案的年度损益值

自然状态 损益（万元）　概率	销路好	销路不好
	0.6	0.4
建车间	120	-10
改造生产线	60	30

第一步，绘制决策树，如图 5.3 所示。

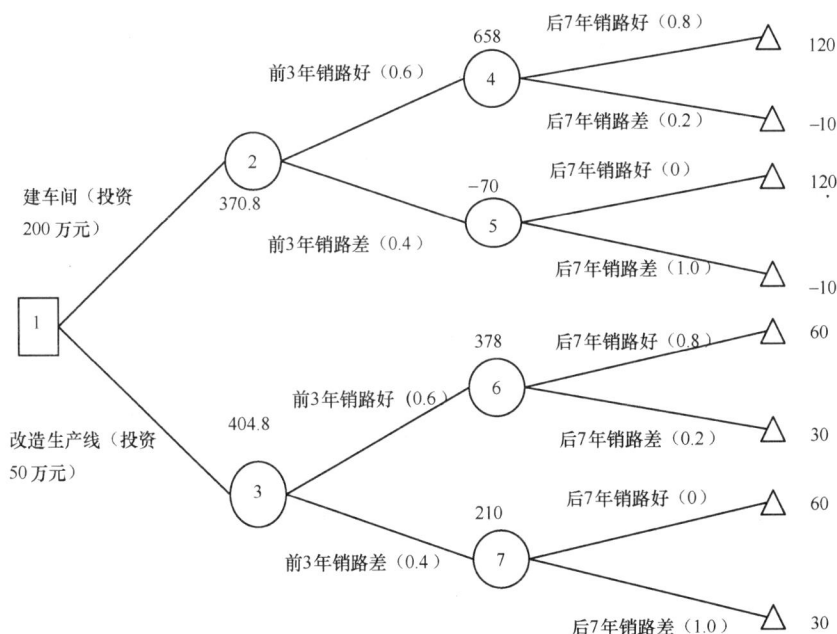

图 5.3　某企业决策树

第二步，由右至左推算各点的损益期望值。先计算投资使用 7 年的损益期望值：

点④：$120 \times 0.8 \times 7 + (-10) \times 0.2 \times 7 = 658$（万元）

点⑤：$120 \times 0 \times 7 + (-10) \times 1.0 \times 7 = -70$（万元）

点⑥：$60 \times 0.8 \times 7 + 30 \times 0.2 \times 7 = 378$（万元）

点⑦：$60 \times 0 \times 7 + 30 \times 1.0 \times 7 = 210$（万元）

结合投资使用 7 年的损益期望值及其出现的概率，计算投资使用 3 年的损益期望值及收回投资后的 10 年净收益：

点②：$6\,580.67 + (70) \times 0.4 + 120 \times 0.6 \times 3 + (-10) \times 0.4 \times 3 - 200 = 370.8$（万元）

点③：$378 \times 0.6 + 210 \times 0.4 + 60 \times 0.6 \times 3 + 30 \times 0.4 \times 3 - 50 = 404.8$（万元）

第三步，方案选择。建车间的 10 年净收益值为 370.8 万元，改造生产线的 10 年净收益值为 404.8 万元。因此，改造生产线的方案为最佳方案。

3. 不确定型决策方法 [97]

如果决策者对提出的各种方案只能预测到可能出现的几种自然状态，对这些自然状态出现的概率全然不知，此时决策就是不确定型的。不确定型决策相比风险型决策，不同点在于：不确定型决策中，由于不知道自然状态的概率，不能进行期望值的计算，因而，不能依据期望值的计算结果按照各种不同的标准进行决策。对不确定型问题的决策只能计算出各种方案在可能出现的几种自然状态下的收益值或损失值，并根据决策者主观来选择一些原则进行决策。在不确定型决策中，通常采用的方法有乐观（大中取大）原则决策法、悲观（小中取大）原则决策法、最小后悔值原则决策法、折中原则决策法、等概率原则决策法等。下面分别介绍这些方法。

（1）乐观原则 [98] 决策法。乐观原则是指决策者设想任何一个行动方案都是收益最大的自然状态发生，决策时总是基于最好的结果。此时，决策就可以首先找出各方案在各种自然状态下的最大收益值 $\max(Q_{ij})$，然后进行比较，找出最好自然状态下能够带来最大收益 $\max[\max(Q_{ij})]$ 的方案作为决策实施方案。这种决策原则的特点是表现了决策者的乐观态度，故称乐观原则，也叫"大中取大规则"或"最大收益值规则"。

仍以风险型决策的例 5.3 为例（假设概率未知），可得到表 5.6 的决策矩阵。

从表 5.6 可以看出，该企业决策者宜采用生产 2 000 个产品的方案。

应注意，该种决策方法带有较大的风险性，因此，决策者在运用时不能盲目乐观。

表 5.6　乐观原则的决策矩阵

市场需求状况 N_j / 产量 S_i	0	500	1000	1500	2000	min (Q_{ij})
0	0	0	0	0	0	0
500	−5000	10000	10000	10000	10000	10000
1000	−10000	5000	20000	20000	20000	20000
1500	−15000	0	15000	30000	30000	30000
2000	−20000	−5000	10000	25000	40000	40000
决策	max[max(Q_{ij})]($1 \leqslant i \leqslant 5; 1 \leqslant j \leqslant 5$)					40000

（2）悲观原则决策法。与乐观原则相反，悲观原则是指决策者认为形势比较严峻，在未来发生的各种自然状态中，最坏状态出现的可能性较大，决策时总是基于最坏的结果。[31] 此时的决策是从各个行动方案的最小收益值中选取收益值最大的方案为决策方案。即在决策时首先计算和找出各方案在各自然状态下的最小收益值 min（Q_{ij}），然后进行比较，选出在最差自然状态下仍能带来"最大收益"（或最小损失）max[min（Q_{ij}）]的方案作为实施方案。这种方法体现了决策者保守、悲观的态度，故称悲观原则，也叫"小中取大规则"或"最小最大收益值规则"。

以风险型决策的例 5.3 为例（假设概率未知），可得到表 5.7 的决策矩阵。

表 5.7　悲观原则的决策矩阵

市场需求状况 N_j / 产量 S_i	0	500	1000	1500	2000	min （Q_{ij}）
0	0	0	0	0	0	0
500	−5000	10000	10000	10000	10000	−50000
1000	−10000	5000	20000	20000	20000	−10000
1500	−15000	0	15000	30000	30000	−15000
2000	−20000	−5000	10000	25000	40000	−20000
决策	max[min(Q_{ij})]($1 \leqslant i \leqslant 5; 1 \leqslant j \leqslant 5$)					0

从表 5.7 可以看出，该企业决策者宜采用生产 0 个产品的方案。

悲观原则的决策法，适用于规模小、资金薄弱、经不起大的经济冲击的

[31]　Maximin refers to that decisions are made normally based on the prediction that the worst outcome is more likely to occur in natural situations in future.

企业；或者决策者认为最坏状态发生的可能性很大、对好状态缺乏信心等情况。但是，也必须看到，这种决策原则常常导致人们丧失进取心，不愿冒风险，甚至在一些情况下无所作为。所以，使用这条原则时一定要慎重。

99. Minimax

（3）最小后悔值原则[99]决策法。决策者在选定方案并组织实施后，如果遇到的自然状态表明采用另外的方案会取得更好的收益，企业在无形中就会遭受损失，决策者也将为此而感到后悔。这种后悔实际是一种机会损失，可以表现为由于市场上出现了高需求，而决策者采取了较保守的方案，或者市场上出现了低需求，而决策者采取了投资较大的方案所造成的收益差额。

最小后悔值原则就是一种力求使后悔值最小的原则。后悔值是指某方案在某一自然状态下所可能获得的损益值与同一自然状态下理想方案的最大收益值之差，即：

$$RQ_{ij} = \max\,(Q_{ij}) - Q_{ij}\,(1 \leqslant i \leqslant m)$$

在利用最小后悔值原则确定决策方案时，首先列出由各个方案在每一自然状态下的后悔值组成的矩阵，并找出每个方案的最大后悔值 $\max\,(RQ_{ij})$，然后再从这组最大后悔值中选出最小后悔值 $\min[\max\,(RQ_{ij})]$，并将其所对应的方案作为最佳方案。

仍以风险型决策的例 5.3 为例（假设概率未知），可得到表 5.8 的决策矩阵。

表 5.8　最小后悔值原则的决策矩阵

市场需求状况 N_j / 产量 S_i	0	500	1000	1500	2000	max (RQ_{ij})
0	0	10000	20000	30000	40000	40000
500	5000	0	10000	20000	30000	30000
1000	10000	5000	0	10000	20000	20000
1500	15000	10000	5000	0	10000	15000
2000	20000	15000	10000	5000	0	20000
决策	$\min[\max\,(RQ_{ij})]$, $1 \leqslant i \leqslant 5; 1 \leqslant j \leqslant 5$					15000

从表 5.8 可以看出，在最小后悔值原则下，该企业决策应采用生产 1 500 个产品的方案。

最小后悔值原则决策法一般适用于有一定基础的中小企业，或与实力相当的企业竞争时决策的情况，此时采用此法既可以稳定企业的竞争地位，又可使市场开拓的机会损失降到最低限度。

（4）折中原则[100]决策法。这是介于乐观与悲观之间的原则，在决策过程中，决策者既不乐观，也不悲观，他们对待不确定型决策时，总是持折中的态度，用折中的标准来平衡。在这种原则下，决策者可以根据判断，给最好自然状态一个乐观系数，给最差自然状态一个悲观系数，两者之和为1，然后用各方案在最好自然状态下的收益与乐观系数相乘所得的积，加上各方案在最差自然状态下的收益值与悲观系数的乘积，得出各方案的期望收益值，最后将各方案的期望收益值进行比较，做出选择。

100. Balanced Principle

折中原则决策方法的步骤如下。

① 根据市场预测资料和决策者的经验，确定一个乐观系数 d，其值的大小表示决策者对决策问题的乐观态度。按定义可知 d 值的范围为 $[0,1]$，决策者对状态估计越乐观，d 越接近于1；对状态估计越悲观，d 越接近于0。在极端情况下，当 $d=1$ 时，为乐观原则的情况；当 $d=0$ 时，为悲观原则的情况。

② 计算折中收益值。当乐观系数确定后，就可按下面的公式计算各方案的折中收益值。方案 i 的折中收益值为：

$$CV_i=d\times（i方案的最大收益值）+（1-d）\times（i方案的最小收益值）$$

③比较各方案的折中收益值，选择折中收益值最大的方案为最优决策方案，即：

$$CV_R=\max（CV_i）（1\leqslant i\leqslant m）$$

仍以风险型决策的例5.3为例（假设概率未知），取乐观系数 $d=0.7$，可得到表5.9的决策矩阵。

表5.9 折中原则的决策矩阵

市场需求状况 N_j / 产量 S_i	0	500	1000	1500	2000	$CV_i=0.7\times\max（Q_{ij}）+0.3\times\min（Q_{ij}）$
0	0	0	0	0	0	$CV_1=0.7\times0-0.3\times0=0$
500	−5000	10000	10000	10000	10000	$CV_2=0.7\times10000-0.3\times5000=5500$
1000	−10000	5000	20000	20000	20000	$CV_3=0.7\times20000-0.3\times10000=11000$
1500	−15000	0	15000	30000	30000	$CV_4=0.7\times30000-0.3\times15000=16500$
2000	−20000	−5000	10000	25000	40000	$CV_5=0.7\times40000-0.3\times20000=22000$
决策	$\max(CV_i),（1\leqslant i\leqslant5;1\leqslant j\leqslant5）$					22000

从表 5.9 可以看出，该企业决策者宜采用生产 2 000 个产品的方案。

折中原则决策是一种既积极又稳妥的决策方法。但是该方法有两个缺点：一是乐观系数不易确定，而不同的乐观系数又必然导致不同的决策方案。所以，按此原则进行决策时，乐观系数的选择至关重要，不同素质和经验的决策者，就会做出不同的选择；二是该方法只注意到最好和最坏两种自然状态，而没有列举其他自然状态的损益值。这说明折中原则决策法没有充分利用全部决策信息，这样必然会影响决策效果。因此，该方法在理论上存在缺陷。

（5）等概率原则[101]决策法。等概率原则的指导思想是在不能确定方案的各种自然状态发生的概率的情况下，可以将各种自然状态的发生按同等概率来对待，在此基础上，求出各方案的收益期望值。其中，在等概率情况下具有最大收益值的方案，就是最优决策方案。

101. Equal Probability
Principle

以下仍以风险型决策的例 5.3 为例（假设概率未知）。根据题意，该企业决策将采用等概率原则决策，每个自然状态出现的概率为 0.2，因此得到表5.10 的决策矩阵。

表 5.10 等概率原则的决策矩阵

市场需求状况 N_j 产量 S_i	0	500	1000	1500	2000	$\sum Q_{ij}$
0	0	0	0	0	0	0
500	−5000	10000	10000	10000	10000	7000
1000	−10000	5000	20000	20000	20000	11000
1500	−15000	0	15000	30000	30000	12000
2000	−20000	−5000	10000	25000	40000	10000
决策	$\max(\sum Q_{ij})$ $(1 \leq i \leq 5; 1 \leq j \leq 5)$					12000

从表 5.10 可以看出，该企业决策者宜采用生产 1 500 个产品的方案。

等概率原则决策法也有其固有的缺陷。等概率原则决策法是假设所有状态都出现，且都以相等机会出现，因此忽视了自然状态发生的主次。等概率决策法一般只适用于自然状态参数只取有限值的情况，对无法估计的无限自然状态则无能为力。所以，决策者应该区分情况运用此方法。

总体而言，相比于定性决策方法，定量决策方法有利于提高决策的准确性、时效性和可靠性，使管理者可以从大量繁杂的常规决策中解放出来；同时，有利于培养决策者严密的逻辑思维习惯，克服主观随意性。但是，定量决策法也有一定的局限性：其一，定量决策方法适用于处理常规性决策，而对于相当一部分重要的战略性的非常规性决策来说，还没有恰当的数学方法可供使用；其二，建立数学模型和使用计算机分析的过程往往要耗费大量的时间和人力费用，因此，采用定量决策方法要考虑所获得的效益与所付出的代价相比是否值得；其三，对于一般管理决策者来说，有的数学方法过于深奥，掌握起来有一定的难度；其四，某些决策问题中的变量涉及社会因素、心理因素等难以量化的因素和诸多不确定的变化因素，这加大了建立数学模型的难度，也会降低决策的可靠性。因此，在实际决策中，应当将定量决策方法与定性决策方法结合，以取得更为理想的决策结果。

决策的主体是管理者；决策本质上是过程性的；决策的过程由多个步骤组成；决策的目的是解决问题或者利用机会，即决策不仅是为解决问题，也是为了利用机会。

管理决策的基本原则有系统原则、效益原则、科学性原则、民主化原则、创新原则和反馈原则。

按决策影响时间长短，可将决策划分为长期决策和短期决策。从决策调整的对象和涉及的时限来看，可以把决策分为战略决策、战术决策与业务决策。从决策主体来看，可将决策分为集体决策与个人决策。从决策需要解决的问题来看，可将决策分成初始决策与追踪决策。按决策的程序、处理方法和标准来分，可将决策分成程序化决策与非程序化决策。按决策问题所处的条件及结果的可靠性，可将决策划分确定型决策、风险型决策与不确定型决策。

古典决策理论建立在"经济人"假设基础之上。按照经济学的一般原理，古典决策理论要求管理人员做出的决策在经济上是有意义的，而且要符合组织经济利益最大化的原则。

行为决策理论认为组织是极其复杂的，而经理人员处理决策相关信息的时间和能力却是有限的。满意原则是指决策者在筛选决策方案时，会选择一个能够满足最低决策准则的方案，而不是对所有的方案进行筛选，直到寻找到能够使组织经济利益最大化的方案。时间和成本约束使决策者无法获取所需要的全部信息。

当代决策理论的核心内容是：决策贯穿于整个管理过程，决策程序就是整个管理过程。组织是由作为决策的个人及其下属、同事组成的系统。整个决策过程从研究组织的内外环境开始，继而确定组织目标，设计可达到该目标的各种可行方案，并进行追踪检查和控制，以确保预定目标的实现。这种决策理论对决策的过程、决策的原则、程序化决策和非程序化决策、组织机构的建立同决策过程的联系等做出了详细的论述。

一个有效的决策过程，一般包含五个基本的决策步骤：识别机会、识别目标、拟定备选方案、评估备选方案和做出决定。

决策有两类决策方法：一类是定性决策方法；另一类是定量决策方法。定性决策方法主要包括头脑风暴法、名义小组技术法、德尔菲法；定量决策方法分成三种典型的类型：确定型决策方法、风险型决策方法和不确定型决策方法。

综合练习

一、多项选择题

1. 以下属于决策原则的是（　　）。

A. 系统原则　　　　　　　　B. 效益原则

C. 科学性原则　　　　　　　D. 艺术性原则　　　　E. 民主化原则

2. 按决策问题所处的条件及结果的可靠性，可将决策分为（　　）。

A. 确定性决策　　　　　　　B. 程序化决策

C. 非程序化决策　　　　　　D. 风险性决策

E. 不确定性决策

3. 以下属于行为决策理论的内容的是（　　）。

A. 决策者是有理性的　　　　B. 决策者的选择是相对有限的

C. 决策者在识别和发现问题中容易受知觉上偏差的影响

D. 大多数决策者往往寻求满意而不是最优方案

E. 决策者对风险的接受程度将会影响其对具有不同风险的方案的选择。

4. 集体决策法主要有（　　）。

A. 头脑风暴法　　　　　　　B. 德尔菲法

C. 名义小组技术法　　　　　D. 盈亏平衡法　　　　E. 决策树法

5. 风险决策一般应具备的条件有（　　）。

A. 有一个明确的决策目标

B. 存在着决策者可供选择的两个以上的方案

C. 存在着不以决策者意志为转移的两种以上的自然状态

D. 不同的方案在两种自然状态下的损益值可以计算中出来

E. 能够预测各种自然状态发生的概率

二、问答题

1. 简述决策过程的步骤。

2. 与初始决策相比追踪决策的特征是什么?

3. 德尔菲法的特点是什么?

4. 不确定型决策与风险型决策的主要区别是什么?

5. 简述古典、行为和当代三种决策理论模式。

chapter 6

第6章 组 织

学习目标

通过本章学习，你可以达到以下目标。

知识目标

掌握组织的概念，了解组织的作用；

掌握组织结构的基本形式；

掌握组织结构设计的原则和方法；

掌握工作分析和岗位设计的内容、方法和过程；

理解组织权力的配置的基本理论，正确处理直线职权、参谋职权和职能职权的关系；

掌握主要的公司组织形式及其特点；

理解组织变革与组织发展的过程和趋势；

掌握组织文化的概念内容及作用。

能力目标

掌握部门化的方法；

遵循工作分析与岗位设计的基本步骤进行简单的工作分析和岗位设计；

学会协调职权关系的方法与艺术；

能够充分认识企业文化的作用和对其进行管理。

6.1　组织结构设计 [1]

6.1.1　组织结构设计的定义 [2]

组织结构设计，是通过对组织资源（如人力资源）的整合和优化，确立企业某一阶段的最合理的管控模式，实现组织资源价值最大化和组织绩效最大化。狭义地、通俗地说，也就是在人员有限的状况下通过组织结构设计提高组织的执行力和战斗力 [1]。

6.1.2　组织结构简介 [3]

企业组织结构是企业组织内部各个有机构成要素相互作用的方式或形式，以求有效、合理地把组织成员组织起来，为实现共同目标而协同努力。[2]

1. 组织结构模式及历史演变 [4]

（1）U 型组织结构 [5]。19 世纪末 20 世纪初，西方大企业普遍采用的是一种按职能划分部门的纵向一体化 [6] 的职能结构，即 U 型结构。特点是企业内部按职能（如生产、销售、开发等）划分成若干部门，各部门独立性很小，均由企业高层领导直接进行管理，即企业实行集中控制和统一指挥 [3]。U 型结构保持了直线制的集中统一指挥的优点，并吸收了职能制发挥专业管理职能作用的长处，适用于市场稳定、产品品种少、需求价格弹性较大的环境。但是，从 20 世纪初开始，西方企业的外部环境发生了很大的变化，如原有市场利润率出现下降、新的技术发明不断产生等，同时企业规模不断扩大，这种结构的缺陷日渐显露：高层领导们由于陷入了日常生产经营活动，缺乏精力考虑长远的战略发展，且行政机构越来越庞大，各部门协调越来越难，造成信息和管理成本上升。到 20 世纪初，通用汽车公司针对这种结构的缺陷，首先在公司内部进行组织结构的变革，采用 M 型组织结构，此后，许多大公司都仿效。

（2）M 型组织结构 [7]。M 型组织结构，又称事业部门型组织结构。这种结构的基本特征是，战略决策和经营决策分离 [8]，根据业务，按产品、服务、

---

[1]　The designing of organizational structures is aimed at enhancing an organization's implementation and competitiveness with a limited number of staff.

[2]　Enterprise organization structure is the liaison mode or form that involves the interaction between all constituent factors within the enterprise organization, in order to organize the members in an effective and reasonable way to achieve their common goal through concerted efforts.

[3]　The enterprise implements centralized control and unified command.

客户、地区等设立半自主性的经营事业部，公司的战略决策和经营决策由不同的部门和人员负责，使高层领导从繁重的日常经营业务中解脱出来，集中精力致力于企业的长期经营决策，并监督、协调各事业部的活动和评价各部门的绩效。

与 U 型结构相比较，M 型结构具有管理方面的优势，更适合现代企业经营发展的要求。M 型组织结构是一种多单位的企业体制，但各个单位不是独立的法人实体，仍然是企业的内部经营机构，如分公司。

（3）矩阵型组织结构[9]。在组织结构上，把既有按职能划分的垂直领导系统，又有按产品（项目）划分的横向领导关系的结构，称为矩阵型组织结构。矩阵型组织是为了改进直线职能制横向联系差、缺乏弹性的缺点而形成的一种组织形式。它把按职能划分的部门与按项目划分的小组结合起来组成矩阵，使小组成员接受小组和职能部门的双重领导。它的特点表现在围绕某项专门任务成立跨职能部门的专门机构上，这种组织结构形式是固定的，人员却是变动的，任务完成后就可以离开。

与 U 型结构相比较，矩阵制结构机动、灵活，可随项目的开发与结束进行组织或解散；由于这种结构是根据项目组织的，任务清楚，目的明确，各方面有专长的人都是有备而来，克服了 U 型结构中各部门互相脱节的现象。矩阵结构适用于一些重大攻关项目。企业可用来完成涉及面广的、临时性的、复杂的重大工程项目或管理改革任务。特别适用于以开发与实验为主的单位，例如科学研究，尤其是应用性研究单位等。

（4）多维制和超级事业部制结构[10]。多维制结构，又称立体组织结构（three-dimensional），是在矩阵制结构的基础上建立起来的。它由美国道 – 科宁化学工业公司（Dow Corning）于 1967 年首先创立。在矩阵制结构（即二维平面 two dimensions）基础上构建产品利润中心[11]、地区利润中心和专业成本[12]中心的三维立体结构。若再加时间维可构成四维（four-dimensional）立体结构。虽然细分结构比较复杂，但每个结构层面仍然是二维制结构，而且多维制结构未改变矩阵制结构的基本特征——多重领导和各部门配合，只是增加了组织系统的多重性。因而，其基础结构形式仍然是矩阵制，或者说它只是矩阵制结构的扩展形式。

超级事业部制是在 M 型结构基础上建立的。目的是对多个事业部进行相对集中管理，即分成几个"大组"，便于协调和控制。但它的出现并未改变 M 型结构的基本形态。

（5）H 型组织结构[13]。H 型组织结构是一种多个法人实体[14]集合的母子

9. Matrix-patterned organizational structure.

10. Multidimensional and superdivisional structure.

11. Product Profit Center

12. Professional Cost

13. H-patterned organizational structure.

14. Multi-corporation

体制，母子之间主要靠产权纽带来连接。H 型组织结构较多地出现在由横向合并而形成的企业之中，这种结构使合并后的各子公司保持了较大的独立性。子公司可分布在完全不同的行业，而总公司则通过各种委员会和职能部门来协调和控制子公司的目标和行为。这种结构的公司往往独立性过强，缺乏必要的战略联系和协调，因此，公司整体资源战略运用存在一定难度。

（6）模拟分权制结构 15。模拟分权制是一种介于直线职能制和事业部制之间的结构形式，其优点是除了调动各生产单位的积极性外，还能解决企业规模过大不易管理的问题。高层管理人员将部分权力分给生产单位，减少了自己的行政事务，从而把精力集中到战略问题上来。其缺点是，不易为模拟的生产单位明确任务，造成考核上的困难；各生产单位领导人不易了解企业的全貌，在信息沟通和决策权力方面也存在着明显的缺陷。

2. 组织结构发展趋势 16

（1）扁平化 17。组织结构的扁平化，就是通过减少管理层次、裁减冗余人员来建立一种紧凑的扁平组织结构，使组织变得灵活、敏捷，提高组织效率和效能 [4]。彼得·德鲁克（Peter F.Drucker）预言：未来的企业组织将不再是一种金字塔式的等级制结构，而会逐步向扁平式结构演进。根据 1988 年对美国 41 家大型公司的调查发现，成功的公司比失败的公司平均要少 4 个层级。

扁平化组织结构的优势主要体现在以下几个方面。第一，信息通畅，决策周期缩短。组织结构的扁平化，可以减少信息的失真，增加上下级的直接联系，信息沟通与决策的方式和效率均可得到改变。第二，创造性、灵活性加强，致使士气和生产效率提高，员工工作积极性增强。第三，可以降低成本。管理层次和职工人数的减少，工作效率提高，必然带来产品成本的降低，从而使公司的整体运营成本降低，市场竞争优势增强。第四，有助于增强组织的反应能力和协调能力。[5] 企业的所有部门及人员更直接地面对市场，减少了决策与行动之间的时滞，增强了对市场和竞争动态变化的反应能力，从而使组织能力变得更柔性、更灵敏。

组织结构框架从"垂直式"实现向"扁平式"转化，成为众多知名大企

---

15. The structure of simulated separation of the power.

16. The development trend of organizational structures.

17. Flattening

---

[4] The Flattening of an organizational structure is establishing a compact organizational structure by reducing managerial hierarchy and cutting extra personnel, so as to enhance the organization's efficiency and effectiveness.

[5] A flat organizational structure has advantages in four aspects. First, information is shared and the decision cycle is cut short. Second, the personnel are more creative and management is more flexible, thus improving efficiency. Third, cost is reduced. Fourth, the organization is strengthened in market handling and coordination.

业走出大而不强困境的有效途径之一。美国通用电气公司推行"零管理层"变革，杰克·韦尔奇（Jack Welch）把减少层次比喻为给通用电气公司脱掉厚重的毛衣。如在一个拥有 8000 多工人的发动机总装厂里，只有厂长和工人，除此之外不存在任何其他层级。生产过程中必需的管理职务由工人轮流担任，一些临时性的岗位，如招聘新员工等，由老员工临时抽调组成，任务完成后即解散。国内家电行业的知名企业长虹、海尔也不约而同地进行了企业组织结构的调整，从原来的"垂直的金字塔结构"实现了向"扁平式结构"的转化。

（2）网络化[18]。随着信息技术的飞跃发展，信息的传递不必再遵循自上而下或自下而上的等级阶层，就可实现部门与部门、人与人之间直接的信息交流。企业内部的这种无差别、无层次的复杂的信息交流方式，极大刺激了企业中信息的载体和运用"主体—组织"的网络化发展[19]。

相对于官僚制组织而言，网络组织最本质的特征在于，强调通过全方位的交流与合作实现创新和双赢。全方位的交流与合作既包括了企业之间超越市场交易关系的密切合作，也包括了企业内部各部门之间、员工之间广泛的交流与合作关系，而且这些交流与合作是以信息技术为支撑的，并将随着信息技术的发展而得到不断地强化。当然，网络关系不能完全取代组织中的权威原则的作用，否则组织就会出现混乱，所以网络组织中的层级结构始终是需要保持的，只不过在组织结构网络化的条件下，采取的是层级更少的扁平化结构。

组织结构网络化主要表现为企业内部结构网络化[20]和企业间结构网络化[21]。企业内部结构的网络化是指在企业内部打破部门界限，各部门及成员以网络形式相互连接，使信息和知识在企业内快速传播，实现最大限度的资源共享。杰克·韦尔奇曾致力于公司内部的无边界化，无边界化使内部沟通畅通无阻，极大提高管理效率。企业间结构网络化包括纵向网络和横向网络。纵向网络即由行业中处于价值链不同环节的企业共同组成的网络型组织，例如供应商、生产商、经销商等上下游企业之间组成的网络，如通用汽车公司和丰田汽车公司就分别构建了一个由众多供应商和分销商组成的垂直型网络。这种网络关系打破了传统企业间明确的组织界限，大大提高了资源的利用效率及对市场的响应速度。横向网络指由处于不同行业的企业组成的网络。这些企业之间发生着业务往来，在一定程度上相互依存。最为典型的例子是日本的财团体制，大型制造企业、金融企业和综合商社之间在股权上相互关联，管理上相互参与，资源上共享，在重大战略决策上采取集体行动，各方之间保持着长期和紧密的联系。

18. Networking

19. The Networking Development

20. Networking inside an enterprise.

21. Networking between enterprise.

组织的网络化使传统的层次性组织和灵活机动的计划小组并存，使各种资源的流向更趋合理化，通过网络凝缩时间和空间，加速企业全方位运转，提高企业组织的效率和绩效。[6]

（3）无边界化[22]。无边界化是指企业各部门间的界限模糊化，目的在于使各种边界更易于渗透，打破部门之间的沟通障碍，有利于信息的传送。[7]

现在比较有代表性的无边界模式是团队组织。团队组织指的是职工打破原有的部门边界，绕开中间各管理层，组合起来直接面对顾客和对公司总体目标负责的、以群体和协作优势赢得竞争优势的企业组织形式。这种组织成为组织结构创新的典型模式。团队一般可以分为两类：一是"专案团队"，成员主要来自公司各单位的专业人员，其使命是解决某一特定问题，问题解决后即宣告解散；另一类是"工作团队"，可以进一步把它分为高效团队和自我管理团队。工作团队一般是长期性的，常从事日常性的公司业务工作。

因此，无边界思想是一种非常具有新意的企业组织结构创新思想，它完全是超国界、超制度、超阶级、超阶层的。组织作为一个整体的功能得以提高，已经远远超过各个组成部门的功能。

（4）多元化[23]。企业不再被认为只有一种合适的组织结构，企业内部不同部门、不同地域的组织结构不再是统一的模式，而是根据具体环境及组织目标来构建不同的组织结构[8]。管理者要学会利用、了解每一种组织工具，并且有能力根据某项任务的业绩要求，选择合适的组织工具，从一种组织转向另一种组织。

（5）柔性化[24]。组织结构的柔性化是指在组织结构上，根据环境的变化，调整组织结构，建立临时的以任务为导向的团队式组织。组织柔性的本质是

22. Being boundary less.

23. Diversification.

24. Being flexible.

[6]   With the networking of the organizational structure, traditional hierarchical structure coexiexist with flexible program group, allocation of resources is more rational, and all in all, the organization is sped up in operation and enhanced in efficiency and effectiveness.

[7]   Being boundaryless refers to the fuzzification of borderlines between divisions to make all kinds of boundaries easier to permeate, break the obstacles of the communication and help transmit information.

[8]   It is no longer accepted that only one organizational structure is appropriate for an enterprise; different patterns of organizational structures are built up based on the specific environment and the organization goal, in different divisions within an enterprise or in different districts.

保持变化与稳定之间的平衡，它需要管理者具有很强的管理控制力。[9]

随着信息化、网络化和全球化的日益发展，企业内外信息共享、人才共用已成为主要特征。全球范围跨国经济的发展和企业集团的壮大，已初步形成了一种跨地区、跨部门、跨行业、跨职能的具有高度柔性化的机动团队化组织。柔性化组织最显著的优点是灵活便捷，富有弹性，因为这种结构可以充分利用企业的内外部资源，增强组织对市场变化与竞争的反应能力，有利于组织较好地实现集权与分权、稳定性与变革性的统一。除此之外，还可以大大降低成本，促进企业人力资源的开发，并推动企业组织结构向扁平化发展。美国霍尼韦尔公司为巩固客户关系，组建了由销售、设计和制造等部门参加的"突击队"，这个临时机构按照公司的要求，把产品的开发时间由 4 年缩短为 1 年，把即将离去的客户拉了回来。很显然，柔性化的组织结构强化了部门间的交流合作，让不同方面的知识共享后形成合力，有利于知识技术的创新。

（6）虚拟化 25。组织结构的虚拟化是指用技术把人、资金、知识或构想网络在一个无形的组织内，以实现一定的组织目标的过程。[10]

25. Virtualization.

虚拟化的企业组织不具有常规企业所具有的各种部门或组织结构，而是通过网络技术把实现组织目标所需要的知识、信息、人才等要素联系在一起，组成一个动态的资源利用综合体。[11] 虚拟组织的典型应用是创造虚拟化的办公空间和虚拟化的研究机构。前者是指同一企业的员工可以置身于不同的地点，但通过信息和网络技术连接起来，如同在同一办公大厦内，同步共享和交流信息和知识；后者是指企业借助于通信网络技术，建立一个把分布于世界各地的属于或不属于本企业的研究开发人员、专家或其他协作人员联系在一起，跨越时空，进行合作联盟，实现一定的目标。

---

[9] Organizational structure being flexible refers to, according to the change of the environment, adjusting the organizational structure and establishing a temporary task-oriented teamlike structure. The essence is to keep the balance between change and stability; it requires managers having strong controlling ability on managememt.

[10] It refers to putting personnel, capital, knowledge or virtual network with the help of technology into an intangible (referring to the unity of the material form of office building, fixed assets and fixed personnel, etc.) organization, in order to achieve a certain organization target.

[11] A virtualized organization has no divisions or an organizational structure as a traditional organization does. It is a dynamic resource-utilizing complex which by means of network technology connects knowledge, information and talents necessary for an organizational goal.

26. The task of organizational structure designing.
27. The task is to provide an organization chart and drawing up job specifications.
28. The organization chart.

6.1.3 组织结构设计的任务和基本原则

1. 组织设计的任务 26

组织设计的任务是提供组织系统图和编制职务说明书 27。

（1）组织系统图 28。组织系统图是描述组织中所有部门以及部门之间关系的框图，如图 6.1 所示。

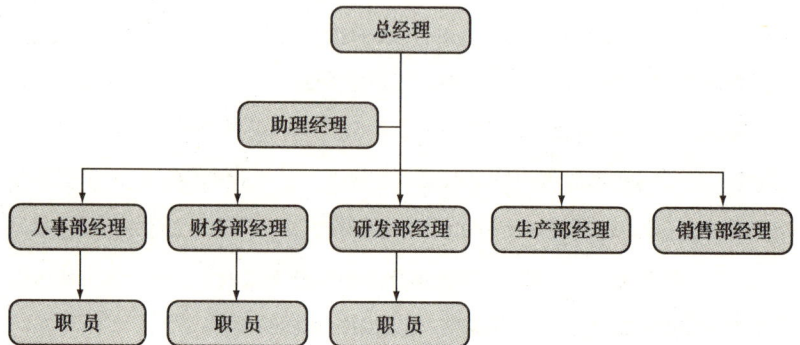

图 6.1 组织系统图

图中的方框表示各种管理职务和相应的部门；箭线表示权力的指向；通过箭线将各方框连接，表明了各种管理职务或部门在组织结构中的地位以及他们之间的相互关系。

通过组织结构图，管理者和组织中的成员可以一目了然地知道信息传递的渠道、网络，各部门之间的关系，可以清楚地知道自己所在部门的位置。在组织结构需要进行调整时，组织结构图可以帮助管理者知道哪些部门需要加强，哪些部门需要裁减。

29. Job specifications.

（2）职务说明书 29。职务说明书是描述管理岗位上的管理者的工作内容，职权职责范围，任务，与其他部门以及管理者之间的关系，管理者应当具备的基本素质、学历、工作经验以及对该职务完成任务的考核指标、完成任务后的奖励、未完成工作任务的惩罚等内容的文件。[12]

职务说明书描述了组织的职权分配、信息传递方式、部门划分以及组织的集权分权程度。[13] 职务说明书可以使任何一个刚刚走上工作岗位的管理者

[12] Job specifications include work content, office rights and duties, tasks, relationships with others, qualifications (education and working experiences),standards of task evaluation, and rewards and penalties etc.

[13] Job specifications represent the division of office power, ways of information sharing, the division of departments and the centralization and decentralization degree of an organization.

迅速地了解与其工作有关的一切情况。职务说明书对每一项职务进行仔细、深入地分析,使每一项职务变得十分清晰,重复或者是被忽视的问题浮现出来,有利于职务的清晰、完整以及职务之间的分工与配合。职务说明书对每一项职务应当做什么、做到什么程度是优秀、什么程度是不好、完成任务有什么样的报酬奖励、没有完成任务将受到什么样的惩罚都进行明确的规定,将使每一个管理者对自己在组织目标完成中所起的作用有清楚的认识,进而形成管理者的自我约束与激励。

2. 组织结构设计的原则

组织结构设计是指一个正式组织为了实现其长期或者阶段性目标,设计或变革组织的结构体系的工作。[14]

设计组织结构应该遵循以下基本原则。

(1)有效性原则 30。组织结构设计要为组织目标的实现服务;力求以较少的人员、较少的层次、较少的时间达到较好的管理效果;组织结构设计的工作过程要有效率。

30. The principle of effectiveness.

(2)分工与协作原则 31。分工与协作是相辅相成的,只有分工没有协作,分工就失去意义,而没有分工就谈不上协作。

31. The principle of division of labor and cooperation.

(3)权责利对等原则 32。责任、权力和利益三者之间是不可分割的,必须是协调的、平衡的和统一的。在委以责任的同时,必须委以必需的权力,还必须有利益来激励。有责无权,有权无责,或者权责不对等、不匹配等,都会使组织结构不能有效运行,组织目标也难以实现。

32. The principle of right equivalence.

(4)分级管理原则 33。每个职务都要有人负责,每个人都知道他的直接领导是谁,下级是谁。正常情况下,等级链上的下级只接受一个上级的命令;每一个上级领导不得越权指挥但可以越级检查,下级也不要越级请示但可以越级反映情况和提出建议。

33. The principle of hierarchical management.

(5)协调原则 34。一是组织内部关系的协调;二是组织任务分配的协调。

34. The principle of coordination.

(6)弹性结构原则 35。这是指一个组织的部门机构、人员的职责和职位都应适应环境的变化而作相应的变动。它要求部门机构和职位都具有弹性。

35. The principle of elastic structure.

6.1.4 部门划分和职能确定(职位设计)

1. 部门划分 36

组织结构设计的内容之二是部门划分,主要是解决组织的横向结构问题。

36. Department division.

---

[14]　Organizational structure designing refers to that a formal organization designs and changes its structures for the achievement of a long-term or short-term goal.

37. The definition of a department.

（1）部门的含义 [37]。部门是指组织中主管人员为完成规定的任务有权管辖的一个特殊的领域。

部门划分主要是解决组织的横向结构问题，目的在于确定组织中各项任务的分配与责任的归属，以求分工合理、职责分明，有效地达到组织的目标。

38. Methods of dividing departments.

（2）部门划分的方法 [38]。一般有以下方法。

39. Dividing by number.

① 按人数划分 [39]。这是最原始、最简单的划分方法，在现在高度专业化的社会有逐渐被淘汰的趋势。这种划分部门的方法是：抽出一定数量的人在主管人员的指挥下去执行一定的任务。

40. Dividing by time.

② 按时间划分 [40]。这是在正常的工作日不能满足工作需要时所采用的划分部门的方法，也是一种古老的部门划分方法，适用于组织的基层。

41. Dividing by function.

③ 按职能划分 [41]。这是最普遍采用的划分部门的方法。它遵循专业化的原则，以工作或任务的性质为基础划分部门，并按这些工作或任务在组织中的重要程度，分为主要职能部门和次要职能部门。主要职能部门处于组织的首要一级，在主要职能部门之内再划分从属派生部门。按职能划分部门的优点是：遵循专业化原则，能充分发挥专业职能，有利于目标的实现；简化了训练工作；加强了上层控制手段。其缺点是易导致所谓的"隧道视野"现象：各职能部门的专业人员除了本部门外，其余什么也不顾。这种部门主义或本位主义，给部门之间的相互协调带来了很大的困难。

42. Dividing by the kind of products.

④ 按产品划分 [42]。即按组织向社会提供的产品来划分部门。它是随着科学技术的发展，为了适应新产品的生产而产生的。

优点是：有利于发挥专用设备效益；有利于发挥个人的技能和专业知识；有利于部门内的协调；有利于产品的增长和发展。[15] 缺点是：要求更多的人具有全面管理的能力；产品部门独立性强，整体性差，增加了主管部门协调、控制的困难。[16]

43. Dividing by territory.

⑤ 按地区划分 [43]，即按地理位置来划分部门。目的是调动地方、区域的积极性，谋求取得地方化经营的某种经济效果。[17] 只有当各地区的政治、经济、

---

[15] The advantages are as follows: it's good to make better use of specialized equipments and personal skills and expertise; it helps the coordination with a department and the development of new products.

[16] The disadvantages are as follows: it needs more people to have an all-round management ability; it makes it more difficult for managers in charge to coordinate and control product departments owing to their strong independence and weak connections with each other.

[17] It's to mobilize the enthusiasm of the local and pursue economic efficiency of localization management.

文化等因素影响到管理时，按地区划分部门才能充分发挥其优势。

优点是：有利于改善地区的管理，取得地区经营的经济效益；有利于培养管理人才。缺点是：需要更多具有全面管理能力的人才；增加了主管部门控制的困难；各地区部门之间往往不易协调等。

⑥ 按服务对象划分[44]。即按组织服务的对象类型来划分部门。

⑦ 按设备划分[45]。它能充分发挥设备的效率，使设备的维修、保管及材料供应和人力运用等更加方便。

⑧ 其他[46]。在一些组织中，也常用按市场营销渠道、字母等来划分部门的方法。

以上仅仅是组织在实现目标的过程中划分部门的基本方法，但不是唯一的。划分部门的目的是要按照某种方式划分业务，以起到最好地实现组织目标的作用。在现实的管理活动中，常常是用混合的方法划分部门。

（3）划分部门的原则。部门划分应遵循分工原理[47]，具体的原则如下。

① 力求维持最少[48]。组织结构要求精简，部门必须力求最少，但这是以有效地实现目标为前提的。

② 组织结构应具有弹性[49]。组织中的部门应随业务的需要而增减。可设立临时部门 (temporary section) 或工作组 (working team) 来解决临时出现的问题。

③ 确保目标的实现[50]。必要的职能均应确保目标的实现，组织的主要职能都必须有相应的部门承担。当某一职能与两个以上的部门有关系时，应明确规定每一部门的责任。

④ 各职能部门的指派应达到平衡[51]，避免忙闲不均。

⑤ 检查部门与业务部门分设[52]。考核、检查业务部门的人员不应隶属于受其检查评价的部门，这样才能真正发挥检查部门的作用。

2. 职位设计[53]

组织可以看作是由各种各样的职位、职位间的关系及其相互作用所构成的具有特定功能的有机体。职位设计就是将若干工作任务组合起来构成一项完整的职位[54]。职位工作内容的确定，应该既考虑工作效率的要求，同时兼顾工作人员能从中体验的内在工作满足，以便在任务和人员两方面要求的相互平衡中，确定出职位的合理广度和深度。

从历史上看，职位设计经历了如下一些变迁和发展。

（1）按照专业化分工原则设计职位[55]。在20世纪上半叶以前，职位设

44. Dividing by customers.

45. Dividing by equipments.

46. Others.

47. Division of Labor

48. Minimize cost.

49. Elasticity in organization structure.

50. To ensure the achievement of a goal.

51. Assignments for each department being in balance.

52. Establish testing department and business department.

53. Job designing.

54. To establish inspection and operation departments separately.

55. Job designing based on specialization principle.

计是与劳动分工、工作专业化意义相同的，管理者力求将组织中的工作设计得尽可能简单、狭窄、易做。

专业化分工的好处前面已经介绍过。但职位设计的过于狭窄不可避免地会带来负面的影响。因此，后期的研究则转向了如何克服由于过度专业化 [56] 和分工而产生的各种弊端上，如厌倦、疲劳、压力、劣质品、常旷工、高离职流动率等。

56. Excessive Specialization

57. Job enlargement.

（2）职位扩大化 [57]。这是为了克服由于过度的分工而导致的工作过于狭窄的弊端而提出的一种职位设计思想。

职位扩大化主张通过把若干狭窄的活动合并为一件工作的方式来扩大工作的广度和范围。

另一种相似的做法是，让员工定期地从一项工作更换到另一项工作上去，称为"职位轮换 [58]"。

58. Job Rotation

59. Job Enriching

（3）职位丰富化 [59]。职位扩大化是指工作的横向扩展，职位丰富化则是指向上充实和丰富工作内容，也即从增加员工对工作的自主性 [60] 和责任心角度，使其体验工作的内在意义 [61]、挑战性和成就感。

60. Autonomy

61. Intrinsic Meaning

62. Administration Authority

职位丰富化设计，就是要将部分管理权限 [62] 下放给下级人员，是其在一定程度上自主决定工作的内容、工作的方法、工作的进度等。

63. Work Team

（4）工作团队 [63]。上述几种方法均是依据个人来进行职位设计的。当职位设计是围绕群体而不是个人时，就形成了工作团队。

现在，工作团队代表了一种日益盛行的职位设计方案，越来越多的组织采用这一方式来安排工作以期提高组织的竞争力。

64. Integrated Work Team

65. Self-management Work Team

工作团队大体上有两种类型：综合性工作团队 [64] 和自我管理工作团队 [65]。

6.1.5　组织结构设计的程序

企业组织结构的设计只有按照正确的程序进行，才能达到组织设计的高效化。组织结构设计的程序如下。

1. 业务流程的总体设计 [66]

66. The overall designing of business procedure.

业务流程设计是组织结构设计的开始，只有总体业务流程达到最优化，才能实现企业组织高效化。业务流程是指企业生产经营活动在正常情况下，不断循环流动的程序或过程。[18]

---

[18]　Business procedures refer to the recycling procedures or processes in the normal production and management activities of an enterprise.

企业的活动主要有物流[67]、资金流和信息流[68]，它们都是按照一定流程流动的。企业实现同一目标，可以有不同的流程。这就存在采用哪种流程的优选问题。因此，在企业组织结构设计时，首先要对流程进行分析对比、择优确定，即优化业务流程。优化的标准是：流程时间短，岗位少，人员少，流程费用少。

业务流程包括主导业务流程和保证业务流程。主导业务流程是产品和服务的形成过程[69]，如生产流程；保证业务流程是保证主导业务流程顺利进行的各种专业流程[19]，如物资供应流程、人力资源流程、设备工具流程等。首先，要优化设计的是主导业务流程，使产品形成的全过程周期最短、效益最高；其次，围绕主导业务流程，设计保证业务流程；最后，进行各种业务流程的整体优化。

2. 按照优化原则设计岗位[70]

岗位是业务流程的节点，又是组织结构的基本单位。由岗位组成车间、科室，再由车间、科室组成各子系统，进而由子系统组成全企业的总体结构。岗位的划分要适度，不能太大也不能太小，既要考虑流程的需要，也要考虑管理的方便。

3. 规定岗位的输入、输出和转换[71]

岗位是工作的转换器[72]，就是把输入的业务，经过加工转换为新的业务输出。通过输入和输出就能从时间、空间和数量上把各岗位纵横联系起来，形成一个整体。

4. 岗位人员的定质与定量[73]

定质就是确定本岗位需要使用的人员的素质[74]。由于人员的素质不同，工作效率就不同，因而定员人数也就不同。人员素质的要求主要根据岗位业务内容的要求来确定。要求太高，会造成人员的浪费；要求太低，保证不了正常的业务活动和一定的工作效率。

定量就是确定本岗位需用人员的数量。人员数量的确定要以岗位的工作业务量[75]为依据，同时也要以人员素质为依据。人员素质与人员数量在一定条件下成反比。定量就是在工作业务量和人员素质平衡的基础上确定的。

5. 设计、控制业务流程的组织结构[76]

这是指按照流程的连续程度和工作量的大小，来确定岗位形成的各级组织结构。整个业务流程是个复杂的系统，结构是实现这个流程的组织保证，

67. Logistics

68. Cash Flow and Information Flow

69. The leading business procedure is the formation process of products and services.

70. Post designing based on optimization principle.

71. Input, output and transformation.
72. A post is the transformer of jobs.

73. Qualitative and quantitative identification.
74. To confirm the qualifications needed for a post.

75. Work volume.

76. The designing and controlling of the structure of business procedures.

---

[19] Ensuring business procedures refer to all kinds of professional procedures to ensure the smooth operation of leading business procedures.

每个部门的职责是负责某一段流程并保证其畅通无阻。岗位是保证整个流程实施的基本环节，应该先有优化流程，后有岗位，再组织车间、科室，而不是倒过来。流程是客观规律的反映，因人设机构，是造成组织结构不合理的主要原因之一，必须进行改革。

以上 5 个步骤，既有区别又有联系，必须经过反复地综合平衡、不断地修正，才能获得最佳效果。

6.2　工作分析与岗位设计 [77]

6.2.1　工作分析的相关概念

1. 工作分析 [78]

工作分析是通过系统全面的情报收集手段，提供相关工作的全面信息，以便组织进行改善管理效率。[20] 工作分析是人力资源管理工作的基础，其分析质量对其他人力资源管理模块具有举足轻重的影响。

具体来说，工作分析是指对某特定的工作职位作出明确规定，并确定完成这一工作需要有什么样的行为的过程。[21]

工作分析是人力资源开发与管理各种职能活动的基础。工作分析由两大部分组成：工作描述 [79] 和工作说明书 [80]。

通过对工作输入 [81]、工作转换过程 [82]、工作输出 [83]、工作的关联特征 [84]、工作资源 [85]、工作环境背景 [86] 等的分析，形成工作分析的结果——职务规范（也称作工作说明书）。

职务规范包括工作识别信息、工作概要、工作职责和责任，以及任职资格的标准信息，为其他人力资源管理职能的使用提供方便。

（1）工作描述 [87]。具体说明了某一工作职位的物质特点和环境特点，主要包括以下几个方面。

① 职位名称 [88]。指组织对从事一定工作活动所规定的职位名称或职位代号，以便对各种工作进行识别、登记、分类以及确定组织内外的各种工作关系。

② 工作活动和工作程序 [89]。包括所要完成的工作任务、工作责任、使用

---

[20]　Job analysis is to make a systematic and overall collection of information, and provide relevant information., so as to help enhance the efficiency of an organization.

[21]　In specific terms, jod analysis means providing a clear specification for a given job, and formulate what activities are required for the job.

77. Job Analysis and Post Designing

78. Job Analysis

79. Job Description

80. Job Specifications

81. Job Input

82. Job Switching Process

83. Job Output

84. Job Connection Characteristic

85. Job Resources

86. Job Environment

87. Job description.

88. The name of a position.

89. Job activities and procedures.

的原材料和机器设备、工作流程、与其他人的正式工作关系、接受监督以及进行监督的性质和内容。

③ 工作条件和物理环境[90]。包括工作地点的温度、光线、湿度、噪音、安全条件、地理位置、室内或室外等。

90. Working conditions and physical environment.

④ 社会环境[91]。包括工作群体中的人数、完成工作所要求的人际交往的数量和程度、各部门之间的关系、工作地点内外的文化设施、社会习俗等等。

91. Social environment.

⑤ 聘用条件[92]。包括工时数、工资结构、支付工资的方法、福利待遇、该工作在组织中的正式位置、晋升的机会、工作的季节性、进修的机会等。

92. Job pay and conditions.

（2）工作说明书，又称职位要求[93]，要求说明从事某项工作职位的入职人员必须具备的生理要求和心理要求。[22] 主要包括以下几个方面。

93. Job specifications.

① 一般要求[94]。主要包括年龄、性别、学历、工作经验等。

94. General requirements.

② 生理要求[95]。主要包括健康状况、力量和体力、运动的灵活性、感觉器官的灵敏度等。

95. Physical requirements.

③ 心理要求[96]。主要包括观察能力、集中能力、记忆能力、理解能力、学习能力、解决问题的能力、创造性、数学计算能力、语言表达能力、决策能力、特殊能力、性格、气质、兴趣爱好、态度、事业心、合作性、领导能力等。

96. Mental requirements.

2. 工作规范[97]

97. Job norms.

工作规范，又称任职资格，是指任职者要胜任该项工作必须具备的资格与条件。[23] 工作规范说明了一项工作对任职者在教育程度、工作经验、知识、技能、体能和个性特征方面的最低要求。工作规范是工作说明书的重要组成部分。

工作规范亦称岗位规范、劳动规范、岗位规则或岗位标准，它是对组织中各类岗位某一专项事物或某类员工劳动行为、素质要求等所作的统一规定。[24]

工作规范涉及的内容多，覆盖范围广，大致包括以下几个方面。

（1）岗位劳动规则[98]。即企业依法制定的要求员工在劳动过程中必须遵守的各种行为规范。

98. Rules for a post.

① 时间规则[99]。对作息时间、考勤办法、请假程序、交接要求等方面所

99. Time rules.

---

[22] A job mannual, also called position specifications, formulates physical and mental requirements necessary for a position.

[23] Job norms, also called qualifications, are the necessary qualities required for a job.

[24] Job norms, also called post norms, work norms, post rules or post standards, are the unified regulation for a specific task or a specific type of staff on their behaviors and quality requirements.

做的规定。

100. Organization rules.

② 组织规则 [100]。企业单位对各个职能、业务部门以及各层组织机构的权责关系，指挥命令系统，所受监督和所施监督，保守组织机密等项内容所做的规定。

101. Post rules.

③ 岗位规则 [101]，亦称岗位劳动规范。是对岗位的职责、劳动任务、劳动手段和工作对象、操作程序、职业道德等所提出的各种具体要求。包括岗位名称、技术要求、上岗标准等项具体内容。

102. Cooperation rules.

④ 协作规则 [102]。企业单位对各个工种、工序、岗位之间的关系，上下级之间的连接配合等方面所作的规定。

103. Behavior rules.

⑤ 行为规则 [103]。对员工的行为举止、工作用语、着装、礼貌礼节等所作的规定。这些规则的制定和贯彻执行，将有利于维护企业正常的生产、工作秩序，监督劳动者严格按照统一的规则和要求履行自己的劳动义务，按时保质保量地完成本岗位的工作任务。

104. Rules for staffing and quota.

（2）定员定额标准 [104]。即对企业劳动定员定额的制定、贯彻执行、统一分析、以及修订等各个环节所作的统一规定。包括编制定员标准、各类岗位人员标准、时间定额标准、产量定额标准或双重定额标准 [25] 等。

105. Post training rules.

（3）岗位培训规范 [105]。即根据岗位的性质、特点和任务要求，对本岗位员工的职业技能培训与开发所作的具体规定。

106. Qualifications rules.

（4）岗位员工规范 [106]。即在岗位系统分析的基础上，对某类岗位员工任职资格以及知识水平、工作经验、文化程度、专业技能、心理品质、胜任能力等方面素质要求所作的统一规定。

107. Types of job qualifications.

（5）工作规范的结构模式 [107]。按工作规范的具体内容，工作规范有以下几种基本形式。

108. Knowledge and capacity rules for management positions.

① 管理岗位知识能力规范 [108]。对各类岗位的职责要求、知识要求、能力要求、经历要求所作的统一规定。该种规范内容一般包括四类。

109. Responsibility requirements.

• 职责要求 [109]。对本岗位的主要职责做出简要的概括和说明。

110. Knowledge requirements.

• 知识要求 [110]。胜任本岗位工作应具备的各种知识结构和知识水平。

111. Capacity requirements.

• 能力要求 [111]。胜任本岗位工作应具备的各种能力素质。

112. Experience requirements.

• 经历要求 [112]。指能胜任本岗位工作，一般应具有的一定年限的实际工作经验、从事低一级岗位的工作经历，或从事过与之相关的岗位工作的经历。

113. Training rules for management positions.

② 管理岗位培训规范 [113]。它主要包括以下几项内容。

---

[25] It includes rules for staffing, staff quota rules for each post, time quota rules, production quota rules or double quota rules.

- 指导性培训计划[114]。即对本岗位人员进行培训的总体性计划。主要内容有：培训目的、培训对象、培训项目（实际操作）、课程的设置与课时分配、培训方式、考核方法等。

- 参考性培训大纲和推荐教材。

③ 生产岗位技术业务能力规范[115]，亦称生产岗位技能规范。主要包括以下三项内容。

- 应知[116]。胜任本岗位工作所应具备的专业理论知识。如所使用机器设备的工作原理、性能、构造，加工材料的特点和技术操作规程等。

- 应会[117]。胜任本岗位工作所应具备的技术能力。如使用、调整某一设备的技能，使用某种工具、仪器仪表的能力等。

- 工作实例[118]。根据"应知""应会"的要求，列出本岗位的典型工作项目，以便判定员工的实际工作经验，以及掌握"应知""应会"的程度。

④ 生产岗位操作规范[119]，亦称岗位工作规范（标准）。主要包括以下几项内容。

- 岗位的职责和主要任务。

- 岗位各项任务的数量和质量要求，以及完成期限。

- 完成各项任务的程序和操作方法。

- 与相关岗位的协调配合程度。

- 其他种类的岗位规范。如管理岗位考核规范、生产岗位考核规范等。

6.2.2 工作分析与岗位设计的工作步骤和内容

1. 工作分析的步骤和内容

工作分析[120]是根据组织内部的需要，通过岗位调查、分析[121]、设计和评价各个岗位的功能和要求，明确每个岗位的职责、权限，以及承担该岗位职责的人员所必备的资格和条件，以便为事择人。

工作分析的步骤和内容如下。

（1）岗位调查[122]。在设立一个新的岗位前，采用科学的调查方法，收集各种与岗位有关的信息，调查的信息主要有劳动者定向的工作活动[123]、工作活动过程[124]、定置定位活动[125]、工作衡量标准[126]、工作互相关系和员工所需素质等。

（2）岗位分析[127]。对工作岗位的性质任务、职责权限、岗位关系、劳动条件和环境，以及员工承担本岗位任务应具备的资格条件进行系统的研究，由决策部门考虑最终是否要设立此岗位，如果确定设立此岗位，还要制定出

114. A guidance training plan.

115. Professional capacity rules for production positions.

116. Theoretical knowledge.

117. Practical skills.

118. Experience.

119. Operation rules for production positions.

120. Job Analysis

121. Job-investigation analysis.

122. Post investigation.

123. Workers' Directional Working Activities

124. The Process of Working Activities

125. Custom Positioning Activities

126. Working Measurement

127. Post analysis.

岗位说明书、健康、安全与环境管理体系（即 HSE 管理体系）知识、操作规范等文件。

128. Post design.

（3）岗位设计[128]。确定岗位在组织中的位置、定员人数、工时轮班制度、工作协调方式、工作地点、工作环境，由决策部门安排适当的人选到此岗位工作（也就是岗位实施）。

129. Post survey.

130. Field survey.

（4）岗位再调查[129]。在岗位实施一段时间后，到岗位实施的地点进行实地调查[130]。

131. Post assessment.

（5）岗位评价[131]。在岗位分析的基础上，按照预定的衡量标准，对岗位劳动责任、劳动所需技能、劳动强度、劳动环境和劳动所需心理等方面进行评价，由决策部门考虑是否要保留此岗位。

132. Post reanalysis.

（6）岗位再分析[132]。对评价中出现的问题进行分析，并对前一次岗位分析的内容进行修正。

133. Post adjustment.

（7）岗位调整[133]。对前一次岗位设计内容进行调整。

2. 岗位设计的作步骤和内容

岗位设计的主要内容包括工作内容、工作职责和工作关系的设计三个方面。

134. Job content.

135. Job feedback.

（1）工作内容[134]。工作内容的设计是工作设计的重点，一般包括工作广度、深度、工作的自主性、工作的完整性以及工作的反馈[135]五个方面。

136. Boardness.

• 工作的广度[136]。即工作的多样性。工作设计得过于单一，员工容易感到枯燥和厌烦，因此设计工作时，尽量使工作多样化，使员工在完成任务的过程中能进行不同的活动，保持工作的兴趣。

137. Depth.

• 工作的深度[137]。设计的工作应具有从易到难的一定层次，对员工工作的技能提出不同程度的要求，从而增加工作的挑战性，激发员工的创造力和克服困难的能力。

• 工作的完整性。保证工作的完整性能使员工有成就感，即使是流水作业中的一个简单程序，也要是全过程，让员工见到自己的工作成果，感受到自己工作的意义。

• 工作的自主性。适当的自主权力能增加员工的工作责任感，使员工感到自己受到了信任和重视。认识到自己工作的重要，使员工工作的责任心增强，工作的热情提高。

• 工作的反馈性。工作的反馈包括两方面的信息：一是同事及上级对自己工作意见的反馈，如对自己工作能力，工作态度的评价等；二是工作本身的反馈，如工作的质量、数量、效率等。工作反馈信息使员工对自己的工作效果有全面的认识，能正确引导和激励员工，有利于工作的精益求精。

（2）工作职责[138]。工作职责设计主要包括工作的责任、权力、方法以及工作中的相互沟通和协作等方面。

- 工作责任[139]。工作责任设计就是员工在工作中应承担的职责及压力范围的界定，也就是工作负荷的设定。责任的界定要适度，工作负荷过低、无压力，会导致员工行为轻率和低效；工作负荷过高、压力过大又会影响员工的身心健康，会导致员工的抱怨和抵触。

- 工作权力[140]。权力与责任是对应的，责任越大，权力范围越广，否则二者脱节，会影响员工的工作积极性。

- 工作方法[141]。包括领导对下级的工作方法，组织和个人的工作方法设计等。工作方法的设计具有灵活性和多样性，不同性质的工作根据其工作特点的不同，采取的具体方法也不同，不能千篇一律。

- 相互沟通[142]。沟通是一个信息交流的过程，是整个工作流程顺利进行的信息基础，包括垂直沟通、平行沟通、斜向沟通等形式。

- 协作[143]。整个组织是有机联系的整体，是由若干个相互联系相互制约的环节构成的，每个环节的变化都会影响其他环节以及整个组织运行，因此各环节之间必须相互合作、相互制约。

（3）工作关系[144]。组织中的工作关系，表现为协作关系、监督关系等各个方面。

通过以上三个方面的岗位设计，为组织的人力资源管理提供了依据，保证事（岗位）得其人，人尽其才，人事相宜；优化了人力资源配置[145]，为员工创造更加能够发挥自身能力，提高工作效率，提供有效管理的环境保障。

6.2.3 岗位设计的概念

岗位设计[146]是在工作分析的信息基础上，研究和分析工作如何做以促进组织目标的实现，以及如何使员工在工作中得到满意以调动员工的工作积极性。

岗位设计又称工作设计，是指根据组织需要，并兼顾个人的需要，规定每个岗位的任务(assignment)、责任(duty)、权力(authority)以及组织中与其他岗位关系的过程。它是把工作的内容(content)、工作的资格条件(qualifications)和报酬(payment)结合起来，目的是满足员工和组织的需要。岗位设计问题主要是组织向其员工分配工作任务和职责的方式问题，岗位设计是否得当对于激发员工的积极性，增强员工的满意感以及提高工作绩效都

138. Job duties.

139. Responsibility.

140. Authority.

141. Method.

142. Communication.

143. Cooperation.

144. Relationships.

145. Human Resource Allocation

146. Post Designing

有重大影响。

6.2.4　岗位设计的要求

岗位设计一般有以下要求。

- 企业不断提高工作效率，提高产出与服务水平。
- 企业员工之间的劳动分工更加合理，协作更加默契。
- 企业员工的工作环境得到进一步完善。

6.2.5　岗位设计的原则

工作岗位设计一般原则有以下几点。

- 目标—任务原则[147]。组织设计以企业战略、目标和任务为主要依据。根据这一原则，企业组织设计应因事设职，因职设人。
- 分工、协作原则[148]。组织部门的划分、业务的归口，应兼顾专业分工及协作配合。这就要求在观念上要有整体的目标和共同奋斗的意识，在制度上应明确分工的责任和协作的义务，在组织形式上，应将分工和协作结合起来。
- 权责相等的原则[149]。整个组织中权责应对等，必须严格保证组织中每一职位拥有的权利与其承担的责任相称，权责相等是发挥组织成员能力的必要条件。

6.2.6　岗位设计的选择

1. 岗位设计的方法[150]

岗位设计的方法有多种，但其中心思想是工作丰富化，而工作丰富化的核心是激励的工作特征模型。

（1）工作轮换[151]。工作轮换是属于工作设计的内容之一，指在组织的不同部门或在某一部门内部调动雇员的工作[152]。目的在于让员工积累更多的工作经验。

（2）工作扩大化[153]。工作扩大化的做法是扩展一项工作所包括的任务和职责[154]，但是这些工作与员工以前承担的工作内容非常相似，只是一种工作内容在水平方向上的扩展，不需要员工具备新的技能，所以，并没有改变员工工作的枯燥和单调。

（3）工作丰富化[155]。所谓的工作丰富化是指在工作中赋予员工更多的责任、自主权和控制权[156]。工作丰富化与工作扩大化、工作轮调都不同，它不是水平地增加员工工作的内容，而是垂直地增加工作内容。这样员工会承

147. Objective - task principle.

148. Division of labor and cooperation principle.

149. The duty-authority-equity principle.

150. The approaches of post designing.

151. Job rotation.

152. Position transferring within a department or between departments.

153. Job expansion.

154. Expansion of tasks and responsibilities attached to a job.

155. Job deepening.

156. More responsibilities, autonomy and control rights at work.

担更多重的任务、更大的责任，员工有更大的自主权和更高程度的自我管理，还有对工作绩效的反馈。

2. 影响岗位设计的主要因素 [157]

一个有效的岗位设计，必须综合考虑各种因素，即需要对工作进行周密的、有目的的计划安排，并考虑到员工的具体素质、能力及各个方面的因素，也要考虑到本单位的管理方式、劳动条件、工作环境、政策机制等因素。具体进行岗位设计时，必须考虑以下几方面的因素。

（1）员工的因素 [158]。人是组织活动中最基本的要素，员工需求的变化是岗位设计不断更新的一个重要因素。岗位设计的一个主要内容就是使员工在工作中得到最大的满足，随着文化教育和经济发展水平的提高，人们的需求层次提高了，除了一定的经济收益外，他们希望在自己的工作中得到锻炼和发展，对工作质量的要求也更高了。

只有重视员工的要求并开发和引导其兴趣，给他们的成长和发展创造有利条件和环境，才能激发员工的工作热情，增强组织的吸引力，留住人才。否则随着员工不满意程度的增加，随之而来的是员工的冷漠和生产低效，乃至人才流失。因此岗位设计时要尽可能地使工作特征与要求适合员工个人特征，使员工能在工作中发挥最大的潜力。

（2）组织的因素 [159]。岗位设计最基本的目的是为了提高组织效率，增加产出。岗位设计离不开组织对工作的要求，具体进行设计时，应注意：

• 岗位设计的内容应包含组织所有的生产经营活动，以保证组织生产经营总目标的顺利有效实现；

• 全部岗位构成的责任体系应该能够保证组织总目标的实现；

• 岗位设计应该能够助于发挥员工的个人能力，提高组织效率。这就要求岗位设计时全面权衡经济效率原则和员工的职业生涯和心理上的需要，找到最佳平衡点，保证每个人满负荷工作，使组织获得组织的生产效益和员工个人满意度及安宁两方面的收益。

（3）环境因素 [160]。环境因素包括人力供给和社会期望两方面。

• 岗位设计必须从现实情况出发，不能仅仅凭主观愿望，而要考虑与人力资源的实际水平相一致。例如：在我国目前人力资源素质不高的情况下，工作内容的设计应相对简单，在技术的引进上也应结合人力资源的情况，否则引进的技术没有合适的人使用，造成资源的浪费，影响组织的生产。

• 社会期望是指人们希望通过工作满足些什么 [161]。不同的员工，其需求

---

157. Major factors affecting post designing.

158. Employee dimension.

159. Organizational dimension.

160. Environmental dimension.

161. The social expectation is what people can get from work.

层次是不同的，这就要求在岗位设计时考虑一些人性方面的东西。

在21世纪，激励越来越受到管理者的重视，因为它是对员工从事劳动的内在动机的了解和促进，从而使员工在最有效率、最富有创造力的状态下工作。岗位设计直接决定了人在其所从事的工作中干什么、怎么干，有无机动性，能否发挥主动性、创造性，有没有可能形成良好的人际关系等。优良的岗位设计能保证员工从工作本身寻得意义与价值，可以使员工体验到工作的重要性和自己所负的责任，及时了解工作的结果，从而产生高度的内在激励作用，形成高质量的工作绩效及对工作高度的满足感，达到最佳激励水平，为充分发挥员工的主动性和积极性创造条件，组织才能形成具有持续发展的竞争力。

6.3 组织的部门化

6.3.1 职能部门化 [162]

162. Function-based.

1. 职能部门化的概念

职能部门化就是按组织的职能为基础进行部门划分，即把具有相同职能的工作岗位放在同一个部门。[26] 职能部门化是一种传统而基本的组织形式。职能是互相联系的活动，之所以说关联，是因为在进行特定的一种工作时，要求有许多相似的技能。也就是说，在完成一个共同目标时把一组作业任务组编在一起的关系。

2. 职能部门化的前提

按职能划分部门的方法，是基于这样的假设：很少人能够对各个方面的知识都很精通。规模小的公司，业务量小，只需要很少的管理人员，因此，往往是一个人管理许多事情。从某种程序上说，这种管理效率是很高的，因为不要其他的协调方式。在规模较大的公司，管理业务及管理人员都增加了，由于分工的极大优越性，组织管理划分为若干个职能部门来进行便是一个必然的趋势。在制造业，通常是按照生产、销售、技术、财务以及人事等划分成若干职能部门。

3. 职能部门化的优缺点

几乎所有的公司组织都是有按职能划分的部门，按职能划分部门是首要的、最基本的方法。

---

[26] Function-based departmentalization means organizing departments based on their functions.That is to say, grouping positions with a same function into a same department.

（1）按职能划分部门的优点。主要是：它是一个合乎逻辑的和经过时间考验的方法；它遵循了职业专业化的原则，因而简化了职业训练工作；在人力的利用上能够显示出更高的效率；职能专业化减轻了主管部门经理承担最终成果的责任，因而提供了在上层加强控制的手段。

（2）按职能划分部门的缺点。主要是：①职能人员往往养成了专心一意地忠于职守的态度和行为方式，各职能部门往往会强调自己部门的重要性，它们之间的"墙"是普遍存在的，职能人员观点的狭隘会破坏公司的整体性；②正因为这样，职能部门之间的协调就是比较困难的事情，按职能划分部门，只有总经理才能对公司的全面事务负责，在大的公司里，这样的责任放在一个人肩上是太重了；③由于缺乏更多的位置，对经理人才的训练受到限制。

6.3.2 产品服务部门化 [163]

1. 产品服务部门化的概念

产品服务部门化就是按组织向社会提供的产品和服务来划分部门。[27]

如：家电企业可能会依据其产品类别划分出彩电部、空调部、冰箱部、洗衣机部等部门。产品和服务部门化，如图 6.2 所示。

163. Product-and-service-based Departmentalization

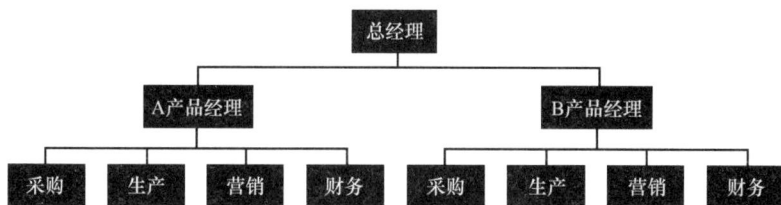

图 6.2　产品和服务部门化

从职能部门化到产品部门化要经历一个发展过程.当组织规模不大、各种产品产量和社会需求量还不足够多的时候，企业中可能采取职能部门化；随着产品需求量和生产量增加，再采取产品部门化的形式。

2. 产品服务部门化的优点

（1）它使得注意力及努力放在产品上，这对于竞争激烈 [164] 的、多变的市场环境是非常重要的。

（2）按产品划分部门，分部可以形成以利润为目标的责任中心 [165]，它

164. Fierce Competition

165. Responsibility Center

[27]　Product-and-service-based departmentalization means organizing departments based on the product and service each of them provides.

承担了总公司的一部分责任，其本身也具有高度的完整性 [166]。

（3）按产品划分部门，容易适应产品与劳务的迅速发展与变化，任何一种产品发展到一定程度，就可以分化出去，成为一个新的独立分部，这使得每一个分部都能保持一个适当的规模，避免部门的无限制膨胀带来管理的复杂化。

（4）为总经理提供可测量的训练场所 [167]。

3. 产品服务部门化的缺点

（1）必须有更多的人员具有总经理那样的能力，以保证各产品分部的有效经营。[28]

（2）存在由于总部和分部业务的重复而增加成本的危险，即给经济的集中服务造成困难。[29]

（3）分部拥有较大的权力，增加了公司总部的控制问题，由于分权及控制的不当，很可能使得公司的整体性受到破坏，严重时导致瓦解。[30]

（4）容易出现部门化倾向；行政管理人员过多，管理费用增加。[31]

6.3.3 流程部门化 [168]

1. 流程部门化的概念

流程部门化又称过程部门化，是指组织（如加工单位）按生产过程、工艺流程或设备来划分部门。[32]

如机械制企业划分出铸工车间、锻工车间、机加工车间、装配车间等部门。

2. 流程部门化的优点

流程部门化的优点主要是：组织能够充分发挥人员集中的技术优势，易于协调管理，对市场需求的变动也能够迅速快捷地反应，容易取得较明显的集合优势；另外也简化了培训，容易在组织内部形成良好的相互学习氛围，

---

[28]　There must be more personnel with capacity as the general manager does, so as to ensure the effective operation of product divisions.

[29]　The repetition of business in a headquarters and its branches, there's a risk of cost increasing, thus making centralized economic service difficult.

[30]　Branches having more power may bring controlling problems to the headquarter, thus probably affecting the integrity of an enterprise and even.

[31]　There may be a tendency with excessive administrative personnel and increasing management costs.

[32]　Process-based departmentalization means organizing departments based on production process,technical process or specialized equipments.

会产生较为明显的学习经验曲线效应。[33]

3. 流程部门化的缺点

流程部门化的缺点主要是：部门之间的紧密协作有可能得不到贯彻，也会产生部门间的利益冲突；另外，权责相对集中，不利于培养出"多面手"式的管理人才 [169]。

6.3.4 顾客部门化 [170]

1. 顾客部门化的概念

顾客部门化就是按组织服务的对象类型来划分部门 [171]。

如：银行为了不同的顾客提供服务，设立了商业信贷部、农业信贷部和普通消费者信贷部等。顾客部门化的优点是可以有针对性地按需生产、按需促销。缺点是只有当顾客达到一定规模时，才比较经济。

2. 顾客部门化的优点

顾客部门化的优点主要是：企业可以通过设立不同部门满足目标顾客特殊而广泛的需求，同时能有效获得用户真正的意见反馈，这有利于企业不断改进自己的工作；另外，企业能够持续有效地发挥自己的核心专长，不断创新顾客的需求，从而在这一领域建立持久性竞争优势 [172]。

3. 顾客部门化的缺点

顾客部门化的缺点主要是：可能会增加与顾客需求不匹配而引发的矛盾和冲突，需要更多能妥善协调和处理与顾客关系问题的管理人员和一般人员；另外，顾客需求偏好的转移，可能使企业无法时时刻刻都能明确顾客的需求分类，结果会造成产品或服务结构的不合理，影响对顾客需求的满足。

6.3.5 地域部门化 [173]

1. 地域部门化的概念

地域部门化是指按地理位置来划分部门，继而设置管理部门管理其业务

169. The "generalist" type of management talents.

170. Customer-based Departmentalization

171. It means organizing departments based on the types of customers.

172. Sustaining Competitive Advantage

173. Region-based Departmentalization

---

[33]　Its advantages are as follows: organizations can give full play to the technological advantage of assembled staff, making coordination and management easy; organizations can give a quick response to the changing market demands, an obvious advantage by assembling; organizations can simplify training programs thanks to the favorable atmosphere of learning from each other within it which strengthens experience learning curve effect.

活动，[34] 如跨国公司依照其经营地区划分的各个分公司，如图 6.3 所示。

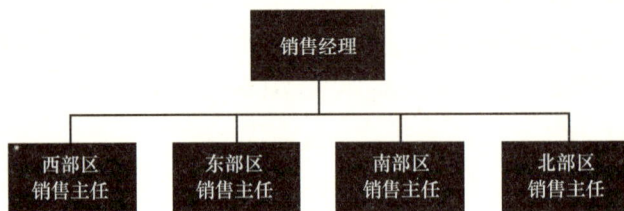

图 6.3　区域部门化

2. 地域部门化的优点

地域部门化的优点主要是：责任到区域，每一个区域都是一个利润中心，每一区域部门的主管都要负责该地区的业务盈亏；放权到区域，每一个区域有其特殊的市场需求与问题。[35]

6.4　组织权力的配置

6.4.1　权力和职权 [174]

174. Power and Authority

作为政治学、社会学、领导科学等多科研究的共同课题，"权力"通常被描述为组织中人与人之间的一种关系，是指处在某个管理岗位上的人对整个组织或所辖单位与人员的一种影响力，或简称管理者影响别人的能力。[36]

定义为影响力的权力主要包括三种类型：专长权、个人影响权与制度权（或称法定权）。专长权是指管理者具备某种专门知识或技能而产生的影响能力。[37] 个人影响权是指因个人的品质、社会背景等因素而赢得别人的尊重与服务的能力。[38] 制度权是与管理职务有关，由管理在组织中的地位所决定

---

[34]　Region-based departmentalization means establishing departments based on geographic locations, followed up by establishing a management department to manage their business activities.

[35]　Each region takes responsibility; that is, each region is a profit center, and each department should beresponsible for business profits and losses in the area. Each region enjoys its authority because each region has its specific market needs and problems.

[36]　Power, often described as a relationship between human in the organization , refers to the influence people in some management post have on the whole organization or the company and staff.

[37]　Expert power refers to the influence managers have because of their professional knowledge or skills.

[38]　The power of personal influence refers to the personal ability of winning others' respect and service because of his or her character or social background etc.

的影响力。[39] 与个人品质、社会背景、知识、技能有关的影响力显然不会成为集中或分散的对象,因此,我们这儿关心的主要是制度权力。作为赋予管理系统中某一职位的权力,制度权的实质是决策的权力,即决定干什么的权力、决策如何干的权力、以及决定何时干的权力。制度权的这三个方面从本质上来说是不可分割的:只有决定干什么的权力,而不需决定行动的内容和方式,会影响决策者对目标实现的可行性研究、从而可能导致决策的盲目性;相反,如果只有决定如何干、何时去完成的权力而无权确定行动的方向,则会影响决策的积极性、降低决策的动力。

制度权力与组织中的管理职位有关,而与占据这个职位的人无关。生产经理一旦调任营销或财务主管,对原部门的管理人员就不再具有命令或控制的权力。赋予某一职位的权力,也并不意味着在某个时期占据该职位的管理人员对本系统的任何较低层次的员工都能直接指挥和命令。生产经理负责整个企业的产品制造活动的统一组织指挥,但这并不意味着他可以不通过车间主任或工长而直接向某个工人分配任务。制度权力只赋予某个职位的管理人员向直接下属发布命令的权力。

职权是指由组织制度正式确定的,与一定管理职位相关联的决策、指挥、分配资源和进行奖惩的权力。每个管理职位所具有的特定权力与担任该职务的个人没有直接关系,一个人离开了管理职位就不再享有该职位的任何权力,职权将由新的任职者行使。在一个组织内部,根据各个职位之间职权关系的指向、作用和范围不同,可划分为直线职权、参谋职权和职能职权三种基本类型。

6.4.2 直线职权、参谋职权和职能职权 [175]

1. 直线职权

直线职权是直线人员所拥有的包括发布命令及决策等的权力,也就是通常所指的指挥权。[40]

直线主管 [176] 指领导、监督、指挥、管理下属的人员。很显然,每一管理层的主管人员都应有这种职权,只不过每一管理层次的功能不同,其职权的大小及范围各有不同而已,例如厂长对车间主任拥有直线职权,车间主任对班组长拥有直线权。这样,从组织的上层到下层的主管人员之间,便形成一

175. Line Authority, Staff Authority and Function Authority

176. Line Manager

---

[39] The power of system is related to management positions and is the influence decided by the status of management in the organization.

[40] Line authority refers to line managers'power of order-giving and decision-making, generally called the power of command.

177. Chain of Command

178. Line of Command

个权力线；这条权力线被称为指挥链[177]或指挥系统[178]。

在这条权力线中，职权的指向由上而下。由于在指挥链中存在着不同管理次的直线职权，故指挥链又叫层次链。它颇像一座金字塔，通过指挥链的信息传递，由上而下，或由下而上地进行，所以，指挥链既是权力线，又是信息通道。在这个指挥链中，职权关系有两条必须遵循的原则。

179. Grade Principle

（1）分级原则[179]

每一层次的直线职权应分明，这样才有利于执行决策职责和信息沟通。一位厂长在总结经验时曾说过这样一段话："在我的厂，厂长的职权不容侵犯，令行禁止，不能违抗；厂长的责任也一丝一毫不容推卸。副手的权力，我也从不侵犯，该车间主任、科长管的事，我决不干预，我不是一个人说了算，而是在各自职权范围内，人人说了算。这样，生产才能有秩序地进行。如果大事小事都来找厂长，那就说明下属干部不负责，厂长用人不当。"这是符合分级原则的。超越层次，越俎代庖，下级员工失去积极性、主动性，这是违背分级原则的。

180. Authority Hierarchy Principle

（2）职权等级原则[180]

作为下级来讲，应该"用足"自己的职权，在自己职权范围内作出决策，只有当问题的解决超越自身职权界限时，才可提给上级。相反，惧怕担当风险的主管人员，或才能平庸的主管人员，常常把一切问题上交，仅仅起"交换台"的作用。这样，一方面造成上级忙于应付具体事务；另一方面，自己失去指挥功能，徒占其位。

2. 参谋职权

参谋职权是参谋人员所拥有的服务、辅助性、顾问性质的职权。

参谋职权包括以下几种：

181. Consultation rights.

（1）建议权[181]（咨询权）；

182. Mandatory negotiation rights.

（2）强制协商权[182]（强制咨询）；

183. Joint deciding rights.

（3）共同决定权[183]（同意权）；

184. Function rights.

（4）职能权[184]（除了服务、参谋，还包括组织实施、专业协调和监督检查等）。

3. 职能职权

职能职权是指高层主管把本来属于直线管理人员的部分权力，委托给某参谋人员或某部门的主管人员行使而产生的。例如，公司的总经理授权财务部门直接向生产经营部门的负责人传达关于财务方面的信息和建议，并对其财务实行控制；专业的安全技师可能被授权可以强令停止安全没保障的某项生产作业。

4. 如何处理好三种职权的关系

三种人员在管理工作中的相互关系本质上是一种职权关系。直线人员、职能人员与参谋人员相互之间存在一定的关系。

直线人员就是拥有直线职权的人员，职能人员是拥有职能职权的人员，参谋人员是拥有参谋职权的人员。三者之间的关系如果处理不当，就有可能导致混乱，并且管理效率也会受到影响。正确处理三者之间的关系，应注意以下几个问题。

① 三种人员在管理工作中的相互关系本质是一种职权关系。一般来说，直线人员拥有作出决策、发布命令并付诸实施，协调组织中的人力、物力、财力从而保证实现组织目标的权力。参谋人员具有协助与建议的权力。职能人员具有某些直线职权和参谋职权。由于三者是一种职权关系，所以，必须要正确处理他们的关系，从而保证提高管理效率。

② 注意发挥参谋人员的作用。由于参谋人员为直线人员提供信息、出谋划策，从而更有利于直线人员开展工作。但是在实际工作中，往往出现参谋人员替直线人员作决策，有时甚至对下级发号施令，从而影响管理效率的现象。下面是正确处理二者之间关系的几点建议：参谋人员只能独立地为直线人员出谋划策；直线人员应广泛听取参谋人员的建议，但不能为参谋人员所左右；直线人员与参谋人员必须密切配合，从而做出合理的决策。

③ 适当限制职能人员的作用。职能人员能从专业角度对企业进行管理，从而有利于企业实现专业化管理。但是如果职能人员的活动范围过大，就有可能出现职能人员取代直线人员、干预直线管理、破坏指挥统一性的弊病。因此应适当限制职能人员的作用，其关键是限制职能职权的范围。

④ 不能混淆职能人员与参谋人员的身份。职能人员不但有专业指导的职权，而且有一定程度的直线职权；而参谋人员则没有直线职权。这两种身份的区别就在于：在实际工作中，不同于职能人员，参谋人员是不能做出决策、发布命令的。

6.4.3 职权配置方式

1. 集权与分权的概念

所谓集权，是指决策权在很大程度上向处于较高管理层次的职位集中。[41]

---

[41] Centralization refers to that the decision-making power is largely centralized to positions of a higher management level.

所谓分权，是指决策权在很大程度上分散到处于较低管理层次的职位上。[42] 集权与分权是相对的，较好的管理建立在集权与分权平衡的基础上。集权对于组织来讲，至少有这样两方面的好处：一是可以确保组织总体政策的统一；二是可以保证政策执行的高效率。但过分集权也会给组织带来这样一些弊端：降低决策的质量，降低组织的适应能力，降低组织成员的积极性和参与性等。

2. 影响集权与分权的因素 [185]

集权与分权相结合是组织发展的基本条件，不存在绝对的集权与绝对的分权。组织应区别不同的环境，有针对性地采取集权与分权相结合的模式。确定一个组织中集权和分权的合理程度，需要考虑如下几方面的影响因素。

（1）组织规模[186]。组织规模大，决策数目多，协调、沟通及控制不易，易于分权。相反，组织规模小，决策数目少，分散程度低则易于集权。

（2）经营环境条件和业务活动性质[187]。如果组织所面临的经营环境具有较高的不确定性，处于经常变动之中，组织需要保持较高的灵活性和创新性，这就要求实行较大程度的分权。反之，面临稳定的环境和按常规开展业务活动的组织，则可以实行较大程度的集权。

（3）决策的重要性[188]。一般而言，涉及较高的费用和影响面较大的决策，易实行集权，重要程度较低的决策可实行较大的分权。

（4）组织内部政策的一致性要求[189]。不同的组织对内部政策的一致性要求不同。有的组织采取不一致的内部政策，以求得更充分地调动基层的积极性，这种情况下，组织倾向于分权。有的组织采取一致的内部政策，以求得内部各基层单位的协调平衡和行动统一，这时组织应倾向于集权。

（5）组织的发展史[190]。组织的发展史说明了组织的由来和组织中决策的习惯做法。一般而言，若组织是由小到大扩展而来，集权程度较高；若组织是由联合或合并而来，则分权程度较高。

（6）管理者的指导思想[191]。管理者的个性与所持的指导思想影响着权力的分散程度。如果高层管理者倾向于对人的不信任，则往往会采取集权的方式进行管理；反之，则会把权力下放。

（7）控制技术及手段[192]。通信技术、统计方法以及其他技术的改善都有利于趋向分权。

[42]　Decentralization of authority refers to the decision-making power is distributed to a large extent among positions of the lower levels of management.

185. Factors affecting centralization and decentralization.

186. The scale of the organization.

187. Business environment and the nature of business activities.

188. The importance of the decision-making.

189. The consistency degree of the organization's internal policies.

190. The organization's development history.

191. The guiding ideology of the managers.

192. The technology and means of controlling.

（8）主管人员的数量和素质[193]。组织内主管人员（特别是中层管理者）的数量充足且综合素质较高，管理能力强，则可较多地分权；相反则趋于集权。

3. 授权[194]

管理者的授权行为是促进组织达到分权状态的重要途径。授权是指上级管理者通过职责委派的方式将部分职权交给下属的行为。授权的本质含义是管理者不要去做别人能做的事，而只做那些必须由自己来做的事。[43]

在权力下放的方式上，授权与分权存在着区别。分权是一种制度行为，它是通过改变组织设计中管理权限的制度分配方式而实现的，它实际上是对组织中职权关系的一种再设计。而授权更多的是管理者的个体行为，它反映了不同管理者的管理风格。

授权实际上是一个过程，主要包括以下几个阶段。

（1）职责的分派[195]。管理者必须明确下级运用被授予的权力所要完成的任务，并把这个任务分派给下级管理者。

（2）职权的授予[196]。把完成任务所必需的职权授予下级管理者，使之能够应用这个权力去完成任务。值得注意的是，上级管理者把权力授予下级之后，仍然保留着权力回收的权力。

（3）责任的建立[197]。根据权责一致的原则，在授权后，下级管理者必须承担起履行责任、完成目标的义务，确立相应的责任范围和责任项目，以利于监督和控制。

6.5 公司组织形式[198]

6.5.1 直线职能制[199]

直线职能制是一种以直线制结构为基础，在厂长（经理）领导下设置相应的职能部门，实行厂长（经理）统一指挥与职能部门参谋、指导相结合的组织结构形式。[44]

直线职能制组织形式如图6.4所示。

---

[43] The nature of authorization is that managers do what is obliged to and don't do what others can do.

[44] The system of line function entitles a manager to direct the work of an employee. It's the employer-employee authority relationship that extends from the top of the organization to the lowest level, according to the chain of command.

193. The quantity and quality of managers.

194. Authorization

195. The assignment of responsibilities.

196. Authority conferring.

197. The establishment of responsibility.

198. Organization Forms of Enterprises

199. The Syetem of Line Function

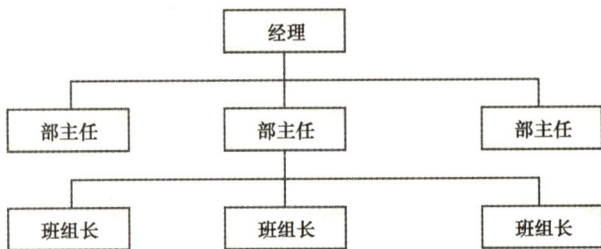

图 6.4　直线职能制组织结构

直线职能制的特点是：（1）厂长（经理）对业务和职能部门均实行垂直式领导，各级直线管理人员在职权范围内对直接下属有指挥和命令权，并对此承担全部责任；（2）职能管理部门是厂长（经理）的参谋和助手，没有直接指挥权，其职责是向上级提供信息和建议，并对业务部门实施指导和监督，因此，它与业务部门的关系只是一种指导关系，而非领导关系。

直线职能制是一种集权和分权相结合的组织结构形式，它在保留直线制统一指挥优点的基础上，引入管理工作专业化的做法。因此，既能保证统一指挥，又可以发挥职能管理部门的参谋指导作用，弥补领导人员在专业管理知识和能力方面的不足，协助领导人员决策。所以，它不失为一种有助于提高管理效率的组织结构形式，在现代企业中适用范围比较广。

值得注意的是，随着企业规模的进一步扩大，职能部门也将随之增多，于是，各部门之间的横向联系和协作将变得更加复杂和困难。加上各业务和职能部门都须向厂长（经理）请示汇报，使其往往无暇顾及企业面临的重大问题。当设立管理委员会、完善协调制度等改良措施都不足以解决这些问题时，企业组织结构改革就会倾向于更多的分权。

6.5.2　事业部制 [200]

200. Divisional System

事业部制也称分权制结构，是一种在直线职能制基础上演变而成的现代企业组织结构形式。事业部制组织结构形式，如图 6.5 所示。

事业部制结构遵循"集中决策，分散经营"的总原则，实行集中决策指导下的分散经营，按产品、地区和顾客等标志将企业划分为若干相对独立的经营单位，分别组成事业部。各事业部在经营管理方面拥有较大的自主权，实行独立核算、自负盈亏，并可根据经营需要设置相应的职能部门。总公司主要负责研究和制定重大方针、政策，掌握投资、重要人员任免、价格幅度和经营监督等方面的大权，并通过利润指标对事业部实施控制。

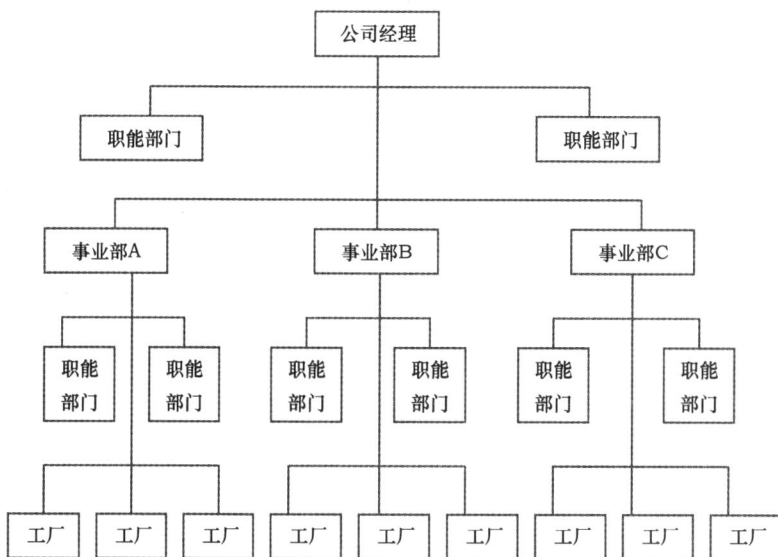

图 6.5 事业部制组织结构

事业部制结构具有以下优点。

（1）权力下放，有利于最高管理层摆脱日常行政事务，集中精力于外部环境的研究，制定长远的全局性的发展战略规划，成为强有力的决策中心。

（2）各事业部主管摆脱了事事请示汇报的框框，能自主处理各种日常工作，有助于加强事业部管理者的责任感，发挥他们搞好经营管理的主动性和创造性，提高企业经营适应能力。

（3）各事业部可集中力量从事某一方面的经营活动，实现高度专业化，整个企业可以容纳若干经营特点有很大差别的事业部，形成大型联合企业。

（4）各事业部经营责任和权限明确，物质利益与经营状况紧密挂钩。

事业部制的主要缺点是：容易造成组织机构重叠、管理人员膨胀现象；各事业部独立性强，考虑问题时容易忽视企业整体利益。因此，事业部制结构适合于那些经营规模大、生产经营业务多样化、市场环境差异大、要求较强适应性的企业。

6.5.3　控股制[201]

控股公司结构，是早期实行公司分权的一种形式，公司由若干具有独立法人资格的子公司（或分公司）组成，公司总部持有子公司的部分或全部股份。它严格讲起来并不是一个企业的组织结构形态，而是企业集团的组织形式。在 H 型公司持有子公司或分公司部分或全部股份，下属各子公司具有独立的

201. Holding Company System

法人资格，是相对独立的利润中心。

控股公司依据其所从事活动的内容，可分为纯粹控股公司[202]和混合控股公司[203]。纯粹控股公司是指，目的只在于掌握子公司的股份，支配被控股子公司的重大决策和生产经营活动，而本身不直接从事生产经营活动的公司。混合控股公司指既进行股权控制，又从事某种实际业务经营的公司。

6.5.4　矩阵制[204]

矩阵制结构由纵横两个管理系列组成，一个是职能部门系列；另一个是为完成某一临时任务而组建的项目小组系列。纵横两个系列交叉，即构成矩阵。矩阵制组织结构形式如图 6.6 所示。

矩阵制结构的最大特点在于其具有双道命令系统，小组成员既要服从小组负责人的指挥，又要受原所在部门的领导，这就突破了一个职工只受一个直接上级领导的传统管理原则。

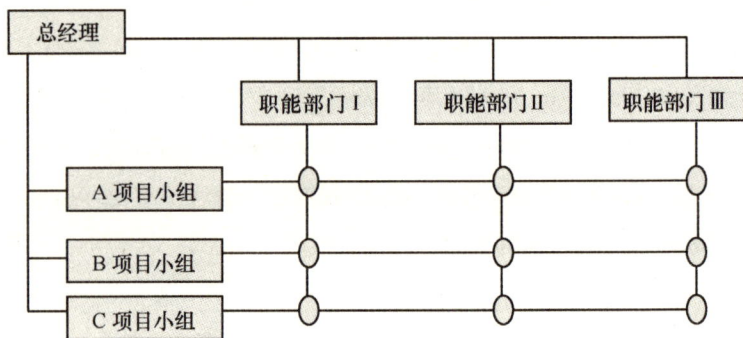

图 6.6　矩阵制组织结构

矩阵制结构具有以下四个方面的优点。

（1）将企业横向联系与纵向联系较好地结合了起来，有利于加强各职能部门之间的协作和配合，及时沟通情况，解决问题。

（2）能在不增加机构和人员编制的前提下，将不同部门的专业人员集中在一起，组建方便。

（3）能较好地解决组织结构相对稳定和管理任务多变之间的矛盾，使一些临时性的跨部门性工作的执行变得不再困难。

（4）为企业综合管理和专业管理的结合提供了组织结构形式。

但是，矩阵制结构组织关系比较复杂，一旦小组与部门发生矛盾，小组

202. Pure Holding Company

203. Mixed Holding Company

204. Matrix System

成员的工作就会左右为难。此外，有些小组成员可能会被原部门工作分散精力，受临时工作观念影响。

6.5.5　模拟分权制[205]

205. Simulated Decentraliz-
ation System

许多大型企业，如连续生产的钢铁、化工企业由于产品品种或生产工艺过程所限，难以分解成几个独立的事业部。又由于企业的规模庞大，以致高层管理者感到采用其他组织形态都不容易管理，这时就出现了模拟分权组织结构形式。所谓模拟，就是要模拟事业部制的独立经营，单独核算，而不是真正的事业部，实际上是一个个"生产单位"。[45]

这些生产单位有自己的职能机构，享有尽可能大的自主权，负有"模拟性"的盈亏责任，目的是要调动他们的生产经营积极性，达到改善企业生产经营管理的目的。模拟盈亏责任的基本做法，就是这些单位之间按照企业内部的"转移价格"而不是真正的市场价格，互相购买成品、半成品或劳务。"转移价格"是在各单位分摊成本，然后在各自成本之上加上一个"标准费用"，如成本的10％而构成的。[46] 这样，就能够模拟计算各单位的"利润"来作为考核各单位工作绩效的依据。

因此，模拟分权制同事业部制相比较的主要不同点在于：（1）企业最高层领导的第一级部门，分别承担开发、制造、销售等不同职能，各自只在某一阶段上通过内部价格为企业最终实现的利润做出一份贡献，只是模拟性的"利润中心"，不像事业部那样相当于一个完整的企业，统管某种产品的生产经营全过程，各自为企业提供一份通过市场实现的真正的利润，是名副其实的利润中心；（2）与上述不同点相联系，模拟分权制的各组织单位，只在自己的专业领域内享有较充分的管理权，不像事业部那样可以自主经营。

模拟分权制有广泛的适用范围。它主要适用于规模大、生产经营活动的整体性较强、必须集中经营的企业。这类企业有以下三种：

（1）多种产品、单一市场的大型企业；

（2）单一产品、单一市场的大型企业；

（3）生产过程连续程度高的大型原材料工业企业。

模拟分权制的优点除了调动各生产单位的积极性外，就是解决企业规模

---

[45]　Simu lation here implies an organization is composed of "production units"rather than departments, to run business and account business independently.

[46]　A transfer price is constituted of a cost sharing among all units, and a "standard cost" which may be, for example, 10% of the shared cost.

过大、不易管理的问题。高层管理人员将部分权力分给生产单位，减少了自己的行政事务，从而把精力集中到战略问题上来。其缺点是，不易为模拟的生产单位明确任务，造成考核上的困难；各生产单位领导人不易了解企业的全貌，在信息沟通和决策权力方面也存在着明显的缺陷。

6.5.6　虚拟公司 [206]

1. 虚拟公司的概念

所谓的虚拟公司，是当市场出现新机遇时，具有不同资源与优势的企业为了共同开拓市场、共同对付其他的竞争者而组织的，建立在信息网络基础上的，共享技术与信息、分担费用、联合开发的，互利的企业联盟体。[47] 虚拟公司的出现常常是参与联盟的企业追求一种完全靠自身能力达不到的超常目标，即这种目标要高于企业运用自身资源可以达到的限度。因此企业自发的要求突破自身的组织界限，必须与其他对此目标有共识的企业实现全方位的战略联盟，共建虚拟公司，才有可能实现这一目标。

2. 虚拟公司的特点

（1）虚拟公司使得传统的企业界限模糊化 [207]。虚拟公司不是法律意义上的完整的经济实体，不具备独立的法人资格。一些具有不同资源及优势的企业为了共同的利益或目标走到一起联盟，组成虚拟公司，这些企业可能是供应商，可能是顾客，也可能是同业中的竞争对手。这种新型的企业组织模式打破了传统的企业组织界限，使企业界限变得模糊。

（2）虚拟公司具有流动性 [208]、灵活性的特点。诸企业出于共同的需要、共同的目标走到一起结盟，一旦合作目的达到，这种联盟便可能宣告结束，虚拟公司便可能消失。因此，虚拟公司可能是临时性的，也可能是长期性的，虚拟公司的参与者也是具有流动性的。虚拟公司正是以这种动态的结构、灵活的方式来适应市场的快速变化。

（3）虚拟公司是建立在当今发达的信息网络基础 [209] 之上的企业合作。虚拟公司的运行中、信息共享是关键，而使用现代信息技术和通信手段使沟通更为便利。采用通用数据进行信息交换，使所有参与的企业都能共享设计、生产及营销的有关信息，从而能够真正协调步调，保证各方能够较好合作，

----

[47]　Virtual companies are mutually beneficial business alliances organized by companies with different resources and advantages when a new opportunity occurs in the market, with the purpose of joint development and competing against others; they are established on the basis of information network, sharing their technology and information as well as expenditure and developing new business jointly.

----

206. Virtual Companies

207 Fussy in boundary.

208. Mobility

209. Internet-based

从而使虚拟企业集成出较强的竞争优势。

（4）虚拟公司在运行过程中运用并行工程[210]而不是串行工程来分解和安排各个参与企业要做的工作。虚拟公司在完成某一项目或任务时，项目或任务按照并行工程的思想被分解为相对独立的工作模块，促使承担分解任务的各方能够充分调动和使用他们的资源而不必担心核心技术或核心知识被泄露。并且各个合作模块可以并行作业，项目或任务的主持者可以利用先进的信息通讯手段在其间不断地沟通与协调，从而保证各个工作模块最终的互相衔接。这样既缩短了时间，又节约了成本，同时还促进了各参与企业有效地配置自己的资源，以及虚拟公司整体资源的充分利用。

（5）虚拟公司一般在技术上占有优势[211]。由于虚拟公司是集合了各参与方的优势，尤其是技术上的优势而形成的，因此在产品或服务的技术开发上更容易形成强大的竞争优势，使其开发的产品或服务在市场上处于领先水平，这一点是任何单个实体企业很难相比的。

（6）虚拟公司可以看作是一个企业网络[212]。该企业网络中的每个成员都要贡献一定的资源，供大家共享，而且这个企业网络运行的集合竞争优势和竞争力水平大于各个参与者的竞争优势和竞争力水平的简单相加。虚拟公司的上述特点，决定了虚拟公司具有较强的适应市场能力的柔性与灵捷性，各方优势资源集中更催生出极强的竞争优势与竞争力。

6.5.7 委员会制[213]

1. 委员会制的含义

委员会制是一种执行某方面职能而设置的管理者群体组织形式[214]。它实行集体决策[215]、集体领导[216]的体制。委员会组织在组织中广泛使用。

2. 委员会制的属性

组织或运动中的委员会，既可以是临时的，又可以是常设的；其职权属性[217]，既可以是直线性质[218]的，又可以是参谋性质[219]的。

3. 委员会制的优点

最大优点是集体决策，更加科学可靠；可代表各方利益，协调各种职能；如果是临时性的委员会，可不设专职人员[220]，富有弹性。

4. 委员会制的缺点

委员会组织决策速度慢；可能出现决策的折衷性；集体决策，责任不清。

5. 委员会制的适用性

一些经常性的专项管理职能[221]或临时性的突击工作[222]宜组建委员会进

210. Parallel Project

211. Technology Advantage

212. Enterprise Network

213. Committee System

214. Manager Group Organization Form
215 Group Decision-making
216 Collective Leadership

217. Authority Attribute
218. Linear Properties
219. Staff Properties

220. Full-time Staff

221. Special Management Function
222. Urgent Work

223. Organizational Change and Organizational Development

224. Customers

225. Competition

226. Change

227. Structural Change

228. Organization Personnel

229. Organization Task

230. Technology

231. Organization Structure

232. Organization Environment

233. Code of Conduct

234. Manner

235. Motivation

236. Action

237. Organization and Process

238. Organizational Objectives

239. Organization Target System

240. Accrual System

241. Role Relationship

242. Communication and Coordination System

243. Interdepending

244. Interacting

245. Mutually Promoting

246. Change Planning System

行管理。

6.6　组织变革与组织发展 [223]

6.6.1　组织变革的概念和内容

1. 组织变革的概念

哈默（M. Hammer）和钱皮（J. Champy）曾在《公司再造》一书中把 3 "C" 力量，即顾客 [224]、竞争 [225]、变革 [226] 看成是影响市场竞争最重要的三种力量，并认为三种力量中尤以"变革"最为重要，"变革不仅无所不在，而且还持续不断，这已成了常态"。

组织变革就是组织根据内外环境的变化，及时对组织中的要素进行结构性变革 [227]，以适应未来组织发展的要求。

2. 组织变革的内容

在组织变革实践中，首先应该解决的问题，也就是组织变革冲突的焦点。组织变革大致涉及四个方面的内容：组织的人员 [228]；组织的任务 [229]、技术 [230]；组织的结构 [231] 和组织的环境 [232] 等。不同的变革内容所采取的变革对策措施是不同的。

（1）以人员为中心的变革。通过对组织成员的知识、技能、行为规范 [233]、态度 [234]、动机 [235] 和行为 [236] 的变革，来达到组织变革的目的。

（2）以任务、技术为中心的变革。通过对组织工作与流程 [237] 的再设计，对完成组织目标 [238] 所采用的方法和设备的改变以及组织目标体系 [239] 的建立达到组织变革的目的。

（3）以组织结构为中心的变革。通过对组织的目标体系、权责体系 [240] 的改变，角色关系 [241] 的调整，沟通、协调体系 [242] 的有效建立来达到组织变革的目的。

（4）以适应组织环境为中心的变革。即以调节和控制外部环境为中心的组织变革。

组织变革的四个方面以及在各自基础上制定的各种变革对策是相互依赖 [243]、相互影响 [244]、相互促进 [245] 的。在制定组织变革对策的过程中，它们往往构成一个完整的变革规划体系 [246]。当然，由于不同组织所处的变革环境及组织内部状况不同，在选择变革内容时，其侧重点是不同的。

6.6.2 组织变革的方式和过程 [247]

1. 组织变革的方式

（1）格雷纳模式。格雷纳（Larry E. Greiner）依据组织内"权力分配丛集 [248]"来加以区分，可以分为单方的权力 [249]、分享的权力 [250] 和授权的权力 [251]。由于权力的不同，变革方式也有所不同。

① 单方的权力，指组织的领导者凭借职位的权力或权威单方面提出变革。有以下三种方式。

• 凭借命令 [252]：由上级单方面宣布变革，并传达到基层 [253] 及职工。

• 更换人员 [254]：上级不与下级磋商 [255]，让其他人代替另外职位上的人，提高工作绩效 [256]。

• 调整结构 [257]：为了影响组织成员的行为、绩效，来改变组织的结构。

② 分享的权力，指在组织变革阶段，注重职权和地位的运用，并注意行使权力的主动与分享。有以下两种变革方式。

• 群体决策 [258]：对上级 [259] 预先拟定的各种变革方案，组织成员参与选择。这种方式强调对某一方案，群体具有统一、一致的看法。

• 群体解决问题：通过群体讨论 [260]，对组织存在的问题进行分析并提出相应的解决方案。

③授权的权力，指在变革阶段 [261] 将变革的权力交给下级。有以下两种变革方式。

• 案例讨论 [262]：鼓励成员对变革案例提出自己的看法与主张，并研究可取的变革方案 [263]。

• 敏感性训练 [264]：主要强调人际关系的相互了解，提高组织员工的自觉性 [265]，从而达到提高工作效率和满足个人需要的目的。

（2）莱维特模式。莱维特（H. Leavitt）列举了有计划的组织变革相互关联和作用的四个变量，即任务、结构、人员和技术。

① 任务：是指工作任务是简单的还是复杂的，是新的还是重复的，是标准的还是独一无二的。而且，工作任务的性质也可以使一个组织内部的各部门之间产生独立的、相互依赖的或附属的关系。

② 组织结构：是指组织的信息沟通 [266]、权利和责任系统 [267]。每个组织都有自己的结构，这种结构对组织中个人的权力关系 [268] 作了具体的规定。

③ 人员：是指组织内的工作人员，包括工作态度 [269]、个人作风 [270] 和组织对工作的激励等。

④ 技术：是指组织解决问题的方法和手段，包括硬件和软件 [271]，如设备、

247. Form and Process of Organizational Change

248. Power Distribution Cluster
249. Unilateral Right
250. Shared Rights
251. Authorized Rights
252. With Command
253. Basic Level
254. By Replacing Personnel
255. Consult
256. Job Performance
257. By Adjusting Structure

258. Group Decision-making
259. Superior
260. Group Discussion
261. Change Stage
262. Case Discussion
263. Change Scheme
264. Sensitivity Training
265. Consciousness

266. Information Communication
267. Rights and Responsibility System
268. Authority Relations
269. Work Attitude
270. Personal Style
271. Hardware and Software

272. Variable

273. Aggregate Variable

274. Change Force

275. Reaction

276. Integrity

277. Phenomenon

278. Conditions

279. Problems

280. Homemade Change

281. Dynamic

282. Dynamic Balance

283. Behavior Pattens

284. Force Field Analysis

285. Historical Data Analysis

286. Unfreezing

287. Refreezing

288. Mental Preparation

289. Conversion

290. The objective of refreezing is to stabilize the new situation by balancing the driving and restraining forces in the process of change.

程序等。

这四个变量[272]是相互依赖的，其中任何一个变量的改变都会引起其他变量的改变，组织变革可以通过改变其中任意或改变几个综合变量[273]来进行。

（3）欧文斯模式。

① 在组织进行变革时，不仅仅要改变组织系统的若干组成部门——子系统，而且还必须改变整个系统，这样可以使变革长期有效，变革力[274]更持久些。

② 一个组织系统中，各个子系统是相互关联、相互依存的关系，所以，如果其中一个子系统发生重大的变革，那么，其他子系统也将会受到影响并产生一定的反作用[275]和变化。

③ 组织作为一个系统，具有整体性[276]，因此，在进行变革或处理某些问题时，一定要纵观全局，考虑相关现象[277]、条件[278]、问题[279]，不能把事件孤立地看待。

④ 自制变革[280]要依据人们的行为方式，由于这些行为是动态的[281]，处于一种能动的平衡状态[282]中。所以在对人们的行为模式[283]进行分析时，要作一定时期内特定的力场分析[284]，而不能仅停留在一般的历史资料分析[285]。

2. 组织变革的过程

为使组织变革顺利进行，并能达到预期效果，必须先对组织变革的过程有一个全面的认识，然后按照科学的程序组织实施。

组织变革的过程包括解冻[286]—变革—再冻结[287]三个阶段。

（1）解冻阶段。这是改革前的心理准备[288]阶段。一般来说，成功的变革必须对组织的现状进行解冻，然后通过变革使组织进入一个新阶段，同时对新的变革予以再冻结。组织在解冻期间的中心任务是改变员工原有的观念和态度，组织必须通过积极的引导，激励员工更新观念、接受改革并参与其中。

（2）变革阶段。这是变革过程中的行为转换[289]阶段。进入到这一阶段，组织上下已对变革做好了充分的准备，变革措施就此开始。组织要把激发起来的改革热情转化为改革的行为，关键是要能运用一些策略和技巧减少对变革的抵制，进一步调动员工参与变革的积极性，使变革成为全体员工的共同事业。

（3）再冻结阶段。这是变革后的行为强化阶段，其目的是要能通过对变革驱动力和约束力的平衡，使新的组织状态保持相对的稳定[290]。由于人们的传统习惯、价值观念、行为模式、心理特征等都是在长期的社会生活中逐渐形成的，并非一次变革所能彻底改变的，因此改革措施顺利实施后，还应采取种种手段对员工的心理状态、行为规范和行为方式等进行不断地巩固和强化。否则，稍遇挫折，便会反复，使改革的成果无法巩固。

6.6.3 组织变革阻力 [291]

组织变革作为战略发展的重要途径，总是伴随着不确定性和风险，并且会遇到各种阻力。管理心理学研究发现，常见的组织变革阻力可以分为三类。

1. 组织因素 [292]

在组织变革中，组织惰性是形成变革阻力主要的因素 [293]。这是指组织在面临变革形势时表现得比较刻板，缺乏灵活性，难以适应环境的要求或者内部的变革需求。造成组织惰性的因素较多，例如，组织内部体制不顺、决策程序不良、职能焦点狭窄、层峰结构和陈旧文化等，都会使组织产生惰性。此外，组织文化和奖励制度等组织因素以及变革的时机也会影响组织变革的进程。

2. 群体因素 [294]

组织变革的阻力还会来自群体方面，研究表明，对组织变革形成阻力的群体因素主要有群体规范 [295] 和群体内聚力 [296] 等。群体规范具有层次性 [297]，边缘规范比较容易改变，而核心规范由于包含着群体的认同，难以变化。同样，内聚力很高的群体也往往不容易接受组织变革。卢因（Kurt Lewin）的研究表明，当推动群体变革的力和抑制群体变革的力之间的平衡被打破时，也就形成了组织变革。不平衡状况"解冻"原有模式，群体在新的、与以前不同的平衡水平上重新"冻结"。

3. 个体因素 [298]

人们往往会由于担心组织变革的后果而抵制变革。[48] 一是职业认同 [299] 与安全 [300]。在组织变革中，人们需要从熟悉、稳定和具有安全感的工作任务，转向不确定性较高的变革过程，其"职业认同"受到影响，产生对组织变革的抵制。二是地位与经济上的考虑 [301]。人们会感到变革影响他们在企业组织中的地位，或者担心变革会影响自己的收入。或者，由于个性特征、职业保障、信任关系、职业习惯等方面的原因，产生对于组织变革的抵制。

对具体的人来说，变革意味着利益的重新分配，旧的利益分配平衡被打破，建立新的利益平衡格局。一般地说，如果变革带来的预期收益，包括显性收益与隐性收益、物质收益与非物质收益，扣去变革所分摊的成本后大于原来的收益，人们便会支持变革；否则，便会反对变革。在两者平衡的情况下，

291. Resistance to Organizational Change
292. Organizational Factor
293. During the organizational change, the organization inertia is a major contributor to the change resistance.
294. Group Factor
295. Group Code
296. Group Cohesion
297. Hierarchy
298. Individual Factor
299. Profession Identity
300. Security
301. Worrying Status and Interests

[48] People resist changing because they often worry about the results from the organization change.

则采取中立态度。对于普通员工来说，如果变革成功可以分享到变革后公司增加的收益，但那是远期的、间接的，而变革所带来的成本是近期的、直接的，如岗位变动，权力削弱，工作负担增加，甚至可能下岗失业等，许多员工感到缺乏安全感，权衡利弊得失后会宁愿维持现状。

变革的阻力可能以两种方式发挥作用。一种是积极地阻挠变革的进行 [302]，他们公开发表反对意见，与变革者展开争论，有时还可能掺杂了个人情感，表现出对抗性或攻击性的行为。另一种则消极地阻挠变革 [303]，他们虽不公开表示反对，却采取不合作的态度，甚至采取扣压、延误或封锁消息的方式。不论何种方式，对变革都是有害的。

6.6.4 组织发展 [304]

1. 组织发展的概念与特点

（1）组织发展的概念。

组织发展是一个通过利用行为科学的技术和理论，在组织中进行的有计划的变革的过程。[49] 具体来说，组织发展指的是在外部或内部的行为科学顾问或有时被称为变革推动者的帮助下，为提高一个组织解决问题的能力及其外部环境中的变革能力而作的长期努力。[50] 组织发展也指的是一个有计划的、涵盖整个组织范围的、同时有高层管理者控制的努力过程，以提高组织效率和活力为目的，该过程利用行为科学知识，通过在组织的"进程"中实施有计划的干预来进行。

进行组织发展，往往要在一些专家的指导和帮助下，运用管理心理学和其他学科的理论、技术，以实现预定的组织变革计划和目标。组织发展比较强调正式的工作群体的作用，它的主要对象是工作群体，包括管理人员和员工。这一点不同于传统方式的组织改进活动，传统的办法集中于个别管理人员，而不是群体。全面的组织发展还包括群体间的相互关系以及整个组织系统的问题。

（2）组织发展的特点。

组织发展是提高全体员工积极性和自觉性的手段，也是提高组织效率的有效途径。组织发展有几个显著的基本特征。

---

[49]   Organizational development is a planned change process which employs the theory and technology of behavioral science within an organization.

[50]   Organizational development means long-term effort on improving an organization's capabilities of problem-solving and its change capabilities in external environment, with the help of behavioral scientists or sometimes called change promoters.

302. To obstruct the change in positive way.

303. To obstruct the change in negative way.

304. Organizational Development

① 组织发展包含深层次的 [305] 变革，包含高度的价值导向 [306]。组织发展意味着需要深层次和长期性的组织变革。例如，许多企业为了获取新的竞争优势，计划在组织文化的层次实施新的组织变革，这就需要采用组织发展模型与方法。由于组织发展涉及人员、群体和组织文化，这里包含着明显的价值导向，特别是注重合作协调而不是冲突对抗，强调自我监控而不是规章控制，鼓励民主参与管理而不是集权管理。

② 组织发展是一个诊断—改进周期 [307]。组织发展的思路是对企业进行"多层诊断"、"全面配方"、"行动干预"和"监控评价"，从而形成积极健康的诊断—改进周期。因此，组织发展强调基于研究与实践的结合。组织发展的一个显著特征是把组织发展思路和方法建立在充分的诊断、裁剪和实践验证的基础之上。组织发展的关键之一就是学习和解决问题，这也是组织发展的一个重要基础。

③ 组织发展是一个渐进过程 [308]。组织发展活动既有一定的目标，又是一个连贯的不断变化的动态过程。组织发展的重要基础与特点，是强调各部分的相互联系和相互依存。在组织发展中，企业组织中的各种管理与经营事件不是孤立的，而是相互关联的；一个部门或一方面所进行的组织发展，必然影响其他部门或方面的进程，因此，应从整个组织系统出发进行组织发展，既要考虑各部分的工作，又须从整个系统协调各部分的活动，并调节其与外界的关系。组织发展着重于过程的改进，既解决当前存在的问题，又通过有效沟通、问题解决、参与决策、冲突处理、权力分享和生涯设计等过程，学习新的知识和技能，解决相互之间存在的问题，明确群体和组织的目标，实现组织发展的总体目标。

④ 组织发展是以有计划的再教育手段 [309] 实现变革的策略。组织发展不只是有关知识和信息等方面的变革，而更重要的是在态度、价值观念、技能、人际关系和文化气氛等管理心理各方面的更新。组织发展理论认为，通过组织发展的再教育，可以使干部员工抛弃不适合形势发展的旧规范，建立新的行为规范，并且使行为规范建立在干部员工的态度和价值体系优化的基础之上，从而实现组织的战略目的。

⑤ 组织发展具有明确的目标 [310] 与计划性。组织发展活动都是订立和实施发展目标与计划的过程，并且，需要设计各种培训学习活动来提高目标设置 [311] 和战略规划 [312] 的能力。大量的研究表明，明确、具体、中等难度的目标更能激发工作动机 [313] 和提高工作效能 [314]。目标设立 [315] 与目标管理 [316] 活动，不但能够最大限度地利用企业的各种资源，发挥人和技术两个方面的潜力；

305. The Profound Level

306. The Highest of Guiding Value

307. A Diagnosis-change Cycle

308. Organizational development is a gradual progress.

309. Re-education

310. Specific Objective

311. Goal Setting

312. Strategic Planning

313. Stimulate Motivation

314. Work Effectiveness

315. Target Setting

316. Target Management

而且还能产生高质量的发展计划，提高长期的责任感和义务感。因此，组织发展的一个重要方面就是让组织设立长远学习目标和掌握工作计划技能，包括制订指标和计划、按照预定目标确定具体的工作程序，以及决策技能等。

2. 流程型组织[317]

（1）流程性组织的概念。流程型组织，是以组织的各种流程为基础，规划部门职责，设置部门，决定人员的分工，并在此基础上建立和完善组织的各项机能。[51]流程型组织强调以企业各级、各类流程为基础，以核心流程[318]为中心动态梳理企业各种流程及其关系，围绕如何快速响应市场需求为目标优化、重组企业流程和调整组织架构。因此，流程型组织是一种极富弹性的柔性化组织[319]，能适应信息社会的高效率和快节奏的供应链管理[320]，也即跨企业间流程设计[321]、优化或重组管理[322]，其目标是通过供应链上企业群间有效互动，为终端客户提供增值产品和服务[323]。因此，流程型组织的运作是以供应链管理理论为基础的。

（2）流程型组织的优点。相较于传统型组织，流程型组织具有以下4个优点。

① 揭示了组织内部工作流的走向，使研究者对组织的了解从"黑箱"[324]状态转入到内部剖析[325]。流程浮现一改组织"黑箱"的运作状态，使研究者和企业内部成员清楚工作流的走向，使内部剖析流程合理性、有效性成为可能。

② 为组织确定自己的核心能力[326]和核心流程[327]提供了依据。流程型组织以核心流程为中心，动态梳理企业各种流程及其关系，因此组织很容易确定自己的核心能力和核心流程。

③ 为组织成员领会公司的经营方针提供了指南。由于流程中明确规定了各环节时限[328]和工作规范，调整流程中执行人或环节时限与工作规范则意味着公司经营方针、政策的改变。

④ 为主要流程的规范和再造[329]提供了基础。由于流程浮现，管理者能够根据市场环境变化和企业战略需要，动态分析流程中的合理部分或者有待改进之处。

3. 团队型组织[330]

（1）团队型组织的概念与特点。团队型组织是以自我管理团队[331]作为基本的构成单位。所谓自我管理团队，是以响应特定的顾客需求为目的，

---

[51]　Process-based organizations are to plan department functions, set up departments, determine the division of personnel and improve all functions based on all processes in an organization.

317. Process-based Organizations

318. Core Processes

319. Flexible Organization

320. Supply Chain Management

321. Process Design

322. The Optimization or Restructuring Management

323. Value-added Products and Customers

324. Black Box

325. Internal Profiling

326. Core Competencies

327. Core Process

328. Time Limit

329. Reengineering

330. Team-based Organizations

331. SMT(Self-managed Team)

掌握必要的资源和能力，在组织平台的支持下，实施自主管理的单元。[52]一个战略单位经过自由组合，挑选自己的成员、领导，确定其操作系统和工具[332]，并利用信息技术来制定他们认为最好的工作方法。惠普、施乐、通用汽车等国际知名的企业均采取了这种组织方式。自我管理团队使组织内部的相互依赖性降到最低程度。团队型组织的基本特征是：工作团队做出大部分决策，包括选拔团队领导人，团队领导人是"负责人"而非"老板"；信息沟通是通过人与人之间直接进行的，没有中间环节；团队将自主确定并承担相应的责任；由团队来确定并贯彻其培训计划的大部分内容。

（2）团队组织的特点。

① 自我管理团队容纳了组织的基本资源和能力[333]。在柔性生产技术[334]和信息技术的基础上，团队被授权可以获得完成整个任务所需的资源，例如，原材料[335]、信息、设备[336]、机器以及供应品。

② 部门垂直边界的淡化[337]。在充分重视员工积极性[338]、主动性[339]和能力的前提下，团队消除了部门之间、职能之间、科目之间、专业之间的障碍，其成员经过交叉培训[340]可以获得综合技能[341]，相互协作完成组织任务。

③ "一站式"服务与团队的自主决策[342]。在简洁、高效的组织平台[343]、整体战略[344]、信息技术[345]、资金[346]等支援下，团队被赋予极大的决策权[347]。团队成员可以自主制订计划、解决问题、决定优先次序[348]、支配资金[349]、监督结果[350]、协调[351]与其他部门或团队的有关活动。自我管理团队具有动态和集成的特点，能针对变化的顾客需求进行"一站式"服务，从价值提供的角度看，自我管理团队独立承担了价值增值中一个或多个环节的全部工作。

④ 高层管理者驱动转向为市场驱动，管理者角色转换[352]。在扁平化组织中[353]，自我管理团队对本单位的经营绩效负责，其管理人员从传统的执行者[354]角色转变为创新活动的主要发起人，为公司创造和追求新的发展机会。中层管理者大为简化并不再完全扮演控制角色，相反转变为对基层管理人员提供顾客和供应商信息、人员培训方案[355]、绩效[356]与薪酬系统设计[357]等关键的资源，协助团队间知识、技能和资源的横向整合。由于急剧的资源分散化和职责的下放，最高管理层的精力主要集中在制定整体战略、驱动创新过程、扮演设计师和教练的角色。

---

[52]　SMT is a unit which possess necessary resources and capabilities to respond to the needs of specified customers,and conducts self-managenent with the support of the organization.

332. Operating Systems and Tools

333. SMT accommodates the basic resources and capabilities of the organization.

334. Flexible Production Technology

335. Raw Materials

336. Facilities

337. Vertical boundaries between departments fade.

338. Enthusiasm

339. Initiative

340. Cross-training

341. Comprehensive Skills

342. SMT provides "one-stop" service and makes decisions autonomously.

343. Organizational Platform

344. Overall Strategy

345. Information Technology

346. Funds

347. Decision-making Power

348. Priorities

349. Disposable Funds

350. Monitoring Results

351. Coordination

352. In SMT, senior-manager-drive succumbs to market-drive, and thus managers change their roles.

353. Flat Organization

354. Executor

355. Training Program for Staff

356. Performance

357. Remuneration System Design

在基于速度和解决方案提供的竞争中，自我管理团队只能拿捏相对有限的资源。为满足顾客需求、有效减少成本、降低风险、缩短开发时间，自我管理团队必须大量依赖与其他团队或外部组织[358]广泛的横向合作[359]；自我管理团队能够独立完成价值增值的一个或多个环节，更为其在组织内部或组织间与其他团队实现多方合作奠定了基础。在市场需求驱动[360]的新型组织中，自我管理团队是基本构成单位，这种组织的形态必将是扁平的。

4. 学习型组织[361]

（1）学习型组织的提出。学习型组织的构想最初源于美国麻省理工大学佛瑞斯特（Jay W. Forrester）教授。他是一位杰出的技术专家，是 20 世纪 50 年代早期世界第一部通用电脑"旋风"创制小组的领导者。1965 年，他发表了一篇题为《企业的新设计》的论文，运用系统动力学[362]原理，非常具体地构想出未来企业组织的理想形态——层次扁平化[363]、组织信息化[364]、结构开放化[365]，逐渐由从属关系[366]转向为工作伙伴关系，不断学习，不断重新调整结构关系。这是关于学习型企业的最初构想。

彼得·圣吉（Peter M. Senge）是学习型组织理论的奠基人。作为佛瑞斯特的学生，他一直致力于研究以系统动力学为基础的更理想的组织。1970 年在斯坦福大学获航空及太空工程学士学位后，彼得·圣吉进入麻省理工大学斯隆管理学院攻读博士学位，师从佛瑞斯特，研究系统动力学与组织学习、创造理论[367]、认识科学等的融合，发展出一种全新的组织概念。他用了近十年的时间对数千家企业进行研究和案例分析，于 1990 年完成其代表作《第五项修练——学习型组织的艺术与实务》。他指出现代企业所欠缺的就是系统思考[368]的能力。它是一种整体动态的搭配能力，因为缺乏它而使得许多组织无法有效学习。之所以会如此，正是因为现代组织分工、负责的方式将组织切割，而使人们的行动与结果在时空上相距较远。当不需要为自己的行动的结果负责时，人们就不会去修正其行为，也就无法有效地学习。

（2）学习型组织的特点。学习型组织具有如下九大特点。

① 组织成员拥有一个共同的愿景[369]。组织的共同愿景，来源于员工个人的愿景而又高于个人的愿景。它是组织中所有员工愿景的景象，是他们的共同理想。它能使不同个性的人凝聚在一起，朝着组织共同的目标前进。

② 组织由多个创造性个体组成[370]。企业的工作有两类，一类是反映性[371]的，另一类是创造性[372]的。反映就是上级来检查了下级反映一下，出了事故反映一下。反映有什么作用？最多能维持现状，绝大多数人、绝大部分精力都用于反映，而没有用于创造。企业的发展是创造性的工作。没有创造，企

358. External Organizations

359. Horizontal Cooperation

360. Market-demand-driven

361. Learning-based Organizations

362. System Dynamics

363. Hierarchy Flattening

364. Organization of Information

365. Structural Openness

366. Affiliation

367. Creation Theory

368. Systems Thinking

369. Organization members have a common vision.

370. Organizations are composed of a number of creative individuals.

371. Reactive

372. Creative

业就会被淘汰。

③善于不断学习。这是学习型组织的本质特征。所谓"善于不断学习"，主要有四点含义。

一是强调"终身学习"。即组织中的成员均应养成终身学习的习惯，这样才能形成组织良好的学习气氛，促使其成员在工作中不断学习。

二是强调"全员学习"。即企业组织的决策层[373]、管理层[374]、操作层[375]都要全心投入学习，尤其是决策层，他们是决定企业发展方向和命运的重要阶层，因而更需要学习。

三是强调"全过程学习"。即学习必须贯彻于组织系统运行的整个过程之中。约翰·瑞定（John Redding）提出了一种被称为"第四种模型"的学习型组织理论。他认为，任何企业的运行都包括准备、计划、推行三个阶段，而学习型企业不应该是先学习然后进行准备、计划、推行，不要把学习和工作分割开，应强调边学习边准备、边学习边计划、边学习边推行。

四是强调"团队学习"。即不但重视个人学习和个人智力的开发，更强调组织成员的合作学习和群体智力（组织智力）的开发。在学习型组织中，团队是最基本的学习单位，团队本身应理解为彼此需要他人配合的一群人。组织的所有目标都是直接或间接地通过团队的努力来达到的。

学习型组织通过保持学习的能力，及时铲除发展道路上的障碍，不断突破组织成长的极限，从而保持持续发展的态度。

④兼学别样。组织中的成员不仅要掌握本岗位上的工作技能，而且要学习了解其他岗位工作要求。只有这样，工作才能顾全大局、相互协作、高效，做到组织精简。

⑤扁平式结构[376]。传统的企业组织结构是金字塔式的垂直组织结构，上下级之间是决策输送和信息反馈的逆转传递，上情下达或下情上达都同样要经过中间的层层结构传递，这导致了诸如信息损耗大、传递成本高、传递速度慢等不良后果。另外，企业内部的不同职能部门，往往存在部门职员之间沟通与合作的障碍。这种严格定位、分级负责的模式在传统经济发展阶段由于行业发展的可预测性较强而比较有效。但面对变化多端的现代化市场行情时，则变得反应迟缓，缺乏灵活机动性。西方经济学者把传统企业组织模式的失效归因于传统企业组织里一贯的"边界"，认为传统企业之所以存在边界，其原因在于按照需要把员工、业务流程、及生产进行区分，使各要素各有专攻、各具特色，但是经济发展的现实是经济信息化

373. Decision-making Layer
374. Management Layer
375. Operating Layer

376. Flat Structure

和全球化根本改变了企业生存的内外环境，要求企业从内部到外部建立合作、协调、高效的机制，改变大规模生产观念为灵活生产，变分工和等级为合作，调动职工积极性，协调外部经营环境，这就是对企业边界改革的呼唤。

学习型组织结构是扁平的，即从最上面的决策层到最下面的操作层，中间相隔层次极少。它尽最大可能将决策权向组织结构的下层移动，让最下层单位拥有充分的自主权，并对产生的结果负责。例如，美国通用电器公司目前的管理层次已由 9 层减少为 4 层，只有这样的体制，才能保证上下级的不断沟通，下层才能直接体会到上层的决策思想和智慧光辉，上层也能亲自了解到下层的动态，吸取第一线的营养。只有这样，企业内部才能形成互相理解、互相学习、整体互动思考、协调合作的群体，才能产生巨大的、持久的创造力。

⑥ 无边界行为[377]。无边界行为是通用电气公司第 8 任总裁杰克·韦尔奇提出的。韦尔奇反对通用旧有的"不是土生土长的"观念，提倡员工之间、部门之间、地域之间广泛地相互学习，汲取新思想，他说："你从越多的人中获取智慧，那么你得到的智慧就越多，水准被提升得越高。"这种"无边界"的推广，使通用公司将注意力集中在发现更好的方法和思想上，促使公司发展不断升级。"无边界"成为通向学习型文化和自我实现的关键一步。为了真正达到"无边界"的理想状态，韦尔奇坚决执行减少管理层次的决定，加强公司硬件建设；大力提倡全球化思维；创立"听证会"制度。"听证会"制度不仅使普通员工参与公司的管理，而且成为领导者和员工相互沟通、学习的场所，大大提高了工作效率。

⑦ 自主管理[378]。按照学习型组织理论，现在的企业管理方式有两类，一类是权力型的，一类是学习型的。权力型的基本管理模式是等级式的，一级级管下来，问题要一级级上报。这种方法的一个致命弱点就是任何问题都是权力大的人在做主，虽然大多是正确的，但不可否认也有下级正确的时候，有许多工作在基层的员工有好的想法和经验，要充分发挥员工的管理积极性，实行"自主管理"。自主管理是使组织成员能边工作边学习，使工作和学习紧密结合的方法。通过自主管理，组织成员可自己发现工作中的问题，自己选择伙伴组成团队，自己选定改革进取的目标，自己进行现状调查，自己分析原因，自己制定对策，自己组织实施。自己检查效果，自己评定总结。团队成员在"自主管理"的过程中，能形成共同愿景，能以开放求实的心态互相切磋，不断学习新知识，不断进行创新，从而增加组织快速应变、创造未

377. No Boundary Behavior

378. Self-management

来的能量。

当然，实行自主管理，必须拥有高素质的员工，这就需要学习。

⑧ 员工家庭与事业平衡[379]。学习型组织努力使员工丰富的家庭生活与充实的工作生活相得益彰。学习型组织对员工承诺支持每位员工充分的自我发展，而员工也以承诺对组织的发展尽心努力作为回报。这样，个人与组织的界限将变得模糊，工作与家庭之间的界限也将逐渐消失，两者之间的冲突也必将大为减少，从而提高员工家庭生活的质量（满意的家庭关系、良好的子女教育和健全的天伦之乐），达到家庭与事业之间的平衡。

⑨ 领导者的新角色[380]。在学习型组织中，领导者是设计师、仆人和教师。领导者的设计工作是一个对组织要素进行整合的过程，他不只是设计组织的结构和组织政策、策略，更重要的是设计组织发展的基本理念；领导者的仆人角色表现在他对实现愿景的使命感，他自觉地接受愿景的召唤；领导者作为教师的首要任务是界定真实情况，协助人们对真实情况进行正确、深刻的把握，提高他们对组织系统的了解能力，促进每个人的学习。

学习型组织有着不同凡响的作用和意义。它的真谛在于：一方面学习是为了保证企业的生存，使企业组织具备不断改进的能力，提高企业组织的竞争力；另一方面，学习更是为了实现个人与工作的真正融合，使人们在工作中活出生命的意义。

6.7 组织文化[381]

6.7.1 组织文化的概念

组织的成功或失败经常归因于组织文化。组织文化是被组织成员共同接受的价值观念、思维方式、工作作风、行为准则等群体意识的总称。[53]

1. 组织文化的概念

"文化"一词来源于古拉丁文"cultura"，本意是"耕作"、"培养"、"教习"、"开化"的意思。在中国最早把"文"和"化"两个字联系起来的是《易经》，"观乎天文，以察时变；观乎人文，以化成天下。"意思是指圣人在考察人类社会的文明时，用诗书礼乐来教化天下，以构造修身齐家治国平天下的理论体系和制度，使社会变得文明而有秩序。

一般而言，文化有广义和狭义两种理解。广义的文化是指人类在社会历

379. A balance between work and family.

380. The new role of leaders.

381. Organazation Culture

---

[53]　Organization culture is a general term for the values, ways of thinking, work styles and behavior codes which are accepted by all members of an organization.

史实践过程中所创造的物质财富和精神财富的总和。狭义的文化是指社会的意识形态，以及与之相适应的礼仪制度、组织机构、行为方式等物化的精神。

组织文化，就是企业成员共同的价值观念和行为规范。讲通俗点，就是每一位员工都明白怎样做是对企业有利的，而且都自觉自愿地这样做，久而久之便形成了一种习惯；再经过一定时间的积淀，习惯成了自然，成了人们头脑里一种牢固的"观念"，而这种"观念"一旦形成，又会反作用于（约束）大家的行为，逐渐以规章制度、道德公允的形式成为众人的"行为规范"。

2. 组织文化的主要特征

组织文化具有以下几个主要特征。

（1）社会性 [382]。企业作为进行生产技术经济活动的社会细胞，它需要直接或间接地依赖其他企业和单位的协作配合，企业文化也正是通过社会生产技术经济协作，得以继承和发展。

（2）继承性 [383]。每个组织都需要注意本组织优良文化的积累，通过文化的继承性，把自己的过去、现在和将来联结起来，把组织精神灌输给一代又一代，并且在继承过程中，要加以选择。

（3）创新性 [384]。随着科学技术的发展，组织都会产生一种追求更高的、更好的物质文化和精神文化的冲动，这就需要创新。

（4）融合性 [385]。每一个组织都是在特定的文化背景之下形成的，必然会接受和继承这个国家和民族的文化传统和价值体系。组织文化的融合性除了表现为每个组织过去优良文化与现代新文化的融合，还表现为本国与国外新文化的发展融合。

6.7.2 组织文化的内容

从最能体现组织文化特征的内涵来看，组织文化的基本内容包括如下几点，如图 6.7 所示。

1. 组织精神 [386]

美国管理学家劳伦斯·米勒（Lawrence M. Miller）在《美国企业精神》中说过："一个组织很像一个有机体，它的机能和构造更像它的身体，而坚持一套固定信念，追求崇高的目标而非短期的利益，是它的灵魂。"

作为组织灵魂的组织精神，一般是指经过精心培养而逐步形成的并为全体组织成员认同的思想境界、价值取向和主导意识。它反映了组织成员对本组织的特征、地位、形象和风气的理解和认同，也蕴含着对本组织的发展、

---

382. Sociality.

383. Continuity.

384. Creativity.

385. Infusion.

386. Organization Spirit

命运和未来抱有的理想与希望，折射出一个组织的整体素质和精神风格，成
为凝聚组织成员的无形的共同信念和精神力量。[54]

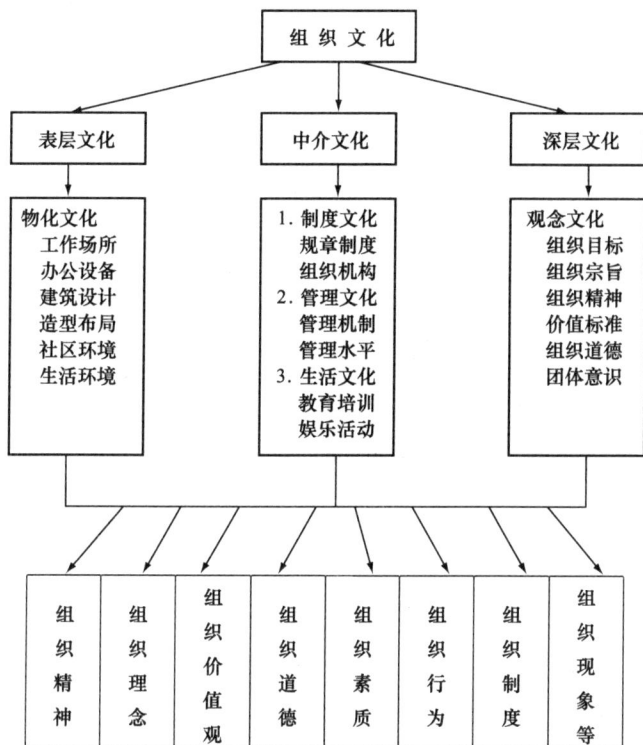

图 6.7　组织文化的内容

2. 组织价值观 [387]

组织价值观是指组织评判事物和指导行为的基本信念、总体观点和选择
方针。[55]组织价值观以鲜明的感召力和强烈的凝聚力，有效地协调、组合、规范、

387. Organization Values

---

[54]　Organization spirit which is the soul of organizations is carefully and gradually cultivated. And finally it becomes the thought state, value orientation and leading consciousness which are accepted by all the members of the company. It shows the members' understanding and recognition of the organization's characteristics, status, image and atmosphere. What's more, it contains the members' dreams and hopes about the organization's development, future and fate. It also reflects an organization's overall quality and spirit and becomes the invisible common faith and spiritual power which unite all the members of the organization.

[55]　Organization values are the basic beliefs, general view and selection policies that help the organization to make judgments.

影响和调整组织的各种实践活动。它的基本特征包括以下几个方面。

（1）调节性[388]。

388. Adjustment ability.

（2）评判性[389]。组织价值观一旦成为固定的思维模式，就会对现实事物和社会生活作出好坏优劣的衡量评判，或者肯定与否定的取舍选择。

389. Critical ability.

（3）驱动性[390]。组织价值观可以持久地促使组织去追求某种价值目标，这种由强烈的欲望所形成的内在驱动力往往构成推动组织行为的动力机制和激励机制。

390. Driving force.

组织价值观具有不同的层次和类型，而优秀的组织总会追求崇高的目标、高尚的社会责任和卓越创新的信念。

3. 组织形象[391]

391. Organization Image

组织形象是指社会公众和组织成员对组织、组织行为与组织各种活动成果的总体印象和总体评价，反映的是社会公众对组织的承认程度，体现了组织的声誉和知名度。[56]

组织形象包括人员素质、组织风格、人文环境、发展战略、文化氛围、服务设施、工作场合和组织外貌等内容，[57] 其中对组织形象影响较大的因素有五个方面。

392. Service(product) image.

（1）服务（产品）形象[392]。对于企业来说，社会公众主要是通过产品和服务来了解企业的，又是在使用产品和享用服务的过程中不断形成对企业的感性化和形象化的认识。

393. Environmen image.

（2）环境形象[393]。这主要指组织的工作场所、办公环境、组织外貌和社区环境等，它反映了整个组织的管理水平、经济实力和精神风貌。

394. The image of members.

（3）成员形象[394]。这是指组织的成员在职业道德、价值观念、文化修养、精神风貌、举止言谈、装束仪表和服务态度等方面的综合表现，是组织形象人格化的体现。

395. The image of leaders.

（4）组织领导者形象[395]。组织领导者（也指企业家）的形象是指体现在他的领导行为、待人接物、决策规划、指导监督、人际交往乃至言谈举止之中的文化素质、敬业精神、战略眼光、指挥能力的综合体现。

---

[56]　Organization image is the public's and the members' impressions and judgments of the organization, the organization's activties and the organization's achievements. It reflects the degree of the external environment's approval for the organization.It also reflects the organization's reputation.

[57]　Organization image includes members' quality, style of organization, human environment, development strategy, cultural atmosphere, service facilities, work situations, and organization appearance and so on.

（5）社会形象[396]。这是指组织对公众负责和对社会贡献的表现。组织要树立良好的社会形象，一方面有赖于与社会广泛的交往和沟通，实事求是地宣扬自己的社会形象，另一方面要在力所能及的条件下积极参与社会公益活动。这样，良好的社会形象就会使组织在社会要公众的心目中更加完美，使之增加对组织的认同理解。

6.7.3　组织文化对管理的作用 [397]

1. 自我内聚作用 [398]

组织文化通过培育组织成员的认同感和归属感，建立起成员与组织之间的相互依存关系，使个人的行为、思想、感情、信念、习惯与整个组织有机地统一起来，形成相对稳固的文化氛围，凝聚成一种无形的合力与整体趋向，以此激发出组织成员的主观能动性，为实现组织的共同目标而努力。正是组织文化这种自我凝聚、自我向心、自我激励的作用，才构成组织生存发展的基础和不断成功的动力。但是，这种内聚力量不是盲目的、无原则的、完全牺牲个人一切的绝对服从，而是在充分尊重个人价值、承认个人利益、有利于发挥个人才干的基础上凝聚的群体意识。

2. 自我改造作用 [399]

组织文化能从根本上改变员工的旧有价值观念，建立起新的价值观念，使之适应组织正常实践活动的需要。尤其对于刚刚进入组织的员工来说，为了减少他们个人带有的由于家庭、学校、社会所养成的心理习惯、思维方式、行为方式与整个组织的不和谐或者矛盾冲突，就必须接受组织文化的改造、教化和约束，使他们的行为趋向组织的一致和谐。一旦组织文化所提倡的价值观念和行为规范被成员接受和认同，成员就会在不知不觉中做出符合组织要求的行为选择，倘若违反了组织规范，就会感到内疚、不安或者自责，这时会自动修正自己的行为。在这个意义上说，组织文化具有某种程度的强制性和改造性。

3. 自我调控作用 [400]

组织文化作为团体共同价值观，并不对组织成员具有明文规定的具体硬性要求，而只是一种软性的理智约束，它通过组织的共同价值观不断地向个人价值观渗透和内化，使组织自动地生成一套自我调控机制，以"看不见的手"操纵着组织的管理行为和实务活动。这种以尊重个人思想、感情为基础的无形的非正式控制，会使组织目标自动地转化为个体成员的自觉行动，达到个人目标与组织目标在较高层次上的统一。组织文化具有的这种软性约束

396. Social image.

397. The effect of organization culture on management.

398. Self Cohesion

399. Self Transformation.

400. Self Adjustment.

和自我协调的控制机制，往往比正式的硬性规定有着更强的控制力和持久力，因为主动的行为比被动的适应有着无法比拟的作用。

4. 自我完善作用 [401]

401. Self-improvement.

组织在不断地发展过程中所形成的文化积淀，通过无数次的辐射、反馈和强化，会不断地随着实践的发展而不断地更新和优化，推动组织文化从一个高度向另一个高度迈进。反过来，组织的进步和提高又会促进组织文化的丰富、完善和升华。

5. 自我延续作用 [402]

402. Self-perpetuating.

组织文化的形成是一个复杂的过程，往往会受到社会、人文和自然环境等诸多因素的影响，因此，它的形成和塑造不是一朝一夕一蹴而成的，必须经过长期的耐心倡导和精心培育，以及不断地实践、总结、提炼、修改、充实、提高和升华。同时，正如任何文化都有历史继承性一样，组织文化一经固化形成之后，也会具有自己的历史延续性而持久不断地起着应有的作用，并且不会因为组织领导层的人事变动而立即消失。

本章小结

组织结构设计，是通过对组织资源（如人力资源）的整合和优化，确立企业某一阶段的最合理的管控模式，实现组织资源价值最大化和组织绩效最大化。[58]

企业组织结构形式，从传统管理到现代管理，有多种模式。传统的组织结构模式主要有直线制、职能制、直线职能制。现代的组织结构模式主要有事业部制、超事业部制、矩阵制及新型的组织结构等。[59]

组织结构设计是一个复杂的工作过程。无论是在新组建的企业中进行组织结构的设计还是对原有企业结构进行调整和完善，组织结构设计的基本程序是一致的，只是设计内容各有偏重。根据组织工作的基本原则，有步骤地进行组织结构的设计，可以在一定程度上保证组织的科学性。组织结构设计的主要内容包括：划分组织层次和部门，并进行适当的分权和授权。[60]

组织文化是被组织成员共同接受的价值观念、思维方式、工作作风、行为准则等群体意识的总称。组织文化对管理起到了自我内聚作用、自我改造作用、自我调控作用、自我完善作用和自我延续作用。

[58] Organization structure designing, based on organizational resources' (such as human resources') integration and optimization, establishes at some stage the most reasonable control mode of an enterprise, maximizing the value of organizational resources and organizational performance.

[59] Organization structure form, from traditional to modern management, has a variety of patterns. Traditional structural patterns include linear system, function system, function-linear system. Modern structure patterns include divisional, super divisional system, matrix and other new types of organization structures, etc.

[60] Organization structure designing is involved with the dividing of organizational hierarchy and departments and conducting oppropriate centralization and decentralization of authority.

综合练习

一、单项选择题

1. 下列关于直线和参谋说法正确的是（　　　）。

A. 必须授予参谋行动和决策的权力，以发挥其作用

B. 向参谋授权必须谨慎，授予之后也应该经常亲自指挥

C. 设置参谋职务，是管理现代组织的复杂活动所必需的

D. 参谋的作用发挥失当，应该予以取消

2. 职能型组织结构的最大缺点是（　　　）。

A. 横向协调差 　　　　B. 不利于培养上层领导

C. 多头领导 　　　　　D. 沟通困难

3. 下列关于委员会的说法中不正确的是（　　　）。

A. 委员会能够综合各种意见，提高决策的正确性

B. 委员会一般只活跃于组织的中间层和较低管理层

C. 委员会容易导致时间上的延误

D. 日常事务管理不宜采用委员会的管理方式

4. 责任、权力、利益三者之间不可分割，必须是协调的、平衡的和统一的。这就是组织工作中的（　　　）。

A. 责权利相结合原则 　　B. 分工协作原则

C. 目标任务原则 　　　　D. 统一指挥原则

5. 管理层次与管理幅度之间（　　　）。

A. 成正比关系 　　　　B. 成反比关系

C. 互不相关 　　　　　D. 曲线相关

6. 管理层次的（　　　）的主要职能是按规定的计划和程序，协调基层组织的各项工作和实施计划。

A. 上层 　　B. 中层 　　C. 下层 　　D. 中下层

7. （　　　）职权即通常所说的指挥权。

A. 决策 　　B. 参谋 　　C. 直线 　　D. 职能

二、多项选择题

1. 职权的类型有（　　　）。

A. 直线职权 　　B. 指挥职权 　　C. 参谋职权 　　D. 职能职权

2. 组织层次一般分为（　　　）三层。

A. 高　　　　B. 中　　　　C. 低　　　　D. 上　　　　E. 下

3. 直线型组织结构的特点是（　　　）。

A. 组织中每一位主管人员对其直接下属有直接职权

B. "一个人，一个头"

C. 可越级指挥

D. 主管人员在其管辖范围内有绝对的完全的职权

E. 不知应向谁报告

4. 扁平结构的特点主要表现在（　　　）。

A. 有利于缩短上下级距离　　　　B. 同级间相互沟通联络容易

C. 信息纵向流通快　　　　D. 有利于选择和培养下属

E. 能够严密地监督下级

5. 集权制的特点有（　　　）。

A. 统一经营

B. 中下层决策权较多

C. 统一核算

D. 对下级的控制较多

E. 经营决策权大多集中在高层领导

三、问答题

1. 直线关系与参谋关系的角色是什么？如何恰当处理直线与参谋间的矛盾，从而有效地发挥参谋人员的作用？

2. 组织结构的主要形式有哪些？

3. 组织文化对管理的作用主要有哪些？

第 7 章 领 导

学习目标

通过本章学习，你可以达到以下目标。

知识目标

了解领导概念的基本内涵、领导者权力的来源以及领导与管理、领导者与管理者的异同；

理解从领导者自身角度提出的领导特质理论、领导行为理论；

掌握费德勒权变理论、情境领导理论以及豪斯的路径—目标理论。

能力目标

能解释领导的概念以及主要的领导理论；

能应用并且提高领导者的影响力；

能处理领导者与追随者之间的关系。

1.Leadership and Leader

7.1　领导与领导者 [1]

7.1.1　领导的概念

领导是一种影响力，是影响个体、群体或组织来实现所期望目标的各种活动的过程。这个领导过程是由领导者、被领导者和所处环境这三个因素所组成的复合函数。可用公式表示：领导＝f（领导者、被领导者、环境）。[1]

在字面上，"领导"有两种词性含义。一是名词属性的"领导"，即"领导者"的简称；二是动词属性的"领导"，即"领导"是"领导者"所从事的活动。所以，领导既可以指一种类型的管理人员，也可以是作用于被领导者的一种活动。

2. Leadership and Management

7.1.2　领导与管理 [2]

领导与管理者这两个概念常常容易被混淆，很多人认为管理者就是领导者，领导过程就是管理过程。其实领导与管理是既有联系又有区别的一对概念。

领导与管理的共同之处包括以下方面。[3]

3. The commonness between leadership and management.

4.Both are based on an organization.

（1）两者都是以组织为基础的。[4]领导和管理都是一种在组织内部通过影响他们协调活动，实现组织目标的过程。如果没有组织，只有单独的个人，则不存在领导和管理。

5. Both are related to post setting along an organization's hierardy.

6. Their differences.

（2）两者都与组织层级的岗位设置有着一定的联系。[5]组织内部的管理岗位往往也是领导岗位。

领导与管理的差别如下。[6]

（1）领导与管理的差别首先表现在活动的过程上，如表7.1所示。

（2）领导与管理除了活动上的差别外，在另外几方面也存在着差别，如表7.2所示。

从以上对领导与管理关系的理解上看，管理是执行，是对某一种计划活动的过程的完成。领导则是为实现远景目标制定变革战略，不断推动企业进行各种改革。[2]

---

[1]　Leadership is the process by which a person exerts influence over other people and inspires, motivates, and directs their activities to help achieve group or organizational goals.

Leadership= f (leader, followers, environments)

It can be defined as a type of managers and can also be one type of activities.

[2]　Management is the process of implementation; it is to finish a kind of planned activity. Leadership is to formulate strategy to achieve long-term goals, and constantly promote enterprise reform.

表 7.1 领导与管理在过程上的区别

过程	管理	领导
制定议程	计划和预算——为达到所期望的结果，设立详细的步骤和时间表，然后分配所需要的资源，开始行动	明确方向——确立一幅未来的图景，为实现目标，制定变革的战略
发展完成计划所需的人力网络	企业组织和人员配备——根据完成计划的要求建立企业组织机构，配备人员，赋予他们完成计划的职责和权利，制定政策和程序对人们进行引导，并采取某些方式或创建一定系统监督计划的执行情况	联合群众——通过言行将所确定的企业经营方向传达群众，争取有关人员的合作，并形成影响力，使相信远景目标和战略的人们结成联盟，并得到他们的支持
执行计划	控制、解决问题——相当详细地监督计划的完成情况，如发现偏差点，则制定计划、组织人员解决问题	激励和鼓舞——通过唤起人类通常未得到满足的最基本的需求，激励人们战胜变革过程中要到的政治、官僚和资源方面的主要障碍
结果	在一定程度上实现预期计划，维持企业秩序，并能持续地为各种各样的利益相关者提供他们所期望的结果（例如，为顾客按时交货，为股票持有者按预算分红）	引起变革，通常是剧烈的变革，并形成有效的改革能动性（例如，生产出顾客需要的新产品，寻求新的劳资关系协调办法，增强企业的竞争力等）

表 7.2 领导与管理在其他方面的区别

项目	管理	领导
含义	意味着导致完成、主持工作或承担责任以及指挥等	影响和指明方向、方针、行为和观念
对象	人、财、物、信息	团队和个人
权力来源	职位赋予的正式权力	正式的或非正式的权力
侧重点	一种程序化的手段，注意力局限在"怎样去做"的事情上	以组织的远景为导向，从各个方面关注其所在的组织、关注它如何成长为优秀的团体
主要管制方法	规章制度、流程	愿景、文化、理念
进行方式	指示、督促、考核	期望、鼓励、承诺
经常用语	效率、标准、系统	荣誉、自觉、激励
风格	关注提高日常管理工作的效率	在规划远景和评价工作中体现其影响力
目标、结果	在一定程度上实现预期计划，维持企业秩序	引起变革，通常是剧烈的变革，并形成有效的改革能动性

　　管理和领导构成同一过程中既相互区别又相互补充的两个体系，它们各自有自身的功能和特点，同时又是组织取得成功不可缺少的组成部分。

7. Leaders and Managers

8. The same points between leaders and managers.

9. Both have a unique vision and experience in selecting, employing and keeping staff.

7.1.3 领导者与管理者 [7]

企业管理大师杰克·韦尔奇认为："领导者与管理者的本质区别在于领导者有一种源于哲学的智慧和艺术。21世纪已不再是管理者的时代，而是领导者的时代，领导者的哲学素养是创造业绩的关键。"这其实也正是为什么我们虽然掌握了现代企业最前沿的管理工具和基础理论，却依旧无法实现成为国际化公司的大跨越的重要原因。

在企业界，长期以来都有一种认识，认为领导者就是管理者。领导者与管理者固然有着它们的共性，其实，领导者与管理者还是有本质区别的。

1. 领导者和管理者之间的相似点 [8]

首先，都是善于选人、用人、留人的高手，在用人方面有独到的眼光和经验或主张。[9]

领导者明白，自己提出的改革、创新思想或主张，都需要能力较强、水平较高的人去完成。职位本身就要求他们都必须具备善于选人、用人、留人的专业水平。管理者实施管理的过程中，也需要有能力的人将自己的管理理念和要求贯彻或执行下去，以方便自己管理或达到管理的目的。有的人以"管理者喜欢老实的员工，领导者偏爱有才能有个性的员工"来证明领导者与管理者对员工的态度不同，这是不恰当的。试想一下，总喜欢老实的员工的管理者很有可能是因为自己是个无能的管理者，能够偏爱有才能有个性员工的领导者（不是每个领导者都能做到的，现实社会中用人唯亲的领导者数不胜数）必然有优秀的领导能力，能够作为一个优秀的领导者驾驭各种员工。用一个无能的管理者例子和一个优秀的领导者的例子相比，就如同坏的与好的相比，一来这种对比本身就没有可比性，二来以点代面，说服力就更弱了。如何能说明两者对员工的态度不同呢？要比就要用同样优秀的管理者和领导者相比。既然他们都是用人高手，对员工的态度也就不会相差太大，因为他们都会明白：有才能有个性的员工对企业有更多的价值，能为企业创造更多的效益。优秀的领导者和有才能的管理者都会明白人才的重要性。世界首富比尔·盖茨曾说，只要让他带走微软公司的20多个人，他同样能再营造一个微软公司；伊利公司的首任总经理牛根生也是由于广阔的胸襟而赢来了众多有学有才之士的追随，在离开了伊利后创立了与伊利公司竞争力不相上下的蒙牛公司。

时代呼唤人才，人才推进事业。唯才是用，则人才济济；知人善任，则人尽其才；人尽其才，则事业兴盛。企业竞争的核心在人才，提升企业效益和品位的关键就是领导者和管理者在选人、用人、留人上动心思、下工夫、做实事。至于他们用什么方法、如何去控制利用有才能、有个性的员工，那就八仙过海，各显神通。

其次，两者都需要具备一定的综合能力[10]。

领导者与管理者需要具备的这种综合能力包含了观察能力、应变能力、表达能力及沟通能力等优秀特质。一方面，领导者负责全局，对外沟通合作；管理者负责局部，对内沟通管理。两者只是内与外、全局与局部之分，遇到的事情和要处理的事务千变万化，都是无法预料的，这就要求领导者和管理者必须具备一定的应变能力、综合素质、心理素质、社交能力等，并且都要过关过硬才行。另一方面，社会发展到今天，每个人在社会圈里扮演的角色不仅仅是一种，各种角色都是多样化的、相对的，随时都有可能相互转变。例如，对于你的父母来说，你是孩子；而对于你的孩子来说，你则是他的父母。同样，经理对于董事长而言，是一位管理者，他必须拥有管理者的素质要求；但对于他的下属及员工，他出现的形象又是一位领导者了，他必须具备领导者的威望才能领导好下属及员工。因此，要在当今经济高速发展的社会求得一席立足之地，我们都需要不断地提高自己的综合素质水平和专业水平。

2. 管理者与领导者之间的区别

从本质上说，管理是建立在合法的、有报酬的和强制性权力基础上的对下属命令的行为，下属必须遵从管理者的命令。而领导则不同，领导作为一种影响别人的能力，既是来自于职位赋予领导者的合法权力，也是来自于个人影响力，这是与个人的品质和专长有关而与职位无关的。

因此，一个人可能既是管理者，也是领导者，但有的管理者不一定是个领导者，有的领导者也不一定是个管理者，即领导者和管理者两者相分离的情况也会存在。从行为方式的作用对象来看，行使管理职权的人称为管理者。但管理者的本质是被任命的，他们拥有的合法的权力进行奖励和惩罚，其影响力来自他们所在的职位所赋予的正式权力。相比之下，作为行使领导职权的领导者，则既可以是任命的，也可以是从某个群体中产生出来的，如：梅奥（George Elton Mayo）20 世纪 30 年代在霍桑试验的研究中指出的非正式群体的头领。这种非正式组织中的核心人物不是管理者但却是一个领导者，组织并没有赋予他们职权和权力，但他们却能引导和激励甚至命令自己组织中的成员。因此我们常说，领导的本质就是被领导者的追随和服从，这不仅是由组织赋予的职位和权力所决定的，事实上，更加取决于追随者的意愿。从某种意义上来说，那些没有部下追随的管理者，也就不是真正意义上的领导者。

我们可以举一些例子：在学校中教导主任是由校长直接任命的，在上市公司中总经理是由董事会直接任命的，在军队中师长是由军长任命的。这里的教导主任、总经理、师长就是典型的管理者，因为他们的权力是由组织或者上级赋予的。但是，如果他们的下属在主观上都不愿意追随他们，他们就不能算是真正意义上的领导者。

根据这一线索，我们可以从以下五个方面来加以区别。[11]

（1）领导者侧重未来，即纵向发展；管理者侧重当前，即横向发展。[12]

领导者负责的是全面、全方位的未来策划，因此，领导者更多的是注重纵向发展，把希望放在未来；而管理者则是执行领导者的战略部署，按步按点去实施管理。在实施管理中，管理者的使命是不断地将每一步每一点横向尽最大努力地创造业绩、创造效益，从而创造最大利润。例如一家跨国公司董事长（领导者）负责亚洲各个国家的电子产品贸易，而一名首席执行官（即CEO）（管理者）负责中国电子产品分公司的管理，这名管理者的任务就是搞好中国市场，为公司在中国的市场里最大限度地创造效益和利润了。因此，管理者和领导者的任务决定了他们只能分别注重横向发展和纵向发展。优秀的领导者是不断地向前看，用自己的专业眼光推动企业不断向前发展，而管理者则要在每一个停留的点上尽最大的努力去将该点横向延伸，最大限度地创造利润从而完成自己的任务和使命。

（2）领导者和管理者处理问题的着眼点不同。[13]

由于领导者的任务是负责全局发展，因此需要凡事从全局出发权衡利弊；而管理者负责局部管理，凡事只需从局部考虑问题。例如一个领导者主要负责产品的开发研制、成本核算，通过大致的市场预测为整体价格定位和确定整体的销售目标等；而管理者则负责当地市场的调查、销售以及根据当地消费水平的高低对产品进行二次定位等。可以说领导者是抽象的，务虚者；管理者是具体的，务实者。所以，领导者处理每个问题，都必须谨慎面对，必须从整体利益、长远利益去权衡利弊，相对来说，管理者就没有太多的后顾之忧，有时只需按照管理的制度去执行就行了。

（3）领导者追求改革、创新；管理者注重维持现状。[14]

由于领导者旨在发展整体，管理者负责搞好局部，所以领导者和管理者的日常经济活动各有侧重。管理者一般注重维持目前的秩序，利用已建立的制度、法规使自己管理的范围，按照管理当局的愿望运行，只要不出问题、差错，圆满完成组织交代的任务就算是不错的管理者了。当然，只能说侧重，优秀的管理者是不会只满足停留在当前状态的。他在实施管理的过程中也会

11. The different points between leaders and managers.

12. Leaders focus on the future, but managers focus on the present.

13. They deal with problems with different focus of attention.

14. Leaders pursue reform and innovation; managers pay attention to maintaining the status-quo.

不断地反思自己、检讨自己，不断地完善各项管理制度，不断地想方设法提高劳动者的主动性及积极性，从而谋求更高的发展，创造更多的利润。领导者大都注重对企业前景的关注，志在改革创新。

因此，管理者一般都被认为是现有制度的守护神，而领导者由于始终走在潮流前为人们指导方向，大都成为人们的精神领袖。

（4）领导者和管理者岗位要求的专业素质水平和综合素质水平层次不尽相同。[15]

由于领导者主要是根据自己的专业眼光去观察，去捕捉机遇，从而为企业的发展确定方向，为企业创造更好的发展空间，因此领导者的职位要求更侧重领导者本身洞察市场的能力、预测分析能力和统筹大局的能力。而管理者只是运用自己的管理方法去维护当前的秩序或谋求更大的发展就能基本完成自己的任务，所以管理者的职位要求更注重分析能力、总结能力和解决实际问题的能力。从员工—部长—经理—董事长的级别层递过程看，你只有做好了部长才能晋级为经理，只有过了优秀经理这一关，你才有资格当上董事长，这里面除了强调经验的重要性之外，还说明了领导者的整体素质要求比管理者更高一个层次。当然我们只能说是从整体素质来讲，而不是说一个领导者肯定就比一个管理者强。总之，领导者讲能力，重策划；管理者讲经验，重执行。

（5）领导者和管理者使用的权力基础不尽相同。[16]

我国学者一般将权力定义为：一个人影响和改变他人心理和行为的能力。进而又将权力分成三个组成部分：职位权、专长权、个性权。职位权是法律或制度赋予的，有其强制性；专长权来自于个人拥有的知识和才能；个性权来自于个人品质和心理素质。专长权和个性权缺乏强制性，它们的影响完全出于被管理或被领导对象主动的内心认可，我们常说的"领导魅力"指的就是专长权和个性权。领导者和管理者都拥有这三种权力，但两者对三种权力使用的概率不尽相同。领导者一般都靠个性权以及专长权去在心理上征服下属，让下属主动地接受自己的思想或主张进而积极主动地按照自己的计划去完成任务。这种效果远比单独使用职位权好得多，因为主动比被动地、积极比消极地去执行任务的效果要好得多。当然，我们不能说，领导者就不需要职位权，一个新来的领导者，他拥有的也只是职位权，他也是靠职位权去让下属去执行工作的。优秀的领导者，他会在以后的日常工作中不断地提高自己的专业水平和综合素质，并且尽量地和员工打成一片，从而提升并巩固自己的专长权和个性权。因此，领导者只是需要职位权来让下属承认并接受自

15. Qualifications for leadership and management posts are not always the same in terms of professional and comprehensive quality.

16. The power bases of leaders and managers are not the same.

己的身份作为前提，而在日常执行工作时更多时候是靠专长权与个性权的影响。而管理者则不同，由于他强调的是维持现有的秩序，而维持秩序都是靠制度去执行的，所以他在管理的过程中更多的是直接使用职位权，这样既快捷又方便。当然，现在越来越多的管理者都有了共识：利用职位权时，如果再加上专长权与个性权的影响，是可以达到事半功倍的效果的。可以说，领导是灵活的，而管理是硬性的，所以很多的领导者给人的感觉都是和蔼可亲、平易近人的，而大多的管理者给人的印象则是严肃的、不怒而威的。

7.1.4　领导者与追随者 [17]

领导者与追随者是两种基本的角色，在不同条件下，人们在这两种角色之间进行着转换。组织的成功或失败，不仅依赖于组织如何被领导，而且取决于组织成员如何追随他们的领导。正如管理者不一定就是好的领导者一样，下属也并不一定是追随者或有效的追随者。与盲目顺从的追随者有着根本的区别，有效的追随者是那些能够进行独立思考、有责任心并且致力于实现组织目标的下属。

7.1.5　领导影响力 [18]

领导活动是有组织、有目的的社会活动，是领导者和被领导者相互影响、相互作用的过程。在这个过程中，领导作为一种指挥和控制行为，实际上就是领导者对被领导者施加影响的过程，领导者要想对被领导者施加有效影响，就必须学习和研究领导影响力。

1. 领导影响力的含义和特点

（1）领导影响力的含义。领导影响力，就是在领导活动中影响和改变他人心理和行为的能力。[3]

（2）领导影响力的特点。领导影响力具有以下特点。

① 双向性。领导影响力是双向的，是领导者与追随者之间的相互作用。领导干部既是施力者，向追随者施加着积极的影响力，又是受力者，主动地接受着追随者的影响力。

领导干部的影响力是双向的，这告诉我们一个道理：领导者只有积极追随自己的追随者才可能成为真正的领导者；追随者只有积极追随自己的领导者才能成为真正的追随者。领导者与追随者是相互影响的。

---

[3]　A key component of effective leadership is found in the power the leader has to affect other people's behavior and get them to act in certain ways.

② 叠加性。领导干部的影响力是多方面的。领导干部在某一个方面有鲜明的个性、突出的优势，于是就产生了个性的影响力。领导干部廉洁奉公、全心全意为人民服务，于是就产生了品德的影响力。领导干部业务能力强，知识面广，有一定的技术专长，是本部门的行家里手，于是就产生了专长的影响力。领导干部领导水平高，会用人，在沟通协调和激励凝聚方面具有高超的领导艺术，于是就产生了领导艺术和管理专长的影响力。这些方面的影响力可以单独发挥作用，也可以叠加起来发挥作用。有效的影响还体现为领导者善于根据下属的成熟程度，将权力性影响力和非权力性影响力科学匹配。

影响力一旦叠加起来就会产生一加一大于二的放大效果。

③ 断续性。领导干部的影响力是随着领导事件的发生而产生，随着领导环境的变化而变化的。

当一个领导干部勤勤恳恳为群众办实事的时候，他有影响力；当他在决策时虚心征求群众的意见和建议的时候，他有影响力；但是，当他以权谋私的时候，当他饱食终日无所用心的时候，他完全丧失了影响力。影响力是非连续性的，有时候可能拥有，有时候可能丧失。

领导干部要拥有并保持自己的影响力就必须集中于一个又一个的领导事件，就必须在每一个领导事件中有所作为，就必须在每一个领导事件中赢得追随者。领导干部必须务实必须不断地办实事，才能有影响力。领导干部必须创新，必须不断地开创新局面，才能增强自身的影响力。

④ 频谱性。领导者在施加影响的时候，其效果往往因人而异。同样的方式，对此人有效，对他人可能完全没有效果。因为人是有个性的，有频谱性的，不同的人有不同的接受能力。所以领导者只是简单地发出信号是不够的，还要想方设法使这个信号被属下及时接收。

所以领导者要想实施有效的影响，就要充分了解属下的个性，研究他的频谱性。有的人喜欢直来直去，领导者就要直截了当地与他沟通；有的人是和风细雨的，那就要多采取柔性的方法与之交往和互动。

⑤ 实效性。作为一个心理学概念，影响力给人的感觉似乎有些玄妙，仿佛看不见，摸不着，其实它是时时在在地存在的。我们可以听到，可以看到，可以感到，最后经过努力也完全有可能做到。

2. 领导影响力的构成

领导者的权威是通过影响力发挥作用的。领导影响力由两大系统构成，即权力性影响力和非权力性影响力。

（1）领导者权力性影响力的构成和特点。权力性影响力，又称硬权力，是指由于社会和组织赋予领导者一定的地位、职务和权力而产生的影响力。这种影响力是以"法定"为支柱的，是一种强制性影响力。一般来说，掌权者都有一定的权力性影响。[4]

构成权力性影响力的因素主要有三个方面。

19. Traditional Factors

① 传统因素[19]：服从感。这是指人们对领导者的一种传统观念。几千年的社会生活，使人们对领导者形成这样一种观点，认为领导者不同于普通人。他们或者有权，或者有才干，或者兼而有之。这些观念逐渐成为某种形式的社会规范，产生了对领导者的服从感。服从领导作为一种传统观念，很早就影响着每个人的思想，这就使领导者的言论增加了影响力。这种影响力普遍地存在于每个领导者的言行之前，可以认为它是传统附加给领导者的力量。

20. Position Factors

② 职位因素[20]：敬畏感。这是一种社会性因素，职位是一种社会分工，是一个人在组织中的职务和地位，职位因素会使被领导者产生敬畏感。对于领导者来说，社会通过选举、任命、自荐或招聘等方式给予其一定的权力，有了职权，对被领导者就产生强制性力量（如奖惩指挥、分配工作、职务升降等）和敬畏心理。职位因素的影响力是领导者以法定形式为基础的强制权力。

21. Qualification Factors

③ 资历因素[21]：敬重感。这是指领导者的资格、经历与阅历的因素，这是一种历史性因素，反映领导者过去历史状况。现实生活中，人们对资历较深的领导者往往比资历较浅的领导者产生更强的敬重感。由于资历主要与过去所任职务有关，因此，它产生的影响力的性质主要也属于权力性影响力的范围，它存在于领导者实施行为之前。

领导者一旦拥有了合法权力，就拥有了不同程度的权力性影响力，这种影响力在作用过程中带有自身的特点：①对他人的影响带强迫性、不可抗拒性；②以外部推力的形式发生作用，对被领导者的激励作用不大；③领导者和被领导者的心理距离较大，被领导者的心理和行为是被动服从的，缺乏自觉性、主动性和积极性。

因此，领导者要有效地影响被领导者，仅仅靠权力性影响力是不行的，还必须运用非权力性影响力。

（2）非权力性影响力的构成。非权力性影响力，又称软权力，是指由于领导者个人的行为和素质而产生的影响力。它并非领导者专有。

---

[4] Legitimate Power is the authority a manager has by virtue of his or her position in an organization's hierarchy.

构成非权力性影响力的因素主要有四个方面。

① 品格因素 [22]：敬爱感。这是领导者的本质性因素。领导者的品格主要包括道德、品行、人格、作风等。品格主要表现在领导者的心理活动和言行之中。"榜样的力量是无穷的。"具有高尚品格的领导者，容易使被领导者对其产生敬爱感，并诱导他们去模仿和认同，从而产生更大的号召力、动员力、说服力。无论职位多高、资历多深的领导者，倘若在品格上出了问题，也会威信扫地，失去其影响力。

② 才能因素 [23]：敬佩感。这主要是指领导者的聪明才智和工作能力、专业能力。这是领导者能否胜任领导职务、完成领导工作的重要条件。领导者的才干、能力是其影响力大小的主要因素。领导者才能是在实践中形成并表现在实践之中的，它是领导者的实践性因素。一个有才能的领导者会使被领导者对其产生敬佩感。敬佩感是一种心理磁力，它能吸引人们自觉地去接受其影响。

③ 知识因素 [24]：信赖感。现代领导活动对领导者的知识储量和水平提出了更高的要求。领导者的知识是科学性因素。具有丰富科学知识的领导者在指导工作、宣传组织群众、沟通协调关系时，容易取得被领导者的信任，使被领导者产生一种信赖感，这必然会增强领导者的影响力。

④ 感情因素 [25]：亲切感。感情是人对客观对象好恶亲疏倾向的内心体验，是人们情绪和情感的综合。人与人之间建立了良好的感情关系，便能产生亲切感。在有了亲切感的人与人之间，相互的吸引力就大，彼此的影响力就高。一个领导者待人和蔼可亲，能时时处处体贴关怀下级，与群众的关系十分融洽，其影响力往往就比较高。合法权力可以使被领导者服从，结合专长权力、职位权力能赢得被领导者的敬畏，但要保证被领导者心悦诚服，就必须发挥感情影响力的作用。

非权力性影响力的特点有：① 这种影响力是自然性的、非强制性的；② 它不是单纯外力的作用，而是被领导者在心悦诚服的心理基础上，自觉自愿地接受影响的过程；③ 领导者与被领导者关系和谐，心理距离近。由于上述特点，它的作用力更为持久。

3. 领导影响力运用和提高的途径

（1）正确运用权力性影响力。领导活动要想正常开展下去，必须要有统一的意志，统一的行动。如果各行其是，就无法实现领导活动的目标。权力性影响力是以法定权力为支柱，因此领导者在通过政策、程序、规定、命令等方式行使职权时，要做到使用职权态度审慎，执法公正严明，不要滥用职

22. Character Factors

23. Ability Factors

24. Knowledge Factors

25. Emotional Factors

权。要秉公自律，为政清廉，赏不避仇，罚不避亲，不以权谋私。要善于授权，大权集中，小权分散，不搞专权独断；要深入实际，调查研究，具体指导，不当甩手掌柜。

领导者在运用权力性影响力的过程中，一是要正确认识权力性影响力，要充分认识到它有明确的目的性，维护的是组织权威而非个人权威；还要认识到它有明显的局限性，并非在任何情况下都发挥作用；二是要敢于运用权力性影响力，敢于坚持原则，敢于拍案而起，敢于当机立断，敢于知人善免；三是要善于运用权力性影响力，通过分权授权，通过制度机制，明确权责关系，有效发挥权力性影响力的作用。

（2）努力提高非权力性影响力。领导者一方面要学会运用权力性影响力，另一方面，更重要的，是要努力提高非权力性影响力。具体表现在以下几个方面。

① 以德取威。德是一个人的灵魂，一个人品德如何，直接决定他是从善还是从恶，从阶级的角度来说，则体现了为哪个阶级服务的立场问题。提高非权力性影响力，领导者首先要注意以德取威。

德包括优秀的个性心理品质、良好的职业道德、较高的政治品德。其中较高的政治品德是领导干部品德素质的关键。

② 以识增威。领导者的知识素质，指领导者所拥有和掌握的科学文化知识状况，它包括领导的知识水平、知识结构以及运用知识分析问题、解决问题的能力。它既是领导能力的基础，又是参与"德"的铸造的基础和力量。这就是人们所说的，非学无以广知，非学无以明识，非学无以立德。

③ 以能立威。领导能力是领导者履行自己的职责所必备的才能，能力的高低是决定领导影响力大小的关键因素。领导者的才能是多方面的，最重要的是两个：一是科学决策，二是合理用人。

④ 以情固威。"人为义气而感动"，领导者的影响力是在领导者与被领导者的人际交往活动中实现的。人际关系状况，是关系到领导者实际影响力高低的重要因素。领导者与被领导者深厚情感使被领导者对领导者产生亲切感。心理学的研究表明，在拥有亲近情感的人与人之间，相互吸引力就大。群众对领导有了亲近感就会产生理解、体谅、支持，并化作积极执行领导决策的自觉行动。

以情固威，领导者要努力成为情感的发生器，做到情真、情实、情长；对群众要尊重、信任、关怀。只有这样，群众才会把领导者看做自己的精神支柱，才能自觉凝聚在领导的周围。

7.2 领导特质理论 [26]

26. Trait Theories of Leadership

领导特质理论主要研究的是一名优秀而成功的领导所具有的内在品质与领导相关行为及绩效方面的关系。其研究重点在领导本身的特质。领导者的主要特质包括智力水平、自信心、决心、正直、社会交往能力等。[5]

这一理论的出发点是：领导效率的高低主要取决于领导者的特质，成功的领导者也一定有某些共同点。根据领导效果的好坏，找出好的领导者与差的领导者在个人品质或特性方面有哪些差异，由此来确定优秀的领导者应具备哪些特性。[6]

研究者认为，只要找出成功领导者应具备的特点，再考察某个组织中的领导者是否具备这些特点，就能断定他是不是一个优秀的领导者。这种归纳分析法成了研究领导物质理论的基本方法。

按照其对领导品质和特性来源认识的不同可分为传统领导特质理论和现代领导特质理论。传统领导特质理论认为，领导的品质和特性是人的先天赋予的，它来自遗传。而现代领导特质理论这认为领导的品质和特性是一种动态的过程，是后天的学习、实践、培养而形成的。[7]

7.2.1 传统领导特质理论 [27]

27. Traditional Traits Theory

传统领导特质理论认为领导者的特性来源于生理遗传，是先天具有的，且领导者只有具备这些特性才能成为有效的领导者。该传统特性理论认为：成功的领导者应具备一些品质。传统领导特质理论的代表人物之一斯托格蒂尔（Ralph M.Stodgill）曾考察了 124 项研究，查阅了 5000 多部（或篇）有关领导素质的书籍和文章后，认为领导者素质中应包括六类领导特质。

（1）身份特性 [28]，如精力、身高、外貌等。这方面迄今的发现还是很矛盾的，不足以服人。

28. Physical Traits

---

[5]　The trait theories of leadership focus on identifying the personal characteristics that are responsible for effective leadership.
Traits associated with effective leadership include intelligence, self-confidence, determination, honesty and integrity, and communicational ability.

[6]　Attempts to identify traits that always differentiate leaders from followers and effective leaders from ineffective leaders have failed.

[7]　Traditional traits theory suggests that leadership qualities and characteristics are born by nature; they come from genetics. Modern traits theory believes that leadership qualities and characteristics are a dynamic process,and can be formed by learning, practising and training.

29. Social Background Traits

（2）社会背景特性[29]，如社会经济地位、学历等，这方面的发现也缺乏一致性和说服力。

30. Intelligence Traits

（3）与智力有关的特性[30]，如判断力、果断力、知识的深度和广度、口才等。研究确实发现成功的领导者在这些方面较突出，但相关性还较弱，说明还需要考虑一些附加因素。

31. Personality Traits

（4）与个性有关的特征[31]，如适应性、进取心、自信、机灵、见解独到、正直、情绪稳定、不随波逐流、作风民主等。

32. Work-related Traits

（5）与工作有关的特性[32]，有些特性已经被证明具有积极的结果，例如高度的需要、愿承担责任、毅力、首创性、工作主动、重视任务的完成等。

33. Social Communication Traits

（6）社交特性[33]，研究表明，成功的领导者具有善交际、广交游、积极参加各种活动、愿意与人合作等特点。

然而，随着研究的深入和实践的反馈，传统特性理论受到了各方面的质疑，归纳起来，主要反映在以下三个方面。

（1）据有关统计，自1940年至1947年的124项研究中，所得出的天才领导者的个人特性众说纷纭，且各特性之间的相关性不大；有的甚至产生矛盾。

（2）进一步的研究发现，领导者与被领导者、卓有成效的领导者与平庸的领导者有量的差别，但并不存在质的差异。

（3）许多被认为具有天才领导者特性的人并没有成为领导者。

34. Modern Traits Theory

7.2.2 现代领导特质理论[34]

现代特性理论认为：领导者的特性和品质并非全是与生俱来的，而可以在领导实践中形成，也可以通过训练和培养的方式予以造就。主张现代特性理论的学者提出了不少富有见地的观点。

美国普林斯顿大学教授威廉·杰克·鲍莫尔（William Jack Baumol）针对美国企业界的实况，提出了企业领导者应具备的十项条件。

35. Team Spirits

（1）合作精神[35]，即愿与他人一起工作，能赢得人们的合作，对人不是压服，而是感动和说服。

36. Decision-making Ability

（2）决策能力[36]，即依赖事实而非想象进行决策，具有高瞻远瞩的能力。

37. Organization Ability

（3）组织能力[37]，即能发掘部属的才能，善于组织人力、物力和财力。

38. Decentralization Ability

（4）精于授权[38]，即能大权独揽，小权分散。

39. Flexibility

（5）善于应变[39]，即机动灵活，善于进取，而不抱残守缺、墨守成规。

40. Innovation

（6）敢于求新[40]，即对新事物、新环境和新观念有敏锐的感受能力。

41. A Sense of Responsibility

（7）勇于负责[41]，即对上级、下级、产品用户及整个社会抱有高度的责任心。

（8）敢担风险 [42]，即敢于承担企业发展不景气的风险，有创造新局面的雄心和信心。

（9）尊重他人 [43]，即重视和采纳别人的意见，不盛气凌人。

（10）品德高尚 [44]，即品德为社会人士和企业员工敬仰。

而日本企业界认为，有效的领导者应具备十项品德和十项才能，如表 7.3 所示。

42. Risk Taking Spirit

43. Respect for Others
44. With a Virtue

表 7.3　有效的领导者应具备的条件

十项品德	十项才能
1. 使命感	1. 判断能力
2. 责任感	2. 创造能力
3. 依赖性	3. 思维能力
4. 积极性	4. 规划能力
5. 进取心	5. 洞察能力
6. 公平	6. 劝说能力
7. 热情	7. 对人理解能力
8. 勇气	8. 解决问题能力
9. 忠诚老实	9. 培养下级能力
10. 忍耐性	10. 调动积极性能力

上述领导特质理论，无论是传统特性理论还是现代特性理论，都强调了领导者应具有较多的适合于领导工作的人格特性。但领导特性理论还存在着一些缺陷。

（1）领导特性理论忽视了下属，而下属对领导的成效往往产生重要的影响。

（2）没有具体指出不同的品质和特性在领导工作中的相对重要性。

（3）不同的理论依靠的证据不一致。

（4）随着研究的展开和深入，被当作领导者的特性的条目越来越多，而且有不断增多之势，这导致理论上的争执和混乱。

7.3　领导行为理论 [45]

领导行为理论从工作行为的特点来说明领导的有效性。[8] 具有代表性的理论主要有勒温（Kurt Lewin）的三种极端领导方式理论、利克特的管理系统理论、领导行为的四分图理论、管理方格理论以及连续统一体理论。

45. Behavioral Theories of Leadership

[8]　Behavioral theories of leadership are theories that identify behaviors differentiating effective leaders from ineffective leaders.

46. Kurt Lewin and his associates studies.

7.3.1 勒温的三种极端领导方式理论 [46]

美国依阿华大学的研究者、著名心理学家勒温和他的同事们从 20 世纪 30 年代起就进行关于团体气氛和领导风格的研究。勒温等人发现，团体的任务领导并不是以同样的方式表现他们的领导角色，领导者们通常使用不同的领导风格，这些不同的领导风格对团体成员的工作绩效和工作满意度有着不同的影响。勒温等研究者力图科学地识别出最有效的领导行为，他们着眼于三种领导风格，即专制型、民主型和放任型的领导风格，如图 7.1 所示。

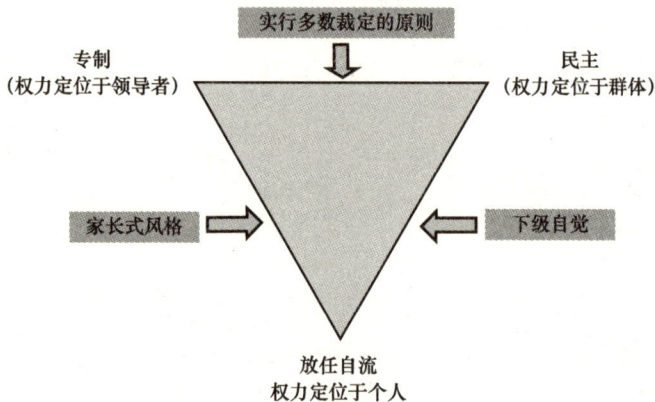

图 7.1　勒温三种极端领导方式

1. 三种极端的领导风格

表 7.4　三种极端领导风格比较

项目	专制型	民主型	放任型
权力分配	权力集中于领导者个人手中	权力在团体之中	权力分散在每个员工手中，采取无为而治态度
决策方式	领导者独断专行，所有的决策都由领导者自己做出，公司下属成员的意见	让团体参与决策，所有的方针政策由集体讨论做出决策，领导者加以指导、鼓励和协助	团队成员具有完全的决策自由，领导者几乎不参与
对待下属的方式	领导者介入到具体的工作任务中，对员工在工作中的组合加以干预，不让下属知道工作的全过程和最终目标	员工可以自由选择与谁共同工作，任务的分工也由员工的团队来决定。让下属员工了解整体的目标	为员工提供必要的信息和材料，回答员工所提出的问题
影响力	领导者以权力、地位等因素强制性地影响被领导者	领导者以自己的能力、个性等心理品质影响被领导者，被领导者愿意听从领导者的指挥和领导	领导者对被领导者缺乏影响力
对员工评价和反馈的方式	采取"个人化"的方式，根据个人的情感对员工的工作进行评价。采用惩罚性的反馈方式	根据客观事实对员工进行评价。将反馈作为对员工训练的机会	不对员工的工作进行评价和反馈

2. 三种领导风格，三种不同结果

勒温认为,这三种不同的领导风格,会带来三种不同的团体氛围和工作效率。

(1)专制型。专制型的领导者只注重工作的目标,仅仅关心工作的任务和工作的效率。他们对团队的成员不够关心,被领导者与领导者之间的社会心理距离比较大,领导者对被领导者缺乏敏感性,被领导者对领导者存在戒心和敌意,容易使群体成员产生挫折感和机械化的行为倾向。[9]

专制型 [47] 团队的权力定位于领导者个人手中,团队成员均处于一种无权参与决策的从属地位。团队的目标和工作方针都由领导者自行制定,具体的工作安排和人员调配也由领导者个人决定。团队成员对团队工作的意见不受领导者欢迎,也很少会被采纳。

领导者根据个人的了解与判断来监督和控制团队成员的工作,下级只是被动、盲目、消极地遵守制度,执行指令。团队中缺乏创新与合作精神,而且成员之间易产生攻击性行为。

(2)民主型。民主型的领导者注重对团体成员的工作加以鼓励和协助,关心并满足团体成员的需要,营造一种民主与平等的氛围,领导者与被领导者之间的社会心理距离比较近。在民主型的领导风格下,团体成员自己决定工作的方式和进度,工作效率比较高。[10]

民主型 [48] 团队的权力定位于全体成员,领导者只起到一个指导者或委员会主持人的作用,其主要任务就是在成员之间进行调解和仲裁。团队的目标和工作方针要尽量公诸于众,征求大家的意见并尽量获得大家的赞同。具体的工作安排和人员调配等问题,均要经共同协商决定。

有关团队工作的各种意见和建议将会受到领导者鼓励,而且很可能会得到采纳,一切重要决策都会经过充分协商讨论后做出。团队成员的工作动机和自主完成任务的能力较强,责任心也比较强。

(3)放任型。放任型的领导者采取的是无政府主义的领导方式,对工作和团体成员的需要都不重视,无规章、无要求、无评估,工作效率低,人际关系淡薄。[11]

47. Autocratic

48. Democratic

---

[9] The autocratic style describes a leader who typically tends to centralize authority, dictate work methods, make unilateral decisions, and ruleout employees in decision making.

[10] The democratic style describes a leader who tends to involve employees in decision making, delegate authority, and encourage participation in deciding work methods and goals, and use feedback as an opportunity for coaching employees.

[11] The laissez-faire-style leader generally gives the group complete freedom to make decisions and complete the work in whatever way it is fit.

放任型⁴⁹ 团队的权力定位于每一个成员，领导者置身于团队工作之外，只起到一种被动服务的作用，其扮演的角色有点像一个情报传递员和后勤服务员。领导者缺乏关于团体目标和工作方针的指示，对具体工作安排和人员调配也不做明确指导。

领导者满足于任务布置和物质条件的提供，对团体成员的具体执行情况既不主动协助，也不进行主动监督和控制，听任团队成员各行其是，自主进行决定，对工作成果不做任何评价和奖惩，以免产生诱导效应。在这种团队中，非生产性的活动很多，工作的进展不稳定，效率不高，成员之间存在过多的与工作无关的争辩和讨论，人际关系淡薄，但很少发生冲突。

3. 哪种领导风格最有效 [12]

勒温等人试图通过实验决定哪种领导风格是最有效的领导风格。他们分别将不同的成年人训练成为具有不同领导风格的领导者，然后让这些人充当青少年课外兴趣活动小组的领导，让他们主管不同的青少年群体。进行实验的群体在年龄、人格特征、智商、生理条件和家庭社会经济地位等方面进行了匹配，也就是说，几个不同的实验组仅仅在领导者的领导风格上有所区别。这些青少年兴趣小组进行的是手工制作的活动，主要是制作面具。结果发现，放任型领导者所领导的群体的绩效低于专制型和民主型领导者所领导的群体；专制型领导者所领导的群体与民主型领导者所领导的群体工作数量大体相当；民主型领导者所领导的群体的工作质量与工作满意度更高。基于这个结果，勒温等研究者最初认为民主型的领导风格似乎会带来良好的工作质量和数量，同时群体成员的工作满意度也较高，因此，民主型的领导风格可能是最有效的领导风格。但不幸的是，研究者们后来发现了更为复杂的结果。民主型的领导风格在有些情况下会比专制型的领导风格产生更好的工作绩效，而在另外一些情况下，民主型领导风格所带来的工作绩效可能比专制型领导风格所带来的工作绩效低或者仅仅与专制型领导风格所产生的工作绩效相当，而关于群体成员工作满意度的研究结果则与以前的研究结果相一致，即通常在民主型的领导风格下，成员的工作满意度会比在专制型领导风格下的工作满意度高。

4. 勒温的三种极端领导方式理论的应用意义

在实际的组织与企业管理中，很少有极端型的领导，大多数领导都是介

[12] The laissez-faire-style leadership is ineffective.
Quantity of work is equal under authoritarian and democratic leadership styles.
Quality of work and satisfaction is higher under democratic leadership.

于专制型、民主型和放任型之间的混合型。因此实际的领导者风格类型可以用图 7.1 表示。

勒温能够注意到领导者的风格对组织氛围和工作绩效的影响，区分出领导者的不同风格和特性并以实验的方式加以验证，这对实际管理工作和有关研究非常有意义。许多后续的理论都是从勒温的理论发展而来的。例如坦南鲍姆和施米特的领导行为连续体理论就是为解决勒温等人的研究中提出的问题而提出的理论。

但是，勒温的理论也存在一定的局限。这一理论仅仅注重了领导者本身的风格，没有充分考虑到领导者实际所处的情境因素，因为领导者的行为是否有效不仅仅取决于其自身的领导风格，还受到被领导者和周边的环境因素的影响。

7.3.2　利克特的管理系统理论 [50]

50. Rensis Likert's Theory

伦西斯·利克特（Rensis Likert）是美国现代行为科学家，曾于美国密执安大学获得文学学士学位，于哥伦比亚大学获得理学博士学位。他是在领导学和组织行为学领域卓有影响的密执安大学社会研究所的创始人和首任领导者，其对管理思想发展的贡献主要是在领导理论、激励理论和组织理论等方面。

利克特的管理新模式以密执安大学社会研究所自 1947 年以来进行的数十项研究成果为依据，总结了美国企业经营环境的变化趋势和部分成绩出众的管理特点，提出了一种"新型管理原理"，并且比较详细系统地阐述了"支持关系理论"和以工作集体为基本单元的新型组织机构。在此基础上，利克特于 1967 年提出了领导的四系统模型，即把领导方式分成四类系统：剥削式的集权领导、仁慈式的集权领导、洽商式的民主领导和参与式的民主领导。他认为只有第四系统——参与式的民主领导——才能实现真正有效的领导，才能正确地为组织设定目标和有效地达到目标。在此，我们主要介绍利克特提出的管理新模式。

利克特和他的同事经过大量调查研究，认为在 20 世纪 60 年代的高效企业和政府部门由于环境的变化，正在创造一种不同于 20 世纪 50 年代管理系统的新的管理方式，其核心是如何有效地管理企业的人力资源。这种新型管理系统通常具有以下特征。

（1）组织成员对待工作、对待组织的目标、对待上级经理采取积极和合作的态度，他们互相信任，与组织融于一体。

（2）组织的领导者采用各种物质和精神鼓励的办法调动员工的积极性。首要是让员工认识到自我的重要性和价值，例如鼓励组织成员不断进步，取得成就，承担更大责任和权力，争取受表扬和自我实现。同时也要让员工有安全感，发挥自己的探索和创新精神。当然，物质刺激手段也是必不可少的。

（3）组织中存在一个紧密而有效的社会系统。这个系统由互相联结的许多个工作集体组成，系统内充满协作、参与、沟通、信任、互相照顾的气氛和群体意识，信息畅通，运转灵活。

（4）对工作集体的成绩进行考核主要是用于自我导向，不是单纯用做实施监督控制的工具。参与式管理和集体决策要求所有成员分享考核的结果和其他信息，否则很容易导致敌对态度的出现。

在这种管理系统中，组织成员的态度是非常重要的，而他们的态度又主要受到利克特提出的"支持关系"的影响。支持关系理论是管理新模式的核心，也是应用于实践的指导原则。支持关系理论可以简要表述为：领导以及其他类型的组织工作必须最大限度地保证组织的每个成员都能够按照自己的背景、价值准则和期望所形成的视角，从自己的亲身经历和体验中确认组织与其成员之间的关系是支持性的，组织里的每个人都受到重视，都有自己的价值。如果在组织中形成了这种"支持关系"，员工的态度就会很积极，各项激励措施就会充分发挥作用，组织内充满协作精神，工作效率当然很高。支持关系理论实际上要求让组织成员都认识到组织担负着重要使命和目标，每个人的工作对组织来说都是不可或缺、意义重大和富有挑战性的。所谓"支持"是指员工置身于组织环境中，通过工作交往亲自感受和体验到领导者及各方面的支持和重视，从而认识到自己的价值。这样的环境就是"支持性"的，这时的领导者和同事也就是"支持性"的。

在优秀组织里，成员并不是只作为单个员工发挥作用，而是作为高效工作集体的一员发挥作用。领导者应该在组织内建立起这样的集体，并通过"双重身份成员"把各个工作集体联结起来，形成组织的有机整体。"双重身份成员"指的是某一工作集体的领导者，同时充当高级工作集体的成员或下属。以工作集体为管理的基本单元的组织，强调的不是"一对一"的等级层次观念，而是集体负责、集体决策和整体利益。这种工作集体不仅存在于企业的高层，同样适用于企业的中层和基层。为了保证整个组织以工作集体为基本单元一环扣一环地层层联结起来，领导者不仅要与直接被领导的集体成员接触，间或还要与由下属领导的更下层工作集体成员接触，以检查自己的下属是否有效地发挥了领导和连接作用。另外，还可以通过职能部门工作集体和委员会、工作组等非经常性工作集体在组织内形成另一个或多个平行的重叠工作集体网络系统，以保证将组织的各个部分连接成整体。

在任何组织里，领导者以支持的态度对待下属，领导者与下属间形成支持关系，都有一个重要的前提，即组织的目标与组织成员的个人需要和谐一致。否则领导者无法做到既支持下属，又为达到组织的总体目标而竭尽全力。而且组织的目标和成员的个人需要都在随着环境的变化而不断变化，所以就必须不断调整和修正以保持二者之间的和谐。此外，对企业来说，其总体目标除了体现员工的利益，还应当反映其他利益相关者的愿望和要求，按照新型管理原理构建的重叠式工作集体组织能够比较有效地实现上述和谐一致。

利克特的管理新模式将参与式管理作为企业比较有效的管理系统和制度，其实用性和优越性在现实中一些绩效出众的企业中得到了验证，而在此基础上提出的领导系统理论也在实践中得到广泛应用。

7.3.3 领导行为的四分图理论 [51]

从 1945 年起，美国俄亥俄州立大学教授斯多基尔（R.M.Stogdill）、沙特尔（C.L.Shartle）对领导问题进行了广泛的研究。他们发现领导行为可以归纳为"定规" [52] 和"关怀" [53] 两大层面。

所谓"定规"层面的领导行为，强调以工作为中心，是指领导者以完成工作任务为目的，为此只注意工作是否有效地完成，只重视组织设计、职权关系、工作效率，而忽视部属本身的问题，对部属严密监督控制。[13] 而"关怀"层面的领导行为，则强调以人为中心，是指领导者强调建立领导者与部属之间的互相尊重、互相信任的关系，倾听下级意见和关心下级。[14]

调查结果证明，"定规"和"关怀"这两类领导行为在同一个领导者身上有时一致，有时并不一致。因此，他们认为领导行为是两个层面的行为的具体结合，分为四种情况，用两度空间的四分图来表示，如图 7.2 所示。

属于低关怀高定规的领导者，最关心的是工作任务。高关怀而低定规的领导者大多数较为关心领导者与部属之间的合作，重视互相信任和互相尊重的气氛。低定规低关怀的领导者，对组织、对人都漠不关心，一般来说，这

51. The Ohil State Studies

52. Initiating Structure

53. Consideration

---

[13] Initiating structure refers to the extent to which a leader was likely to define and structure his or her role and the roles of group members in the search for goal attainment. It included behavior that involved attempts to organize work, work relationships, and goals.

[14] Consideration is defined as the extent to which a leader had job relationships characterized by mutual trust and respect for group members' ideas and feelings.

种领导方式效果较差。高定规高关怀的领导者，对工作、对人都较为关心，一般来说，这种领导方式效果较好。

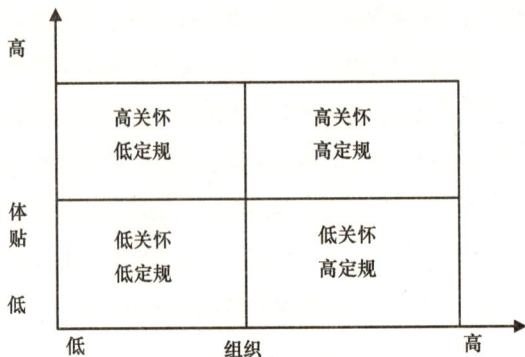

图 7.2　领导行为四分图

　　虽然其他人的研究都未必支持上述结论，但是这些研究却激发了日后对领导问题的越来越多的研究和讨论，如"管理方格法"就是以此为基础而发展起来的。

7.3.4　管理方格理论 [54]

1. 管理方格理论的概念

　　管理方格理论是由美国德克萨斯大学的行为科学家罗伯特·布莱克（Robert R.Blake）和简·莫顿（Jane S.Mouton）在 1964 年出版的《管理方格》（1978 年修订再版，改名为《新管理方格》）一书中提出的。管理方格图的提出改变了以往各种理论中"非此即彼"式（要么以生产为中心，要么以人为中心）的绝对化观点，指出在对生产关心和对人关心的两种领导方式之间，可以进行不同程度的互相结合。

　　管理方格理论是研究企业的领导方式及其有效性的理论，这种理论倡导用方格图表示和研究领导方式。[15] 他们认为，在企业管理的领导工作中往往出现一些极端的方式，或者以生产为中心，或者以人为中心，或者强调靠监督，或者强调相信人。为避免趋于极端，克服以往各种领导方式理论中的"非此即彼"的绝对化观点，他们指出：在对生产关心的领导方式和对人关心的领导方式之间，可以有使二者在不同程度上互相结合的多种领导方式。为此，他们就企业中的领导方式问题提出了管理方格法，使用自己设计的一张纵轴和横轴各 9 等分的方格图，纵轴和横轴分别表示企业领导者对人和对生产的

---

[15]　Impoverished management, exerts minimum effort to get required work done in a way appropriate to sustain organization membership.

关心程度。第 1 格表示关心程度最小，第 9 格表示关心程度最大。全图总共 81 个小方格，分别表示"对生产的关心"和"对人的关心"这两个基本因素以不同比例结合的领导方式。管理方格图，如图 7.3 所示。

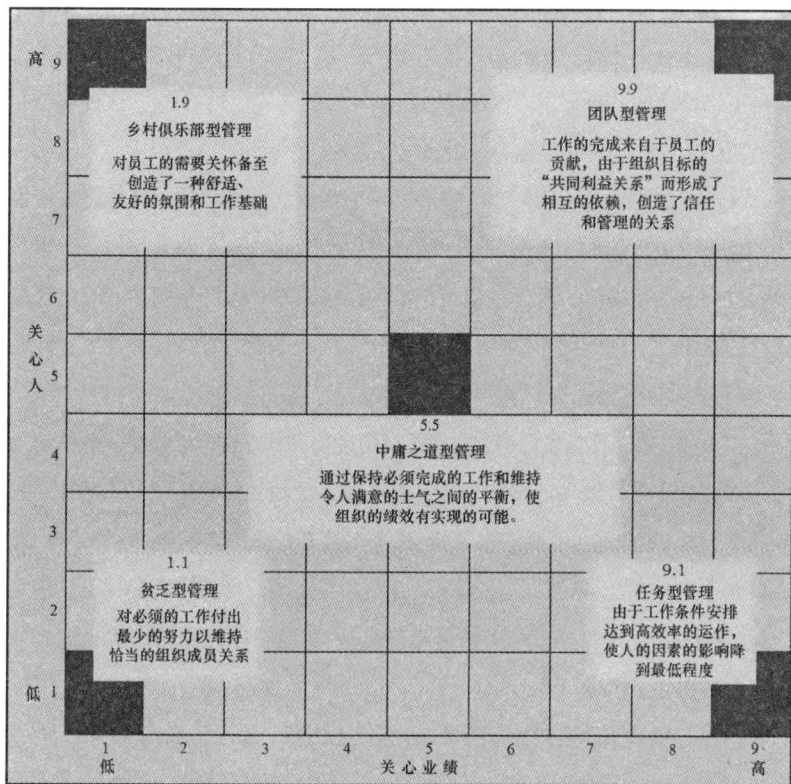

图 7.3　管理方格图

2. 管理方格图的主要内容

管理方格图是一张纵轴和横轴各 9 等分的方格图，纵轴表示企业领导者对人的关心程度（包含了员工对自尊的维护、基于信任而非基于服从来授予职责、提供良好的工作条件和保持良好的人际关系等），横轴表示企业领导者对业绩的关心程度（包括政策决议的质量、程序与过程、研究工作的创造性、职能人员的服务质量、工作效率和产量），其中第 1 格表示关心程度最小，第 9 格表示关心程度最大。

管理方格图中各部分的含义如下。

（1）1.1 型。贫乏型管理，或称虚弱型，对"人"和对"工作"几乎都是漠不关心。这是得过且过、混日子的领导者或是一无所长的领导者。这种管理方式称为恶劣的管理，其结果必然是生产上不去，群众有怨气。

（2）9.1 型。称为任务型，这种领导者是抓工作（生产）浑身是劲，对人却是漠不关心。这种领导者的注意力集中在任务的完成上，但是很少注意下级的发展和士气。日子一长，被领导者和领导者之间关系紧张，群众怨声载道，失去进取心，领导者感到工作无成效，最后可能转向 1.1 型管理。[16]

（3）1.9 型。称为乡村俱乐部型，亦称"老好人"领导。这种领导者只关心人，不关心工作（生产），他集中注意对下级的支持和体谅，想方设法满足下级提出的各种要求；但不关心、不计较任务完成的好坏。这种领导亦称逍遥型领导，这种管理称为一团和气的管理。[17]

（4）5.5 型。称为中间型，或者又称为中庸之道型管理。这种类型的领导者是争先进没信心，当后进难为情，居中游最定心。关心人和关心工作一视同仁，一碗水端平，目的是取得正常的任务效率和保持被领导者的士气在满意的水平。遇到问题不敏感，安于现状，从长远观点看，这种领导者管理的企业最后必然落后。[18]

（5）9.9 型。称为协调型，即领导者通过协调和综合与工作有关的活动，促进工作和士气。既关心下级，又关心工作，管理工作发扬了集体精神，关系和谐，职工有进取心，企业生气勃勃。这种类型的领导者有干劲，有事业心，在群众中有较高的威信。这是一种最好的领导类型。当然，为各种工作确定一位 9.9 协调型的领导者是困难的。但是，9.9 型领导行为为造就一位有效的管理者树立了榜样。[19]

除了这些基本的定向外，还可以找出一些组合。例如，5.1 方格表示准生产中心型管理，比较关心生产，不大关心人；1.5 方格表示准人中心型管理，比较关心人，不大关心生产；9.5 方格表示以生产为中心的准理想型管理，重点抓生产，也比较关心人；5.9 方格表示以人为中心的准理想型管理，重点在于关心人，也比较关心生产。还有，如果一个管理人员与其部属关系会有 9.1 定向和 1.9 体谅，就是家长作风；当一个管理人员以 9.1 定向方式追赶生产，而在这样做的时候激起了怨恨和反抗时，又到了 1.9 定向，这就是大弧度钟摆；

---

[16]　In task management, efficiency in operations results from arranging conditions of work in such a way that interference of human elements is reduced to a minimum degree.

[17]　In country club management, thoughtful attention to needs of people for satisfying relationship leads to a comfortable, friendly organization atmosphere and work tempo.

[18]　In middle-of-the-road management, adequate organization performance is possible through balancing the necessity to get out work with maintaining morale of people at a satisfactory level.

[19]　In team management, work is accomplished by committed people; interdependence through a "common stake" in organization purpose leads to relationships of trust and respect.

还有平衡方法、双帽方法、统计的 5.5 方法等。

3. 管理方格理论的意义

管理方格法问世后便受到了管理学家的高度重视。它启示我们在实际管理工作中，一方面要高度重视手中的工作，要布置足够的工作任务，向下属提出严格的要求，并且要有纪律规章作保障；另一方面又要十分关心下属个人，包括关心他们的利益，创造良好的工作条件和工作环境，给予适度的物质和精神的鼓励等，从而使下级机械及其工作人员在责、权、利等方面高度统一起来，以提高下属的积极性和工作效率。管理方格理论在美国和许多工业发达国家受到一些管理学者和企业家的重视。

7.3.5 连续统一体理论

美国学者坦南鲍姆（R.Tannenbam）和施密特（W.H.Schmidt）认为领导方式具有开放系统的性质，并强调组织内部环境和社会外部环境对于领导行为的各种影响，诸如企业履行的社会责任、公民权利运动、生态运动和消费者保护运动等因素。

在此基础上，罗伯特·坦南鲍姆与施密特还认为，领导方式是多种多样的，按领导者授予下属自主权程度划分，从专制型到民主型之间，存在多种过渡型方式。根据这种认识，1958 年他们提出了"领导方式的连续统一体理论"，图 7.4 概括地描述了他们这种理论的基本内容和观点。

坦南鲍母与施密特指出民主与专制仅是两个极端的情况，这两者中间还存在着许多种领导行为，从而提出了领导连续统一体理论，如图 7.4 所示。图的左端是独裁的领导行为，右端是民主的领导行为，构成两个极端。

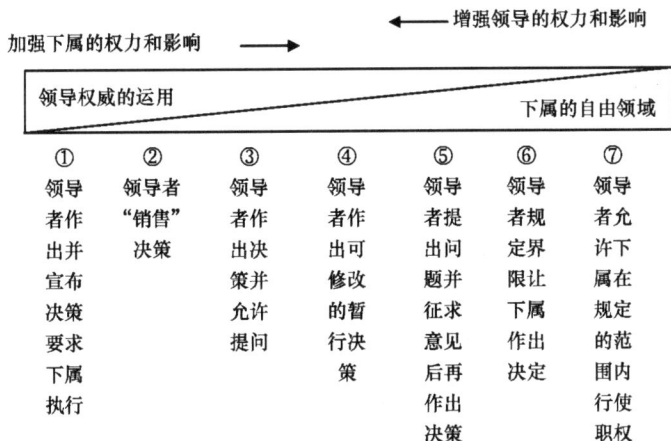

图 7.4 领导方式的连续统一体理论

首先是基于领导者对权力的来源和人性的看法不同，独裁的领导者认为权力来自于职位，人生来懒惰而没有潜力，因而一切决策均由领导者亲自做出；而民主型的领导者则认为，权力来自于群体的授予和承认，人受到激励能自觉、自治地发挥创造力，因此决策可以公开讨论，集体决策。其次独裁型领导比较重视工作，并运用权力支配影响下级，下属的自由度较小；而民主型领导重视群体关系，给予下属以较大的自由度。领导行为连续统一体从左至右，领导者运用职权逐渐减少，下属的自由度逐渐加大，从以工作为重逐渐变为以关系为重。图 7.4 的下方依据领导者把权力授予下属的程度不同，决策的方式不同，形成了领导方式"连续流"。因此可供选择的领导方式不是仅民主与独裁两种而是七种。

领导方式连续统一体理论不是要在独裁或民主两种领导方式中做出选择，而是提出了一系列的领导方式，不认为某种方式是正确或错误的，而认为适合的领导风格取决于领导者和被领导者所处的情境。

坦南鲍姆和施密特认为以下因素会对领导风格产生影响：

（1）对管理者个性产生影响的一些因素，例如管理者的价值观体系、对下属的信任、领导风格的偏好以及在不确定环境中的安全感等；

（2）下属对领导者产生影响的因素，例如，他们乐于承担责任的意愿、知识与经验，以及对模棱两可的事情的容忍度等；

（3）情境因素，诸如组织的价值准则和传统、下属作为组织中的一员的工作效率、问题的本质、如何恰当地授予下属解决问题的权限，以及时间的压力等。

7.4 权变理论 [55]

55. Contingency Theories of Leadership

权变理论是近年来国外行为科学家重点研究的领导理论，这个理论所关注的是领导者与被领导者的行为和环境的相互影响。该理论认为，某一具体领导方式并不是到处都适用的，领导者的行为若想有效，就必须随着被领导者的特点和环境的变化而变化，而不能是一成不变的。比较有代表性的理论有费德勒权变理论、情境领导理论以及豪斯的路径—目标理论。[20]

---

[20] Contingency theories of leadership that simply possessing certain traits or performing certain behaviors does not ensure a manger will be an effective leader in all situations. What makes a manager an effective leader in one situation is not necessarily what that manger needs in order to be equally effective in a different situation. The traits or behaviors that may contribute to a manager being an effective leader in one situation might result in the same manager being an ineffective leader in another situation. Contingency models of leadership take into account the situation or context within which leadership occurs.

7.4.1 费德勒权变理论 [56]

56. The Fiedler Model

费德勒（Fred E. Fiedler）和他的同事们在大量研究的基础上，提出了一个能将领导风格和组织情境相结合的领导权变模式。他认为，任何领导形态均可能有效，关键是领导风格要跟具体的组织情境相匹配。[21]

费德勒也是从对人的关系的关心度（员工导向）与对工作任务的关心度（任务导向）这两个纬度来研究和比较领导风格的。他根据一个人对其"最不喜欢的同事"的评价度量表来测度领导者的领导风格。费德勒认为，某领导者如果对其"最不喜欢的同事"仍能给予相对较高的评价，就可以认为他的领导风格属于关系导向型（称为高LPC）。相反，如果某领导者对其"最不喜欢的同事"给予较低的评价（称为低LPC），则可以认为他属于任务导向型的领导风格。[22]

费德勒将领导的情境因素即有助于确定哪一种领导风格有效性的变量归结为三个方面。

（1）领导者与下属的关系，即领导者能否得到下属的信任、尊重和喜爱。[23]

（2）工作任务结构，即群体的工作任务是否规定明确，程序是否清楚，是常规性的工作还是探索性、创造性的工作。[24]

（3）职位权力，即领导者所处的职位实际拥有的权力。[25]

费德勒将这三个环境要素加以组合，得出八种不同的环境类型，并对

[21] Fiedler contingency model is a leadership theory that proposes that effective group performance depends upon the proper match between a leader's style of interaction with his or her followers and the degree to which the situation allows the leader to control and influence.

[22] Fiedler proposed that a key factor in leadership success was an individual's basic leadership style, either task oriented or relationship oriented. To measure a leader's style, Fiedler developed the least-preferred co-worker (LPC) questionnaire. Fiedler believed that you could determine a person's basic leadership style on the basis of the responses to the LPC questionnaire. If the leader described the least-preferred co-worker in relatively positive terms ("high" LPC score), then the respondent was primarily interested in good personal relations with co-worker. That is , if you described the person that you least liked to work with in favorable terms, your style would be described as relationship oriented. In contrast, if you saw the least-preferred co-worker in relatively unfavorable terms (a low LPC score), you were primarily interested in productivity and getting the job done; thus, you style would be labeled as task oriented.

[23] Leader-member relations: the degree of confidence, trust, and respect employees have for their leader; rated as either good or poor.

[24] Task structure: the degree to which job assignments are formalized and procedurized; rated as either high or low.

[25] Position power: the degree of influence a leader has over power-based activities such as hiring, firing, discipline, promotions, and salary increases; rated as either strong or weak.

1200 多个团体进行了调查，找出了不同环境类型下最适应、最有效的领导类型，如图 7.5 所示。

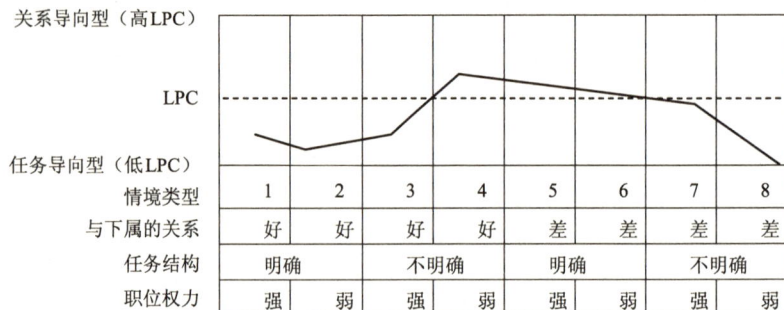

关系导向型（高LPC）

LPC

任务导向型（低LPC）

情境类型	1	2	3	4	5	6	7	8
与下属的关系	好	好	好	好	差	差	差	差
任务结构	明确		不明确		明确		不明确	
职位权力	强	弱	强	弱	强	弱	强	弱

图 7.5　费德勒的权变模式

从图中可以看出，在对领导者最有利或最不利的情况下（例如 1，2，3，8），采用任务导向型的领导方式（低 LPC）其效果较好。而在对领导者中等有利的环境下，则采用关系导向型领导方式（例如 4，5，6）其效果较好。

费德勒模式的基本精神是要求领导方式与领导的具体环境相匹配，匹配途径有两个：或者设法改变情境变量，使环境与管理风格相匹配；或者将管理者安排到一个适合他的领导风格的管理岗位上，使之与那里的环境相匹配。

7.4.2　情境领导理论 [57]

情境领导理论也叫情景理论、因地制宜理论等。这种理论认为，领导的有效行为应随着被领导者的特点和环境的变化而变化，不能是一成不变的。因为任何领导行为总是在一定的环境条件下，领导者通过与被领导者的交互作用，去完成某个特定目标。情境理论认为领导的有效性是领导者、被领导者、环境相互作用的函数，它可用下列公式来表达：

$$领导的有效性 = f（领导者、被领导者、环境）$$

上式告诉我们，领导的有效与否，要根据领导者本身的条件、被领导者的情况和环境（包括工作任务）条件，以及上述三者的相互关系而定。

1. 领导者 [58] 方面的条件

包括领导者的职位类别、年龄和经验；他自己的价值观念体系；他对下属的信任程度；他的领导个性（是倾向于专制的，还是倾向于民主的）；对于不确定情况的安全感等。

2. 被领导者 [59] 的情况

包括被领导者的文化期望和独立性需要程度；他们的责任感；他们对有

57. Situational Leadership Theory

58. Leader

59. Followers

关问题的关心程度；他们对不确定情况的安全感；他们对组织目标是否理解；他们在参与决策方面的知识、经验、能力等。

3. 组织环境方面的条件 [60]

60. Situation

包括组织的历史、规模；组织的价值标准和传统；工作要求、作业集体的协作经验；决策所需的时间及可利用的时间；社会环境及社会压力等。

情境理论可有两方面的应用。一方面，领导者要分析情境要素的不同状况，采取不同的领导行为，才能激励下属，实现有效管理。比如，在军队中，领导者有较高的权力，有严格的组织纪律约束和高涨的士气，有效的领导方式就是层层发布命令使下属明确任务目标。而在一个合作式的组织团体当中，以命令下达工作任务的方式就不一定奏效，领导者应注重与下属的沟通与协商一致，以保持良好的合作气氛。另一方面，组织绩效的提高，不仅有赖于领导者一方的努力，还要力争培育一个使领导能顺利工作的环境，比如，给领导者以相应的职权、进行必要的信息沟通、对决策时间的保证等。

管理学者肯·布兰佳（Ken Blanchard）博士说，没有最好的领导形态，只有最适当的领导形态。情境领导被誉为本世纪重大领导理论之一。有别于传统领导的特质理论，不仅只重视领导者行为能力的修炼，情境领导特别强调领导要因人而异，因材施教。情境领导的三大技巧是：诊断、弹性与约定领导形态。诊断是评估部属在发展阶段的需求；弹性是能轻松自在地使用不同的领导形态；约定领导形态是与部属建立伙伴关系，与部属协议他所需要的领导形态。情境领导能改善主管与部属间的沟通，增加默契的培养，并使主管能够了解部属的发展需求，给予必要的协助。就个人角度而言，影响部属绩效的因素有能力问题与意愿问题，一种是不会做，另一种是不愿做，也有交错变化的不同发展状况。情境领导提出了主管除了要正确诊断掌握部属的发展阶段外，也要学习采用正确的领导行为，包括处理能力问题的命令行为，及处理意愿问题的支持行为，这是主管最重要的两项领导行为，运用得宜谓之弹性。一位好的情境领导者必须扮演良师及教练的角色，随着部属的成长与发展调整不同的领导行为。部属接到新任务或新目标的初期多一点结构式的指导、清楚明确的指示；当部属意愿低落或意愿变化时，给予多一些的关怀与支持；部属能力渐长能独立自主时，主管可以减少命令行为和支持行为，充分授权给部属。适当的领导行为可以有高绩效的任务达成，同时也有满意的员工。

61. Path-goal Model

7.4.3　豪斯的路径—目标理论[26]61

加拿大多伦多大学的组织行为学教授罗伯特·豪斯（Robert J.House）和米切尔（Terence R. Mitchell）等人提出了一种领导权变模型即：路径—目标领导理论。该理论的核心在于，领导者的工作是帮助下属达到他们的目标，并提供必要的指导和支持以确保他们各自的目标与群体或组织的总体目标相一致。"路径—目标"的概念即来自于这种信念，即有效的领导者通过明确指明实现工作目标的途径来帮助下属，并为下属清理路程中的各种路障和危险从而使下属的这一"旅行"更为顺利。该理论模型如图 7.6 所示。

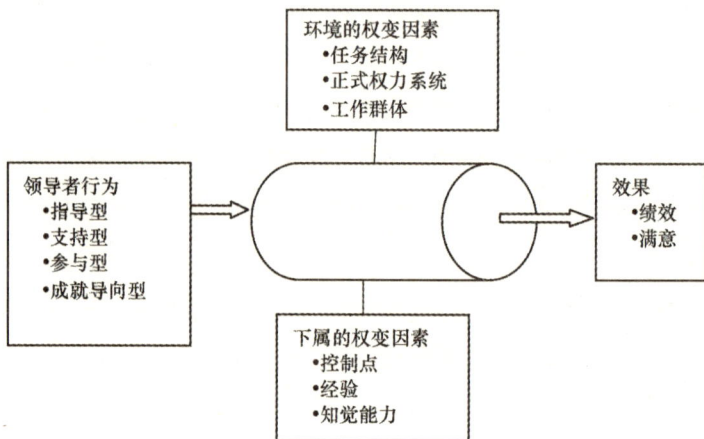

图 7.6　路径—目标模型

该模型内容描述如下。

1. 领导行为

按照路径—目标理论，领导者的行为被下属接受的程度取决于下属将这种行为视为获得满足的即时源泉还是作为未来获得满足的手段。领导者行为的激励作用在于：第一，它使下属的需要满足与有效的工作绩效联系在一起；第二，它提供了有效的工作绩效所必需的辅导、指导、支持和奖励。为了考察这些方面，豪斯确定了 4 种领导行为。

62. Directive leaders.

（1）指导型领导62。让下属知道期望他们的是什么，以及完成工作的时间安排，并对如何完成任务给予具体指导。

63. Supportive leaders.

（2）支持型领导63。十分友善，并表现出对下属需求的关怀。

64. Participative leaders.

（3）参与型领导64。与下属共同磋商，并在决策之前充分考虑下属的建议。

[26]　A leadership theory that says it's the leader's job to assist his or her followers in attaining their goals and to provide the direction or support needed to ensure that their goals are compatible with the overall objectives of the group or organization.

（4）成就取向型领导。[65] 设置有挑战性的目标，并期望下属实现自己的最佳水平。

2. 情景因素

与费德勒的领导行为观点相反，豪斯认为领导者是弹性灵活的，同一领导者可以根据不同的情境表现出任何一种领导风格。他提出了两类情境或权变变量作为领导行为与结果之间关系的中间变量。

（1）下属的权变因素 [66]：控制点、经验和感知到的能力。即下属对于自身行为结果的原因的解释（内因或者外因）以及员工对于自身完成任务努力的评价。

（2）下属控制范围之外的环境权变因素 [67]：任务结构、正式权力系统以及工作群体。环境因素中更关键的是环境权变因素，这些环境因素形成领导者所面临的不确定性，从而影响了员工的工作动机。

3. 结论

这一理论指出，当环境结构与领导者行为相比重复多余或领导者行为与下属特点不一致时，效果均不佳。由此该理论得出以下结论：

（1）与具有高度结构化和安排完好的任务相比，当任务不明或压力过大时，指导型领导会带来更高的满意度；

（2）当任务结构不清时，成就取向型领导将会提高下属的期待水平，使他们坚信努力必会带来较高的工作绩效；

（3）当下属执行结构化任务时，支持型领导会带来员工的高绩效和高满意度；

（4）组织中的正式权力关系越明确、越官僚化，领导者越应表现出支持型行为，降低指导型行为；

（5）当工作群体内部存在激烈的冲突时，指导型领导会带来更高的员工满意度；

（6）对于能力强或经验丰富的下属，指导型的领导可能被视为累赘多余；

（7）内控型下属（即相信自己可以掌握命运）对参与型领导更为满意；

（8）外控型下属对指导型领导更为满意。

西方一些管理学家认为，豪斯路径—目标领导理论虽然在一些地方还不够完备，如对确定领导方式时应考虑的多种因素及其相互关系尚待进一步研究，但它指出了领导行为在管理领域中今后的发展趋向，并强调对员工进行激励的关键作用，所以具有重要意义。

65. Achievement-oriented leaders.

66. Subordinate contingency factors:locus of control, experience and perceived ability.

67. Environmental contingency factors:task structure, formal authority system and work group.

本章小结

领导是拥有权力的个人或集团向他人施加影响，使之为实现预定目标而努力的过程。领导者与管理者是不同的概念。

领导者的影响力由两大系统构成，即权力性影响力和非权力性影响力。而构成权力性影响力的因素主要有传统因素、职位因素、资历因素。构成非权力性影响力的因素主要有四个方面：品格因素、才能因素、知识因素、感情因素。

领导特质理论研究领导者应具备哪些基本特质，以便选拔和培养领导者；领导行为理论着重于研究和分析领导者在工作过程中的行为表现及其对下属行为和绩效的影响，以确定最佳的领导行为，包括勒温的极端领导行为理论、连续统一体理论、领导行为四分图和管理方格理论；权变领导理论认为，领导是在一定环境条件下通过与被领导者的交叉作用去实现某一特定目标的一种动态过程，领导的有效行为应随着被领导者的特点和环境的变化而变化，权变领导理论包括费德勒的权变理论、情境领导理论、途径—目标理论。

综合练习

一、选择题

1. 在菲德勒模型中，下列哪种情况属于较好的领导环境（　　）。

A. 人际关系差，工作结构复杂，职位权力强；

B. 人际关系差，工作结构简单，职位权力强；

C. 人际关系好，工作结构复杂，职位权力弱；

D. 人际关系好，工作结构复杂，职位权力强；

2. 管理方格图中，9.1 型对应的是（　　）领导方式。

A. 任务型　　　　　B. 乡村俱乐部型　　C. 中庸之道型　　D. 贫乏型　　　　E. 团队型

3. 管理方格图中，9.9 型对应的是（　　）领导方式。

A. 任务型　　　　　B. 乡村俱乐部型　　C. 中庸之道型　　D. 贫乏型　　　　E. 团队型

4. 提出权变理论的是（　　）。

A. 吉沙利　　　　　B. 菲德勒　　　　　C. 布莱克　　　　D. 施米特

5. 在人际关系好，工作结构简单的环境中，宜采取（　　）的领导方式。

A. 高 LPC 型领导方式　　　　　B. 低 LPC 型领导方式

6. 乡村俱乐部型的领导方式位于管理方格图的（　　）格。

A. 9.1　　　　　　　B. 1.9　　　　　　C. 5.5　　　　　　D. 9.9　　　　　　E.1.1

7. 如果一个领导者决断力很强，并且信奉 X 理论，他很可能采取（　　）的领导方式。

A. 专权型领导　　　B. 民主型领导　　　C. 放任型领导

8. 如果一个追随者的独立性较强，工作水平高，那么采取（　　）的领导方式是不适宜的。

A. 专权型领导　　　　　　　　　B. 民主型领导

C. 放任型领导　　　　　　　　　D. 适时发问，鼓励对方进一步的解释和说明

9. 王先生是某公司的一名年轻技术人员，一年前被调到公司企划部任经理，考虑到自己的资历、经验等，他采取了较为宽松的管理方式，试分析下列哪一种情况下，王先生的领导风格最有助于产生较好的的管理效果？（　　）

A. 企划部任务明确，王先生与下属关系好但职位权力弱

B. 企划部任务明确，王先生与下属关系差但职位权力弱

C. 企划部任务不明确，王先生与下属关系差且职位权力弱

D. 企划部任务不明确，王先生与下属关系好且职位权力强

10. 领导方式可以分成专制、民主、放任三种，其中民主型领导方式的主要优点是（　　）。

A. 纪律严格，管理规范，赏罚分明　　　B. 组织成员具有高度的独立自主性

C.按规章管理，领导者不运用权力　　　D.员工关系融洽，工作积极主动，富有创造性

11.张教授到某企业进行管理咨询，该企业总经理热情地接待了张教授，并介绍公司的具体情况，才说了15分钟，就被人叫了出去，10分钟后回来继续，不到15分钟，又被叫出去。这样，整个下午3个小时总经理一共被叫出去10次之多，使得企业情况介绍时断时续。这说明（　　　）。

A.总经理不重视管理咨询　　　　　　B.该企业可能这几天遇到了紧急情况

C.总经理可能过度集权　　　　　　　D.总经理重视民主管理

12.某公司销售部经理被批评为"控制的太多，而领导的太少"，据此你认为该经理在工作中存在的主要问题可能是什么？（　　　）。

A.对下述销售人员的疾苦没有给予足够的关心

B.对销售任务的完成没有给予充分的关注

C.事无巨细，过分亲历亲为，没有做好授权工作

D.没有为下属销售人员制定明确的奋斗目标

13.下述哪项活动和领导职能无关？（　　　）

A.向下述传达自己对销售工作目标的认识

B.与某用户谈判以期达成一项长期销售计划

C.召集各地分公司经理讨论和协调销售计划的落实情况

D.召集公司有关部门的职能人员开联谊会，鼓励他们克服难关

14.某企业多年来任务完成得都比较好，职工经济收入也很高，但领导和职工的关系却很差，该领导很可能是管理方格中所说的：（　　　）。

A.贫乏型　　　　　B.乡村俱乐部型　　　　　C.任务型　　　　　D.中庸之道型

15.美国管理大师彼得·德鲁克说过，如果你理解管理理论，但不具备管理技术和管理工具的运用能力，你还不是一个有效的管理者；反过来，如果你具备管理技巧和能力，而不掌握管理理论，那么充其量你只是一个技术员。这句话说明：（　　　）。

A.有效的管理者应该既掌握管理理论，又具备管理技巧与管理工具的运用能力

B.是否掌握管理一论对管理者工作的有效性来说无足轻重

C.如果理解管理理论，就能成为一名有效的管理者

D.有效的管理者应该注重管理技术与工具的运用能力，而不必注意管理理论

16.某公司总经理安排其助手去洽谈一个重要的工程项目合同，结果由于助手工作中的考虑欠周全，致使合同最终被另一家公司接走。由于此合同对公司经营关系重大，董事会在讨论其中失误的责任时，存在以下几种说法，你认为哪一种说法最为合理？（　　　）

A.总经理至少应该承担领导用人不当与督促检查失职的责任

B.总经理的助手既然承接了该谈判的任务，就应对谈判承担完全的责任

C.若总经理助手又进一步将任务委托给其下属，则也可不必承担谈判失败责任

D. 公司总经理已将此事委托给助手，所以，对谈判的失败完全没有责任

二、简答题

1. 领导者与管理者有什么区别？

2. 领导的影响力有什么特点？

3. 领导影响力由哪几个方面构成？

4. 勒温认为领导方式有那三种类型？

5. 什么是管理方格理论？

6. 简述豪斯的路径—目标理论中确定的四种领导行为。

chapter 8

第8章 激励

学习目标

通过本章学习，你可以达到以下目标。

知识目标

掌握马斯洛的需要层次理论；

了解基于激励理论的工作设计；

理解与掌握激励的内涵；

掌握基本的人性假设理论；

掌握主要的激励理论；

理解激励的原则与方法；

掌握 X 理论、Y 理论、超 Y 理论；

掌握双因素理论、期望理论、公平理论和强化理论的基本含义。

能力目标

能够正确分析企业员工的需要；

能够根据激励理论制定合理、有效的激励措施；

根据激励原则设计方案推进激励过程，保证良好效果。

1. Needs and Human Nature Assumption

2. Human Needs

3. The process of need emerging and being satisfied.

4. Diversity.

5. Dynamics.

6. Unlimitedness.

7. Relevancy.

8.1　需要与人性假设 [1]

8.1.1　关于人的需要 [2]

需要，是当人们缺乏某种东西时，产生的一种主观状态，即人对某种目标的渴求或欲望[1]。但凡人都有衣、食、住，或食、色、性等生理需要，也有与其他人交往、友爱、安全、实现理想等社会精神需要。行为科学家把促成行为的欲望叫作需要，它是行为的原动力。

1. 需要的产生与满足的过程 [3]

根据心理学揭示的规律，人在受到某种刺激时就会产生某种需要。当这种需要尚未得到满足时，心理上就产生不安或紧张状态，成为一种驱动力，心理学上称为动机。有了动机就要寻找或选择目标。当目标确定后，就要进行满足需要的活动。而当需要得到满足，行为结束，人的心理紧张消除。这就是一个从需要到满足的循环过程。而且这种循环过程是在反复演进或重复着的，即当一个过程结束后，就会出现又一个新的从需要到满足的过程。

需要与刺激分不开。刺激有多种多样，但一般分为两大类：一是来自自身肌体的刺激，如一些生理上的、精神、物质上的需求欲；二是外部刺激，如外部环境、外部文化、外部技术等。

人的需要受到社会的影响，随着社会的发展而发展，不同的人、不同的阶级具有各不相同的需要。人的需要是动态的、变化的。一般情况下，人的需要都由早期的、比较简单的生理与物欲的需要，逐渐进化为除追求物质需要外的多种多样的精神需要。

2. 需要的特征与类别

需要有以下基本特征：（1）多样性 [4]，如劳动就业、基本生活、社会交往、婚姻、家庭、理想等；（2）动态性 [5]，随着社会生产力的提高和人类社会文明进步，人的需要也随之不断提高；（3）无限性 [6]，无论是需要的种类，还是欲望要求的程度，都是无限的；（4）相关性 [7]，不同需要之间是互相有所关联或互为因果的；（5）重复性，某些需要不是一次满足就永远满足的，而是重复出现，需要反复满足；（6）竞争性，某一时刻可能出现许多需要，但只有最强烈的需要才能成为行为的主要驱动力。

需要包括以下几种类型：（1）从需要的性质上分为生理需要和心理需要；（2）从需要的迫切程度分为直接需要和间接需要；（3）从需要的范围分为

---

[1]　Need is a subjective condition emerging when people are lack of something ,a thirst ordesire for a certain goal.

社会成员共同需要和社会成员个人需要。第三种分类中的两种关系又分为不同情况：两者是一致或相应的；两者之间部分一致，部分不一致或完全对立；两者没有直接联系；两者完全相互冲突。

3. 需要的层次

西方行为科学的代表人物马斯洛（Abraham Harold Maslow）提出的"需求层次论"[8]认为：人的基本需求具有五个层次，即生理、安全、社交、尊重和自我实现愿望等。[2]

8. Maslow's Hierarchy of Needs Theory

几年前，曾经有学者把我国职工的需要概括为八个层次：（1）基本生活需要；（2）公正、公平性需要；（3）学习提高的需要；（4）人际关系环境需要；（5）民主权利需要；（6）精神荣誉的需要；（7）理想、抱负的需要；（8）无私奉献的需要。

除了马斯洛的"需求层次论"外，还有哈佛大学心理学家麦克利兰（David Mcclelland）的"成就需要理论"[9]。他认为人的需要可分为：成就需要、权力需要和情谊需要。他认为，具有强烈成就需要的人，把个人的成就看作比金钱还重要，工作过程中取得成功或攻克了难关、解决了难题时，从中所得到的乐趣和激励，超过任何物质的鼓励。这种人事业心强，有进取心，也比较实际。麦克利兰认为，具有高度成就需要的人，对于企业，对于国家都非常重要，一个公司、一个团体中，这种人越多，组织发展就越快，就越有可能成为竞争中的佼佼者。

9. Achievement Need Theory

4. 如何解决需要[10]

第一，做好调查研究工作[11]。通过深入观察、了解，或通过职工座谈会、请职工填写"需要调查表"等方式，了解职工的基本需求和具体需要。

10. How to Satisfy Needs

11. First, to do research work.

第二，进行综合分析[12]。职工的需要是多种多样的，可分为有限与无限、有形与无形、眼前与长远、合理与不合理等情况。

12. Second, to make a comprehensive analysis.

第三，满足需要的途径[13]。一是职责内的满足，指在工作的同时就能得到的某种满足；二是职务外的满足，指工作之后获得的，如工资、奖励、福利等。

13. Third, to meet the need of approach.

满足需要应遵循下述原则：一是从实际出发；二是解决需要的程度要与生产力水平相适应；三是正确处理国家、企业、个人三者之间的关系。

另外，还必须认识到，满足需要不是集体单方面的问题，而是个人与集体应共同面对和承担的问题，如果，一个组织或集体什么事情都以满足个人

---

[2] Physiological needs, safety needs, social needs, esteem needs, self-actualization needs

需要为中心、为重点，那么，这样的集体就无法长久地存在和发展下去，而最终受到根本伤害的仍然是广大群体中的个人。因此，满足个人需要应该是有限度和原则的。

8.1.2　基于人性理论的管理理论 [14]

1. X 理论 [15] 的基本内容

这里所说的 X 理论，是一种建立在"经济人" [16] 的人性理论假设基础上的管理理论，而不是一种人性理论。X 理论阐述的是：假设人都是"经济人"，那么管理者应如何去进行相应的管理。X 理论是麦克雷戈（Douglas Mc Gregor）1965 年对"经济人"人性假设指导下的管理工作进行理论概括后提出来的，其内容要点有如下方面。

- 大多数人天生是懒惰的，他们都尽量地逃避工作。[17]
- 多数人是没有雄心大志的，不愿意负任何责任，而心甘情愿地受别人指挥。[18]
- 多数人的个人目标与管理目标是相互矛盾的，必须采取强制的、惩罚的办法，才能迫使他们为达到组织目标而工作。[3]
- 多数人干工作是为了满足自己的生理的和安全的需要，因此，只有金钱和其他物质利益才能激励他们努力工作。[4]
- 人可以大致可分为两类：大多数人具有上述特性，属被管理者；少数人能够自己鼓励自己，能够克制感情冲动而成为管理者。[5]

2. Y 理论 [19]

麦克雷戈总结和概括了马斯洛等人的"自我实现人"的人性假设理论 [20]，提出了一种与 X 理论相对立的理论——Y 理论。这种理论认为：

- 一般人都是勤奋的，如果环境条件有利的话，人们工作起来就像游戏和休息一样自然；
- 控制和处罚不是实现组织目标的唯一方法，人们在执行工作任务中能够自我指导和自我控制；

14. Theories Based on Human Nature Hypotheses
15. Theory X
16. Rational-economic Man
17. Employees inherently dislike work and, whenever possible, will attempt to avoid it.
18. Employees will shirk responsibilities and seek formal direction whenever possible.
19. Theory Y
20. Self-actualizing Man

[3]　Because of contradictory between individual's goal and managerial goal, employees must be coerced, controlled, or threatened with punishment to achieve desired goals.

[4]　Most people work to meet their physiological and safety needs, therefore, only money and material benefits can motivate them work harder.

[5]　People can be roughly divided into two categories: most of people have above characteristics as regulated; few people can commit self-encourage and restrain emotion as regulator.

- 在正常情况下，一般人不仅乐于接受任务，而且会主动地寻求责任；
- 人群中存在着广泛的高度的想象力、智谋和解决组织问题的创造性；
- 在现代工业的条件下，一般人的潜力只利用了一部分，人们中间蕴藏着极大的潜力。[6]

3. 超 Y 理论 [21]

麦克雷戈在《企业中的人性方面》一书中把根据"经济人"的人性假设提出的管理思想概括为 X 理论；把根据"自我实现人"的人性假设提出的管理思想概括为 Y 理论。摩尔斯（John Malse）和赖斯克（J.W.Larsch）则根据史克恩（Schen）的"复杂人"的人性假设提出了新的管理理论——应变理论 [22]。这个理论又叫超 Y 理论。它既区别于 X 理论，又不同于 Y 理论，它倡导企业管理方式要根据企业所处的内外条件而随机应变。它认为，根本不存在一成不变的、普遍适用的"最好的"管理原则和管理方法。

应变理论并不是不同意其他人性假设理论，而是要求要根据具体的人的不同情况，灵活地采取不同的管理措施。这就是说，要因人而异，因事而异，不能千篇一律。

应变理论已贯彻到西方的管理实践领域之中，学者们从这一理论出发进行了大量具体的研究工作。例如：企业组织的性质不同，职工工作的固定性也会不同。因此，有的企业需要采取较固定的形式，有的企业则需要有较灵活的组织结构。企业领导人的工作作风也随企业的情况而有所不同。在企业任务不明确、工作混乱的情况下，需要采取较严格的管理措施，才能使生产秩序走上正轨。反之，如果企业的任务清楚，分工明确，则可以更多地采取授权的形式，使下级充分发挥能动性。此外，根据应变理论，要求管理人员要善于观察职工的个别差异，根据具体情况采取灵活多变的管理方法。

4. Z 理论 [23]

Z 理论是美国加利福尼亚大学教授、日裔美籍管理科学学家威廉·大内（William Ouchi）提出来的。Z 理论是西方管理理论中有别于 X 理论、Y 理论和超 Y 理论等的一种新的管理理论。

21. Super Theory Y

22. Contingency Approach

23. Theory Z

---

[6] Employees can view work as being as natural as rest or play;
- Men and women will exercise self-direction and self-control if they are committed to the objectives;
- The average person can learn to accept, and even seek responsibilities;
- The ability to make good decisions is widely dispersed throughout the population and is not necessarily the sole province of managers.

　　由于威廉·大内兼备日、美两国文化，加之他对日、美两国的企业管理进行了长时期的比较研究，因而他所概括的 Z 理论在管理界引起了较大反响。这一理论的核心是企业管理必须重视人与人的关系，企业内部必须具有共同的意识和责任，而且要造就亲密和合作的人际关系。

　　Z 理论的主要内容可以概括为以下 8 点。

24. Lifetime employment.

　　（1）终身雇佣制 [24]。即企业对职工的雇佣是长期的而不是临时的。职工一旦被雇佣，就不轻易解雇。这样，职工的职业有了保障，工作就有了稳定感，他们就会积极地关心企业的利益和发展。

　　（2）采取上情下达的经营管理方式，采用协议参与式的决策过程。[7]

　　（3）实行比较缓慢的评价和提升制度。[8]

25. To practise individual responsibility system.

　　（4）实行个人分工负责制。[25]

26. To adopt the medium degree of specialization way for staff training.

　　（5）采用中等程度的专业化途径培训职工，既注意培养他们的专业技术能力，又注意使他们得到多方面的职业训练。[26]

　　（6）实行含蓄的控制机制，注意发挥职工的积极性和协调合作精神。[9]

27. To establish the harmonious interpersonal relationship between the superior and the subordinate.

　　（7）全面地关心职工，建立上下级之间融洽的人际关系。[27]

　　（8）对职工的考察应是长期而全面的，不仅要考察职工的生产技术能力，而且要考察他们的社会活动能力等。[10]

　　Z 理论是对 X 理论、Y 理论和超 Y 理论的继承和超越。从 Z 理论的深层结构来看，它出自一种比"经济人"、"社会人"和"复杂人"更为深刻的人性假设，这就是"全面而自由发展的人"的假设。

　　Z 理论所依据的人性假设，相对而言，更符合于东方传统文化的价值观，更富于人情味与人道主义精神。在破除了"人身依附观念"的现代企业中，由"契约"关系所堆成的雇佣观念，还不足以充分调动人的积极性。调动人的生产、工作积极性，提高生产效率，实际需要的正是一种真正的、全面的。人与人之间的信任与平等的合作关系。这正是 Z 理论能够产生较大影响的主要原因。

---

[7]　To practise management mode by transmitting an order from above and decision-making process with a participation agreement.

[8]　To practise a smooth evaluation and promotion system.

[9]　To practise implicit control mechanism to develop the staff's initiative and coordination and cooperation spirit.

[10]　The evaluation for the worker should be long-term and comprehensive, evaluating not only the worker's production techniques but also their social capacity etc.

8.1.3　管理中的几种基本人性假设 [28]

1.　"经济人"人性假设理论 [29]

（1）"经济人"人性假设理论的含义。"经济人"也被称作"唯利人"或"实利人"。这种人性观产生于早期管理学阶段，当时，管理学者开始从经济的角度寻求人的工作的最主要的动机，不再把人看做完全被动的"工具人"。对于"经济人"的特征，美国组织心理学家史克恩在1965年作了如下概括：

- 人是由经济诱因来引发工作动机的，人谋求最大的经济效益；
- 经济诱因在组织的控制下，人是被动地受组织的操纵、激发和控制而工作的；
- 人的情感是非理性的，必须善于干涉他所追求的私利；
- 组织必须设法控制个人的情感。

（2）"经济人"的人性理论相一致的管理措施和方法。在"经济人"的人性理论影响下出现的管理模式有以下几个特点。

- 实行的是任务管理。实行任务管理的管理者认为，管理就是计划、组织、经营、指导、控制、监督。他们只重视提高生产效率，完成任务指标，从根本上忽视了人的情感、需要、动机、人际交往等心理因素在管理中的作用。
- 管理只是少数管理者的事，与广大职工无关，不允许工人参加管理，强调工人只是服从命令，听从指挥，接受管理，拼命工作。
- 在管理方法上主张用金钱来刺激工人的生产积极性，用惩罚来对付工人的消极怠工行为。通俗地说，就是采取"胡萝卜加大棒"的政策。泰勒制就是"经济人"观点的典型代表。泰勒所提倡的"时间—动作"分析，虽有其科学性的一面，但他的出发点是考虑如何提高劳动生产率，而对工人的思想感情则注意甚少。泰勒甚至对于工人不像牛那样愚蠢而感到遗憾。他认为，如果工人真能像牛那样愚蠢，就可以让他们俯首贴耳地按照他所设计的那套标准动作进行工作，工作效率也许会更高。

泰勒主张把管理者与工人严格区分开来，绝不允许工人去参与企业管理。泰勒还认为，工人做工完全是出自金钱的动机，或者是为了避免受惩罚。因而，在他的管理思想和具体管理措施中，只懂得以金钱或处罚来调动和维持工人生产积极性。所有这些，是"经济人"的人性假设在管理活动中的典型反映。

（3）对"经济人"的人性假设理论的简要评析。"经济人"的人性理论

28. Human Nature Hypotheses in Management

29. "Economic Man" Hypothesis

从经济的角度寻求调动工人生产、工作积极性的途径、方法和措施。[11]"经济人"的人性假设的一个显著特点，就是注意反映人的经济需求，认为人的经济需求是客观的、基本的，是人劳动工作的根本性动机。这些认识具有很高的科学性。

"经济人"的人性假设理论，在历史上曾经产生过积极性作用，并给一个时期的管理思想以重大影响。它在一定的历史阶段和一定的范围内，有其适用性。

"经济人"的人性假设理论的理论缺陷在于，它以享乐主义为哲学基础，其实质是把人看成"自然人"、"生物人"，无视和抹杀了人的社会性。在这种人性理论指导下产生的管理措施，不可能真正地、持久地调动人的生产工作的积极主动性，激发人的劳动热情和创造精神。

2. "社会人"人性假设 [30]

30. "Social man" Hypothesis

（1）"社会人"的人性假设理论的涵义。"社会人"的人性假设理论认为，工人不是机械的、被动的动物，对工人的劳动积极性产生影响的也绝不只是"工资"、"奖金"等经济报酬，工人还有一系列社会的心理的需求，[12]如工人对尊重、对良好的人际关系的需求等。因而，满足工人的社会性需求，往往更能激励工人的劳动积极性。这个理论的代表人物梅奥教授还认为，人们在工作中得到的物质利益只是次要的，更重要的是人际关系。良好的人际关系是调动人的积极性的决定性因素。因此，梅奥教授等人认为，管理中的人不是"经济人"，而是"社会人"。

31. "Social man" Hypothesis and Hawthorne Studies

（2）"社会人"的人性假设理论与霍桑试验 [31]。"社会人"的人性假设理论的形成和确立，与霍桑试验有着极密切的关系。关于霍桑试验，我们在第2章已作过介绍。这里值得特别提出的是，霍桑试验后期的谈话试验的作用，这次谈话试验又叫疏导试验。梅奥在霍桑工厂进行了一次大规模的调查，他用了两年多时间，找工人谈话两万多人次，并规定调查人员在谈话过程中，要做详细的书面记录，对工人的讲话要耐心听、不反驳、不训斥、不报复。这项试验收到了意想不到的效果，霍桑厂的产量直线上升。工人经过谈话后，发泄了不满，心情舒畅，促使产量大幅度提高。

根据霍桑试验，尤其是根据谈话试验的结果，梅奥批评"经济人"的人

[11] "Economic man"hypothesis seeks approaches,methods and measures to stimulate workers' enthusiasm for work from the viewpoint of economy.

[12] "Social man" hypothesis believes that workers are not mechanical and passive animals, and so what influences workers'enthusiasm for work includes social and psychological needs more than material rewards such as salary or bonus.

性假设理论，确立"社会人"的人性假设理论。他在《工业文明中的问题》一书中，以霍桑试验的结果来批评"经济人"的人性理论及其管理思想。

① 传统管理把人假设为"经济人"，认为金钱是刺激积极性的唯一动力。霍桑试验认为，人是"社会人"，影响人的生产积极性的因素，除物质条件外，还有社会、心理因素。

② 传统管理认为，生产效率主要取决于工作方法和工作条件。霍桑试验认为，生产率的提高或降低，主要取决于职工的"士气"，而士气则取决于家庭和社会生活，以及企业中人与人之间的关系。

③ 传统管理只重视正式群体的问题，诸如组织机构、职权的划分、规章制度等。霍桑试验还注意到正式集体中存在着某种"非正式群体"。这种无形的组织有着一种特殊的规范，影响群体成员的行为。

④ 霍桑试验还提出新型领导的必要性。领导者在了解人们合乎逻辑的行为的同时，还须了解不合乎逻辑的行为，要善于倾听和沟通职工的意见，使正式组织的经济需要与非正式组织的社会需要取得平衡。

（3）"社会人"的人性假设及其相应的管理理论。在"社会人"的人性假设理论影响下产生的管理思想及其管理措施，主要有以下四个特点。

• 管理人员不能只注意完成生产任务，而应把注意的重点放在关心人、满足人的需要上。[13]

• 管理人员不能只注意指挥、监督、计划、控制和组织，而更应该重视职工之间的关系，培养和形成职工的归属感和整体感。[14]

• 在实行奖励时，提倡集体的奖励制度，而不主张个人奖励制度。[15]

• 管理人员的职能也应有所改变，他们不应只限于制订计划、组织工序、检验产品等，而应在职工与上级之间起联络人的作用。[16] 一方面，要倾听职工的需求和了解职工的思想感情，另一方面要向上级反映职工的呼声。

在"社会人"的人性假设理论影响下，西方管理心理学提出了"参与管理"的新型管理方式。"参与管理"是指在不同程度上让职工或下级参加决策的

---

[13] Management personnel should focus attention on caring about and satisfying human needs more than accomplishing a production task.

[14] Management personnel should pay more attention to the relationship between employees and the formation of workers' sense of belonging and collectiveness, than to commanding,supervision , planning,controlling and organizing.

[15] Collective reward system is advocated, rather than individual reward system.

[16] Management personnel should act as liaison between entry-level employees and the superior.

研究和讨论。美国的马洛（A.J.Marrow）在哈乌德公司的一项著名实验中，"参与管理"的典型——"斯凯计划"的巨大成功表明，"参与管理"是一种符合管理活动中职工心理规律的管理方式，其效果显著优于传统的"任务管理"。

（4）对"社会人"的人性假设理论的简要评析。"社会人"的人性理论较之"经济人"的人性理论，无疑是前进和深入了一大步，它不仅看到了人具有满足自然性的需要，并且进一步认识到人还有尊重的需要、社交的需要等其他一些社会需要，后一类需要比前一类需要层次更高。由于这种认识更接近于对人的本质的科学认识，所以在管理界很快被人们所接受，也产生了较大的影响。

3. "自我实现人"的人性假设及相应的管理理论

（1）"自我实现人"的人性假设理论的基本涵义。"自我实现人"的人性假设理论的代表人物是美国心理学家马斯洛。"自我实现人"的人性假设理论是建立在马斯洛的"需要层次理论"基础之上的。

马斯洛认为，人类需要的最高层次就是"自我实现"。所谓"自我实现"，是说人所具有的发挥自己的潜力、表现自己的才能的需要。只有人的才能充分表现出来，人的潜力充分发挥出来，人才感到最大的满足，即"每个人都必须成为自己所期望的那种人"。马斯洛的基本意思是说，人都有积极努力、充分发挥自己的能力、取得优良成绩（效）的内在心理基础和可能性，这种可能性能否变为现实性，主要看有没有适宜的外部环境条件。

（2）"自我实现人"的人性假设影响下的管理活动的特点。在管理思想和管理措施方面，"自我实现人"的人性假设理论与"经济人"、"社会人"等人性假设理论所产生的影响，也有很大不同。其主要特点如下。

① "经济人"的人性假设影响下产生的管理思想只重视物质因素，重视任务的完成，轻视人的作用和人际关系。在"社会人"的人性假设影响下产生的管理思想和管理措施与此相反，它重视人的作用和人际关系，而把物质因素放在次要地位。[17] "自我实现人"的人性假设把注意的重点从人的身上转移到工作环境上，但它重视环境因素不是把重点放在计划、组织、指导、监督、控制上面，而是要创造一种适宜的工作环境、工作条件，使人们能在这种条件下充分挖掘自己的潜力，充分发挥自己的才能，也就是说，能够充分地自我实现。

[17] "Social man" hypothesis attaches great importance to the people and relationships, and puts material factors in secondary position.

② 管理人员职能的改变[32]。从"自我实现人"的人性假设出发，管理者的主要职能既不是生产的指导者，也不是人际关系的调节者，而只是一个采访者。他们的主要任务在于如何为发挥人的才智创造适宜的条件，减少或消除职工自我实现过程中所遇到的障碍。

32. Changes in managers' function.

③ 奖励方式的改变[33]。在"经济人"的人性假设影响下产生的管理思想，主张依靠物质刺激调动人的积极性。在"社会人"的人性假设影响下产生的管理思想，主张依靠搞好人际关系来调动职工的积极性。这些都是从外部来满足人的需要，而且主要是满足人的生理、安全和归属（交往）的需要。麦克雷戈则认为，对人的奖励可分为两大类：一类是外在奖励，加工资、提升及良好的人际关系；另一类是内在奖励。内在奖励是指人们在工作中获得知识、增长才干，充分发挥自己的潜力后心理上的满足和愉悦。只有内在奖励才能满足人的自尊和自我实现的需要，从而极大地调动人的积极性。麦克雷戈如下的话很能表达在"自我实现人"的人性假设影响下产生的管理思想的特点。他说："管理的任务只在于创造一个适当的环境，即一个可以允许和鼓励每一位职工都能从工作中得到'内在奖励'的环境。"

33. Changes in the approaches of reward.

④ 管理制度的改变[34]。从"自我实现人"的人性假设来看，管理制度也要做相应的改变。总地来说，管理制度应保证职工能充分地表露自己的才能，取得自己所希望的成就。

34. Changes in management system.

（3）对"自我实现人"的人性假设理论的简要评析。"自我实现人"的人性假设理论的提出是有其历史背景的。它是资本主义工业发展到高度机械化程度时，管理实践的客观需要在管理思想中的反映。由于随着大工业生产的发展，工人的工作日益专业化，特别是传送带工艺的普遍运用，把工人束缚在狭窄的工作范围之内。工人只是重复简单的单调动作，看不到自己的工作与整个组织任务的联系，因而工作的"士气很低"，影响产量和质量的提高。正是在这种背景下，"自我实现人"的人性假设理论符合当时的实际情况，有解决管理中弊端的针对性，因而很快对当时的管理思想和管理实践产生了一定影响。

"自我实现人"的人性假设理论以及在它影响下产生的一些管理措施，是有一定借鉴意义的。例如，它提倡在可能的条件下为职工和技术人员创造适当的工作条件，以利于充分发挥个人的才能。"自我实现人"的人性假设中所包含的企业领导人要相信职工的独立性、创造性的涵义，对我们的管理工作也有借鉴意义。

当然，"自我实现人"的人性假设理论并不是一个完美的人性理论，它也有自身的片面性和局限性。用辩证唯物主义的观点来看，人既不是天生懒惰的，也不是天生勤奋的，人不一定都把充分发挥自己的潜力、充分表现自己的才干作为最大的满足。人是很复杂的，他（她）是否追求"自我实现"，是否把充分发挥自己的潜力，充分表现自己的才干作为最大满足，并不取决于马斯洛等所谓的"人的自我实现"的自然发展过程，而取决于此人后天所接受的全部社会环境的影响。实际上，勤奋和勇于寻求责任并不是人的本性，也不是像"自我实现人"的人性假设所认为的那样："自我实现"是人天生要追求的自然发展过程。恰恰相反，正是人的自然实体所受的社会环境和教育的影响，使一部分人形成了"自我实现"的需要，也使一些人仅仅把低层次的生理、安全、交往等需要的满足作为追求目标。

4. "复杂人"的人性假设及相应的管理理论

（1）理论形成的历史背景。以上介绍的"经济人"、"社会人"、"自我实现人"的假设理论，都是从某一个侧面来认识被管理者的属性，虽都具有合理的一面，在管理发展的不同阶段也起到过一定的积极作用，但各自也都有比较大的局限性。随着管理心理学研究的不断深入，管理科学学者发现，人类的需要和动机并非那样简单，而是复杂多变的。人的需要在不同的情境、不同的年龄，其表现形式是有差别的。人的需要和潜力随着年龄的增长、知识的积累、地位的变化，以及人际关系的变化，也在不断地变化。"复杂人"的人性假设理论，就是在这些认识的基础上，于 20 世纪 60 ～ 70 年代提出的。这个理论的创始人是史克恩等人。

（2）"复杂人"的人性理论的基本内容。"复杂人"的人性假设理论的基本内容主要有以下几点。

• 人的需要是多种多样的，随着人的自身发展和社会生活条件的变化而发生变化，并且需要的层次也不断改组，因人而异[18]。

• 人在同一时期内有各种需要和动机，它们发生相互作用，并结合成一个统一的整体，形成复杂的动机模式。[19] 例如，两个人都想得到高额奖金，其动机可能不一样。一个人可能是为了改善物质、文化生活，另一个人可能是把得到高额奖金看成是自己取得高的技术成就的标志。

• 一个人在不同单位或同一单位的不同部门工作，会产生不同的需

---

[18]　Human needs are various and varied with the change of human own development and living conditions;need hierarchy changes too and varies from person to person.

[19]　There were all kinds of needs and motivation during the same period; they interact, and combine into a unified whole, forming a complex motivation pattern.

要。[20] 例如，一个人在工作单位可以表现出很不合群，而在业余时间和非正式团体中却可以满足交往的需要。

• 人可以依据自己的动机、能力和工作性质，来适应各种不同的管理方式。但是，没有一种万能的管理方式，适用于各种人。[21]

8.2 激励的理论 [35]

8.2.1 赫茨伯格的"双因素"理论 [36]

激励因素—保健因素理论是美国的行为科学家弗雷德里克·赫茨伯格（Fredrick Herzberg）提出来的，又称双因素理论。赫茨伯格曾获得纽约市立学院的学士学位和匹兹堡大学的博士学位，以后在美国和其他三十多个国家从事管理教育和管理咨询工作，是犹他大学的特级管理教授。他的主要著作有：《工作的激励因素》（与伯纳德·莫斯纳、巴巴拉·斯奈德曼合著，1959）、《工作与人性》（1966）、《管理的选择：是更有效还是更有人性》（1976）。双因素理论是他最主要的成就，在工作丰富化方面，他也进行了开创性的研究。

20 世纪 50 年代末期，赫茨伯格和他的助手们在美国匹兹堡地区对 200 名工程师、会计师进行了调查访问。访问主要围绕两个问题：在工作中，哪些事项是让他们感到满意的，并估计这种积极情绪持续多长时间；又有哪些事项是让他们感到不满意的，并估计这种消极情绪持续多长时间。赫茨伯格以对这些问题的回答为材料，着手去研究哪些事情使人们在工作中快乐和满足，哪些事情造成不愉快和不满。结果他发现，使职工感到满意的都是属于工作本身或工作内容方面的；使职工感到不满的，都是属于工作环境或工作关系方面的。他把前者叫做激励因素 [37]，后者叫做保健因素 [38]。保健因素的满足对职工产生的效果类似于卫生保健对身体健康所起的作用。保健从人的环境中消除有害于健康的事物，它不能直接提高健康水平，但有预防疾病的效果；它不是治疗性的，而是预防性的。保健因素包括公司政策、管理措施、监督、人际关系、物质工作条件、工资、福利等[22]。当这些因素恶化到人们

[20] A person who works in different organizations or different department of a same organization will generate different needs.

[21] People can adapt to a variety of different management methods according to their motivations , abilities and the job nature . However, there isn't a universal management style which can fit all people.

[22] Hygiene Factors include the company policy, management practice, supervision, interpersonal relationship, working conditions, salaries and welfare etc..

35. Process Theories of Motivation

36. Herzberg's Motivation-Hygiene Theory

37. Motivators

38. Hygiene Factors

认为可以接受的水平以下时，就会产生对工作的不满意。但是，当人们认为这些因素很好时，它只是消除了不满意，并不会导致积极的态度，这就形成了某种既不是满意、又不是不满意的中性状态。

能带来积极态度、满意和激励作用的因素就叫做"激励因素"，这是能满足个人自我实现需要的因素，包括成就、赏识、挑战性的工作、增加的工作责任，以及成长和发展的机会[23]。如果这些因素具备了，就能对人们产生更大的激励。从这个意义出发，赫茨伯格认为传统的激励假设，如工资刺激、人际关系的改善、提供良好的工作条件等，都不会产生更大的激励；它们能消除不满意，防止产生问题，但这些传统的"激励因素"即使达到最佳程度，也不会产生积极的激励。按照赫茨伯格的意见，管理当局应该认识到保健因素是必需的，不过它一旦使不满意中和以后，就不能产生更积极的效果。只有"激励因素"才能使人们有更好的工作成绩。

赫茨伯格和他的助手们又对各种专业性和非专业性的工业组织进行了多次调查，他们发现，由于调查对象和条件的不同，各种因素的归属有些差别，但总的来看，激励因素基本上都是属于工作本身或工作内容的，保健因素基本都是属于工作环境和工作关系的。但是，赫茨伯格注意到，激励因素和保健因素都有若干重叠现象，如赏识属于激励因素，基本上起积极作用；但当没有受到赏识时，又可能起消极作用，这时又表现为保健因素。工资是保健因素，但有时也能产生使职工满意的结果。

赫茨伯格的双因素激励理论与马斯洛的需求层次理论有相似之处。保健因素相当于马斯洛提出的生理需要、安全需要、感情需要等较低级的需要；激励因素则相当于受人尊敬的需要、自我实现的需要等较高级的需要。当然，他们的具体分析和解释是不同的。但是，这两种理论都没有把"个人需要的满足"同"组织目标的达到"这两点联系起来。

有些西方行为科学家对赫茨伯格的双因素理论的正确性表示怀疑。有人做了许多试验，也未能证实这个理论。赫茨伯格及其同事所做的试验，被有的行为科学家批评为是他们所采用方法本身的产物：人们总是把好的结果归结于自己的努力而把不好的结果归罪于客观条件或他人身上，问卷没有考虑这种一般的心理状态。另外，被调查对象的代表性也不够，事实上，不同职业和不同阶层的人，对激励因素和保健因素的反应是各不相同的。实践还证明，高度的工作满足不一定就产生高度的激励。许多行为科学家认为，不论

---

[23] Motivators include achievement, recognition, challenging work, increased responsibilities, and advancement opportunities.

是有关工作环境的因素或工作内容的因素，都可能产生激励作用，而不仅是使职工感到满足，这取决于环境和职工心理方面的许多条件。但是，双因素理论促使企业管理人员注意工作内容因素的重要性，特别是它们同工作丰富化和工作满足的关系，因此是有积极意义的。赫茨伯格告诉我们，满足各种需要所引起的激励深度和效果是不一样的。物质需求的满足是必要的，没有它会导致不满，但是即使获得满足，它的作用往往是很有限的、不能持久的。要调动人的积极性，不仅要注意物质利益和工作条件等外部因素，更重要的是要注意工作的安排，量才录用，各得其所，注意对人进行精神鼓励，给予表扬和认可，注意给人以成长、发展、晋升的机会。随着温饱问题的解决，这种内在激励的重要性越来越明显。

8.2.2　激励期望理论 [39]

1. 期望理论

期望理论 [40]，又称作"效价—手段—期望理论"，是由北美著名心理学家和行为科学家维克托·弗鲁姆（Victor H.Vroom）于1964年在《工作与激励》中提出来的激励理论。

期望理论是以三个因素反映需要与目标之间的关系的，要激励员工，就必须让员工明确：（1）工作能提供给他们真正需要的东西；（2）他们欲求的东西是和绩效联系在一起的；（3）只要努力工作就能提高他们的绩效。

这种需要与目标之间的关系用公式表示，即：

激励力（工作动力）= 期望值（工作信心）× 效价（工作态度）

这种需要与目标之间的关系用过程模式表示，即：

个人努力 [41]——→个人成绩（绩效）[42]——→组织奖励（报酬）[43]——→个人需要 [44]

（1）努力—绩效的联系 [45]。即员工感觉到通过一定程度的努力而达到工作绩效的可能性，如需要付出多大努力才能达到某一绩效水平，我是否真能达到这一绩效水平，概率有多大。

（2）绩效—奖赏的联系 [46]。即员工对于达到一定工作绩效后即可获得理想的奖赏结果的信任程度，如当我达到这一绩效水平后，会得到什么奖赏。

（3）奖赏—个人目标的联系。即如果工作完成，员工所获得的潜在结果或奖赏对他的重要性程度，如这一奖赏能否满足个人的目标，吸引力有多大。

在这三种关系的基础上，员工在工作中的积极性或努力程度（激励力）是效价和期望值的乘积，即：

39. Expectancy Theory of Motivation

40. Expectancy Theory

41. Individual Effort

42. Individual Performance

43. Organizational Rewards

44. Individual Goals

45. Effort-performance linkage.

46. Performance-reward linkage.

$$M = V \times E$$

式中，M 表示激励力 Motivation，V 表示效价 Valence，E 表示期望值 Expectancy。

2. 波特和劳勒的期望激励理论（1968）

这是美国行为科学家爱德华·劳勒（Edward E.Lawler）和莱曼·波特（Lyman Porter）提出的一种激励理论。爱德华·劳勒在美国的布朗大学获学士学位，在加利福尼亚大学伯克利分校获博士学位，曾在耶鲁大学任教，以后在密歇根大学任心理学教授和社会研究所组织行为室主任。他还是西雅图的巴特勒纪念研究所人类事务研究中心的访问学者。莱曼·波特也是美国著名行为科学家，在耶鲁大学获得博士学位后，在加州大学伯克利分校任教十一年，并在耶鲁大学管理科学系任访问教授一年。以后，他在加州大学管理研究院任院长和管理及心理学教授。波特—劳勒期望激励理论是他们在1968 年的《管理态度和成绩》书中提出来的，其模式可以用图 8.1 来表示。

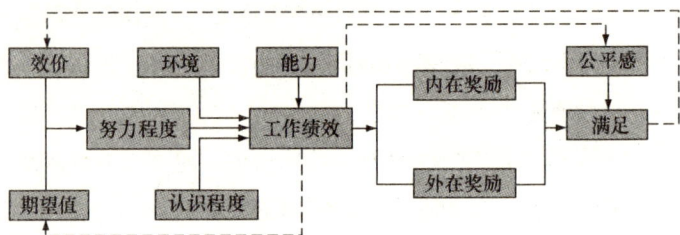

图 8.1　波特和劳勒的综合激励模型

这个模式的特点如下。

（1）"激励"影响一个人是否努力及其努力的程度 [47]。

（2）工作的实际绩效取决于能力的大小、努力程度以及对所需完成任务理解的深度 [48]。具体地讲，"角色概念"就是一个人对自己扮演的角色认识是否明确，是否将自己的努力指向正确的方向，抓住了自己的主要职责或任务。

（3）奖励要以绩效为前提 [49]，不是先有奖励后有绩效，而是必须先完成组织任务才能导致精神的、物质的奖励。当职工看到他们的奖励与成绩关联性很差时，奖励将不能成为提高绩效的刺激物。

（4）奖惩措施是否会产生满意，取决于被激励者认为获得的报偿是否公正。[24] 如果他认为符合公平原则，当然会感到满意，否则就会感到不满。众所周知，满意将促进进一步的努力。

47. Motivation influences whether people will make effort and the degree of effort.

48. Actual work performance depends on the scope of the capacity, degree of efforts as well as the depth of understanding required to complete the task.

49. Rewards are premised on performance.

---

[24]　Whether reward measures could generate satisfaction, depends on whether the motivated person thinks of the rewards he gains as justice.

1967 年，波特和劳勒还在他们合作的《成绩对工作满足的影响》一文中表示了成绩对满足影响的一种理论模式。这种模式的具体内容是，一个人在作出成绩后，得到两类报酬。一类是外在报酬，包括工资、地位、提升、安全感等。按照马斯洛的需要层次论，外在报酬往往满足的是一些低层次的需要。由于一个人的成绩，特别是非定量化的成绩往往难于精确衡量，而工资、地位、提升等报酬的取得也包含多种因素的考虑，不完全取决于个人成绩，所以在图中用了一条曲折的线把成绩与外在报酬联系起来，表示二者并非直接的、必然的因果关系。另一类报酬是内在报酬，即一个人由于工作成绩良好而给予自己的报酬，如感到对社会作出贡献，对自我存在意义及能力的肯定等。它对应的是一些高层次的需要的满足，而且与工作成绩是直接相关的，所以图中用曲折程度不大的线连结了"成绩"与"内在报酬"。是不是"内在报酬"与"外在报酬"就可以决定是否"满足"呢？答案是否定的。我们注意到，在其间必然要经过"所理解的公正报酬"来调节。也就是说，一个人要把自己所得到的报酬同自己认为应该得到的报酬相比较。如果他认为相符合，他就会感到满足，并激励他以后更好地努力。如果他认为自己得到的报酬低于"所理解的公正报酬"，那么，即使事实上他得到的报酬量并不少，他也会感到不满足，甚至失落，从而影响他以后的努力。

波特—劳勒期望激励理论在 20 世纪六七十年代是非常有影响的激励理论，在今天看来仍有相当大的现实意义。它告诉我们，不要以为设置了激励目标、采取了激励手段，就一定能获得所需的行动和努力，并使员工满意。要形成激励—努力—绩效—奖励—满足并从满足回馈努力这样的良性循环，还需要奖励内容、奖惩制度、组织分工、目标导向行动的设置、管理水平、考核的公正性、领导作风及个人心理期望等多种综合性因素的共同作用。

8.2.3　激励强化理论[50]

50. Reinforcement Theory

强化理论是美国的心理学家和行为科学家斯金纳（Burrhus Frederic Skinner）、赫西、布兰查德等人提出的一种理论。斯金纳生于 1904 年，他于1931 年获得哈佛大学的心理学博士学位，并于 1943 年回到哈佛大学任教，直到 1975 年退休。1968 年曾获得美国全国科学奖章，是美国第二位获得这种奖章的心理学家。他在心理学的学术观点上属于极端的行为主义者，其目标在于预测和控制人的行为而不去推测人的内部心理过程和状态。

强化理论也叫做行为修正理论，是斯金纳在对有意识行为特性深入研究的基础上提出的一种新行为主义理论。他认为，人的行为具有有意识条件反

51. Conscious Conditioning

射[51]的特点，既可以对环境起作用，促使其产生变化，环境的变化（行为结果）又反过来对行为发生影响。因此，当有意识地对某种行为进行肯定强化时，可以促进这种行为重复出现；对某种行为进行否定强化时，可以修正或阻止这种行为的重复出现。因此，人们可以用这种正强化或负强化的办法来影响行为的后果，从而修正其行为。根据这一原理，采用不同的强化方式和手段，可以达到有效激励职工积极行为的目的。

斯金纳所倡导的强化理论是以学习的强化原则为基础的关于理解和修正人的行为的一种学说。所谓强化，从其最基本的形式来讲，指的是对一种行为的肯定或否定的后果（报酬或惩罚），它至少在一定程度上会决定这种行为在今后是否会重复发生。[25]根据强化的性质和目的可把强化分为正强化和负强化。在管理上，正强化就是奖励那些组织上需要的行为，从而加强这种行为；负强化就是惩罚那些与组织不相容的行为，从而削弱这种行为。正强化的方法包括奖金、对成绩的认可、表扬、改善工作条件和人际关系、提升、安排担任挑战性的工作、给予学习和成长的机会等。负强化的方法包括批评、处分、降级等，有时不给予奖励或少给奖励也是一种负强化。

开始，斯金纳也只将强化理论用于训练动物，如训练军犬和马戏团的动物。以后，斯金纳又将强化理论进一步发展，用于人的学习上，并发明了程序教学法和教学机。他强调在学习中应遵循小步子和及时反馈的原则，将大问题分成许多小问题，循序渐进；他还将编好的教学程序放在机器里对人进行教学，收到了很好的效果。

斯金纳的强化理论和弗鲁姆的期望理论都强调行为同其后果之间关系的重要性，但弗鲁姆的期望理论较多地涉及主观判断等内部心理过程，而强化理论只讨论刺激和行为的关系。

强化理论具体应用的一些行为原则如下。

52. Reinforced behaviors tend to recur.

（1）经过强化的行为趋向于重复发生[52]。所谓强化因素就是会使某种行为在将来重复发生的可能性增加的任何一种"后果"。例如，当某种行为的后果是受人称赞时，就增加了这种行为重复发生的可能性。

53. Reinforcement measures vary from object to object.

（2）要依照强化对象的不同采用不同的强化措施[53]。人们的年龄、性别、职业、学历、经历不同，需要就不同，强化方式也应不一样。如有的人更重视物质奖励，有的人更重视精神奖励，就应区分情况，采用不同的强化措施。

54. It's supposed to set goals in stages and give a specific description of the goals.

（3）小步子前进，分阶段设立目标，并对目标予以明确规定和表述[54]。

---

[25] Reinforcement is basically the consequence following a behavior being approved or denied;it will to some extent determines whether the behavior recurs.

对于人的激励，首先要设立一个明确的、鼓舞人心而又切实可行的目标，只有目标明确而具体时，才能进行衡量和采取适当的强化措施。同时，还要将目标进行分解，分成许多小目标，完成每个小目标都及时给予强化，这样不仅有利于目标的实现，而且通过不断的激励可以增强信心。如果目标一次定得太高，会使人感到不易达到或者说能够达到的希望很小，这就很难充分调动人们为达到目标而做出努力的积极性。

（4）及时反馈 [55]。所谓及时反馈就是通过某种形式和途径，及时将工作结果告诉行动者。要取得最好的激励效果，就应该在行为发生以后尽快采取适当的强化方法。一个人在实施了某种行为以后，即使是领导者表示"已注意到这种行为"这样简单的反馈，也能起到正强化的作用；如果领导者对这种行为不予注意，这种行为重复发生的可能性就会减小以至消失。所以，必须利用及时反馈作为一种强化手段。强化理论并不是对职工进行操纵，而是使职工有一个最好的机会在各种明确规定的备择方案中进行选择。因而，强化理论已被广泛地应用在激励和改造人的行为上。

（5）正强化比负强化更有效 [56]。所以，在强化手段的运用上，应以正强化为主；同时，必要时也要对坏的行为给以惩罚，做到奖惩结合。

强化理论只讨论外部因素或环境刺激对行为的影响，忽略人的内在因素和主观能动性对环境的反作用，具有机械论的色彩。但是，许多行为科学家认为，强化理论有助于对人们行为的理解和引导。因为，一种行为必然会有后果，而这些后果在一定程度上会决定这种行为在将来是否重复发生。那么，与其对这种行为和后果的关系采取一种碰运气的态度，就不如加以分析和控制，使大家都知道应该有什么后果最好。

8.2.4　激励公平理论 [57]

公平理论是美国心理学家亚当斯（J. S. Adams）在 1965 年首先提出来的，也称为社会比较理论。这种理论的基础在于，员工不是在真空中工作的，他们总是在进行比较，比较的结果对于他们在工作中的努力程度有影响。[26] 大量事实表明，员工经常将自己的付出和所得与他人进行比较，而由此产生的不公平感将影响到他们以后付出的努力。这种理论主要讨论报酬的公平性对人们工作积极性的影响。它指出，人们将通过横向和纵向两个方面的比较来判断其所获报酬的公平性。

55. Timely feedback is required.

56. Positive reinforcement is better than negative reinforcement.

57. Equity Theory

---

[26]　The theory based on the face that an employee compares his or her job's input-outcomes ratio with that of relevant others and then corrects any inequity.

58. The Others
59. Systems
60. Selves

员工选择的与自己进行比较的参照类型有三种，分别是"其他人"[58]、"制度"[59]和"自我"[60]。

"其他人"包括在本组织中从事相似工作的其他人以及别的组织中与自己能力相当的同类人，包括朋友、同事、学生甚至自己的配偶等。"制度"是指组织中的工资政策与程序以及这种制度的运作。"自我"是指自己在工作中付出与所得的比率。

对某项工作的付出，包括教育、经验、努力水平和能力。通过工作获得的所得或报酬，包括工资、表彰、信念和升职等。亚当斯提出"贡献率"的公式，描述员工在横向和纵向两方面对所获报酬的比较以及对工作态度的影响：

$$Op/Ip=Ox/Ix$$

在上式中，Op 表示自己对所获报酬的感觉，Ox 表示自己对他人所获报酬的感觉，Ip 表示自己对付出的感觉，Ix 表示自己对他人的付出的感觉。

所谓横向比较，就是将"自我"与"他人"相比较来判断自己所获报酬的公平性，从而对此作出相对应的反应。

如果这个等式成立，那么进行比较的员工觉得报酬是公平的，他可能会为此而保持工作的积极性和努力程度。如果该等式不成立，就有两种情况发生。一是 Op/Ip>Ox/Ix，则说明此员工得到了过高的报酬或付出的努力较少。在这种情况下，一般来说，他不会要求减少报酬，而有可能会自觉地增加自我的付出。但过一段时间他就会因重新过高估计自己的付出而对高报酬心安理得，于是其产出又会回到原先的水平。如果 Op/Ip<Ox/Ix 则说明员工对组织的激励措施感到不公平。此时他可能会要求增加报酬，或者自动地减少付出以便达到心理上的平衡，也可能离职。

除了进行横向比较，还存在着在纵向上把自己目前的与过去的进行比较。结果仍然有三种情况。如以 Opp 代表自己目前所获报酬，Opl 代表自己过去所获报酬，Ipp 代表目前的投入量，Ipl 代表自己过去的投入量，则：

（1）Opp/Ipp=OPl/Ipl，此员工认为激励措施基本公平，积极性和努力程度可能会保持不变。

（2）Opp/Ipp>Opl/Ipl，一般来讲，他不会觉得所获报酬过高，因为他可能会认为自己的能力和经验有了进一步的提高，其工作积极性不会因此而提高多少。

（3）Opp/Ipp<Opl/Ipl，此时他觉得很不公平，工作积极性会下降，除非管理者给他增加报酬。

上述分析表明，公平理论认为组织中员工不仅关心从自己的工作努力中所得的绝对报酬，而且还关心自己的报酬与他人报酬之间的关系。他们对自己的付出与所得和别人的付出与所得之间的关系进行比较，作出判断。如果发现这种比率和其他人相比不平衡，就会感到紧张，这样的心理是进一步驱使员工追求公平和平等的动机基础。

公平理论对企业管理的启示是非常重要的，它告诉管理人员，工作任务以及公司的管理制度都有可能产生某种关于公平性的影响作用。而这种作用对仅仅起维持组织稳定性的管理人员来说是不容易觉察到的。员工对工资提出增加的要求，说明组织对他至少还有一定的吸引力，但当员工的离职率普遍上升时，说明组织已经令员工产生了强烈的不公平感，这需要引起管理人员高度重视，因为它意味着除了组织的激励措施不当以外，更重要的是，企业的现行管理制度有缺陷。如美国航空公司一度大面积出现员工的离职和旷工，公司对此百思不得其解。在激励方面，公司为突出员工对航空公司的贡献率，贯彻了一种旨在降低工资率的显性双轨制度，主要表现在拉开新老员工的工资差距。但对员工的抱怨进行分析后，公司高级管理层发现，原来是这种显性的双轨制工资制度让员工普遍感到恼火，认为这是工资待遇不公平的制度形式。在同一工作岗位上的新老员工，工资差距很大，新员工难以忍受他们的低工资成为公开制度化的管理内容。结果，在公司内部，各个职能和团队的工作都面临巨大的协调困难。员工之间抵触情绪明显，消极怠工严重。找到这一原因后，公司果断取消了这种显性工资差距，员工的抵触行为趋于缓和，离职率明显降低。

公平理论的不足之处在于，员工本身对公平的判断是极其主观的。[27] 这种行为对管理者施加了比较大的压力。因为人们总是倾向于过高估计自我的付出，而过低估计自己所得到的报酬，而对他人的估计则刚好相反。因此管理者在应用该理论时，应当注意实际工作绩效与报酬之间的合理性，并注意留心对组织的知识吸收和积累有特别贡献的个别员工的心理平衡。

8.2.5 文化激励理论 [61]

61. Culture Motivation Theory

组织内成员不仅是自然人、经济人，更是一种社会人。人作为一种社会存在，其个人选择必然直接镶嵌到社会文化结构之中。因此"在基本生活满足以后，社会成员必然面对各种不同的基本价值以及价值选择问题，必然在各自的价值选择之间达成某种方式的谅解和兼容。"这种"价值"就属于文

---

[27]　Deficiency of Equity theory, is that employees themselves are extremely subjective in the judgement of equity.

化的范畴。组织文化的一个非常重要的功能就是要激发组织成员为实现组织的目的与目标而努力工作。[28]

　　微缩到一个企业范围，就是要构筑企业文化，对组织内成员实行有效的文化激励。但长期以来，文化因素并未获得足够的重视，原因在于社会发展的各个方面，文化发展不如经济发展显得重要，而且，文化发展及文化因素的影响通常是长期而缓慢，不易察觉。但这并不能否认文化因素的作用，相反，文化的作用不是体现在表面层次，而是深层次的，带来的影响也是深远的，文化中包含的价值制度为人力资本带来了更高级的激励。我们说，在知识经济下有没有任何纯粹的"经济"问题，这也是我们要跨越产权的范围，重视包括文化禀赋在内的其他基础条件的原因所在。界定文化概念无疑是十分困难的，但广义的文化至少包含下列三方面含义。一是文化依群体而存在[62]，群体规模可有大小之分。它不仅是群体中不同个体的普遍本质，还包括个体间处理相互矛盾的准则和模式。二是文化是历史的沉积[63]，同时也随历史的演进而变化，文化是过去形成、现在仍存在并发生作用的传统，一般而言，是基于过去生活条件和人们的认识能力限定下的理性选择沉积而成的。当理性选择发生偏差时，文化就会做出调整。三是不同群体之间的文化特性有很大差别[64]，"每个社会应该根据本身的文化特性，根据本身的思想和行动结构，找到自己的发展类型和发展模式。共同适用的统一发展模式是不存在的。近几十年的经验充分表明，任何发展模式都不是普遍适用的，也不能推广，无论从地域还是从时间上讲都不能推广"。

　　一个成功卓越的、有效能的企业管理主要是靠企业的基本或共同价值观，即企业文化。如 1982 年美国管理学者托马斯·彼得斯（Thomas J.Peters）和罗伯特·沃特曼（Robert H.Waterman）在《寻求优势——美国最成功公司的经验》一书中就提出这种观点。这一观点的内涵是共同价值观与 6S 的统一，"6S"即制度（system）、策略（strategy）、结构（structure）、作风（style）、人员（staff）、技巧（skill）。当我们试图对组织内成员实施激励时，应该认识到：企业文化的作用是长期的、深层次的，是随企业经营而沉淀的，同时它又是独特的；一个企业只有形成适合自己企业发展的文化特质，才能拥有长期竞争力。那么，作为一个企业，文化的核心在于一种"价值评价体系"。具体而言，就是在企业成长过程中，将优秀的积极的东西加以沉淀，并融合国家的，民族的文化传统与变化发展的环境进行整合、总结、梳理、提升、升华，从而对内凝

62. First, culture depends on the group to exist.

63. Second, culture is the sedimentation of history.

64. Third, cultures are greatly different among different groups.

---

[28]　One important function of organizational culture is to stimulate members to work hard for achieving organizational goals and objectives.

聚成企业的精神力量，形成一种信任、团结、合作上的激励氛围，对外则转化为产品力量、市场业绩。在一个优秀的文化氛围中，组织成员获得的是一种价值的肯定，包含尊重、成就感以及自我发展，这比单纯的经济利益更高级，也更有效。纵观企业经营实践，松下有"松下精神"，井植馨创立了"三洋哲学"，微软则主张自由、创造与发现；在中国，"海尔文化"也开始吸引人们的目光。人们正逐渐认识到文化生存也许才是一个企业最高的生存方式，探寻有效的文化激励手段正成为一个世界性的话题。

8.3 激励的方法与艺术 [65]

65. Motivation Methods and Art

8.3.1 有效激励的基本原则 [66]

66. The basic principles of effective motivation.

运用各种激励理论来激发组织成员的积极性，是各级领导者的重要职责，也是实现组织目标的必要前提。为使激励取得效果，在激励过程中必须遵循以下原则。

1. 奖励组织期望的行为 [67]

67. Reward behaviors desired in an organization.

美国著名管理学家米切尔·拉伯夫经过 20 年的调查和研究，总结出这样一条规律，即"人们会去做受到奖励的事情。"因而把奖励组织所期望的行为称之为"现代行为管理的基本原则"。事实证明，组织中许多不合理的行为都是由于奖励不当造成的。根据在激励方面组织常犯的错误，拉伯夫提出，组织应特别注意以下 10 种奖励行为：奖励彻底解决问题，而不是奖励只图眼前见效的行为，以确保组织的长远利益；奖励承担风险而不是回避风险的行为；奖励善于用创造力而不是愚蠢的盲从行为；奖励果断的行动而不是光说不做的行为；奖励多动脑筋而不是一味苦干；奖励使事情简化而不是使事情不必要的复杂化；奖励沉默而有效率的人而不是喋喋不休者；奖励有质量的工作，而不是匆忙草率的工作；奖励忠诚者而不是跳槽者；奖励团结合作而不是互相对抗。

2. 善于发现和利用差别 [68]

68. Be expert at discovering and utilizing diversities.

组织激励的一个重要原理是利用利益的差别，向组织成员传递组织期望的行为的信息。奖惩分明是自古以来人们所信奉的一个管理原则。利益的差别可以推动竞争，心理学的实验显示，竞争可以增加 50％ 甚至更多的心理创造力。利益差别也是体现公平的一个方面。马克思主张社会主义社会实行按劳分配，正是为了解决社会分配不公的问题，从而调动广大劳动者的积极性。因此，各级主管人员必须坚持物质利益原则和按劳分配原则，处理好国家、集体、个人三者利益关系。通过考核人们的行为及绩效的差别，奖勤罚懒、奖优罚劣，切忌搞平均主义。

在利用利益差别激励下属时，必须明确指出下属的贡献或不足，使之心服口服。为了避免造成员工间的矛盾，应尽量预先规定的工作标准来衡量人们的实际表现，不要直接进行人与人的对比。

3. 掌握好激励的时间和力度 [69]

69. Keep the good timing and effort for motivation.

激励要掌握时机。比如，当下属做出成绩时，经理人员应及时表扬，同时要鼓励下属百尺竿头，更进一步。当下属做了错事，为防止扩大损失，固然应及时制止，但批评不一定马上进行，以防矛盾激化。如果一个下属因自己失败而闷闷不乐，这时候经理人员如果落井下石，就会冒严重伤害他的危险，他就不再上进了。对于反复出现的积极行为，不能反复表扬，而应当出其不易，使人们有所期待和有所争取。

激励要注意力度。奖励、惩罚、表扬、批评都有一个限度，心理学上称为"阈值"，低于这个阈值的激励是不起作用的，如轻描淡写的批评、漫不经心的表扬等作用都不大。但是激励力度也不能过分，过度奖励和过度惩罚都会产生不良后果。例如有些企业奖金水平定得过高，导致职工积极性脆弱及劳务成本不断上升。

4. 激励时要因人制宜 [70]

70. Motivation should vary from person to person.

人们有不同的需要、不同的思想觉悟、不同的价值观与奋斗目标，因此激励手段的选择及应用要因人而异。主管人员在进行激励时，要定期对人们的需要进行调查，分析不同年龄、性别、职务、地位、受教育程度的员工最迫切的需要，实行所谓"弹性报酬制度"。对不同的人，给予不同的激励，在总激励费用不变的前提下，获得更好的激励效果。

5. 系统设计激励策略体系 [71]

71. Systematically design motivation system.

激励策略要优化组合，在空间上相辅相成，在时间上要相互衔接，形成"综合治理"的格局及积极性的良性循环。

人的积极性运动机制复杂，影响因素众多且有交叉性，这些决定了激励必须采取"综合治理"的方式，也就是要根据影响积极性的各种因素的相互联系和相互制约的特点，以及系统理论的要求，使若干项激励措施同步实行。要求主管人员在运用激励手段时，既抓物质的，也抓精神的；既抓内激励，也抓外激励，特别要抓好内激励；既抓组织内的，也抓组织外的，处理好组织内部条件和外部环境的关系。根据人们积极性运动的规律性，在激励系统设计时，可以按照考察分析、教育培训、目标管理、组织引导、考评奖惩等五个步骤进行。

8.3.2　激励导向的工作设计 [72]

72. Motivation Oriented Job
Design

无论是马斯洛的"需要层次理论"，还是维克托·弗罗姆的"期望理论"、斯金纳的"强化理论"，这些世界著名的激励理论都主要是围绕工作而展开员工积极性的探讨。其关键点在于个体成就感的研究。例如"期望理论"认为，人们从事任何工作的激励将取决于经其努力后取得的成果的价值（不管是正的或负的），乘以经努力后将在预期上有助于达成目标的信念。用公式表述为：激励力 = 效价 × 期望值。其中效价无论是工资形式的还是晋升形式的，结果都表现在个体成就感的满足上。

个体成就的感知在工作中往往来自于圆满完成岗位及公司所赋予的职责，并获得外部的认可。个体成就感越高，其受到的激励强度就越大。一些调查结果显示"来自工作的激励才是最有效的激励"。而工作的成就感与工作岗位的职责、权限及利益密切相关，试想一个没有压力、没有挑战的工作，怎么能对个体起到激励作用呢？所以员工的激励要从岗位设置、工作分析开始。

1. 激励性工作设计的原则

（1）员工激励原则 [73]。激励性工作设计的首要原则就是对员工要起到激励作用，而员工工作的激励通常来自于工作内容的适度挑战性、工作的意义以及工作的价值。我们通过对创始期企业的研究发现，当时的员工都表现出极大的工作热情，每天从早忙到晚，没有正常的上下班时间，而且基本不会计较个人的得失，不仅个人非常努力，团队关系也表现得较为亲密。究其原因，除了与我们任用的员工具有吃苦耐劳的素质有关外，还与创始期员工所承担的工作内容丰富性以及此时的老板表现出的无明显层级的融洽情感有关，员工会觉得所付出的努力能够得到公司的认可，工作具有价值。当然创始期不必去做具体的工作设计，但其中的工作氛围、工作状态的获得值得工作分析者借鉴。

73. Staff motivating principle.

（2）能力开发原则 [74]。员工能力的开发不仅仅通过培训完成，实践中锻炼是最有效的办法。激励性工作设计就是要让员工在挑战中工作，在挑战中不断提高自己的能力。制定目标要高低适中，不能过高，员工经反复努力也无法达到；也不能过低，否则会培养员工的"惰性"。然而工作设计是针对岗位不是针对个人，这要求一方面要打破传统岗位的界限，深化岗位的工作内涵；另一方面要考虑人员如何与岗位相匹配。

74. Capacity development
principle.

（3）动静结合原则 [75]。伴随市场的变化、组织的发展，工作设计越来越趋向动态，工作分析的难度也越来越大，所以现在有咨询公司提出了"职位族"

75. Dynamic-static analyzing
principle.

的工作分析方法，但"职位族"的概念太大，不利于每一个员工清晰的掌握自己的工作内容，对责任的划分会存在一定的模糊现象。配合组织的发展，激励性工作设计必须动静结合，对于基础性的工作岗位，宜采用静态的工作分析法，对于跟企业业务紧密相关的岗位，宜进行动态分析，随组织的发展，不断丰富岗位的工作内涵。

2. 激励性工作分析考虑要素

基于激励性工作分析的原则，结合工作激励理论和"职务说明书"范畴，激励性工作分析应考虑的因素如下。

（1）组织发展 [76]。组织发展是激励性工作分析考虑的首要因素，当企业处在衰退期，组织考虑的是安全撤退或创新改造的问题，来自工作的激励因素降低，工作分析自然也无能为力。组织发展激励因素的表现在于它能不断产生新的职位和新的工作任务，员工的职业发展机遇增多，每个人都有机会，每个人都被激励。

（2）职责拓展 [77]。职责拓展意味着工作的幅度、深度的加大，也意味着工作压力的增加，对员工来说也是一种挑战，有压力才会有动力。

（3）个体发展 [78]。激励性工作分析要清晰地描述出岗位的职业发展通路及相伴随的关键素质要求，让员工对未来有全盘的把握，并懂得如何将现实与未来相连。个体发展是激励性工作分析的关键要素，对员工在公司中的行为具有导向作用。

（4）工作价值 [79]。工作价值是通过工作分析在"职务说明书"中的工作描述、工作内容、相关责任上体现每个岗位的相对重要性，或每个岗位对公司业绩的相对贡献度。工作价值在工作分析中的激励作用类似于"期望理论"中的"效价"。如果岗位的工作价值原本就相对较高，员工经过努力实现甚至超越了岗位的价值标准，就能起到非常有利的激励作用。在此，工作价值是激励性工作分析的重要参考要素。

（5）工作条件 [80]。工作条件指的是承担工作所需要具备的相关硬件设备和软件环境。它类似于"双因素激励理论"中的保健因素，它是完成工作的必要条件，属于激励性工作分析的基础要素。

3. 激励性工作分析方法

（1）始终保持人力资源的变革管理理念 [81]。人力资源管理的真正魅力与挑战在于配合企业战略发起和落实组织变革，即便是在企业的稳定期，为了保持企业持续不断的活力，也需要以创新和变革的理念指导人力资源管理实践。所谓"流水不腐、户枢不蠹"，在变化中激发组织和个体的活力。工作

---

76. Organizational development.

77. Responsibility expansion.

78. Individual development.

79. Job value.

80. Working conditions.

81. Conduct innovative management of human resources.

分析作为人力资源招聘、绩效考评、薪酬管理的基础，配合组织的发展和架构的重组，需要不断地丰富和完善，将变革的理念引入这一基础性的工作，从根本上打破传统岗位的框框条条，赋予岗位更新的内容。

（2）工作内容不断扩大和丰富[82]。工作内容扩大和丰富指的是增加工作任务和深化工作任务，包含横向和纵向扩展，这是将激励性因素融入工作分析的最主要办法。多样而丰富的工作能提高从事工作的人的积极性，特别是对于愿意寻求更大挑战的个体，效果会更好。

82. Broaden and deepeen job content.

8.3.3 公平合理的奖罚制度[83]

83. A Fair System of Rewards and Punishment

奖与罚都是组织激励的重要手段。奖是从正面引导和强化员工的正确行为，而罚则是从反面刺激员工以阻止或中止员工的错误行为，即所谓"赏，使也；罚，禁也。"（选自《慎子·逸文》）

奖罚的有效性在于其公平合理性。

1. 奖罚结合、以奖为主

只奖不罚或只罚不奖都无法达到应有的激励效果；前者会导致对员工行为的放纵，也会使奖励最终沦为"保健因素"，失去激励作用；后者则会使员工信心受挫、情绪压抑、精神沮丧，进而"破罐子破摔"，导致恶性循环。这正如古语所云："赏不行，则贤者不可得而进也；罚不行，则不肖者不可得而退也。……若是，则万物失宜，事变失应。"（选自《荀子·富国》）在西方流行的"胡萝卜＋大棒"政策正式体现了奖罚相结合的原则。毫无疑问，对员工的正确行为应及时给予适当的奖励，而对员工的不良行为应及时给予酌情的处罚，做到"奖优罚劣"、"奖罚分明"。这样既提倡和鼓励了正确的行为，又抑制了不良行为，产生双重激励效果。同时，要以奖励为主，因为，过多的惩罚会把人变成制度的奴隶，有时还会使人丧失理性。

2. 奖罚及时而恰当

要通过及时的奖罚措施让当事人尽快知道其行为结果之好坏或进展情况。而奖罚的恰当性则要做到"赏罚分明"并恰如其分，即当出现良好行为时就给予适当的奖励，而当出现不良行为时就给予适当的惩罚。及时的奖励能给人以鼓舞，使其增强信心并迅速地激发工作热情，而及时的惩罚则使人及时地认识并修正自己的过错。但这些积极的效果是以奖罚的正确性与恰如其分为前提的，乱赏滥罚绝不会产生激励的效果。如一单位出现的滥发奖金和实物的现象，这种奖励便失去了激励作用，沦为"保健因素"，有时甚至连"保健"作用也起不了，反倒滋生许多人为的矛盾和不满。所以，奖罚既要迅速及时，更要有根有据、令人信服。

3. 因人而异、因时制宜、灵活机动

不同的人有不同的需要和个性，因而他们对具体奖罚的反应也就不会一致。因此，无论是奖还是罚，都应当做到因人而异、因时制宜、灵活机动，以保证奖人所需、罚人所痛，尽量避免一刀切。如此方能达到行为强化的预期目的，否则就会失去奖罚的意义。

4. 建立申诉制度

奖罚过程中难免有误，或奖罚不当。因此，应当建立申诉制度，允许当事人为自己的行为进行辩护，或对他人的受奖提出质询。如此可确保奖罚的公平性与合理性，减少或避免许多纠纷。

8.3.4 激励关键员工 [84]

84. Motivating Key Staff

关键员工（或核心员工）是指组织绩效的主要创造者和组织发展的主要依靠者。[29] 研究和实践均表明，组织绩效中的大多数份额主要是由组织中少数关键员工所完成的，而组织的长远发展也主要取决于组织中的少数核心员工。因此，如何激励（包括吸引和留住）组织中的关键员工（或核心员工）也无疑是组织激励的重点和关键所在。

激励组织中的关键员工（或核心员工）可从如下几个方面着手。

85. Keep the idea of appreciating talents.

• 观念上重视人才 [85]。现代管理者应当深刻地认识到，当今的竞争归根到底是人才的竞争，任何组织的存续发展也越来越主要取决于一系列相关人才的作用。一个组织只有真正认识到人才的重要性，充分承认和体现人才的价值，秉承和实施"以人才为中心"的管理理念与管理方式，才能真正立于不败之地。

86. Implement humanized management measures.

• 实施人性化的管理措施 [86]。作为组织存续发展支柱的关键人才（或核心人才）往往具有较强的独立性与自主性，不愿受制于一些刻板的工作形式（如固定的工作时间、固定的工作场所等），而喜欢灵活自由的工作安排。尤其是对于那些从事思维性、知识性或创造性工作的员工而言，诸如固定的工作时间、固定的工作场所等刻板的工作方式往往会限制他们创新能力。比如，一些程序员的生物钟与作息时间就与常人有别，别人休息的时候也许就是他们工作效率高的时候。对于这种情况，就不应要求他们像一般员工一样准时上班。因此，为了减少针对一般员工的规矩对关键员工的束缚，组织应制定

---

[29] Key employees (or core employee) refers to the main creator and dependent of organizational performance and development.

相应的弹性工作制，允许关键员工依据自己的具体情况调整自己的工作时间及地点，把他们个人需要和工作要求之间的矛盾降至最小。

• 提供多种升迁和培训的机会[87]。随着社会物质生活水平的提高，优厚的薪水已越来越不再是调动核心员工积极性的主要手段，而诸如员工持股计划、住房补助及其他福利等在起了一段时间的积极作用后也日趋平淡。而组织如何为核心员工创造一个学习及职业成长的环境，如何为员工提供升迁和发展的机会，将越来越成为组织能否吸引和留住核心员工的决定因素。因此，组织应高度关注核心员工的职业生涯发展，并依据自身的实际情况库核心员工创造各种培训和学习的机会，搭建员工自我发展的平台，帮助他们进行职业生涯规划，让他们对组织和自身的未来充满信心和希望。

• 建立动态的绩效评估体系[88]。核心员工一般都希望自身的能力能够得到充分的发挥，自己的工作能够及时得到组织的充分认可，从而在事业上有成就感和满足感。因此，组织就需要建立一套科学完善的绩效评估体系，以便及时对核心员工的工作进行科学、全面、客观、公正的评价，让员工及时了解自己的业绩情况，激发其工作的热情和积极性。

• 提供有竞争力的薪酬水平[89]。虽然薪酬已不再是激励核心员工的最关键因素，但员工仍希望得到预期业绩相符的薪酬，因为这也是衡量员工自我价值的尺度之一。况且，薪酬等物质或经济方面的激励永远都是其他激励的基础。因此，制定合理的薪酬政策，设计科学的薪酬体系，使核心员工能够得到与其贡献相匹配的薪酬，也是组织吸引和留住核心员工的重要手段之一。

87. Provide a wide range of opportunities for promotion and training.

88. Establish a dynamic performance evaluation system.

89. Offer competitive compensation.

需要，是当人们缺乏某种东西时，产生的一种主观状态，即人对某种目标的渴求或欲望；需要的产生与满足是一个与刺激分不开的、受到社会影响的过程。

需要有以下基本特征：多样性、动态性、无限性、相关性、重复性、竞争性。

西方行为科学的代表人物马斯洛提出的"需求层次论"认为：人的基本需求具有五个层次，即生理、安全、社交、尊重和自我实现愿望等。

X理论：是一种建立在"经济人"的人性理论假设基础上的管理理论，而不是一种人性理论。X理论阐述的是：假设人都是"经济人"，那么管理者应如何去进行相应的管理。

Y理论：麦克雷戈总结和概括了马斯洛等人的"自我实现人"的人性假设理论，提出了一种与X理论相对立的理论——Y理论。

超Y理论：它既区别于X理论，又不同于Y理论，它倡导企业管理方式要根据企业所处的内外条件而随机应变。它认为，根本不存在一成不变的普遍适用的"最好的"管理原则和管理方法。

Z理论：是美国加利福尼亚大学教授、日裔美籍管理科学学者威廉·大内提出来的。Z理论是西方管理理论中有别于X理论、Y理论和超Y理论等的一种新的管理理论。

管理中的几种基本人性假设：（1）"经济人"人性假设理论；（2）"社会人"人性假设；（3）"自我实现人"的人性假设及其相应的管理理论；（4）"复杂人"的人性假设及其相应的管理理论。

赫茨伯格的"双因素"理论：激励因素——保健因素理论是美国的行为科学家弗雷德里克·

赫茨伯格（Fredrick Herzberg）提出来的，又称双因素理论。

激励期望理论：期望理论，又称作"效价—手段—期望理论"，是由北美著名心理学家和行为科学家维克托·弗鲁姆（Victor H.Vroom）于1964年在《工作与激励》中提出来的激励理论。

激励理论整合模型期望理论是以三个因素反映需要与目标之间的关系的，要激励员工，就必须让员工明确：（1）工作能提供给他们真正需要的东西；（2）他们欲求的东西是和绩效联系在一起的；（3）只要努力工作就能提高他们的绩效。

$$M = V \times E$$

M表示激励力Motivation，V表示效价Valence，E表示期望值Expectancy

激励强化理论：强化理论也叫作行为修正理论，是斯金纳在对有意识行为特性深入研究的基础上提出的一种新行为主义理论。他认为，人的行为具有有意识条件反射的特点，即可以对环境起作用，促使其产生变化，环境的变化（行为结果）又反过来对行为发生影响。因此，当有意识地对某种行为进行肯定强化时，可以促进这种行为重复出现；对某种行为进行否定强化时，可以修正或阻止这种行为的重复出现。

激励公平理论：也称为社会比较理论。这种理论的基础在于，员工不是在真空中工作的，他们总是在进行比较，比较的结果对于他们在工作中的努力程度有影响。

文化激励理论：组织内成员不仅是自然人、经济人，更是一种社会人。人作为一种社会存在，其个人选择必然直接镶嵌到社会文化结构之中。

组织文化的一个非常重要的功能就是要激发组织成员为实现组织的目的与目标而努力工作的动机。

有效激励的基本原则：奖励组织期望的行为；善于发现和利用差别；掌握好激励的时间和力度；激励时要因人制宜；系统设计激励策略体系。

激励性工作设计的原则：（1）员工激励原则；（2）能力开发原则；（3）动静结合原则。

激励性工作分析考虑要素：（1）组织发展；（2）职责拓展；（3）个体发展；（4）工作价值；（5）工作条件。

公平合理的奖罚制度：奖罚结合、以奖为主；奖罚及时而恰当；因人而异、因时制宜、灵活机动；建立申诉制度。

激励关键员工：（1）观念上重视人才；（2）实施人性化的管理措施；（3）提供多种升迁和培训的机会；（4）建立动态的绩效评估体系；（5）提供有竞争力的薪酬水平。

综合练习

一、单项选择题

1. 自我实现人是由（　　）提出来的。

A. 麦格雷戈　　　　B. 马斯洛　　　C. 赫茨伯格　　　D. 谢恩

2. 双因素理论是由（　　）提出来的。

A. 梅奥　　　　　　B. 韦伯　　　　C. 麦格雷戈　　　D. 赫茨伯格

3. 下列关于强化理论的说法正确的是（　　）。

A. 强化理论是美国心理学家马斯洛首先提出的

B. 所谓正强化就是惩罚那些不符合组织目标的行为，以使这些行为削弱直至消失

C. 连续的、固定的正强化能够使每一次强化都起到较大的效果

D. 实施负强化，应以连续负强化为主

4. 需要层次理论认为，人的行为决定于（　　）。

A. 需求层次　　　　B. 激励程度　　C. 精神状态　　　D. 主导需求

5. 期望理论认为，对人能产生最大激励作用的情况是（　　）。

A. 期望值高、效价也高　　　　　　B. 期望值高、效价低

C. 期望值低、效价高　　　　　　　D. 期望值低、效价也低

二、多项选择题

1. 多数人（　　）属于对经济人的假设的概括。

A. 十分懒惰

B. 没有大志

C. 干工作是为了满足基本需求

D. 个人目标与组织目标矛盾

E. 把工作看作如同游戏一样

2. Y理论指出，主管人员的任务是（　　）。

A. 使人们的智慧潜能充分发挥出来

B. 安排好组织工作方面的条件和作业的方法

C. 为提高士气，用金融刺激

D. 对消极怠工者严厉

E. 更好地为实现组织目标和自己具体的个人目标而努力

3. 马斯洛提出的五种需求中，包括（　　　）需求。

A. 生理　　　B. 尊重　　　　　C. 安全　　　　　D. 爱情　　　　　E. 自我实现

4. 激励的理论主要有（　　　）。

A. 需要层次理论

B. 双因素理论

C. 期望理论

D. 公平理论

E. 强化理论

5. 强化理论认为（　　　）。

A. 人的行为结果对自己有利时，这种行为可以重复出现

B. 人的行为受外部环境影响

C. 人的行为结果对自己不利时，这种行为会消退和终止

D. 人的行为受内心活动影响

三、问答题

1. 简述 X 理论和 Y 理论的内容。

2. 简述马斯洛的需要层次理论。

3. 简述双因素理论的内容。

4. 需要层次理论与双因素理论有什么异同？

chapter 9

第9章 沟 通

学习目标

通过本章学习，你可以达到以下目标。

知识目标

理解沟通的本质和一般过程、沟通方式和渠道；

理解管理冲突的方法和技能；

掌握组织沟通系统和沟通网络；

了解领导者时间管理的方法和技能 。

能力目标

能解释沟通的本质和一般过程；

能区分各种沟通方式和渠道；

能应用组织沟通系统和沟通网络；

能处理基本的管理冲突问题；

能应用领导者时间管理方法和技能。

9.1　沟通的本质和一般过程

企业与外部人士的交流，组织者与被组织者的信息传递，领导者与下属的感情联络，控制者与控制对象的纠偏工作，都与沟通相联系。

1. 沟通的概念 [1]

沟通是指可理解的信息或思想在两人或两人以上的人群中的传递或交换的过程。整个管理工作都与沟通有关，目的是激励或影响人的行为。

2. 沟通的过程

沟通简单地说就是传递信息的过程。在这个过程中至少存在着一个发送者和一个接受者，即发出信息的一方和接受信息的一方。那么信息在两者之间是怎样传递的呢？图 9.1 描述了这个过程。

（1）发送者需要向接受者传递信息或者需要接受者提供信息。这里所说的信息包括很广，诸如想法、观点、资料等。[2]

（2）发送者将这些信息译成接受者能够理解的一系列符号。为了有效地进行沟通，这些符号必须能符合适当的媒体。例如，如果媒体是书面报告，符号的形式应选择文字、图表或者照片；如果媒体是讲座，应选择文字、投影胶片和板书。[3]

（3）将上述符号传递给接受者。由于选择的符号种类不同，传递的方式也不同。传递的方式可以是书面的（信、备忘录等），也可以是口头的（交谈、演讲、电话等），甚至还可以通过身体动作来进行（手势、面部表情、姿态等）。[4]

（4）接受者接受这些信符号。接受者根据这些符号传递的方式，选择相对应的接受方式。例如，这些符号是口头传递的，接受者就必须仔细地听，否则符号将会丢失。[5]

（5）接受者将这些符号译为具有特定含义的信息。由于发送者翻译和传递能力的差异，以及接受者接受和翻译的水平不同，信息的内容经常被曲解。[6]

（6）接受者理解信息的内容。

（7）发送者通过反馈来了解他想传递的信息是否被对方准确无误地接受。一般来说，由于沟通过程中存在着许多干扰和扭曲信息传递的因素（通常将这些因素称为噪音）使得沟通的效率大为降低。因此，发送者了解信息被理解的程度是十分必要的。图中的反馈，构成了信息的双向流动。[7]

1. Communication is the transfer and understanding of meaning.

2. Before communication can take place, a purpose, expressed as a message to be conveyed, must exist. It passes between a source (the sender) and a receiver.

3. A sender initiates a message by encoding a thought. Four conditions influence the effectiveness of that encoded message: the skills, attitudes, and knowledge of the sender, and the social-cultural system.

4. A message is the actual physical product encoded by the source. It can be a written document, an oral speech, and even gestures and facial expressions we use.

5. The message is affected by the symbols used to transfer meaning (words, pictures, numbers, and so forth), the content of the message itself, and the decisions that the sender makes in selecting and arranging both the symbols and the content.

6. Decoding: retranslating a sender's message.

7. Noise: any disturbances that interfere with the transmission, receipt, or feedback of a message.

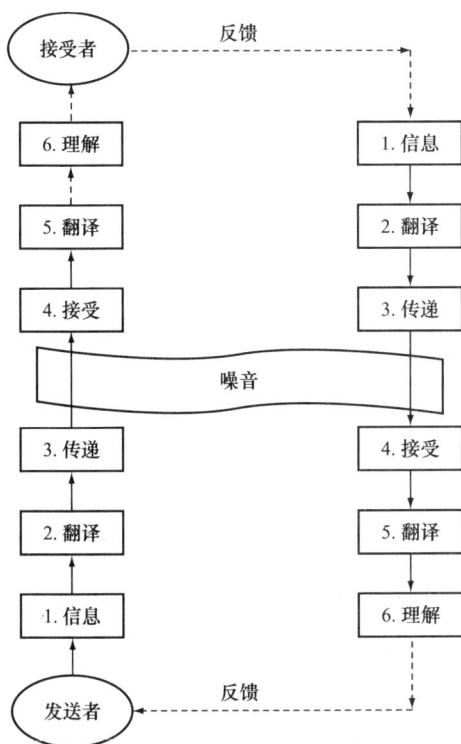

图 9.1　沟通过程

3. 沟通的意义

（1）沟通是协调各个体、各要素，使企业成为一个整体的凝聚剂。每个企业都由数人、数十人、甚至成千上万人组成，企业每天的活动也由许许多多的具体的工作所构成，由于各个体的地位、利益和能力的不同，他们对企业目标的理解、所掌握的信息也不同，这就使得各个体的目标有可能偏离企业的总体目标，甚至完全背道而驰，如何保证上下一心，不折不扣地完成企业的总目标呢？这就需要互相交流意见，统一思想认识，自觉地协调各个体的工作活动，以保证组织目标的实现。

（2）沟通是领导者激励下属，实现领导职能的基本途径。一个领导者不管他有多么高超的领导艺术水平，有多么灵验的管理方法，他都必须将自己的意图和想法告诉下属，并且了解下属的想法。领导环境理论认为，领导者就是了解下属的愿望并为此而采取行动，为满足这些愿望而拟订与实施各种方案的人，而下属就是从领导者身上看到了一种达到自己愿望或目的的人。而这些"目的"的"看到"或"了解"都需要沟通这个基本工具和途径。

（3）沟通也是企业与外部环境建立联系的桥梁。企业必须要和顾客、政府、公众和竞争者等发生各种各样的关系，它必须按照顾客的要求调整产品结构，遵守政府的法规法令，担负自己应尽的社会责任，获得适用且廉价的原材料，并且在激烈的竞争中取得一席之地，这使得企业不得不和外部环境进行有效的沟通。而且，由于外部环境永远处于变化之中，企业为了生存就必须适应这种变化，这就要求企业不断地与外界保持持久地沟通，以便把握住成功的机会，避免失败的可能。

小资料

公司为了奖励市场部的员工，制定了一项海南旅游计划，名额限定为 10 人。可是 13 名员工都想去，部门经理需要再向上级领导申请 3 个名额，如果你是部门经理，你会如何与上级领导沟通呢？

沟通"迷路"

部门经理向上级领导说："朱总，我们部门 13 个人都想去海南，可只有 10 个名额，剩余的 3 个人会有意见，能不能再给 3 个名额？"

朱总说："筛选一下不就完了吗？公司能拿出 10 个名额就花费不少了，你们怎么不多为公司考虑？你们呀，就是得寸进尺，不让你们去旅游就好了，谁也没意见。我看这样吧，你们 3 个做部门经理的，姿态高一点，明年再去，这不就解决了吗？"

迷路原因：

1. 只顾表达自己的意志和愿望，忽视对方的立场及心理反应；

2. 切不可以自我为中心，更忌讳出言不逊，不尊重对方。

沟通"达标"

同样的情况下，去找朱总之前用异位思考法，树立一个沟通低姿态，站在公司的角度上考虑一下公司的缘由，遵守沟通规则，做好与朱总平等对话、为公司解决此问题的心理准备。

部门经理："朱总，大家今天听说去旅游，非常高兴，非常感兴趣，觉得公司越来越重视员工了。领导不忘员工，真是让员工感动。朱总，这事是你突然给大家的惊喜，不知当时你们如何想出此创意的？"

朱总："真的是想给大家一个惊喜，这一年公司效益不错，是大家的功劳。考虑到大家辛苦一年，年终了，第一，是该轻松轻松了；第二，放松后，才能更好的工作；第三，是增加公司的凝聚力。大家要高兴，我们的目的就达到了，就是让大家高兴的。"

部门经理："也许是计划太好了，大家都在争这 10 个名额。"

朱总："当时决定 10 个名额是因为觉得你们部门有几个人工作不够

积极。你们评选一下，不够格的就不安排了，就算是对他们的一个提醒吧。"

部门经理："其实我也同意领导的想法，有几个人的态度与其他人比起来是不够积极，不过他们可能有一些生活中的原因，这与我们部门经理对他们缺乏了解，没有及时调整都有关系。责任在我，如果不让他们去，对他们打击会不会太大？如果这种消极因素传播开来，影响不好吧。公司花了这么多钱，要是因为这 3 个名额降低了效果太可惜了。我知道公司每一笔开支都要精打细算。如果公司能拿出 3 个名额的费用，让他们有所感悟，促进他们来年改进，那么他们多给公司带来的利益要远远大于这部分支出的费用。不知道我说的有没有道理，公司如果能再考虑一下，让他们去，我会尽力与其他两位部门经理沟通好，在这次旅途中每个人带一个，帮助他们放下包袱，树立有益公司的积极工作态度，朱总您能不能考虑一下我的建议？"

9.2 沟通的方式与渠道

按照方法划分，沟通包括语言沟通和非语言沟通。最有效的沟通是语言沟通和非语言沟通的结合。

1. 语言沟通[8]

语言沟通是指以语词符号为载体实现的沟通，主要包括口头沟通、书面沟通和电子沟通等。

（1）口头沟通。口头沟通是指借助语言进行的信息传递与交流。口头沟通的形式很多，如会谈、电话、会议、广播、对话等。

（2）书面沟通。书面沟通是指借助文字进行的信息传递与交流。书面沟通的形式也很多，例如，通知、文件、通信、布告、报刊、备忘录、书面总结、汇报等。

（3）电子沟通，又称 E- 沟通。电子沟通是以计算机技术与电子通信技术组合而产生的信息交流技术为基础的沟通。它是随着电子信息技术的兴起而新发展起来的一种沟通形式，包括传真、闭路电视、计算机网络、电子邮件等。

8. Verbal communication.

小资料

沟通能力测试
1. 别人曾误解你的意思吗？
2. 与别人谈话时你经常离开话题的本意而跳到别的话题上吗？

3. 有人曾让你进一步确认你要表达的意思吗？

4. 你嘲笑过他人吗？

5. 你总是尽量避免与他人面对面交流吗？

6. 你总是尽量表达你的意思，并以你认为最合适的方式与他人交谈吗？

7. 交谈时，你注视着对方的眼睛吗？

8. 谈话结束时，你是否询问别人明白了你的意思？

9. 你总是找一个合适的时间和地点与他人交谈吗？

10. 你总是把事情的前因后果澄清给别人吗？

11. 如果你要表达的意思复杂，令人难以明白，你会事先考虑吗？

12. 你征求过别人的观点吗？

评分规则：1～5题——经常 1 分，有时 2 分，很少 3 分

6～12 题——经常 3 分，有时 2 分，很少 3 分

32 分以上：具备很强的口头交流能力，但在某些方面或许还有提高的余地；

26～32 分：具备一定的口头交流技能，但有待进一步提高；

22 分以下：口头交流技能有待全面提高。

资料来源：杰拉尔丁·E·海因斯主编.《管理沟通策略与应用》.

北京大学出版社，2006

2. 非语言沟通 [9]

语言沟通非语言沟通是相对于语言沟通而言的，是指通过身体动作、体态、语气语调、空间距离等方式交流信息、进行沟通的过程。

在沟通中，信息的内容部分往往通过语言来表达，而非语言则作为提供解释内容的框架，来表达信息的相关部分。因此非语言沟通常被错误地认为是辅助性或支持性角色。

（1）非语言沟通的方式。非语言沟通的方式主要有如下几种。

① 标记语言。如聋哑人的手语、旗语，交警的指挥手势，裁判的手势，以及人们惯用的一些表意手势——"OK"和胜利的"V"等。再如伊斯兰教的新月，美元的"$"符号以及许多现代企业的标识。

② 动作语言 [10]。例如，饭桌上的吃相能反映出一个人的修养；一位顾客在排队，他不停地把口袋里的硬币弄得叮当响，这清楚地表明他很着急；在柜台前，拿起又放下，显示出拿不定注意。

9. Nonverbal communication—communication transmitted without words.

10. Body language refers to gestures, facial expressions, and other body movements that convey meaning.

③ 物体语言。总把办公物品摆放很整齐的人，能看出他是个干净利落、讲效率的人；穿衣追求质地，不跟时尚跑，这样的人一定有品味、有档次。

（2）非语言沟通的特点。

① 无意识性[11]。例如，与自己不喜欢的人站在一起时，保持的距离比与自己喜欢的人的距离要远些；有心事时，不自觉地就给人忧心忡忡的感觉。

11. Automaticity.

正如弗洛伊德所说，没有人可以隐藏秘密，假如他的嘴唇不说话，则他会用指尖说话。一个人的非言语行为更多的是一种对外界刺激的直接反应，基本都是无意识的反应。

② 情境性[12]。与语言沟通一样，非语言沟通也展开于特定的语境中，情境左右着非语言符号的含义。相同的非语言符号，在不同的情境中，会有不同的意义。同样是拍桌子，可能是"拍案而起"，表示怒不可遏；也可能是"拍案叫绝"，表示赞赏至极。

12. Situationality.

③ 可信性[13]。当某人说他毫不畏惧的时候，他的手却在发抖，那么我们更相信他是在害怕。英国心理学家阿盖依尔等人的研究表明，当语言信号与非语言信号所代表的意义不一样时，人们相信的是非语言所代表的意义。

13. Credibility.

由于语言信息受理性意识的控制，容易作假，人体语言则不同，人体语言大都发自内心深处，极难压抑和掩盖。

④ 个性化[14]。一个人的肢体语言，同说话人的性格、气质是紧密相关的，爽朗敏捷的人同内向稳重的人的手势和表情肯定是有明显差异的。每个人都有自己独特的肢体语言，它体现了个性特征，人们时常从一个人的形体表现来解读他的个性。

14. Personalization.

各种沟通方式的比较，如表9.1所示。

表 9.1 各种沟通方式的比较

沟通方式	举例	优点	缺点
口头	交谈、讲座、讨论会、电话	快速传递、快速反馈、信息量很大	传递中经过层次越多，信息失真越严重，核实越困难
书面	报告、备忘录、信件、文件、内部期刊、布告	持久、有形、可以核实	效率低、缺乏反馈
电子	传真、闭路电视、计算机网络、电子邮件	快速传递、信息容量大、远程传递、一份信息同时传递多人、廉价	单向传递；电子邮件可以交流，但看不到表情
非语言	声、光信号（红绿灯、警铃、旗语、图形、服饰标志）、体态（手势、肢体、动作、表情）、语调	信息意义十分明确、内涵丰富、含义隐含灵活	传递距离有限、界限含糊——只可意会，不可言传

9.3　组织沟通系统和网络

9.3.1　组织沟通系统

按照组织系统，沟通可分为正式沟通和非正式沟通。

1. 正式沟通 [15]

（1）正式沟通的含义。正式沟通是指在组织系统内，依据正规的组织程序，按权力等级链进行的沟通，例如组织之间的公函来往、内部的文件传达、召开会议、上下级间的定期情报交换等。

优点：沟通效果好、严肃可靠、约束力强、易于保密、沟通信息量大，并且具有权威性。

缺点：因为依靠组织系统层层传递，所以刻板，沟通速度很慢，此外也存在着信息失真或扭曲的可能。

（2）正式沟通的类型。按照方向，正式沟通有下向（downward）、上向（upward）、横向（lateral）等几种。

① 下向沟通 [16]。这是在传统组织内最主要的沟通流向。一般以命令方式传达上级组织或其上级所决定的政策、计划、规定之类的信息，有时颁发某些资料供下属使用等。如果组织的结构包括有多个层次，则通过层层转达，其结果往往使下向信息发生歪曲，甚至遗失，而且过程迟缓，这些都是在下向沟通中所经常发现的问题。

② 上向沟通 [17]。主要是下属依照规定向上级所提出的正式书面或口头报告。除此以外，许多机构还采取某些措施以鼓励向上沟通，例如意见箱、建议制度、以及由组织举办的征求意见座谈会、或态度调查等。有时某些上层主管采取所谓"门户开放"政策，使下属人员可以不经组织层次向上报告。但是据研究，这种沟通也不是很有效的，而且由于当事人的利害关系，往往使沟通信息发生与事实不符或压缩的情形。

③ 横向沟通 [18]。主要是同层次不同业务部门之间的沟通。在正式沟通系统内，一般机会并不多，若采用委员会和举行会议方式，往往所费时间人力甚多，而达到沟通的效果并不很大。因此，组织为顺利进行其工作，必须依赖非正式沟通以辅助正式沟通的不足。正式沟通的优点是：沟通效果好，比较严肃，约束力强，易于保密，可以使信息沟通保持权威性。重要的消息和文件的传达，组织的决策等，一般都采取这种方式。其缺点在于，因为依靠组织系统层层传递，所以很刻板，沟通速度很慢，此外也存在着信息失真或扭曲的可能。

---

15. Formal communication: communication that follows the official chain of command or is required for one's job.

16. Downward Communication: communication that flows downward from a manager to employees.

17. Upward Communication: communication that flows upward from employees to managers.

18. Lateral Communication: communication that takes place among employees on the same organizational level.

2. 非正式沟通 [19]

（1）非正式沟通的含义和特点。非正式沟通是指在正式沟通渠道之外进行的信息传递和交流。非正式沟通的主要功能是传播职工所关心的信息，体现的是职工的个人兴趣和利益，与企业正式的要求无关。

非正式沟通有下列特点。

① 非正式沟通信息交流速度较快。由于这些信息与职工的利益相关或者是他们比较感兴趣的，再加上没有正式沟通那种程度，信息传播速度大大加快。

② 非正式沟通的信息比较准确。据国外研究，它的准确率可高达95%。一般说来，非正式沟通中信息的失真主要是因为形式上的不完整，而不是因为它们是无中生有的谣言。人们常常把非正式沟通（俗称小道消息）与谣言混为一谈，这是缺乏根据的。

③ 非正式沟通效率较高。非正式沟通一般是有选择的、针对个人的兴趣传播信息。

④ 非正式沟通可以满足职工的需要。出于职工的愿望和需要，这种沟通常常是积极的、卓有成效的，并且可以满足职工们的安全的需要、社交需要和尊重的需要。

⑤ 非正式沟通有一定的片面性。非正式沟通中的信息常常被夸大、曲解，因而需要慎重对待。

（2）非正式沟通在管理上的对策。不管人们怎样看待和评价非正式沟通，它都是客观存在的，并且在企业中扮演着重要的角色。管理人员应该怎样对待非正式沟通呢？

① 管理人员必须认识到它是一种重要的沟通方式，否认、消灭、阻止、打击都是不可取的。

② 管理人员可以充分地利用非正式沟通为自己服务，管理人员可以"听"到许多从正式渠道不可能获得的信息，"知道"谁在传播这些信息、谁最喜欢这些信息，管理人员还可以将自己需要传递但又不便从正式渠道传递的信息、利用非正式沟通进行传递。

③ 对非正式沟通中的错误信息必须"以其人之道，还治其人之身"，通过非正式渠道进行更正。

9.3.2 组织沟通网络

所谓沟通网络 [20]，是指组织中沟通渠道的结构和类型。一种网络不同于另一种网络主要在于以下基本特征：渠道的数量、分布以及是单向还是双向。

19. Informal communication: communication that is not defined by the organization's structural hierarchy.

20. Organizational communication networks: a variety of patterns of vertical and horizontal flows of organizational communication.

1. 正式沟通的网络形式

由组织正式沟通的四种不同渠道方式可以组成信息传递的多种模式，这些模式可称之为沟通网络，它指出了在一个组织中信息是怎样传递和交流的。在正式组织环境中，每一种网络相当于一定的组织结构形式。

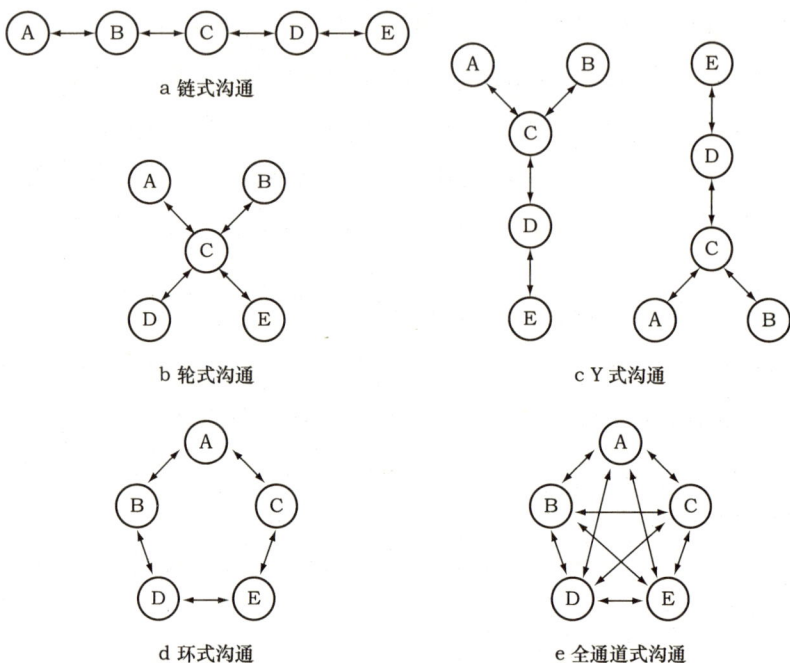

a 链式沟通

b 轮式沟通

c Y 式沟通

d 环式沟通

e 全通道式沟通

图 9.2　各种正式沟通的网络形式图

（1）链式沟通。如图 9.2a 所示，它是指信息在五个层次中逐级传递，只有上行沟通和下行沟通，居于两端的人只能与其相邻的一个成员联系，而居中的人则可以分别与两端的人沟通信息。在这种沟通形态中，信息经过层层传递、筛选，由于各个信息传递者接受信息的差异很大，容易产生失真。

（2）轮式沟通。如图 9.2b 所示，它是一个管理者与四个下级进行的沟通，而四个下级之间不相互沟通。这种沟通属于控制型网络沟通，其中只有一个成员是各种信息的汇集点与传递中心。它的优点是集中化程度高，解决问题的速度快，中心人员的预测程度高。其缺点是沟通的渠道少，组织成员的满意程度低，员工士气不高。

（3）Y 式沟通。如图 9.2c 所示，它是在四个层次的逐级沟通过程中，两位领导通过一个人或一个部门进行沟通，这个人成为沟通的中心。这种形式集中化程度高，解决问题的速度快。但组织中成员的平均满意程度较低，容易造成信息曲解或失真。另外，倒 Y 式沟通是在四个层次的沟通中，一位领导者通过一个人或一个部门进行沟通，与 Y 式大同小异，作为"瓶颈"的这个人或这个部门一定要善于沟通。

（4）环式沟通。如图 9.2d 所示，它是五个人之间的沟通，管理者对两个下级进行沟通，而两个下级再分别与各自的下级进行沟通，基层再相互进行沟通。其中，每个人都同时与两侧的人沟通。在这种方式中，组织的集中化和预测程度都较低，畅通渠道不多，组织中成员具有较为满意的情绪，员工士气较高。这种形式也可以发展成多环型。

（5）全通道式沟通。如图 9.2e 所示，它是每个人与其他四个人都自由地相互沟通，并无明显的中心人物。这是一种开发的网络系统，其中每个成员之间都有一定的联系，彼此了解，成员满意程度高，合作的气氛浓厚。但它的集中度较低，管理者的预测程度也较低。

正式沟通各种形式各有其优缺点，在实际工作中要针对不同的工作性质和员工特点，选择相应的沟通形式。沟通网络和评价标准，如表 9.2 所示。

表 9.2　沟通网络和评价标准

沟通网络标准	链式	轮式	Y 式	环式	全通道式
速度	中	快	中	慢	快
准确性	高	高	高	低	中
领导者的涌现	中	高	中	无	无
士气	中	低	中	高	高

2. 非正式沟通的网络形式

依照最常见至较少见的顺序排列如下。

（1）集群连锁。即在沟通过程中，可能有几个中心人物，由他转告若干人，而且有某种程度的弹性。如图 9.3a 中的 A 和 F 两人就是中心人物，代表两个集群的"转播站"。

（2）密语连锁。由一人告知所有其他人，犹如独家新闻，如图 9.3b 所示。

（3）随机连锁。即碰到什么人就转告什么人，并无一定中心人物或选择性，如图 9.3c 所示。

（4）单线连锁。就是由一人转告另一人，他也只再转告一个人，这种情况最为少见，如图 9.3d 所示。

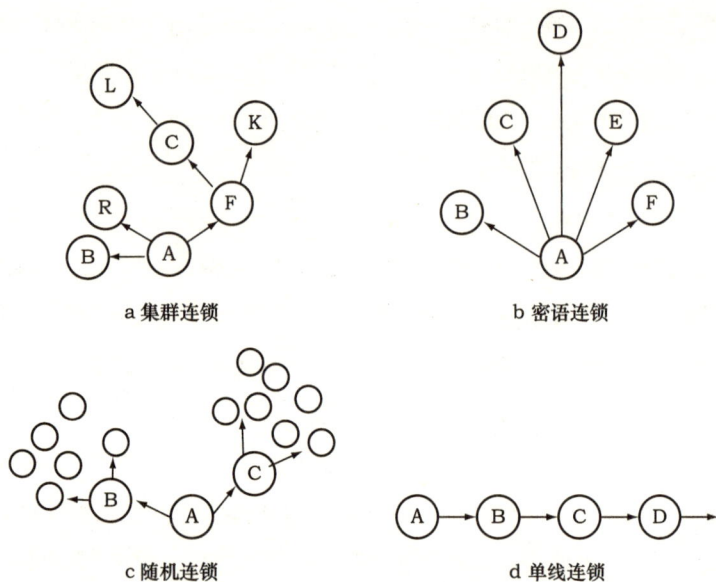

a 集群连锁

b 密语连锁

c 随机连锁

d 单线连锁

图9.3　各种非正式沟通的网络形式图

管理故事

小道消息传播带来的问题

斯塔福德航空公司是美国西北部一个发展迅速的航空公司。然而，最近在其总部发生了一系列的传闻。公司总经理波利想出卖自己的股票，但又想保住自己总经理的职务，这是公开的秘密了。他为公司制定了两个战略方案：一个是把航空公司的附属单位卖掉；另一个是利用现在的基础重新振兴发展。他自己曾经对这两个方案的利弊进行了认真的分析，并委托副总经理本查明提出一个参考的意见。本查明曾为此起草了一个备忘录，随后叫秘书比利打印。比利打印完以后即到职工咖啡厅去。在喝咖啡时比利碰到了另一个副总经理肯尼特，并将这一秘密告诉了他。

比利对肯尼特悄悄地说："我得到了一个最新消息。他们正在准备成立另外一个航空公司。他们虽说不会裁员，但是我们应该联合起来，有所准备啊。"这些话又被办公室的通讯员听到了。他又高兴地立即把这个消息告诉他的上司巴巴拉。巴巴拉又为此事写了一个备忘录给负责人事的副总经理马丁。马丁也加入了他们的联合阵线，并认为公司应保证兑现其不裁减职工的诺言。

第二天，比利正在打印两份备忘录。备忘录却被路过办公室探听消息的莫罗看见了。莫罗随即跑到办公室说："我真不敢相信公司会做这样的事情，我们要卖给航空公司了，而且要大量减员呢！"

这个消息传来传去，3 天后又传回总经理波利的耳朵里。他也接到了许多极不友好甚至是敌意的电话和信件，人们纷纷指责他企图违背诺言而大批解雇工人。有的人也表示为与别的公司联合而感到高兴，波利则被弄得迷惑不解。

后来波利经过多方了解，终于弄清了事情的真相，然后波利就采取了澄清传闻的措施。首先他给各部门印发了他为公司制定的两个战略方案，并让各部门的负责人将两个方案的内容发布给全体职工。在三天后，他把全公司的员工召集在一起，让他们谈谈对这两个方案的看法。职工们各抒己见，但多数人更倾向于第二个方案。最后波利说："首先向大家道歉，由于我的工作失误使大家担心了，很抱歉，希望大家能原谅我。其次，我看到大家这样地爱公司，我也很受鼓舞，其实前几天大家所说的那件事就是这两个方案的'升华'，今天我看到了大家的决心，那么我就更有信心，使我们的公司发展更好。谢谢！"

最后，该公司采取了第二个方案，公司也更迅速地发展起来。

（摘自《企业管理案例精选精析》，有改动）

分析：非正式沟通是指以企业非正式组织系统或个人渠道的信息传递。企业中非正式沟通是客观存在的并且在企业中扮演着重要角色。由于非正式沟通的主要功能是传播职工所关心的有关的信息，因此具有信息交流速度快、信息比较准确、沟通效率高和满足职工需要的特点，但非正式沟通有一定的片面性，沟通中的信息常常被夸大曲解。所以管理者应正确对待非正式沟通，而且应该重视这方面信息的收集，以把握员工的动向，并对传播者给予原谅。

9.4　管理冲突的解决

9.4.1　管理冲突及其分类

1. 管理冲突及其类型

冲突 [21] 是指由于某种差异而引起的抵触、争执或争斗的对立状态。人与人之间在利益、观点、掌握的信息或对事件的理解上都可能存在差异，有差异就可能引起冲突。不管这种差异是否真实存在，只要一方感觉到有差异就会发生冲突。冲突的形式可以包括最温和最微妙的抵触到最激烈的罢工、骚乱

21. Conflict is perceived as interference or opposition resulting from differences.

和战争。人们之间存在差异的原因是多种多样的，但大体上可以归纳为三类：沟通差异、结构差异和个体差异。

对组织中存在的冲突有三种不同的观点。

第一种为传统的冲突观点[22]，认为冲突是有害的，会给组织造成不利影响。冲突成为组织机能失调、非理性、暴力和破坏的同义词。因此，传统观点强调管理者应尽可能避免和清除冲突。

第二种为冲突的人际关系观点[23]，认为冲突是任何组织无法避免的自然现象，不一定给组织带来不利的影响，而且有可能成为有利于组织工作的积极动力。既然冲突是不可避免的，管理者就应该接纳冲突，承认冲突在组织中存在的必然性和合理性。

第三种是新近产生的冲突的互动作用观点[24]。与人际关系观点只是被动地接纳冲突不同，互动作用观点强调管理者要鼓励有益的冲突，认为融洽、和平、安宁、合作的组织容易对变革和革新的需要表现为静止、冷漠和迟钝，一定水平的有益的冲突会使组织保持旺盛的生命力，善于自我批评和不断革新。

管理冲突有以下三种分类方法。

（1）功能两极：积极冲突和消极冲突。对管理冲突性质的认定，是我们确定对其采取何种态度和策略的前提。因此，从性质上区分管理冲突是属于积极类型的还是消极类型的，不仅具有重要的理论价值，而且具有重要的现实意义。只有对管理冲突的性质判定准确、真正把握，才能端正态度，采取行之有效的相应措施和政策，给消极性质的管理冲突以有效的抑制、消除和排解；对积极性质的管理冲突给以充分展开和有效利用，从而达到调适冲突、推动事业的目的。

（2）隶属分野：与上级冲突、与下级冲突和与同级冲突。管理冲突，在一定意义上我们可以把它归结为一种系统内部的结构要素冲突。这里需要指出的是，我们所说的系统，是指一个较大的系统，包括管理主体、管理客体和管理过程，而不是仅指这个系统中的某个子系统或者小系统。由于与上级冲突、与下级冲突和与同级冲突，它们各自存在的前提和依据不同，因而其冲突的表现形式和解决方式也可能有所不同。一是关于与上级冲突。由于上级处于主导地位，是管理的主体，所以作为下级，在一般情况下，有意见可以提，有要求可以说。但只能通过用说理和动情的方式，去实现目的，使冲突和分歧朝着有利于自己的方向发展。一旦不能达到目的，应该善于放弃，服从上级。这是由组织原则决定的。二是关于与下级冲突。作者认为这应该区分是工作性冲突还是非工作性冲突。工作性冲突，尤其是上级对下属实施

22. The traditional view: conflict is bad and will always have a negative impact on an organization.

23. Human relations view: conflict is a natural and inevitable occurrence in all organizations. The view rationalizes the existence of conflict and advocates its acceptance.

24. Interactionist view: managers are encouraged to maintain ongoing minimum level of conflict sufficient to keep organizational units viable, self-critical, and creative.

的批评、教育、矫正以及其他规范，这是领导职能在管理上的体现。上级必须坚持原则，坚持到底，不可中途妥协，不可无原则退让，否则就可能养成不好的惯例，为以后工作埋下隐患。非工作性冲突，则恰恰相反。作为上级应该有妥协、有退让和有风格，这样方显领导情操、水平和身份。三是关于同级冲突。同级管理者之间的冲突，由于其前提是同级，因而其表现形式往往比较隐蔽，其解决方式多是调和，其最终结果往往是各方退让。有些时候，还需要领导参与解决，形成居高临下的裁判态势。

（3）要素构成：管理主体内部冲突、管理客体内部冲突和管理主体与管理客体交叉冲突。事物的性质和效能决定于事物的构成要素。管理主体和客体的状况如何，直接决定着管理的效能和效率。一般来说，管理的高效能和高效率，来源于其主体状况适应于客体状况，来源于客体状况易于被主体教化。在这里，二者各自内部冲突及其交叉冲突是否属于良性互动，又起着很重要作用。冲突若属于良性互动，组织界限就会越来越清晰，组织目标就会越来越明确，管理就会发挥强势作用，就会取得理想绩效。相反，冲突或属于内耗性互动，甚至于恶性互动，组织界限就会越来越模糊，组织目标就会越来越丧失，管理就会难以发挥应有作用，就会出现低效甚至负效。对此，我们必须有清醒认识，要力倡良性冲突互动，力戒内耗性冲突互动，确保冲突的性质和质量，使之为巩固组织疆界、实现组织目标服务。

2. 管理冲突的影响

传统观点往往只看到冲突的消极影响，把冲突当作组织内部矛盾、斗争、不团结的征兆，因而管理者总是极力消除、回避或掩饰冲突。事实上，由于沟通差异、结构差异和个体差异的客观存在，冲突不可避免地存在于一切组织中。我们不仅应当承认冲突是正常现象，而且要看到冲突的积极作用。任何一个组织如果没有冲突或很少有冲突，任何事情都意见一致，这个组织必将非常冷漠、对环境变化反应迟钝、缺乏创新。当然，冲突过多过激也会造成混乱、涣散、分裂和无政府状态。

3. 管理冲突的解决方法和技能

组织应保持适度的冲突，养成批评与自我批评、不断创新、努力进取的风气，组织就会出现人人心情舒畅、奋发向上的局面，组织就有旺盛的生命力。这是管理者传统处理的使命。

当组织缺乏冲突时，管理者应细心寻找原因，问问自己是否过于看重决策的"意见一致"，是否过分强调"团结、友谊和支持比什么都重要"，是否处理问题过于"中庸"；或者在用人、奖励、惩罚时，是否过于关注不同意见；又或者你是否走到另一极——过于独断专行，是否压制打压过批评者，或者对不同意见态度过于严厉。最后，要扪心自问，自己是否已被"点头称是的人们"所包围。为了促进冲突，管理者除改变自身的思想观点和工作作风外，还要有意识地鼓励、支持、任用和晋升持不同意见的人。有时为了引起冲突，听到不同意见时可有意散布一点"小道消息"作为探测气球、问路之石，也可以通过引进外人、调整机构等方法改变组织的现状。

缺乏冲突时，希望有冲突；真有冲突时，又有可能害怕冲突，"叶公好龙"是许多管理者的通病。处理冲突实际上是一种艺术。

（1）谨慎地选择你想处理的冲突。管理者可能面临许多冲突，有些冲突非常琐碎，不值得花很多时间去处理；有些冲突虽很重要但不是自己力所能及的，不宜插手；有些冲突难度很大，要花很多时间和精力，未必有好的回报，不要轻易介入。管理者应当选择处理群众关心的，影响面大的，对推进工作、打开局面、增强凝聚力、建设组织文化有意义、有价值的事件。其他冲突均可尽量回避，事事时时都冲到第一线的人并不是真正的优秀管理者。

（2）仔细研究冲突双方的代表人物。是哪些人卷入了冲突，冲突双方的观点是什么，差异在哪里，双方真正感兴趣的是什么，代表人物的人格特点、价值观、精力和资源因素如何。

（3）深入了解冲突的根源。不仅了解公开的表层的冲突原因，还要深入了解深层的、没有说出来的原因。冲突可能是多种原因共同作用的结果，如果是这样，还要进一步分析各种原因作用的强度。

（4）妥善地选择处理办法。通常的办法有五种：回避、迁就、强制、妥协、合作。[25] 当冲突无关紧要时，或当冲突双方情绪极为激动、需要时间恢复平静时，可采用回避策略；当维持和谐关系十分重要时，可采用迁就策略；当必须对重大事件或紧急事件进行迅速处理时，可采用强制策略，用行政命令方式牺牲某一方利益处理后，再慢慢做安抚工作；当冲突双方势均力敌、争执不下需采取权宜之计时，只好双方都作出一些让步，实现妥协；当事件重大，双方不可能妥协时，可进行开诚布公的谈判，走向对双方均有利的合作。

25. Avoiding, Accommodating, Compelling, Compromising, Collaborating

━━━ 🪶 案例分析 ━━━

亚通网络公司

亚通网络公司是一家专门从事通信产品生产和计算机网络服务的中日合资企业。公司自 1991 年 7 月成立以来发展迅速，销售额每年增长 50% 以上。与此同时，公司内部存在着不少冲突，影响着公司绩效的继续提高。

因为是合资企业，尽管日方管理人员带来了许多先进的管理方法，但是日本式的管理模式未必完全适合中国员工。例如，在日本，加班加点不仅司空见惯，而且没有报酬。亚通公司经常让中国员工长时间加班，引起了大家的不满，一些优秀员工还因此离开了亚通公司。

亚通公司的组织结构由于是直线职能制，部门之间的协调非常困难。例如，销售部经常抱怨研发部开发的产品偏离顾客的需求，生产部的效率太低，使自己错过了销售时机；生产部则抱怨研发部开发的产品不符合生产标准，销售部门的订单无法达到成本要求。

研发部胡经理虽然技术水平首屈一指，但是心胸狭窄，总怕他人超越自己。因此，常常压制其他工程师。这使得工程部人心涣散，士气低落。

亚通公司的冲突有哪些？原因是什么？

如何解决亚通公司存在的冲突？

资料来源：刘志坚，徐北妮.《管理学——原理与案例》.
华南理工大学出版社，2002

分析：根据冲突范围可将冲突分为人际冲突（interpersonal conflict）、群际冲突（intergroup conflict）和组织间冲突（interorganizational conflict）。

首先，我们来看一下亚通公司的管理层与中国员工之间的冲突。这种冲突存在于不同组织层次之间，我们称之为纵向冲突（vertical conflict），它属于群际冲突。解决方法已经明摆在眼前，管理层应该根据具体的情况合理的设计报酬系统，从新激发员工的积极性，并在人力成本与员工绩效之间取得一个动态平衡。

接着，我们来看看各部门之间的冲突。这种冲突存在于统一组织层次不同部门之间，我们称为横向冲突（horizontal conflict），它是另一种群际冲突。由于亚通采用的组织结构是直线职能型，出现这种类型的冲突就不足为怪了。解决的办法也是明显的，企业通过信息管理系统来促进信息的流通，让各部门及时得到有用的数据。

最后，我们来看看胡经理与其下属之间的冲突。这种冲突存在于两个或两个以上的个体之间，我们称之为人际冲突（interpersonal conflict）。体面的解决替换胡经理所引起的问题有多种方法，企业可以试探他的工作动机，再结合盖洛普的优势识别器（Strengths Finder®）把握他的人格特质（用盖洛普的话就是"标志主题"），设计合适的报酬机制来重新吸引并激励胡经理。

9.5　领导者时间管理的方法和技能

时间管理指有效地运用时间，降低变动性。时间管理的目的是：决定该做些什么；决定什么事情不应该做。时间管理最重要的功能是透过事先的规划，进行提醒与指引。

领导者要做时间的主人，首要是科学地组织管理工作，合理地分层授权，把大量的工作分给副手、助手、下属去做，以摆脱繁琐事务的纠缠，腾出时间来做真正应该由自己做的事。

9.5.1　领导者时间管理的方法

1. 计划管理

关于计划，时间管理的重点是待办单、日计划、周计划、月计划。

待办单：将你每日要做的一些工作事先列出一份清单，排出优先次序，确认完成时间，以突出工作重点。避免遗忘、未完事项留待明日。

待办单主要包括的内容：非日常工作、特殊事项、行动计划中的工作、昨日未完成的事项等。

待办单的使用注意：每天在固定时间制定待办单（一上班就做）；只制定一张待办单；完成一项工作划掉一项；待办单要为应付紧急情况留出时间；最关键的一项，每天坚持。

每年年末作出下一年度工作规划；每季季末作出下季末工作规划；每月月末作出下月工作计划；每周周末作出下周工作计划。

2. 时间"四象限"法

究竟什么占据了人们的时间，这是一个经常令人困惑的问题。著名管理学家科维提出了一个时间管理的理论，把工作按照重要和紧急[26] 两个不同的程度进行了划分，基本上可以分为四个"象限"，如图 9.4 所示：既紧急又重要[27]（如人事危机、客户投诉、即将到期的任务、财务危机等）、重要但不紧急[28]（如建立人际关系、新的机会、人员培训、制订防范措施等）、紧急但不重要[29]（如电话铃声、不速之客、行政检查、主管部门会议等）、既不紧急也不重要[30]（如客套的闲谈、无聊的信件、个人的爱好等）。时间管理理论的一个重要观念是应有重点地把主要的精力和时间集中地放在处理那些重要但不紧急的工作上，这样可以做到未雨绸缪，防患于未然。在人们的日常工作中，很多时候往往有机会去很好地计划和完成一件事，但常常却又没有及时地去做，随着时间的推移，工作质量下降。因此，应把主要的精力

26. Definition of "Important": Strongly affecting the course of events or the nature of things; significant, consequential. They are significant because they have consequences. This is your chance to change your situation for the better. Definition of "Urgent": Calling for immediate action or attention; pressing urgent things only affect the present.

27. Urgent and Important

28. Important But Not Urgent

29. Urgent But Not Important

30. Not Urgent or Important

有重点地放在重要但不紧急这个"象限"的事务处理上，这需要很好地安排时间。一个好的方法是建立预约。建立了预约，自己的时间才不会被别人占据，从而有效地开展工作。

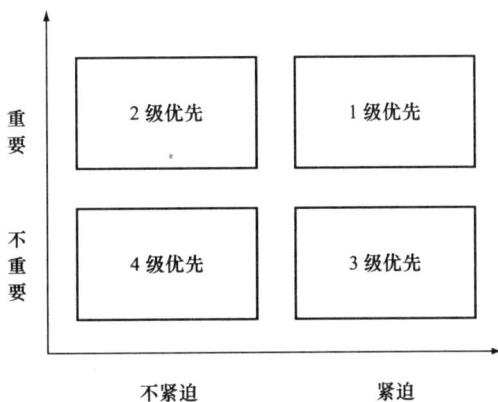

图9.4 "时间管理四象限"图

3. 有效的时间管理

美国管理学者彼得·德鲁克（P.F.Drucker）认为，有效的时间管理主要是记录自己的时间，以认清时间耗在什么地方；管理自己的时间，设法减少非生产性工作的时间；集中自己的时间，由零星而集中，成为连续性的时间段。

4. 时间abc分类法

将自己工作按轻重缓急分为：a（紧急、重要）、b（次要）、c（一般）三类；安排各项工作优先顺序，粗略估计各项工作时间和占用百分比；在工作中记载实际耗用时间；每日计划时间安排与耗用时间对比，分析时间运用效率；重新调整自己的时间安排，更有效地工作。

5. 考虑不确定性

在时间管理的过程中，还需应付意外的不确定性事件，因为计划没有变化快，需为意外事件留时间。有三个预防此类事件发生的方法。一是为每件计划都留有多余的预备时间。二是努力使自己在没有多余时间、饱受干扰的情况下，完成预期的工作。这并非不可能，事实上，工作快的人通常比慢吞吞的人做事精确些。三是另准备一套应变计划。

在工作中要很好地完成工作就必须善于利用自己的工作时间。工作是无限的，时间却是有限的。时间是最宝贵的财富。没有时间，计划再好，目标再高，能力再强，也是空的。时间是如此宝贵，但它又是最有伸缩性的，它可以一瞬即逝，也可以发挥最大的效力，时间就是潜在的资本。充分合理地利用每个可利用的时间，压缩时间的流程，使时间价值最大化。

9.5.2 领导者时间管理的技能

（1）有计划地使用时间。不会计划时间的人，等于计划失败。

（2）目标明确。目标要具体，具有可实现性。

（3）将要做的事情根据优先程度分先后顺序。80%的事情只需要20%的努力。而20%的事情是值得做的，应当享有优先权。因此要善于区分这20%的有价值的事情，然后根据价值大小，分配时间。

（4）将一天从早到晚要做的事情进行罗列。

（5）每件事都有具体的时间结束点。控制好通电话的时间与聊天的时间。

（6）遵循你的生物钟。你办事效率最佳的时间是什么时候？将优先办的事情放在最佳时间里。

（7）做好的事情要比把事情做好更重要。做好的事情，是有效果；把事情做好仅仅是有效率。首先考虑效果，然后才考虑效率。

（8）区分紧急事务与重要事务。紧急事往往是短期性的，重要事往往是长期性的。必须学会如何让重要的事情变得很紧急，是高效的开始。

（9）每分每秒做最高生产力的事。将罗列的事情中没有任何意义的事情删除掉。

（10）不要想成为完美主义者。不要追求完美，而要追求办事效果。

（11）巧妙地拖延。如果一件事情，你不想做，可以将这件事情细分为很小的部分，只做其中一个小的部分就可以了，或者对其中最主要的部分最多花费15分钟时间去做。

（12）学会说"不"。一旦确定了哪些事情是重要的，对那些不重要的事情就应当说"不"。

本章小结

企业与外部人士的交流，组织者与被组织者的信息传递，领导者与下属的感情联络，控制者与控制对象的纠偏工作，都与沟通相联系。

沟通是指可理解的信息或思想在两人或两人以上的人群中的传递或交换的过程。沟通是协调各个体、各要素，使企业成为一个整体的凝聚剂。沟通是领导者激励下属，实现领导职能的基本途径。沟通也是企业与外部环境建立联系的桥梁。

按照方法划分，沟通包括语言沟通和非语言沟通。最有效的沟通是语言沟通和非语言沟通的结合。

按照组织系统，沟通可分为正式沟通和非正式沟通。正式沟通是指在组织系统内，依据正规的组织程序，按权力等级链进行的沟通。按照方向，正式沟通有下向（downward）、上向（upward）、横向（lateral）、外向（outside）沟通等几种。非正式沟通是指在正式沟通渠道之外进行的信息传递和交流。

所谓沟通网络，是指组织中沟通渠道的结构和类型。正式沟通的网络形式有：链式沟通、轮式沟通、Y式沟通、环式沟通和全通道式沟通。非正式沟通的网络形式有：集群连锁、密语连锁、随机连锁和单线连锁。

冲突是指由于某种差异而引起的抵触、争执或争斗的对立状态。处理冲突实际上是一种艺术，要注意做到：谨慎地选择你想处理的冲突；仔细研究冲突双方的代表人物；深入了解冲突的根源；妥善地选择处理办法。

时间管理是有效地运用时间，降低变动性。领导者要做时间的主人。

综合练习

一、单项选择题

1. 总经理很难获得五个事业部的信息，有被架空的危险。对此，有关部门提出了四个解决方案，请你选择一个最好的方案。（　　）

A. 成立销售公司，统一组织销售，各事业部把产品卖给销售公司，不再负责销售

B. 按原方案进行，每月召开一次事业部经理的协调会，解决矛盾

C. 在市场部下组建全国八个地区的销售中心，负责本地区各事业部产品销售、公关、广告、服务活动的协调和监督，而销售的权利和责任仍在事业部

D. 按原方案进行，由市场部派出巡视员，到各地解决矛盾，进行协调

2. 王先生前些年下岗后，自己创办了一家公司。公司开始只有不到十个人，所有人都直接向王先生负责。后来，公司发展很快，王先生就任命了一个副总经理，由他负责公司的日常事务并向他汇报，自己不再直接过问各部门的业务。在此过程中，该公司沟通网络的变化过程是：（　　）

A. 由轮式变为链式　　　　　　　　　B. 由轮式变为 Y 式

C. 由链式变为 Y 式　　　　　　　　　D. 由链式变为轮式

3. 假设你召集下属开会，研究解决领导所布置的一项紧急任务，结果其中有位比较啰嗦的人大讲特讲与主题无关的教条理论，耽误很多时间。你认为如何应付这种情况？（　　）

A. 任其讲下去，让其他与会者群起而攻之

B. 不客气地打断其讲话，让别人发言

C. 有策略地打断其讲话，指出时间很宝贵

D. 允许其畅所欲言以表示广开言路

4. "多米诺比萨饼公司"在英格兰地区的一家分店，由于生面团用光而出现断档，致使该公司"30分钟以内送到"的供应保证落空，失信于消费者。为此，地区经理买了一千条黑纱让他手下的全班人马佩戴以示哀悼。对该地区经理的这种做法，你的看法是：（　　）。

A. 该经理希望借助耻辱心理激励下属更加努力工作，不再出现类似的失误

B. 这样做会打击下属的积极性，没有什么可取之处

C. 这种作法符合当地的风俗习惯，不足为奇

D. 商场如战场，企业失去顾客如同失去生命，这种做法顺理成章

5. 信息沟通网络是由各种沟通途径所组成的结构形式，它直接影响到沟通的有效性及组织成员的满意度。以下四种沟通网络形式中，最能使组织士气高昂的沟通网络形式是：（　　）。

A. 轮式沟通网络　　　　　　　　　　B. 链式沟通网络

C. 环式沟通网络　　　　　　　　　　D. Y 式沟通网络

6. 下列沟通方式中，哪一种方式有利于分权？（   ）

A. 链式沟通　　B. 全通道式沟通　　C. 轮式沟通　　D. 环式沟通

7. 如果你是一位公司的总经理，当你发现公司中存在许多小团体时，你的态度是：（   ）。

A. 立即宣布这些小团体为非法，予以取缔

B. 深入调查，找出小团体的领导人，向他们提出警告，不要再搞小团体

C. 只要小团体的存在不影响公司的正常运行，可以对其不闻不问，听之任之

D. 正视小团体的客观存在性，允许、乃至鼓励其存在，对其行为加以积极引导

8. 管理需要信息沟通，而信息沟通必须具备的三个关键要素是：（   ）。

A. 传递者、接收者、信息渠道　　　　B. 发送者、传递者、信息内容

C. 发送者、接收者、信息内容　　　　D. 发送者、传递者、接收者

9. 比较链式与全通道式两种信息沟通网络的各自特点，可以得出以下结论：（   ）。

A. 链式网络采取一对一的信息传递方式，传递过程中不易出现信息失真情况

B. 全通道式网络由于采取全面开放的信息传递方式，具有较高的管理效率

C. 全通道式网络比链式更能激发士气，增强组织的合作精神

D. 链式网络比全通道式网络更能激发士气，增强组织的合作精神

10. 如果你是公司的总经理，在周末下午下班后，公司某位重要客户给你打来电话，说他向公司购买的设备出了故障，需要紧急更换零部件，而此时公司的全体人员均已下班。对于这种情况，你认为以下各种做法中哪一种比较好？（   ）

A. 告诉客户，因周末找不到人，只好等下周解决，并对此表示歉意

B. 请值班人员打电话找有关主管人员落实送货事宜

C. 因为是重要客户的紧急需要，马上亲自设法将货送去

D. 亲自打电话找有关主管人员，请他们设法马上送货给客户

11. 假定请你主持召开一个由公司有关"智囊"参加的会议，讨论公司发展战略的制定问题。如果在会上听到了许多与你观点不同的意见，而且你也知道这些意见有失偏颇是因为发言者掌握的资料不全。对此你认为最好采取哪一种做法？（   ）

A. 视情况谈谈自己对一些重要问题的看法

B. 既然是智囊会议，就应允许畅所欲言

C. 及时提供资料，证明这些意见的错误

D. 及时打断这些发言以发表自己的高见

12. 如果发现一个组织中小道消息很多，而正式渠道的消息较少，这是否意味着该组织：（   ）。

A. 非正式沟通渠道中信息传递很通畅，运作良好

B. 正式沟通渠道中信息传递存在问题，需要调整

C. 其中有部分人特别喜欢在背后乱发议论，传递小道消息

D. 充分运用了非正式沟通渠道的作用，促进了信息的传递

13. 如果在一个组织中，存在着许多非正式群体，各群体相互之间看法分歧，但这些群体内部的凝聚力却很强。这样，当这些群体对该组织的高层领导的态度很不一致时，则对该组织的工作效率及员工满意度可作如下推断：（　　）。

A. 工作效率与员工满意度均很高

B. 工作效率取决于群体目标与组织目标的一致性，员工满意度很高

C. 工作效率高，员工的平均满意度适中户，但满意度低

D. 平均工作效率低，员工满意度很高

14. 人际沟通中会受到各种"噪音干扰"的影响，这里所指的"噪音干扰"可能来自于（　　）。

A. 沟通的全过程　　　　　　　　B. 信息传递过程

C. 信息解码过程　　　　　　　　D. 信息编码过程

15. 据资料表明，语言表达作为管理沟通的有效手段，可分为三种类型：体态语言、口头语言、书面语言，它们所占的比例分别为：50%、43%、7%。根据这一资料，你认为下述哪种观点正确？（　　）

A. 这份资料有谬误，因为文件存档时，最常用的是书面语言

B. 体态语言太原始，大可不必重视它

C. 人与人之间的沟通，还是口头语言好，体态语言太费解

D. 在管理沟通中，体态语言起着十分重要的作用

16. 某重要会议的开会通知，提前通过电话告知了每位会议参加者，可是到开会时，仍有不少人迟到甚至缺席。试问，以下有关此项开会通知沟通效果的判断中，哪一种最有可能不正确？（　　）

A. 这里出现了沟通障碍问题，表现之一是所选择的信息沟通渠道严肃性不足。

B. 这里与沟通障碍无关，只不过是特定的组织氛围使与会者养成了不良的习惯。

C. 此项开会通知中存在信息接受者个体方面的沟通障碍问题。

D. 通知者所发信息不准确或不完整可能是影响此开会通知沟通效果的一个障碍因素。

17. 假设你是某公司的经理，你招聘了一名很有希望的年轻下属并在工作上给了他许多的指导和关心。可现在，你听到一些小道消息，说其他职员认为你对这位年轻人过于关心了。这时，你应该怎么办？（　　）

A. 给这个年轻人安排一项重要工作，让他向其他职员证明他的能力

B. 疏远这个年轻人，接近其他职员，以证明你是公平对待每个人的

C. 重新评价这个年轻人的能力和潜力，据此决定下一步应该怎样做

D. 不理会小道消息，继续现在的做法

18. 河南省某烟厂连年亏损，原因之一是80%以上职工有偷拿成品烟的现象，这已成为一种不良的风气。新上任的王厂长开会研究解决偷烟问题的办法，大家提出了四种方案，请你选择效果最好的一种方案。（　　）

302

A. 严格治厂，规定凡偷拿成品烟者，一律下岗

B. 加大罚款力度，规定偷 1 包烟，罚 10 包烟的钱，即偷一罚十

C. 先大造舆论，抨击偷烟行为，提倡"敬业爱厂"精神，党员、干部带头"不拿厂里一支烟"。随着偷烟人数的减少，逐步加大对偷烟者的惩罚力度

D. 设立举报箱，对举报者给予重奖，将偷烟者罚款的大部分奖给举报者

19. 某 S 公司是一家刚起步的公司，公司的产品刚刚开始出发，面临着如何进入市场的问题。这一产品是一种全新的营养补品，与市场上已有的产品有着很大的不同。公司决定先集中力量在邻近的大城市搞"广告轰炸"，在这点上公司上下意见一致，但在广告的侧重点上，大家发生了争议。你认为广告侧重应放在以下哪种因素上？（　　）

A. 企业形象及公司名称　　　　　　B. 产品商标

C. 产品包装　　　　　　　　　　　D. 本公司产品与其他产品的区别

二、案例分析

2006 年春节前的 N 市商战

据某报 2006 年 2 月的一篇报道：进入 2 月份，一场既温情脉脉又充满火药味的促销大战在 N 市打响。距 1996 年春节还有半个月，地处 N 市繁华商业区的 X 百货商店突然宣布：从 2 月 3 日至 2 月 17 日，4 万多种商品中的 80% 以上以 5 ～ 9 折优惠出售。消息一传出，立即引起 N 市各大中型商店的重视。当天，N 市其他商场纷纷宣布也进行降价销售。S 百货商店、T 商场、H 商厦三大商场迅速决定：与 X 百货商店同步，也从 2 月 3 日起开展 5 ～ 9 折的酬宾销售，并把时间延长到 2 月 28 日。S 百货商店准备了 2000 多万元的商品，T 商场优惠面在 70% 以上，H 商厦 1 至 4 楼的所有商品，除了 10 元以下的商品以外，均在降价销售之列。N 市商厦原准备在 2 月 10 日左右才推出类似的促销活动，现在决定将时间提前。在部分大型商场减价的同时，一些中型商场也不甘示弱，纷纷"加盟"商战，如 Z 大厦商场等也从 2 月 4 日起，向顾客推出 5 ～ 9 折的酬宾活动，有的商场还利用总经销的优势，推出一批特价商品。

据不完全统计，2 月 3 日以来，N 市市区共有 200 多家大中型国有商场和个体商店加入"降价大战"的行列。N 市商界以往的常规做法是把让利较多的酬宾活动安排在春节后的销售淡季，而今年却在人们公认的节前旺季展开，且势头之猛超过往年，为什么？

"市场旺季不旺，只好降价促销。"这是商家的普遍回答。而某研究员则认为，各家商场在这段时间搞这么大的动作，主要是由于元旦与春节两大节日间距比往年拉得长，商业网点又在增多，而且消费者观念也发生了某些变化，销售比往年显得平淡，商家迫不得已把节后的降价促销改为节前。一些经济界的人士认为，眼下的市场表明，居民的消费热点与市场的销售已出现错位情况，在大多数家庭耐用品差不多齐备时，日常消费品如服装、食品等商品的销售量将相对增加，而各大商场的柜台里，家庭耐用品仍占多数，以致出现供过于求，只有采取降价的促销手段。

J 省商业厅的一位同志认为，降价有它的可行性，在年前的大幅度降价会推动销售。但也有不少人认为，

这种以价格竞争为主调的酬宾活动，从形式到内容都无多少创新，而且各家的促销活动基本在同一时间开始，很可能还是各自守住原来的市场份额，同时还会带来企业的效益滑坡，进而影响国家的财税收入。S百货商店的一位经理说，各商家闻风而动，无疑是加剧了节前的市场竞争，市场光靠让利是旺不起来的，毕竟老百姓的购买力是有限的。

1. 其他大中型商场跟随X百货商店的节前降价销售，但如果以后其他条件不变且没有采取其他措施，则极有可能出现哪种情况？（　　　）

  A. 短期内销售量会大幅度下降　　　　B. 短期内销售量会略有下降

  C. 短期内销售量会大幅度增加　　　　D. 短期内销售量会略有增加

2. 如果N市内有某个百货商场的管理者决定，在节前不参与这场以降价为主调的商战，那么这个商场必须具备以下哪个条件？（　　　）

  A. 它的规模比X百货商店等商场都大

  B. 它的经营成本比X百货商店等商场都低

  C. 它的商品比X百货商店要更高档

  D. 它的经营方式应更具有特色

3. 在这次降价销售中，H商厦对价格在10元以下的商品不给予折扣，你认为其主要原因是什么？（　　　）

  A. 这些商品是畅销货

  B. 这些商品的库存较少

  C. 这些商品的需求价格弹性较小

  D. 这些商品的需求价格弹性较大

4. 为什么有些商场可以依托总经销的优势，推出特价商品？（　　　）

  A. 因为工贸关系密切，可得到厂家的支持

  B. 因为对市场有一定的垄断，可以在一定程度上控制商品的价格

  C. 因为商品的供应量可以得到保证

  D. 以上各条都可作为理由

5. 由于1996年的元旦与春节两大节日间距拉长，N市的商业网点的增多，对于各个大中型商场而言，会产生什么情况？（　　　）

  A. 购买力发生分流　　　　B. 购买力下降

  C. 消费者的观念改变　　　　D. 商品的供应量增加

6. 案例中某研究员所说的"消费者观念改变"，其隐含的意思是指消费者会产生以下哪种情况？（　　　）

  A. 消费者对降价的商品不会再感兴趣

  B. 消费者更趋向购买高档商品

  C. 消费者更注意根据自己的实际需求进行购买

D. 消费者对耐用品的购买欲望已经降低

7. 如果案例中反映的一些信息是正确的，那么对于制造耐用品的厂家，今后应如何调整自己的经营策略？（　　）

A. 调整产品方向，要开始转向生产日常消费的非耐用品

B. 研究市场需求变化趋势，对现有产品进行更新换代

C. 尽量降低出厂价，或实行各种价格折扣策略，以吸引各类经销商

D. 调整市场的地理方向，逐步退出 N 市市场，努力到其他城市进行开拓

8. 案例中，各方面人士针对 N 市这次商战的有关评论，哪一个是不完全正确的？（　　）

A. "各商家把节后的降价促销改为节前，实属迫不得已"

B. "降价销售有它的可行性，节前的大幅度降价会推动销售"

C. 降价促销"会带来企业效益滑坡，进而影响国家财税收"

D. "市场光靠让利是旺不起来的"

9. 如果你是 N 市某大中型商场的经理，为了应付或避免下一轮的商家之间的价格竞争，现在就应开始研究和采取有关措施，以下措施中，一般来讲哪一项是最可取的？（　　）

A. 要求行业协会出面，签订有关协议，协调各商家的竞争行为

B. 迅速派业务员到各地广泛采购各类低价商品

C. 进行销售情况分析，对目前经销的商品结构作一定的调整

D. 进行经营成本分析，寻找可以压缩成本的环节

10. 如果在春节后不久，N 市再次发生一次时间相对较长的商战，你能肯定以下哪种情况最不可能出现？（　　）

A. 市场上将再次出现购买的高潮

B. 有部分商场有濒临破产的危险

C. 有关政府部门将给予干预

D. 有个别商场的市场份额会增加

三、简答题

1. 什么是沟通？具有什么样的重要性？

2. 影响有效沟通的障碍有哪些？如何实现有效沟通？

3. 冲突的原因是什么？解决冲突的办法有哪些？

chapter 10

第 10 章 控 制

学习目标

通过本章学习，你可以达到以下目标。

知识目标

理解控制的概念和控制与其他管理职能的关系；

了解控制系统的构成及相关要素；

掌握分控制的类型；

掌握控制的内容；

理解基本的控制方法。

能力目标

能解释控制的概念、原理和控制与其他管理职能的关系；

能解释控制系统的构成及相关要素；

能区分控制的类型；

能理解控制的内容并进行基本的应用；

能应用基本的控制方法。

10.1 控制活动

控制是管理工作的最重要职能之一。控制是为了保证企业计划与实际作业动态适应的管理职能。控制工作的主要内容包括确立标准、衡量绩效和纠正偏差。有效的控制不仅要求选择关键的经营环节，确定恰当的控制频度，收集及时的信息，而且要求合理运用预算或非预算的控制手段。

1. The Concept of Control

10.1.1 控制的概念 [1]

控制是根据计划的要求，设立衡量绩效的标准，然后把实际工作结果与预定标准相比较，以确定组织活动中出现的偏差及其严重程度；在此基础上，有针对性地采取必要的纠正措施，以确保组织资源的有效利用和组织目标的圆满实现。[1]

2. Control and Plan

10.1.2 控制与计划 [2]

控制工作意指按计划、标准来衡量所取得的成果并纠正所发生的偏差，以保证计划目标的实现。如果说管理的计划工作是谋求一致、完整而又彼此衔接的计划方案，那么，管理的控制工作则是使一切管理活动都能按计划进行。

一旦计划付诸实施，控制工作对于衡量计划执行的进度、揭示计划执行中的偏差以及指明纠正的措施等，都是十分必要的。但是，控制工作远不仅限于衡量计划执行中出现的偏差，在有些情况下，正确的控制工作可能导致确立新的目标、提出新的计划、改变组织结构、改变人员配备以及在指导和领导方法上做出重大的改变等。真正的控制表明，纠正措施能够、而且一定会把不符合要求的活动拉回到正常的轨道上来。因此，控制工作使管理工作成为一个连续的循环过程。在多数情况下，控制工作既是一个管理过程的终结，又是一个新的管理过程的开始。

计划和控制是一个问题的两个方面。计划是基础，它是用来评定行动及其效果是否符合需要的标准。计划越明确、全面和完整，控制的效果也就越好。控制职能使管理工作成为一个闭路系统，如图 10.1 所示。在多数情况下，控制工作既是一个管理过程的终结，又是一个新的管理过程的开始，它使计划

---

[1] Control is the management function involving the process of monitoring activities to ensure that they are being accomplished as planned and correcting and significant deviations. An effective control system ensures that activities are completed in ways that lead to the attainment of the organization's goals. The effectiveness of a control system is determined by how well it facilitates goal achievement.

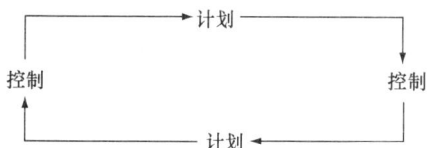

图 10.1　控制和计划的关系

的执行结果与预定的计划相符合，并为计划提供信息。

控制和计划的关系可以概括为：（1）计划为控制提供衡量的标准，控制工作本身也必须要有一定的计划，如对控制的程序、控制的内容等都必须进行一定的计划；（2）计划和控制的效果分别依赖于对方；（3）一切有效的控制方法首先就是计划方法，如预算、政策、程序、规划等，选择控制的方法和设计控制系统时必须要考虑到计划的特点；（4）计划工作本身也必须有一定的控制，如对控制的程序及计划的质量等实施控制。

10.1.3　控制与风险 [3]

在美国 COSO 委员会发布的《内部控制——整合框架》中，控制环境是其他内部控制元素的根基，它的构成元素包括董事会、组织结构、权责分配方式、员工胜任能力、管理层的哲学及人力资源政策。2004 年发布的《企业风险管理—整合框架》（Enterprise Risk Management，简称 ERM 框架）中，以"内部环境"代替了"控制环境"。与控制环境相比，内部环境是控制环境在内容上的扩展，引入了风险管理和风险偏好两个概念。内部环境是确立企业对待风险的态度和可能采取的应对策略。

1. 风险偏好 [4]

风险偏好是指对风险的偏爱，而风险态度 [5]、风险承受能力 [6] 或风险容量 [7] 是企业准备在任一时点承受的风险数量。企业的承受能力将反映其消化风险的能力。企业可以参考所在市场或行业内的其他企业的可用信息，作为自己制定风险承受能力的基准。每家企业的风险承受能力是不同的。企业的风险偏好会因其目标、文化以及整个商业环境条件的不断变化而有所差别。风险态度可分为风险厌恶 [8]、风险中立 [9] 或风险追求 [10]。企业准备承受的风险数量，或其风险偏好，将因诸如已了解的特定风险的财务风险敞口、企业目前取得的成功、经济趋势及各个董事会成员的态度等问题而有所差别。另外，企业的看法可能受到已实行的其他计划的影响，而这些计划的结果尚不可知。如果结果是不利的，整个企业就会受到影响，或者企业名誉受到损害。一旦机构确定了风险容忍水平，那么企业可以向负责决策的高级管理层宣传商业

3. Control and Risk

4. Risk Appetite

5. Risk Attitude

6. Risk Tolerance

7. Risk Capacity

8. Risk Averse

9. Risk Neutral

10. Risk Seeking

风险文化，使他们在行使批准权时，了解机构对于每个项目和计划的风险容忍水平。董事会希望在符合其风险容忍的范围内作出精明的决策。但是，董事会所获得的信息可能因若干因素而出现质量问题。董事会需要确定他们所获得的信息是否可靠，以及考虑比如分析人员的经验、分析所依据信息的质量、是否为了获得对项目的批准而故意隐瞒风险敞口或者风险管理活动的有效性。

2. 风险管理[11]

11. Risk Management

如前所述，事件可能产生不利影响或者有利影响，也可能两者兼而有之。产生负面影响的事件代表了风险，可以阻碍创造价值或削弱现有的价值。产生正面影响的事件能够抵消不利影响或带来机会。机会是指事件发生的可能性以及对于目标实现、支持创造价值或保持价值的积极影响。

企业风险管理涉及的风险和机会影响价值的创造或保持。它是一个从战略制定到日常经营过程中对待风险的一系列信念与态度，目的是确定可能影响企业的潜在事项，并进行管理，为实现企业的目标提供合理的保证。整体来说，企业风险管理是一个正在进行并贯穿整个企业的过程，受到企业各个层次人员的影响，战略制定时得考虑到应用。风险管理适用于各个级别和单位的企业，它包括考虑风险组合，识别能够影响企业及其风险管理的潜在事项，能够对企业的管理层和董事会提供合理保证，致力于实现一个或多个单独但是类别相互重叠的目标等内容。

10.1.4　控制原理[12]

12. Control Theory

由于环境的变化、管理权力的分散和工作能力的差异，人们在执行计划的活动中总会或多或少地出现与计划不一致的现象，因而进行控制是十分必要的。

控制的基本原理如下。

（1）任何系统都是由因果关系链联结在一起的元素的集合。元素之间的这种关系就叫耦合。控制论就是研究耦合运行系统的控制和调节的。

（2）为了控制耦合系统的运行，必须确定系统的控制标准 Z。控制标准 Z 的值是不断变化的某个参数 S 的函数，即 $Z = f(S)$。例如为了控制飞机的航行，必须确定航线，飞机在航线上的位置 S 的值是不断变化的，所以控制标准 Z 的值也必然是不断变化的。

（3）可以通过对系统的调节来纠正系统输出与标准值 Z 之间的偏差，从而实现对系统的控制。

企业也是一个耦合运行系统。企业生产经营活动的全过程就是由严密的因果关系链联结起来的。无论是整个过程或其中某个阶段、某个环节，为了得到一定的产出，就必须有一定的投入。通过控制投入生产过程的资金、人力、物资及管理和技术信息，就可以控制企业生产经营活动的产出。

小资料

维纳与控制论

自从 1948 年诺伯特·维纳（Norbert Wiener）出版了著名的《控制论——关于在动物和机器中控制和通讯的科学》一书以来，控制论的思想和方法已经渗透到了几乎有的自然科学和社会科学领域。维纳把控制论看做是一门研究机器、生命社会中控制和通讯的一般规律的科学，更具体地说，是研究动态系统在变化的环境条件下如何保持平衡状态或稳定状态的科学。他特意创造"Cybernetics"这个英语新词来命名这门科学。"控制论"一同最初来源希腊文"mberuhhtz"，原意为"操舵术"，就是掌舵的方法和技术的意思。在柏拉图（古希腊哲学家）的著作中，它经常用于表示管理人的艺术。

1834 年，著名的法国物理学家安培（Andre-Maire Ampere）写了一篇论述科学哲理的文章，他进行科学分类时，把管理国家的科学称为"控制论"，他把希腊文译成法语"Cybernetigue"。在这个意义下，"控制论"一词被编入 19 世纪许多著词典中。维纳发明"控制论"这个词正是受了安培等人的启发。

在控制论中，为了"改善"某个或某些受控对象的功能或发展，需要获得并使用信息，以这种信息为基础而选出的、加于该对象上的作用，就叫作控制。由此可见，控制的基础是信息，一切信息传递都是为了控制，而任何控制又都有赖于信息反馈来实现。信息反馈是控制论的一个极其重要的概念。通俗地说，信息反馈就是指由控制系统把信息输送出去，又把其作用结果反馈回来，并对信息的再输出发生影响，起到控制的作用，以达到预期的目的。

10.2 控制系统 [13]

13. Control System

控制系统是指由控制主体、控制客体和控制媒体组成的具有自身目标和功能的管理系统。[2]

---

[2] The control system is a management system which has its own goal and functions and consists of control subject, control object and control media.

控制系统意味着通过它可以按照所希望的方式保持和改变机器、机构或其他设备内任何感兴趣的量。

例如，假设有一个汽车的驱动系统，汽车的速度是其加速器位置的函数。通过控制加速器踏板的压力可以保持所希望的速度（或可以达到所希望的速度变化）。这个汽车驱动系统（加速器、汽化器和发动机车辆）便组成一个控制系统。

10.2.1　控制系统的构成 [14]

14. Constitution of Control System

组织中的控制活动是通过组织的控制系统来完成的，而控制系统主要包括：控制目标、控制主体、控制对象和控制路径。

任何组织，如果没有一个与之一致的管理控制系统，都无法有效地贯彻它的战略。管理控制系统的基本结构如图 10.2 所示。

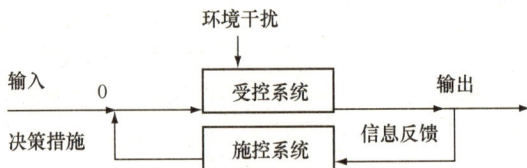

图 10.2　管理控制系统的结构

例如，企业管理系统作为一个管理控制系统，这个系统是由决策领导层及计划编制者组成的施控主体，以及分厂或车间生产者组成的受控客体组成的。计划部门根据决策领导层确定的经营目标，经过分解将指标下达到各个生产单位，即施控主体作用于受控客体，这就是控制作用。各个分厂、车间生产的产品是否按质、按量、按期实现了计划，在市场上销售状况如何，顾客有何反映，情况有何变化，这些信息需要反馈到计划部门，同计划目标进行对比，找出偏差加以调整或纠正，即受控客体反作用于施控主体，这就是反馈作用。同时，系统存在于环境之中，它与环境相互作用、相互制约。系统的环境是指一切与系统有不可忽视的联系的事物的总和。

10.2.2　控制对象 [15]

15. Control Object

控制系统控制的对象是组织的整个活动。

进行控制首先的问题是"控制什么"，这是在决定控制标准之前需要妥善解决的问题。在现实中，管理者不可能对全部影响组织目标实现的因素都进行控制，这种全面控制是不现实的，也是管理成本所不允许的，只能从中选择那些对实现组织目标成果有重大影响的因素，作为控制对象进行重点控制。为了确保管理控制取得预期的成效，在选择控制对象时就必须对影响组织目标成果实现的各种要素进行科学的分析研究，然后从中选择出重点的要素作为控制对象。

10.2.3　控制主体 [16]

16. Control Subject

即各级管理者及其所属的各职能部门。

控制要有组织。一是要有专司控制职能的组织机构，即明确由哪个部门或个人来负责控制工作，否则，落实不到实处，仍是一句空话。二是要做好控制中的组织、协调工作；何人负责、如何配合、时间的选择、场合的确定等都应有所研究。做好这些工作的目的就是要确保整个控制工作的开展处于有效控制之中。

10.2.4　控制目标 [17]

17. Control Goal

控制的目标，即进行控制活动的目的取向，也是进行控制活动的依据。

10.2.5　控制路径

控制路径即控制的方法和手段，是为达到有效地控制所采用的各种科学方法和手段。

10.3　控制的类型 [18]

18. Type of Control

在实际管理过程中，按照不同的标志，可把控制分成多种类型。

10.3.1　集中控制与分散控制 [19]

19. Centralized and Decentralized Control

根据控制的程度不同，控制分为三种：集中控制，是指在一个组织内将控制权相对集中统一的控制方式；分散控制，是指在一个组织中将控制权相对分散在组织各个部门的控制方式；分层控制，是指将集中控制和分散控制结合起来的控制方式。

10.3.2　开环控制与闭环控制

1. 开环控制

所谓开环控制，是指受控客体不对控制主体产生反作用的控制过程，即不存在反馈回路的控制。在这种控制中，控制系统的输出仅由输入来确定。在实际中则表现为控制主体在发出控制指令后，不再参照受控客体的实际情况重新调整自己的指令。其控制原理是：在对系统情况和外界干扰有了大致分析研究的基础上，通过控制初始条件，使系统能不受外界干扰的影响准确无误地转移到目标状态。这种控制，如图 10.3 所示。

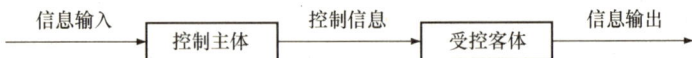

图 10.3　开环控制图

在管理中采用开环控制具有作用时间短、控制成本低等优点，在外界干扰较小且变化不大的情况下，有一定的控制作用。但这种控制由于没有反馈机制，无法发现和纠正计划和决策实施中与预定目标之间的偏差，缺乏抗干扰能力，因此仅适用于那些干扰不大且能规则变化的组织活动，在复杂多变的情况下，开环控制不能起到有效控制作用，因此有很大的局限性。

2. 闭环控制

闭环控制是指存在反馈闭合回路的控制。在闭环控制中，受控客体能作用于控制主体，并使其再输出增强或者减弱，以保证预定目标的实现。其控制原理是：当受控客体受干扰的影响，其实现状态与期望状态出现偏差时，控制主体将根据这种偏差发出新的指令，以纠正偏差，抵消干扰的作用。在闭环控制中，由于控制主体能根据反馈信息发现和纠正受控客体运行的偏差，所以有较强的抗干扰能力，能进行有效的控制，从而保证预定目标的实现。管理中实行的控制大多是闭环控制，所用的控制原理主要是反馈原理。这种控制如图 10.4 所示。

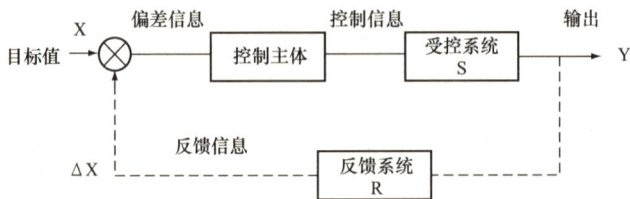

图 10.4　闭环控制图

在上图中，如果我们把输入值用 X 表示，输出值用 Y 表示，客体的功能用 S 表示，控制系统也即反馈系统的作用用 R 表示，偏差信息用 ΔX 表示，则有：

$$y=S(X+\Delta X)=S(X+Ry)=SX+SRy$$

$$y = \frac{S}{1-SR}X$$

式中，$\frac{S}{1-SR}$ 称反馈因子或控制参数，它反映闭环控制系统的反馈功能或控制功能。管理中所运用的反馈原理主要是负反馈原理，其反馈回路的流程如图 10.5 所示。

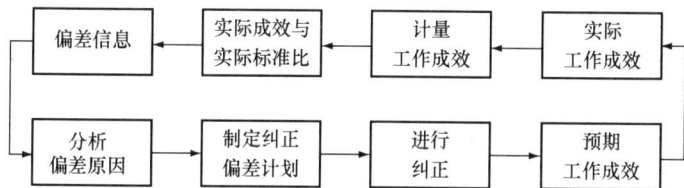

图 10.5　反馈回路的流程图

10.3.3　事前控制、事中控制与事后控制

根据组织活动过程的不同阶段，管理控制可划分为事前控制、事中控制和事后控制。

1. 事前控制[20]

它是指在工作开始前，对工作中的困难和可能产生的偏差进行预测和估计并采取防范措施，将可能的偏差消除于产生之前。事前控制也叫预先控制、前馈控制。事前控制集中注意进入组织的各种资源或工作的投入，使他们在转换过程之前就得到数量和质量的有效控制。这是一种防患于未然的控制。事前控制以未来为导向，在工作开始之前对工作中可能产生的偏差进行预测和估计，采取防范措施，以便在实际偏差产生之前，管理者就能运用各种手段对可能产生的偏差进行纠正，消除工作中的偏差于未产生之前。

事前控制有优点。首先，事前控制是在工作开始之前进行的控制，因而能避免事后控制对于已铸成的差错无能为力的弊端。其次事前控制不是针对具体的人员，不会造成心理冲突，易于被员工所接受。但是，事前控制的条件要求比较高，它要求管理人员能充分认识到控制因素与计划工作的影响关系，及时掌握和了解准确的信息，否则就无法实施事前控制。由于事前控制可以避免预期出现的偏差，有利于提高组织活动的效率，因此是人们最渴望使用的控制类型。但这种控制需要及时和准确的信息，从现实看，要做到这些往往是比较困难的，因而人们不得不采取现场控制和事后控制这两种类型。

2. 事中控制[21]

事中控制，也称现场控制，是一种同步、适时的控制。它是在计划执行

20. Feedforward control:a type of control that focuses on preventing anticipated problems since it takes place in advance of the actual work activity.

21. Concurrent control:a type of control that takes place while a work activity is in progress.

过程中的控制，所以也称同期控制或同步控制。管理者亲临现场就是一种最常见的现场控制活动。事中控制主要是监督和指导。监督是按照预定的标准检查正在进行的工作，以保证目标的实现；指导是管理者针对工作中出现的问题，指导下属改进工作，或与下属共同商讨矫正偏差的措施，以便下属正确地完成规定的任务。

事中控制有助于提高员工的工作能力和自我控制的能力。但是，事中控制也有许多弊端。首先，由于受到时间、精力、业务水平的限制，管理者不可能对事事都进行现场控制。其次，事中控制的应用范围较小。对生产工作就容易进行事中控制，而对那些问题难以辨别、成果难以衡量的工作如科研、管理工作等，几乎无法进行事中控制。最后，事中控制容易在控制者与被控制者之间形成心理上的对立，容易损害被控制者的工作积极性和主动性。

3. 事后控制 [22]

又叫反馈控制。它是在工作结束或行为发生之后进行的控制。这种控制把注意力主要集中于工作和行为的结果上，通过对已形成的结果进行测量、比较和分析，发现偏差情况，依次采取措施，对今后工作活动进行纠正。事后控制的弊端是，在矫正措施实施以前，损失、偏差已经产生，只能属"亡羊补牢"。但是在实际工作中，有时事后控制又是唯一可选择的控制类型。事后控制能为管理者评价计划的制定与执行提供有用的信息，人们可以借助事后控制认识组织活动的特点及其规律，为进一步实施预先控制和现场控制创造条件，实现控制工作的良性循环，并在不断的循环过程中，提高控制效果，更好地控制循环过程。事后控制是最早的控制类型，传统的控制方法几乎都属于这一类型，在实际工作中事后控制却得到广泛的应用。

三种控制方式互为前提互为补充，各有优缺点，有效的管理控制不能只依靠某一种控制方式，应根据特定情况有侧重地将各种控制方式结合起来使用，以取得综合控制效果。

22. Feedback control :a type of control that takes place after a work activity is done.

小资料

扁鹊的医术

魏文王问名医扁鹊说：你们家兄弟三人，都精于医术，到底哪一位最好呢？

扁鹊答说：长兄最好，中兄次之，我最差。

文王再问：那么为什么你最出名呢？

扁鹊答说：我长兄治病，是治病于病情发作之前。由于一般人不知道他事先能铲除病因，所以他的名气无法传出去，只有我们家的人才知道。我中兄治病，是治病于病情初起之时。一般人以为他只能治轻微的小病，所以他的名气只及于本乡里。而我扁鹊治病，是治病于病情严重之时。一般人都看到我在经脉上穿针管来放血、在皮肤上敷药等大手术，所以以为我的医术高明，名气因此响遍全国。

文王说：你说得好极了。

管理心得

事后控制不如事中控制，事中控制不如事前控制，可惜大多数的事业经营者均未能体会到这一点，等到错误的决策造成了重大的损失才寻求弥补，有时是亡羊补牢，为时已晚。

10.3.4　一般控制与应用控制 [23]

23. General and Application Control

一般控制通常是指各个应用系统均通用的控制，也叫基础控制或者环境控制。而应用控制则专指那些专为某个应用系统设计且执行的控制。

10.3.5　预防控制与纠正控制 [24]

24. Preventive and Corrective Control

预防控制也称前馈控制、超前控制。是指观察作用于系统的可以测量的输入量和主要扰动量，分析它们对系统输出的影响关系，在这些可测量的输入量和扰动量产生不利影响之前，通过及时采取纠正措施，来消除它们的不利影响，"防患于未然"。前馈控制，可以克服事后控制的时滞，具有事先预防的作用，因此在管理中有广泛的用途。

纠正控制也称反馈控制。控制论的基本原理，同时也是管理控制职能最基本的原理就是反馈的机理。所谓反馈，是指系统的输出信息返送到输入端，与输入信息进行比较，并利用二者的偏差进行控制的过程。如果输出信息的作用是抵消输入信息，称为负反馈；若作用是增强输入信息，则称为正反馈。反馈控制具有使系统稳定、跟踪目标和抗干扰三个方面的性质。反馈控制，不仅是管理系统中，还是自然界和人类社会中普遍存在的一种现象。

10.4 控制的内容

管理工作控制的主要内容，即控制过程为：确立控制标准、衡量实际工作、鉴定偏差和采取矫正措施。[3]

10.4.1 确立控制标准

计划目标一般来说是不可能直接地用作控制的标准的，因为计划相对来说都比较概要，不可能对组织运行的各方面都制定出非常具体的工作标准。因此，需要制定专门的控制标准作为管理控制的开始。控制标准的制定是控制能否有效执行的关键，是控制工作的起点。它是一个从确定控制对象、选择控制重点到制定控制标准的科学决策的过程。

1. 确立控制对象 [25]

25. Determing the control objects.

进行控制首先遇到的问题是"控制什么"，这是在决定控制标准之前需要妥善解决的问题。在现实中，管理者不可能对全部影响组织目标实现的因素都进行控制，这种全面控制是不现实的，也是管理成本所不允许的。只能从中选择那些对实现组织目标成果有有重大影响的因素作为控制对象进行重点控制。为了确保管理控制取得预期的成效，在选择控制对象时就必须对影响组织目标成果实现的各种要素进行科学的分析研究，然后从中选择出重点的要素作为控制对象。一般来说，影响组织目标实现的主要因素有如下几点。

（1）环境特点及其发展趋势，指的是应将制定计划所依据的各种环境因素，作为控制对象，列出"正常"与"非正常"环境的具体测量指标或标准。

（2）资源的投入。组织的成果是通过对一定资源的加工转换而得到的。投入的资源如何不仅将直接影响组织目标成果能否按期限、数量、质量完成，而且在获取资源的成本方面也会影响组织的经济效果指标。因此，必须对资源投入进行控制使之在各方面都符合预期的要求。

（3）组织活动过程。组织的目标成果是组织活动过程转化的结果，是通过组织全体成员对不同资源进行不同内容的加工劳动而最终得到的。在这一活动过程中，组织成员的工作质量和数量是决定目标成果的重要因素。因此必须建立工作规范，明确各部门、各单位、各个人员在各时期的阶段成果指标，以便于对他们的活动进行切实有效的控制。

---

[3] The control process is a three-step process: measuring actual performance, comparing actual performance against a standard, and taking managerial action to correct deviations or inadequate standards.

2. 选择关键控制点 [26]

26. Finding key control points.

重点控制对象确定下来后，还必须具体选定控制的关键点，才能够制定控制标准。关键控制点也称战略控制点。抓住了关键点，实际上也就控制了全局。正如俗话所说，"牵牛要牵牛鼻子。"比如啤酒酿造企业中，啤酒质量是控制的一个重点对象。尽管影响啤酒质量的因素很多，但只要抓住了水的质量、酿造温度和酿造时间，就能保证啤酒的质量。对关键点的选择，一般应统筹考虑，选择可能影响整个工作运行过程的重要操作与事项，选择那些易检测出偏差的环节。关键点的选择应足以使管理者对组织总体状况形成一个比较全面的把握。良好的控制来源于关键控制点的正确选择，应而这种选择或决策的能力也就成为判断管理者控制工作水平的一个重要标准。

3. 制定控制标准 [27]

27. Setting up control standards.

组织在选择了关键控制点后，就可以依据关键控制点制定出明确的控制标准。现实中更多的情况是，需要通过一些科学的方法将某一计划目标分解为一系列具体可操作的控制标准。控制标准可分为定量和定性两大类标准。定量标准主要为实物标准（如产品数量）、价值标准（如利润）、时间标准（如交货期）。除了定量标准外，组织中还经常使用定性标准，如有关产品或服务质量、组织形象等。定性标准具有非定量性质，但实际工作中为了便于掌握这些方面的工作业绩，有时也都有尽可能地采用一些可度量的方法，例如，产品等级、合格率、顾客满意度等都是对产品质量的一种间接衡量。美国麦当劳公司为了确保"质量优良、服务周到、清洁卫生、价格合理"宗旨得到贯彻，制定了可度量的几条工作标准：95% 以上的顾客进餐馆后三分钟内，服务员必须迎上前去接待顾客；事先准备好的汉堡包必须在五分钟内加热并供应给顾客；服务员必须在顾客就餐离开后五分钟内把餐桌打扫干净。这是对定性标准予以量化处理的典型实例。

🖋 **小资料**

六西格玛的由来

六西格玛（Six Sigma）是在 20 世纪 90 年代中期开始被 GE（美国通用电气公司）从一种全面质量管理方法演变成为一个高度有效的企业流程设计、改善和优化的技术，并提供了一系列同等地适用于设计、生产和服务的新产品开发工具。继而与 GE（美国通用电气公司）

的全球化、服务化、电子商务等战略齐头并进，成为全世界上追求管理卓越性的企业最为重要的战略举措。六西格玛逐步发展成为以顾客为主体来确定企业战略目标和产品开发设计的标尺，追求持续进步的一种管理哲学。

为了达到6σ，首先要制定标准，在管理中随时跟踪考核操作与标准的偏差，不断改进，最终达到6σ。现已形成一套使每个环节不断改进的简单的流程模式：界定、测量、分析、改进、控制。

★界定：确定需要改进的目标及其进度，企业高层领导就是确定企业的策略目标，中层营运目标可能是提高制造部门的生产量，项目层的目标可能是减少次品和提高效率。界定前，需要辨析并绘制出流程。

★测量：以灵活有效的衡量标准测量和权衡现存的系统与数据，了解现有质量水平。

★分析：利用统计学工具对整个系统进行分析，找到影响质量的少数几个关键因素。

★改进：运用项目管理和其他管理工具，针对关键因素确立最佳改进方案。

★控制：监控新的系统流程，采取措施以维持改进的结果，以期整个流程充分发挥功效。

10.4.2 衡量实际工作 [28]

28. Performance Measuring

对照标准衡量实际工作是控制工作的第二步，衡量实际工作就是以控制标准为尺度对实际工作加以检验，衡量绩效的目的是取得控制对象的有关信息，及时、准确地掌握偏差是否发生，并判断偏差的严重程度，从而对控制对象进行纠偏或调试。为此，在衡量实际工作成效的过程中，管理者应该确定适宜的衡量方式并通过衡量工作成效检验标准的客观性和有效性。

1. 确定适宜的衡量方式 [29]

29. Determing probable measuring ways.

管理者在进行衡量前，应该对需要衡量什么、如何衡量、间隔多长时间进行衡量和由谁衡量等作出合理的安排。

管理者要确定需要衡量的项目，这是衡量工作最为重要的方面。衡量的项目应该是决定实际工作成效好坏的重要项目，而不能够偏向那些易于衡量的项目。管理者可通过观察、报表、报告、抽样调查、召开会议等衡量的方法来获取实际工作绩效方面的资料和信息，以上方法可结合运用，以确保所获取信息的质量。衡量实绩的次数或频率应科学掌握。衡量次数过多，不仅会增加控制的成本，而且还会引起组织成员的不满，从而对组织目标的实现产生负面影响；也不宜过少，过少则有可能造成重大的偏差不能被及时发现，不能及时采取措施，从而影响组织目标和计划的完成。究竟间隔多长时间进行衡量取决于被控制活动的性质、控制活动的要求。衡量的主体不一样，控制工作的类型也就形成差别，也会对控制效果和控制方式产生影响。例如，由上级主管和职能部门进行的衡量和控制是一种强加的非自主的控制。相比之下，目标管理就是因为工作的执行者同时也是工作成果的衡量者和控制者，则被称为是一种"自我控制"的方法。

2. 通过衡量工作成效检验标准的客观性和有效性 [30]

衡量工作成效是以预定的标准为依据来进行的，在衡量实际工作的过程中可能会出现这样一个问题。偏差究竟是执行中出现的问题还是标准本身存在的问题。如果是前者，当然需要纠正；如果是后者，则需要修正和更新预定的标准。所以通过衡量实际工作也是对标准的客观性和有效性进行检验的过程。

检验标准的客观性和有效性，是要分析对标准执行情况的测量能否取得符合控制需要的信息。在为控制对象确定标准的时候，人们可能只考虑了一些次要的非本质因素，或只重视了一些表面的因素。因此，利用既定的标准去检查人们的工作，有时并不能达到有效控制的目的。衡量过程中的检验就是要辨别并剔除那些不能为有效控制提供信息、容易产生误导作用的不适宜标准，以便根据控制对象的本质特征制定出科学合理的控制标准。

3. 建立有效的信息反馈系统

信息是现代管理的基础，也是管理控制的依据。为了使反映实际工作情况的信息能迅速地收集上来，适时地传递给恰当的主管人员，又能够将纠偏指令迅速地传达到有关人员以便对问题作出处置，有必要建立有效的信息反馈系统。信息要能有效地服务于管理控制工作，必须符合三个基本要求，即信息的及时性、信息的可靠性和信息的适用性。

10.4.3　鉴定偏差和采取矫正措施 [31]

对实际工作衡量后，下一步就是将衡量结果与标准进行对比，分析造成偏差的原因，确定矫正措施实施的对象并采取矫正措施。

1. 分析偏差的性质和原因 [32]

首先必须对于偏差的性质加以认定，并非所有的偏差都可能影响组织的运行的最终成果，有些偏差可能反映了计划制定和执行工作中的严重问题，而有些偏差则可能是由一些偶然的暂时的局部性的因素引起的，从而不一定

30. Examing the objectiveness and effectiveness of measuring standards.

31. Identifying deviations and taking corrective measures.

32. Analyzing the nature and causes of deviations.

会对组织活动的最终结果产生影响。其次要对偏差的原因进行分析。产生偏差的原因一般有四类。一、外部环境的变化，使得组织原定的目标无法实现。对于这类因素，管理者一般无法控制，只能调整组织的目标和计划。二、组织自身调整了方针和策略。这一类原因应当通过组织变革或计划调整来适应新的方针和策略。三、原来制定的计划不合理，需要调整计划。四、管理不佳，如工作人员的懈怠等。查明原因以后，才能"对症下药"，制定出纠偏措施确定矫正措施实施的对象。根据造成偏差的原因分析，矫正措施的实施对象可能是组织所进行的活动，也可能是衡量的标准，甚至是指导活动的计划。针对矫正措施的实施对象和造成偏差的原因，就可能制定改进工作或调整计划与标准的纠正方案。

2. 选择适当的矫正措施 [33]

33. Taking appropriate corrective measures.

管理者在控制工作中可采取的处理措施有两类：即"纠偏"和"调适"。对于因工作失误所造成的问题，控制的办法主要是"纠偏"，即加强管理和监督确保工作与目标的接近甚至吻合；若计划目标不切合实际或组织运行的环境出现了重大变化，致使计划失去了客观的依据，那么相应的控制措施就是"调适"，即按实际情况修改计划目标、启动备用的计划或重新制定新的计划。

在控制措施的选择与实施过程中，管理者必须注意三点。第一，保持矫正方案的双重优化，就是既要使矫正行动的投入最少和成本最低，又要是解决偏差效果最优的方案。第二，充分考虑原有计划实施带来的影响。管理控制中对计划的修订或否定类似于"追踪决策"的性质。因此，管理者在实施管理控制中要充分考虑由于原有计划的实施而消耗的资源和这种消耗对客观环境造成的种种影响以及人员思想观念的转变等问题。第三，进行纠偏时要充分考虑和处理组织成员对准备采取的矫正措施的各种态度，特别要消除人们对矫正措施的疑虑，努力争取多数人的理解、赞同和支持，以避免方案在付诸实施的时候可能出现的人为的障碍。

10.5 控制的方法

企业管理实践中运用着多种控制方法。本节重点介绍预算控制、作业控制和审计控制等常用方法。

10.5.1 预算控制 [34]

34. Budget Control

企业在未来的几乎所有活动都可以利用预算进行控制。预算预估了企业在未来时期的经营收入或现金流量，同时也为各部门或各项活动规定了在资金、劳动、材料、能源等方面的支出不能超过的额度。预算控制就是根据预算规定的收入与支出标准来检查和监督各个部门的生产经营活动，以保证各种活动或各个部门在充分达成既定目标、实现利润的过程中对经营资源的利用，从而费用支出受到严格有效的约束。实施预算控制的步骤：编制预算——执行预算——预算差异分析——分析总结、评价和考核预算控制的绩效。

1. 预算的编制[35]

35. Budgeting

为了有效地从预期收入和费用两个方面对企业经营全面控制，不仅需要对各个部门、各项活动制定分预算，而且要对企业整体编制全面预算。一个组织要编制预算，必须建立一套预算制度。

编制预算的步骤一般包括如下几方面。

（1）上层主管人员将可能列入预算或影响预算的计划和决策提交预算委员会。预算委员会在考虑了以上种种因素后，就可估计或确定未来某一时期内的销售量或生产量或业务量。根据预测的销售量、价格与成本又可预测该时期的利润。

（2）负责编制预算的主管人员，向各部门主管人员提出有关预算的建议，并提供必要的资料。

（3）各部门主管人员根据企业的计划和他们所拥有的资料，编制出本部门的预算，并由他们相互协调可能发生的矛盾。

（4）企业负责编制预算的主管人员将各部门的预算汇总整理成总预算，并预拟资产负债表及损益表计算书，以表示组织未来预算期限中的财务状况。最后，将预算草案交预算委员会和上层主管人员核查批准。

预算批准后，在实施过程中，必须经常检查和分析执行情况，必要时可修改预算，使之能适应组织的发展。

2. 预算的种类[36]

36. Types of Budgets

不同企业，由于生产活动的特点不同，预算表中的项目会有所不同，但一般来说，预算内容要涉及以下几个方面：收支预算、现金预算、投资预算、和资产负债预算等。

（1）收支预算。收支预算是指以货币单位表示的组织的收入和费用支出计划。组织的收入预算是组织支出预算和盈利预算的基础，所以，组织的收入预算应尽可能涉及所有可能的收入，并准确地估计各项收入的量和时间。组织的费用支出项目往往比组织的收入项目多且杂。在编制支出预算时，各种可能产生的费用开支均应尽可能地予以考虑，并应在支出预算中安排一笔适当的不可预见费，以应付一些额外的开支。

（2）现金预算。现金预算是指对组织在未来一段时期内的现金收入与支出的预测。通过现金预算，可以估算计划期内可能提供的现金和所需支付的现金，可以据此衡量组织的实际现金的使用情况，以求得现金收支的平衡，并为管理人员利用可用的现金余量制定盈利性投资计划提供所需的信息。这里所指的现金是指现实的、可立即使用的资金。组织中有些用货币量表示的资金，实际上处于实物形态，并不能自由使用；也有些资金只是挂在账上，实际并没有到手。这些资金均非现金，它们虽然也是组织的资产，但不能像现金那样自由使用。

（3）投资预算。投资预算也叫基本建设费用预算或资本支出预算，是指组织在特定时间内固定投资运用情况的预算。投资预算主要包括投资于厂房、机械设备等各项设施，以及增加固定资产的各项支出。由于投资支出一般数额较大，回收时间也较长，因此，在进行预算时要慎重考虑，并应与组织的长期计划工作紧密地结合起来考虑。

（4）资产负债预算。资产负债预算主要用于预测企业的资产、负债、所有者权益及其相互关系。资产负债表示反映企业在某一特定日期财务状况的报表。它根据"资产＝负债＋所有者权益"这一基本公式，依照一定的分类标准和一定的次序，把企业在某一特定日期的资产、负债和所有者权益各要素适当排列编制而成。资产负债表是以企业的资产、负债和所有者权益的静态状况来说明企业某一特定日期的财务状况。因此，利用资产负债表的资料，可以了解企业拥有或控制的资产总额及其构成情况、企业负债和所有者权益状况；评价企业的偿债能力和筹资能力；考察企业资本的保全和增值情况；分析企业财务结构的优劣和负债经营的合理程度；预测企业未来的财务状况和财务安全程度等。

3. 预算的作用

由于预算的实质是用统一的货币单位为企业各部门的各项活动编制计划，因此它使企业在不同时期的活动效果和不同部门的经营绩效具有可比性，可以使管理者了解企业经营状况的变化方向和组织中的优势部门与问题部门，从而为调整企业活动指明了方向；通过为不同的职能部门和职能活动编制预算，也为协调企业活动提供了依据。更重要的是，预算的编制与执行始终是与控制过程联系在一起的，编制预算是为企业的各项活动确立财务标准，用数量形式的预算标准来对照企业活动的实际效果，大大方便了控制过程中的绩效衡量工作，也使之更加客观可靠。在此基础上，很容易测量出实际活动对预期效果的偏离程度，从而为采取纠正措施奠定了基础。

由于这些积极作用，预算手段在组织管理中得到了广泛运用。

10.5.2 作业控制 [37]

作业控制是对企业内部各项业务进展情况的控制，通常有财务控制、生产控制、销售规模控制、质量控制和成本控制等方式。

1. 财务控制

财务控制是指按照一定的程序与方法，确保企业及其内部机构和人员全面落实和实现财务预算的过程。这种控制方式覆盖面广，是用途极广的、非常重要的控制方式，包括预算控制和比率控制。

财务控制的特征有：以价值形式为控制手段；以不同岗位、部门和层次的不同经济业务为综合控制对象；以控制日常现金流量为主要内容。

财务控制是内部控制的一个重要组成部分，是内部控制的核心，是内部控制在资金和价值方面的体现。

2. 生产控制

生产控制是对企业产品品种、数量、质量、成本、交货期及服务等方面的控制，可以分为产前控制、过程控制及产后控制等。

生产进度控制，又称生产作业控制，是在生产计划执行过程中，对有关产品生产的数量和期限的控制。其主要目的是保证完成生产作业计划所规定的产品产量和交货期限指标。生产进度控制是生产控制的基本方面，狭义的生产控制就是指生产进度控制。

生产进度控制的基本内容主要包括：投入进度控制、工序进度控制和出产进度控制。其基本过程主要包括：分配作业、测定差距、处理差距、提出报告等。

生产进度控制贯穿整个生产过程，从生产技术准备开始到产成品入库为止的全部生产活动都与生产进度有关。习惯上人们将生产进度等同于出产进度，这是因为客户关心的是能否按时得到成品，所以企业也就把注意力放在产成品的完工进度上，即出产进度。

3. 销售规模控制

销售规模太小会影响经济效益，太大会占用较多的资金，也影响经济效益，为此要对销售规模进行控制。

4. 质量控制

包括对企业工作质量和产品质量的控制。工作质量不仅包括生产工作的质量，还包括领导工作、设计工作、信息工作等一系列非生产工作的质量，因此，质量控制的范围包括生产过程和非生产过程的其他一切控制过程，质量控制是动态的，着眼于事前和未来的质量控制，其难点在于全员质量意识的形成。

5. 成本控制

通过成本控制使各项费用降低到最低水平，达到提高经济效益的目的，成本控制不仅包括对生产、销售、设计、储备等有形费用的控制，还包括对会议、领导、时间等无形费用的控制。在成本控制重要建立各种费用的开支范围、开支标准并严格执行，要事先进行成本预算等工作。成本控制的难点在于企业中大多数部门和单位是非独立核算的，因此缺乏成本意识。

38. Audit Control

10.5.3　审计控制 [38]

1. 审计控制的含义

审计控制是指根据预定的审计目标和既定的环境条件，按照一定的依据审查、监督被审计单位的经济运行状态，并调整偏差，排除干扰，使被审计单位的经济活动运行在预定范围内且朝着期望的方向发展，以达到提高经济效益的目的。

2. 审计控制的内容

审计控制主要包括：财务审计和管理审计。财务审计控制是指以财务活动为中心，检查并核实账目、凭证、财物等，以判断财务报表中所列出的综合会计事项是否准确无误，报表本身是否可以信赖等。管理审计则是检查一个组织的管理工作的好坏，其目的在于通过改进管理工作来提高效率和效益。

3. 审计控制的特点

审计控制是通过审计活动对运用组织资源的业务活动的一种控制或者是业务控制的一种再控制，旨在使之符合组织的目标。其特点可以概括如下。

（1）审计控制的目标是合规性和效益性。通过审计控制使组织中纳入审计控制范围的业务活动，提高合规性和效益性水平。

（2）审计控制的内容是组织的业务活动，而不仅仅是财务活动；这些活动的对象是组织的资源，而不仅仅是资金资产。

（3）审计控制的方式是过程式的，包括事前、事中、事后，而不仅仅是结果式的事后的。

（4）审计控制的范围不仅仅是业务活动的结果，更主要的是结果产生的机制。

（5）审计控制的性质是一种重点控制，而不是全面控制。纳入审计控制范围的是组织的重大项目、大额资金、重要资产、资源。审计控制遵循重要性原则。

◁▯ 本章小结

控制是管理工作的最重要职能之一。控制是为了保证企业计划与实际作业动态适应的管理职能。控制工作的主要内容包括确立标准、衡量绩效和纠正偏差。有效的控制不仅要求选择关键的经营环节,确定恰当的控制频度,收集及时的信息,而且要求合理运用预算或非预算的控制手段。

控制系统是指由控制主体、控制客体和控制媒体组成的具有自身目标和功能的管理系统。控制系统主要包括:控制目标、控制主体、控制对象和控制路径。

在实际管理过程中,按照不同的标志,可把控制分成多种类型:集中控制与分散控制;开环控制与闭环控制;事前控制、事中控制与事后控制;一般控制与应用控制;预防控制与纠正控制。

管理工作控制的主要内容,即控制过程为:确立控制标准、衡量实际工作、鉴定偏差和采取矫正措施。

企业管理实践中运用着多种控制方法,主要有预算控制、作业控制和审计控制等常用方法。

综合练习

一、选择题

1. 控制工作要达到的第二目的是（　　　）。

A. 维持现状　　　　　　B. 打破现状　　　　　　C. 改变现状　　　　　　D. 实现创新

2. 下列关于一般控制与管理控制的比较不正确的是（　　　）。

A. 同是一个信息反馈过程

B. 前提条件和基本步骤相同

C. 都是有组织的系统

D. 目的相同按原定计划维持正常活动，实现既定目标

3. 下列有关控制和计划之间关系的表述不正确的是（　　　）。

A. 控制和计划是一个事物的两个方面　　　　B. 控制和计划没有内在联系

C. 计划是实现控制工作的依据　　　　　　　D. 控制是计划的保证

4. 最不常有的综合控制方法是（　　　）。

A. 总预算　　　　B. 计划评审法　　　　C. 损益控制　　　　D. 投资回收率

5. 按控制程度分，计划的前提条件最不可控的为（　　　）。

A. 外部条件　　　　B. 内部条件　　　　C. 部分可控　　　　D. 可控的条件

6. 在管理控制上实行例外原则，以下哪种情况不符和这一原则？（　　　）

A. 一般日常事务　　　　　　　　　　B. 例外情况的决策

C. 对日常事务的监督　　　　　　　　D. 概括性的压缩性的和比较短的报告

7. 控制的前提条件中有（　　　）。

A. 控制标准　　　　B. 控制经营　　　　C. 控制对象　　　　D. 控制人员

8. 控制工作的原理不太可能实行的是（　　　）。

A. 直接控制原理　　B. 例外情况的原理　　C. 反映计划要求的原理　　D. 控制关键点原理

9. 管理控制系统实质上也是一个（　　　）系统。

A. 自动控制　　　　B. 完全开放　　　　C. 信息反馈　　　　D. 完全封闭

10. 损益控制法通常应用于（　　　）。

A. 公司的主要部门　　B. 公司的参谋机构　　C. 服务部门　　　　D. 收集信息机构

11. 控制论的创立者是（　　　）。

A. 梅奥　　　　B. 泰罗　　　　C. 维纳　　　　D. 马斯洛

12. 控制的根据是（　　　）工作。

A. 计划　　　　B. 组织　　　　C. 人员配备　　　　D. 指导和领导

13. 从输入端提取信息达到对受控对象的控制是（　　　）控制。

A. 现场　　　　　　B. 反馈　　　　　C. 前馈　　　　　D. 直接

14. 现场控制工作的重点是（　　　）。

A. 把注意力集中在历史结果上　　　　B. 正在进行的计划实施过程

C. 在计划执行过程的输入环节上　　　D. 控制行动的结果

15. 下列说法正确的是（　　　）。

A. 反馈控制是控制工作的基础

B. 反馈控制的纠正措施往往是预防式的

C. 反馈控制的工作重点是把注意力集中在历史结果上，并将作为未来行为的基础

D. 反馈控制要注意避免单凭主观意志进行工作

二、简答题

1. 怎样理解控制工作的重要性？
2. 简述控制与计划的关系。
3. 简述控制工作的过程和要素。
4. 简述控制的类型。

参考文献

[1] 周三多，陈传明. 管理学 – 原理与方法（第五版）[D]. 上海：复旦大学出版社，2011.

[2] 王凤彬. 管理学（第四版）[D]. 北京：中国人民大学出版社，2011.

[3] 杨文士. 管理学（第三版）[D]. 北京：中国人民大学出版社，2009.

[4]〔美〕希尔，〔澳〕麦克沙恩. 管理学（中国版）. 北京：机械工业出版社，2009.

[5]〔美〕罗宾斯. 管理学（第 10 版）. 北京：清华大学出版社. 2011.

[6]〔美〕罗宾斯. 组织行为学（第 14 版）. 北京：中国人民大学出版社，2012.

[7]〔美〕韦克里，孔茨. 管理学（第 13 版）. 北京：经济科学出版社，2011.

[8]〔美〕希特. 战略管理：概念与案例（第 8 版）. 北京：中国人民大学出版社，2009.

[9] 许玉林. 组织设计与管理（第 2 版）[D]. 上海：复旦大学出版社，2010.

[10] 郭咸纲. 西方管理思想史（第 4 版）[D]. 北京：世界图书出版公司，2010.

[11]〔美〕伊万切维奇. 人力资源管理（第 11 版）. 北京：机械工业出版社，2011.

[12] 宁宣照，刘思峰. 管理预测与决策方法 [D]. 北京：科学出版社，2009.

[13] 刘豹，唐万生. 现代控制理论（第 3 版）[D]. 北京：机械工业出版社，2011.

[14]〔美〕奥罗克. 管理沟通——以案例分析为视角（第 4 版）. 北京：中国人民大学出版社，2011.

[15] 刘延平，杜英歌. 组织领导学 [D]. 北京：北京交通大学出版社，2011.